奈良文化財研究所研究報告　第23冊

第22回 古代官衙・集落研究会報告書

官衙・集落と大甕

序

　奈良文化財研究所では、古代官衙と集落に関する研究集会を平成8年から継続しています。この研究集会は、全国の官衙や古代集落に関心のある研究者が一堂に会し、律令国家を構成するさまざまな遺跡、遺構、遺物を対象に、毎年一つのテーマを設定し、さまざまな角度から掘り下げる学際的な研究集会です。

　2014年より「官衙・集落と土器」と題するシリーズを立ち上げ、古代の都城、地方官衙、集落から普遍的に出土する土器や土製品を対象として、複数回に分けて議論を重ねています。

　昨年の第22回研究集会では大容量の貯蔵専用器である「大甕」をテーマに取り上げました。大甕は従来調査や研究の対象として注目される機会が少ない遺物ですが、ありふれた出土遺物の一つであり、官衙や集落での営みに必要な道具であったと考えられます。

　研究集会では、都城や各地の官衙、集落から出土する大甕の組成や遺構との関係、使用痕跡などに注目した意欲的な研究報告がおこなわれました。また討論では、大甕に注目することで新たな古代社会の側面を引き出すことができるとの見通しが得られ、そのためにはどのような調査・整理・報告をおこなえばよいのかなど、多くの論点について議論が交わされ、充実した成果を挙げることができました。

　この度、その研究成果をまとめた研究報告が完成し、皆様にお届けできる運びとなりました。本書の執筆に当たられました研究報告者をはじめ、研究集会に参加された皆さまに厚く感謝申し上げるとともに、本書が広く活用されますことを期待します。

　奈良文化財研究所は、これからも古代官衙・集落遺跡の調査研究から古代国家や社会の歴史的特質をあきらかにするべく、新たな研究課題を開拓し、全国の研究者と連携しながら、研究集会を継続したいと考えています。

　今後とも古代官衙・集落研究会の活動に対して、皆様のご支援とご協力を賜りますよう、よろしくお願い申し上げます。

2019年12月

独立行政法人国立文化財機構
奈良文化財研究所長
松村 恵司

目　次

序 ……………………………………………………………………………………………… 3

目次 …………………………………………………………………………………………… 5

例言 …………………………………………………………………………………………… 6

開催趣旨 ……………………………………………………………………………………… 7

プログラム …………………………………………………………………………………… 8

Ⅰ　報　告 ……………………………………………………………………………… 9

宮都における大甕 …………………………………………………… 小田　裕樹　11

北陸における官衙・集落と大甕 —分析・理解に向けての視点と事例を中心として— …………… 川畑　誠　33

古代の地方官衙・集落・寺院と大甕 ……………………………… 田中　広明　79

長岡京の甕据付建物について ……………………………………… 木村　泰彦　107

大甕の生産・流通の変遷について —垂下形縁帯状口縁をもつ大甕を中心に— …………… 木村　理恵　123

大甕を使う —文献史料に見える「甕」とその用法— ……………… 三舟　隆之　135

Ⅱ　討　議 ………………………………………………………………………………… 153

資料編

遺跡目次 ……………………………………………………………………………………… 177

凡　例 ………………………………………………………………………………………… 178

Ⅰ　宮　都 ………………………………………………………………………………… 179

Ⅱ　官衙・集落・その他 ……………………………………………………………… 251

参考資料 …………………………………………………………………………………… 284

Ⅲ　表 ……………………………………………………………………………………… 293

表1　遺構一覧 …………………………………………………………………………… 294

表2　文献一覧 …………………………………………………………………………… 301

表3　掲載図出典一覧 …………………………………………………………………… 304

遺跡目次（掲載図版付き） ………………………………………………………………… 308

例　言

1　本書は、平成30年（2018）12月7日から8日にかけて、奈良文化財研究所平城宮跡資料館講堂において開催した古代官衙・集落研究会の第22回研究集会「官衙・集落と大甕」の報告書である。

2　本研究集会は、馬場基（都城発掘調査部史料研究室長）、林正憲（都城発掘調査部主任研究員）、小田裕樹（都城発掘調査部考古第二研究室研究員）、海野聡（当時：都城発掘調査部遺構研究室研究員、現：東京大学大学院工学系研究科准教授）、大澤正吾（都城発掘調査部考古第二研究室研究員）、清野陽一（都城発掘調査部考古第三研究室研究員）が企画・担当し、松村恵司、玉田芳英（都城発掘調査部長）の助言を得て開催した。参加者は、地方公共団体職員・研究者等計116名であった。

3　本書は「Ⅰ　報告」と「Ⅱ　討議」からなり、巻末に資料編を付した。Ⅰは、研究集会における発表内容と検討成果をふまえて新たに加筆修正された論考を収録し、Ⅱには、討議の記録を参照しながら小田・大澤が整理し、収録した。なお、研究集会では冒頭に事務局を代表して、小田が趣旨説明をおこなった。これは討議の内容とも関わるため、Ⅱの冒頭へ掲載することとした。資料編は「Ⅰ　宮都」、「Ⅱ　官衙・集落・その他」、「Ⅲ　表」の3部構成とした。

4　本書における表記は『発掘調査のてびき（集落遺跡編、整理・報告書編、各種遺跡調査編）』（文化庁文化財部記念物課2010・2013）に準拠し統一を図った。ただし、著者の意図を尊重し、表記を統一しなかった部分がある。

5　本書中では「甕埋設」・「埋甕」などの表記を、「甕据付」として統一した。

6　本書の各論考に引用された事例の図については、資料編に収録した図を参照することとし、本文では原則として省略した。なお引用された図について、本文中では資料編の図面番号を適宜併記した。

7　本書の作成にあたり、下記の各機関から画像提供などのご高配を賜った。記して感謝申し上げる（五十音順）。

出光美術館、株式会社中央公論新社、株式会社雄山閣、株式会社吉川弘文館、人民中国編集委員会

8　本書の編集は馬場・林・小田・大澤・清野の協議の上、小田・清野が担当し大澤が補佐した。また、編集および本文の校正にあたり野口成美、山川貴美、北野智子の助力を得た。

開催趣旨

　官衙・集落から出土する遺物のうち大型甕（須恵器甕）を扱う。大型甕は大容量の貯蔵専用器として食器類とは異なる特性を有する器種である。製作・運搬にコストがかかるものの、官衙や集落での営みに必要な道具のひとつであった。官衙では集中的に出土する事例や甕据付建物の存在など、貯蔵用・醸造用として使用されていたことがわかる。いっぽう一般集落では多量に出土するものではないが、貯水容器としての使用が推測されるとともに、集落における共同飲食儀礼において準備された酒の醸造・貯蔵にも使用されていた可能性がある。今回の研究集会では、このような大型甕の製作・流通・使用・廃棄の実態についてあきらかにし、その歴史的な位置づけを試みたい。

　大型甕は破片で出土することが多く、扱いの難しさから従来調査・研究の対象として注目される機会が少なかった。しかし、大型甕は製作から使用・廃棄に至る痕跡をとどめており、出土状況をふまえることで遺跡の性格づけにも関わる貴重な情報を内包した遺物と考える。大型甕の検討により、古代の官衙や集落の新たな側面について迫りたい。

プログラム

2018年12月7日（金）・8日（土）
於：奈良文化財研究所　平城宮跡資料館　講堂

12月7日（金）

13：00 〜 13：05	開会挨拶	
13：05 〜 14：10	**趣旨説明・宮都における大甕**	小田裕樹（奈良文化財研究所）
14：10 〜 15：15	**北陸における官衙・集落と大甕**	川畑　誠（（公財）石川県埋蔵文化財センター）
15：15 〜 15：25	〈休　憩〉	
15：25 〜 16：30	**関東における官衙・集落と大甕**	田中広明（（公財）埼玉県埋蔵文化財調査事業団）
16：30 〜 17：35	**甕据付建物と大甕**	木村泰彦（長岡京市教育委員会）

12月8日（土）

9：30 〜 10：35	**大甕の生産と流通の変遷について**	木村理恵（奈良県立橿原考古学研究所）
10：35 〜 11：45	**大甕を使う**	三舟隆之（東京医療保健大学）
11：45 〜 13：00	〈昼食・休憩〉	
13：00 〜 15：30	**討　論**	司会：西山良平（京都大学）
15：30 〜	閉会挨拶	

I 報　告

宮都における大甕

小田裕樹（奈良文化財研究所）

はじめに

　古代宮都は政治・文化・経済の中心地であり、各地から大量のモノが運び込まれ、消費された。このような特質をもつ宮都では、大量消費に備えた保管・貯蔵のために貯蔵容器が重宝されていたと考えられる。特に、液体などの貯蔵に優れた須恵器甕は単なる貯蔵だけではなく、醸造・発酵のための容器としてもその機能を果たしていたものと想定される。

　宮都や官衙・集落遺跡において、須恵器甕はありふれた出土遺物の1つである。しかしながら、現在の古代の土器研究において須恵器甕をはじめとする貯蔵具に対する関心が高いとは言い難く、甕の出土傾向を把握する方法論にはじまり、宮都出土甕の特徴や歴史的な位置付けについての共通認識が得られているとは言い難い。

　そこで本稿では、宮都から出土する須恵器甕を対象に、分布や出土傾向についての基礎的な整理をおこない、宮都における大甕＝大型貯蔵具の歴史的特質について見通しを示したい。

I　研究史と問題の所在

研究史　宮都における須恵器甕などの貯蔵具を扱った初期の研究として関根真隆による研究があり、文献史料の記載内容から甕の器名と用途について特徴が整理された（文献26）。この研究は、巽淳一郎によりさらに深化され、平城宮・京出土甕の容量・形態の分析をふまえて出土甕の器名と用途の比定がおこなわれた（文献28）。また巽は、壺・瓶類を含めた貯蔵具全般を対象とする集成作業により宮都出土貯蔵具の基礎資料を提示し、その生産・流通体制について言及している（文献27）。

　上村憲章は宮都出土甕を中心に容量の復元をおこない、古代から中世にいたる甕には40ℓ前後以下の小型の甕が圧倒的に多く、200～300ℓの大型の甕と50～100ℓ程度の中型の甕があること、これらは据え置きの大・中甕と持ち運び可能な小型の甕という組成がみられることをあきらかにした（文献9）。

　近年、木村理恵により宮都出土甕と生産地に関する研究が進められており、平城京内における消費動向の影響を受けて、奈良時代後半に陶邑窯における甕の生産体制と宮都の流通体制が変質するとの見通しが示されている（文献13～16）。

　また、宮都では甕据付穴とみられる土坑を内部に有する建物が検出されることから、これらの甕据付建物に注目して宮都における醸造・酒造の実態をあきらかにする研究がある（文献11・12・50）。特に、玉田芳英は平城宮造酒司地区および平城京内の甕据付建物の分析をおこない、奈良時代後半以降に平城京内における醸造量が飛躍的に増加することを指摘した（文献32）。

問題の所在　宮都出土の須恵器甕に関わる研究は、出土甕の容量分析にもとづく器名・用途の検討や遺構としての甕据付建物の分析が進められ、一定の成果を挙げている。しかしながら、各宮都からどのような甕が出土し、いかなる出土傾向にあるのか、という基礎的な情報の整理がおこなわれておらず、古代宮都という空間の中で須恵器甕がどのような特質をもっていたのか、という歴史的な位置付けに関わる議論は進められていない。

　筆者は、この理由として須恵器甕が食膳具に比して時期差を示す属性の変化に乏しく、破片の接合作業や実測に時間が多くかかる割に、出土遺構の時期決定にあまり寄与しないことから、報告書掲載や整理作業における優先度が低いという事情によるものと推察する[1]。ゆえに現時点で宮都出土甕の全体像を把握することには大きな困難がともなう。

　しかし須恵器甕は、耐久性の高さから消費地における搬入から廃棄までのライフサイクルが長期間にわたることがあきらかにされており（文献10・34）、貯蔵

容器としての機能と汎用性の高さからも、食膳具や煮炊具などとは異なる特性を有していたと想定できる[2]。ゆえに、従来食膳具の様相を通じてあきらかにされてきた古代宮都の特質とは異なる側面を見出せる可能性がある。

また、古代の土器研究において古墳時代から古代にいたる食器構成の変遷の中で、飛鳥時代後半に成立する律令的土器様式（文献5・46）の特質の1つが「多様な器種分化」にあり、大量の官人層の出現とその特殊な生活形態と関連することが指摘されている（文献46）。同様の傾向が貯蔵具においてもみられるか否か、それが古代宮都の成立や展開と関連するか否かを検討しておくことは、古代の土器研究においても意味があると考える。

さらに、須恵器甕は内容物で満たすと相当の重量になることから、据え置いて使用される場面も多かったと想定され、遺構と不可分の関係にあると考えられる。須恵器甕の組成や出土状況に注目することで、出土遺跡や遺構周辺の空間の性格についても有益な情報を得ることができる可能性を有している。

そこで本稿では、宮都における須恵器甕の歴史的位置付けについて見通しを得るべく、まずは現在までに報告書で図化された資料をもとに、宮都における甕の出土傾向の把握に努めたい。これらの基礎的な情報の整理をおこなった上で、宮都における須恵器甕の特質について検討する。上述のように、整理作業や報告書作成時の抽出作業を経ているため、報告書掲載資料の分析から浮かび上がる須恵器甕の出土傾向と出土実態が異なる可能性は否定できないが、この資料的制約を認めた上で、今後の調査・研究のたたき台となる見通しを提示したい。

Ⅱ　資料と方法

（1）対象地域と資料

本稿では、古代宮都である飛鳥地域、藤原宮・京、平城宮・京から出土した須恵器甕を検討対象とする。これらは各宮都で刊行された発掘調査報告書・概報類を検索して、図示された甕の集成作業をおこなった。飛鳥地域80点、飛鳥宮53点、藤原宮21点、藤原京113点、平城宮121点、平城京357点である（**別表**）。なお古代の遺構・整地土から出土した甕を対象とし、包含層出土の甕は除外した。また甕は使用期間が長く、その後も他用途に転用されるなど廃棄まで

の時間が長いことが特徴であること（文献10・34）、時間的変化を示す属性が少ないことから、時間的な位置付けについては共伴遺物に従うものとして、細かな時期の位置付けは最低限に留める。

（2）研究の方法

本稿では、宮都出土の須恵器甕の特質をあきらかにするために、甕の器種[3]分類をおこない（Ⅲ）、各宮都における甕の出土様相を整理する（Ⅳ）。これらをふまえて宮都から出土する甕の特質を検討する（Ⅴ）。

分析の視点　本稿では、宮都における甕の器種分類と出土傾向をふまえた上で、各宮都の代表的な遺跡・遺構出土の甕の組成に注目する。これは宮都における甕のあり方を器種レベルで把握するとともに、甕の組成の違いから出土遺跡や遺構周辺の空間の性格を読み取ることが可能かどうかについて検討するためである。

外形トレース法　本稿では、報告書掲載資料を対象とすることから、分析にあたり外形トレース法を採用する。これは報告書掲載の実測図をスキャンし、描画ツールソフトを使用して外形をトレースし、同一の縮尺に揃えて口縁部上端線と中軸線を基準に重ね合わせる方法である。この方法により、各甕の形態・法量を直接比較することができ、その結果を視覚的に明示できる。

上述のように須恵器甕は破片として出土することが多いという特性から、報告書では口縁部〜頸部の実測が可能な個体の図面が優先的に報告されることが多い。そこで外形トレース法を用いることにより、口縁部のみが図示された個体であっても、似た形態・法量をもつ完形に近い別個体の外形ラインと合わせることで、大体の全形が推測できるという利点がある。また、実測図に表現された成形・調整に関わる痕跡や装飾文様など製作に関わる属性を省略する一方で、形態・サイズという貯蔵容器としての甕本来の機能に関わる属性を強調できる効果がある。以上の理由から、本稿における報告書掲載資料を対象として古代宮都出土甕の組成を検討とする目的に、外形トレース法が効果的であると考えた。

ただし、これはあくまで報告書掲載資料の分析という本稿の目的に合わせて選択した方法であり、将来、各遺跡出土甕の全点の報告がおこなわれ、出土甕全体の様相を把握できる環境が整えば、また別の

方法を採用することにより再検証したい。

　本稿では、以上の方法を用いて宮都出土甕の分類をおこない、各宮都における出土傾向と甕の組成について検討する。

Ⅲ　甕の分類

奈良文化財研究所の器種分類　宮都における甕の器種分類については奈良文化財研究所の分類案がある。最新の器種分類案である『平城宮発掘調査報告ⅩⅥ』（文献41）および『平城京事典』（文献22）では、須恵器甕をA・B・Cの3器種に分類している。これによると甕Aが「卵形の体部に外反する口縁部を付したもので、口縁部は肥厚し、外傾する面をなす」、甕Bが「卵形の体部に内彎ぎみの口縁部を付す。口縁端部を丸くおさめる例、内傾する例がある。肩部に把手を付す例もある」、甕Cが「肩の張った広口短頸の甕。肩部径が器高をしのぐ例が多い。高台を付す例、肩部4か所に耳状の把手を付す例もある」と定義する。

　一方で巽淳一郎によると、甕Aと甕Bについて「口縁部の作工の違いを重視」し、「口縁端部が小さく上方に立ち上がり、端部外側面を縁帯風に作り、口頸部がラッパ状に開くものを甕Aとする」、「甕Bは口縁端部が平坦、もしくはくぼんだ面をなし、短頸で口頸部の外反度が小さい一群を指す」とする（文献28）。

本稿における甕の分類　本稿では奈良文化財研究所の甕分類を基本的に踏襲するが、分析の過程で甕Aと甕Bの中間的形態を呈する個体が多く存在することが判明したため、これについては仮の分類案を提示しておきたい。

　宮都出土甕全体の外形トレース図を合わせると、口縁部が大きく外反する一群と短頸広口の一群を明瞭に区別できる。前者を甕AA、後者を甕Cとする。甕AAおよび甕Cを除いた甕は口径30cm以下のものがほとんどであり、これが奈良文化財研究所分類の甕Aと甕Bにまたがる多様な口縁部・口縁端部形態がみられる一群である。この一群をまとめて甕ABと仮称する。

甕AA　頸部高が6cmを超え、口縁部が大きく外反する甕を甕AAとする（図1）。大多数が口径30cmを超えるが、例外的に口径30cm以下の個体も存在する。

　甕AAは口径40cmを超える大型と40cm以下の中型のサイズがある。大型の甕AAは頸部外面に沈線状の段や波状文を施文する事例が多いことから、古墳時代以来の大甕の系譜を引くものと理解する。また頸部高が6cm以下ではあるが、口縁部が大きく外反する甕が存在し、特に縁帯状垂下形口縁（文献15）をもつ甕は奈良時代後半の陶邑窯で生産された甕と考えられる。これらも古墳時代以来の大甕の系譜を引く新しいタイプと解して甕AAに分類する。

甕AB　口径30cm以下で、頸部高が6cm以下のものを甕ABとする（図2）。甕ABは宮都出土甕の中でもっとも多く存在している。甕ABには口縁部が外反する／内彎する／直立するもの、口縁端部を肥厚する／丸くおさめる／内傾するものなど多様な形態があるが、甕ABすべての外形トレースを重ね合わせてみると不連続は見出しがたい。その一方で、器高には複数のまとまりが認められることから、甕ABは口縁部形態よりも実測図上の器高の違いとして反映される容量の違いに意味があるとの見通しを得た。

　そこで甕ABについて頸部高（口縁端部から頸部の屈曲点までの高さ）を基準に、①3cm未満、②3cm以上5cm未満、③5cm以上6cm未満の3種に分類した。これをみると、頸部の短い①は、②・③に比べて相対的に小さい傾向があるものの、②と③ではサイズや形態に大きな違いはみられない。むしろ、頸部高の違いにも関わらず、器高が24cm、30cm、36cm、42cm、48cmの範囲でまとまる点が注目される。これは、外反・内彎といった口縁部形態の差異に明瞭なまとまりを見出すことができない点とは対照的である。

　この分析から、甕ABにおいては口縁部・口縁端部の形態の違いよりも器高の違いが有意であり、これは甕の容量の違いを反映しているものと理解する。甕ABには複数の容量の違いが存在しており、「複数規格の容量」を確保することに意味があったと考えられる。甕ABの口縁部形態については、規格となる容量を確保した上で、生産地・製作者の個性、貯蔵する内容物や使い方などさまざまな要因により差異が生じたものと推測する[4]。

甕C　広口短頸の形態を甕Cとする（図3）。これは従来の奈良文化財研究所の分類を踏襲するが、甕Cと相似形の器種に鉢Dがある。鉢Dは「外反する短い口縁部と上位で肩の張る体部からなる。高台を付す例もある」（文献22・41）と定義され、甕Cとは別器種として分類される。しかし、外形トレース図をみると甕

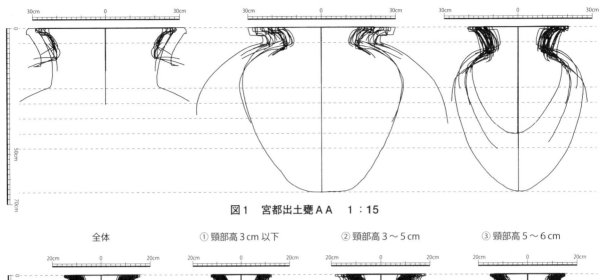

図1　宮都出土甕AA　1：15

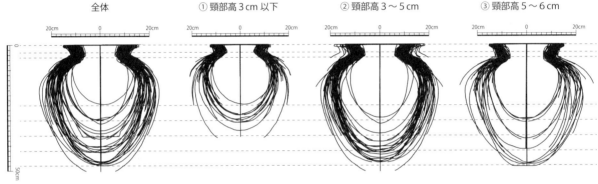

図2　宮都出土甕AB　1：15

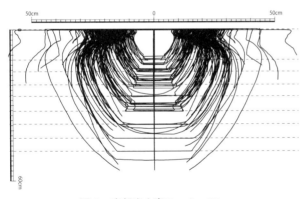

図3　宮都出土甕C　1：15

Cと鉢Dが相似形をなすことはあきらかである（図3）。そして、甕ABと同じく器高に複数のまとまりがみられることから、本来は同一の器種で「複数規格の容量」に分化したものと考える[5]。本稿ではこれらを甕Cと一括して呼称し、便宜的に口径36cm以下、器高25cm以下のものを小型甕Cと呼称する[6]。

以上のように、本稿では宮都における甕を甕AA、甕AB、甕Cの3器種に分類する（図4）。宮都出土甕の中には、この分類が適用できない形態の甕も存在するが、出土例が少ないため本稿では扱わない。な

お、巽淳一郎の研究（文献28）をふまえると、甕AAのうち大型が「瓺」、中型が「𤭯」、甕ABが「㼰」、甕Cが「由加」にあたると理解しておく[7]。

Ⅳ　宮都における甕の出土傾向
（1）飛　鳥

飛鳥時代前半期の遺跡　飛鳥時代前半期[8]の飛鳥地域における甕の様相がわかる事例は少ない。その中で、甘樫丘東麓遺跡Ⅰ期の谷埋立土出土甕（171次調査、文献4）をみると、口径20～25cmの甕ABが複数個体出土している（図5）。これらの甕ABは頸部が短くなで肩で口縁端部を丸くおさめる形態と外面にカキ目、内面に明瞭な当て具痕跡を残す点が共通する。同様に、古宮遺跡SD050東部上層・SG70、坂田寺SG100、水落遺跡貼石遺構周辺からも甘樫丘東麓遺跡例に似た甕ABが出土している（図5）。これらの甕ABには少なくとも大小2種のサイズがあったことを読み取ることができる。

飛鳥時代前半期の飛鳥地域では甕ABが甕の主体を占めており、似たような形態・サイズの甕を複数使

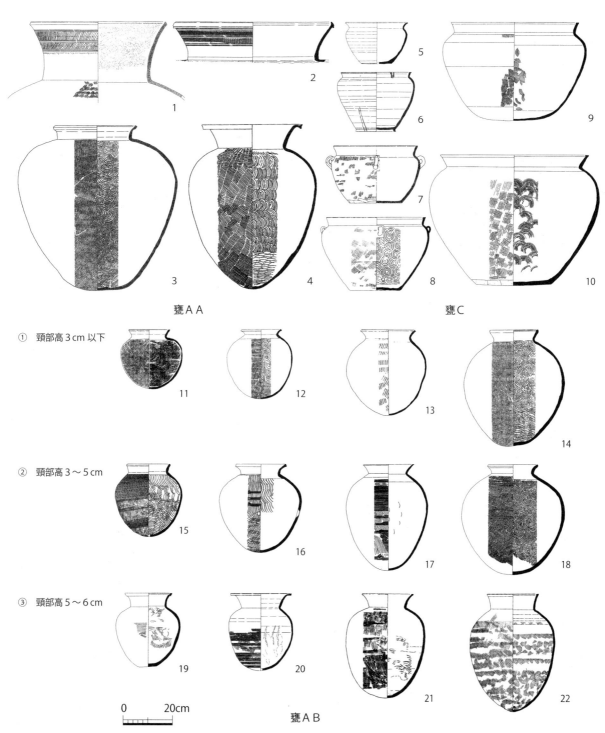

(甕AA) 1：平城宮兵部省SD3715-241、2：吉備池廃寺南面回廊周辺SD180-18、3：西大寺食堂院SE950-88、4：平城宮馬寮SE6166-253

(甕C) 5：藤原京左京六条三坊SD4130中層-825、6：西大寺食堂院SE950-86、7：平城京長屋王邸SD4750-403、8：平城京二条大路SD5100-1820
9：平城京二条大路SD5100-1819、10：平城京二条大路SD5100-1813

(甕AB) 11：平城京右京二条三坊二坪SE572-33、12：藤原宮SK595-9、13：平城京東三坊大路SD485-230、14：藤原京左京十一条一坊溝62-931
15：藤原京右京一条一坊SE8689-42、16：平城京東堀河SD1300-94、17：平城京二条大路SD5100-1811、18：平城京二条大路SD5100-1812
19：飛鳥京跡昭和36年度調査-162、20：吉備池廃寺塔心礎抜取穴-8、21：平城京右京三条三坊三坪SE111-25
22：平城京右京一条北辺二坊三・四坪SE103-32

図4　宮都出土甕の各器種　1：15

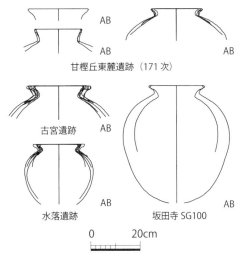

図5　飛鳥時代前半期における甕組成　1:15

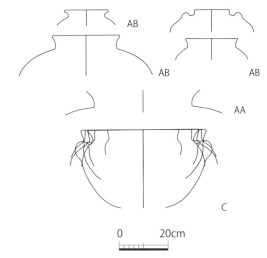

図6　飛鳥宮SD0901の甕組成　1:15

用することにより、貯蔵の目的を果たしていたと理解する。また、飛鳥時代前半期には確実な甕Cがみられない点が注意される。

飛鳥宮　飛鳥宮周辺の甕分布図を示す（図7）。甕の分布は現状では飛鳥宮の内郭東部・北東部と外郭北方地区に集中する。内郭東北部では大型井戸SE6001を検出しており（文献35）、周辺に厨に関わる施設が想定できる。甕の分布も厨に関連する施設が周辺に存在することを示唆している可能性がある。外郭北方地区では東西石組溝SD0901の廃絶にともなって大量の土器類が出土している（文献37）。出土様相から周辺に飛鳥浄御原宮期の食器や貯蔵具を管理する施設が存在し、飛鳥浄御原宮廃絶時すなわち藤原宮遷都時に廃棄されたものと考えられる。SD0901出土甕は大型の甕AAや中・小型の甕ABとともに甕Cが複数個体出土している（図6）。

飛鳥宮では中枢区画を取り巻くように内郭東部・東北部と外郭北方地区の複数個所で甕を使用する施設が配置されていた可能性が考えられる。また、飛鳥浄御原宮期には甕Cが確実に定着しており、宮殿内で使用されていたことがわかる。

（2）藤原宮・京

藤原宮　藤原宮内では、近年調査がおこなわれた内裏東方官衙北地区の調査（飛鳥藤原第175次調査、文献52）で、甕Cが多く出土している。第175次調査区西方の至近の距離にある内裏東官衙地区官衙Bでは甕据付建物の可能性があるSB7600を検出している（文献38、本書182頁）。SB7600は7×3間の東西棟建物の内部北寄りに6基の土坑が東西一列に並ぶ（SX7601）。内裏東外郭塀のすぐ東にあたる内裏東官衙地区官衙Bと第175次調査区周辺には内裏における食膳・調理の準備をおこなう厨に関わる施設が存在していた可能性が考えられる[9]。

藤原京　藤原京内の甕分布図（図8）には藤原京期を前後する時期の遺構も含まれており、甕自体の時期

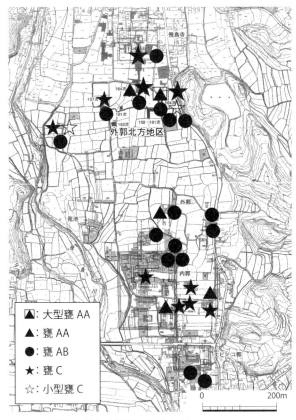

図7　飛鳥宮周辺の甕分布図　1:10000

凡例:
- ▲ 大型甕 AA
- ▲ 甕 AA
- ● 甕 AB
- ★ 甕 C
- ☆ 小型甕 C

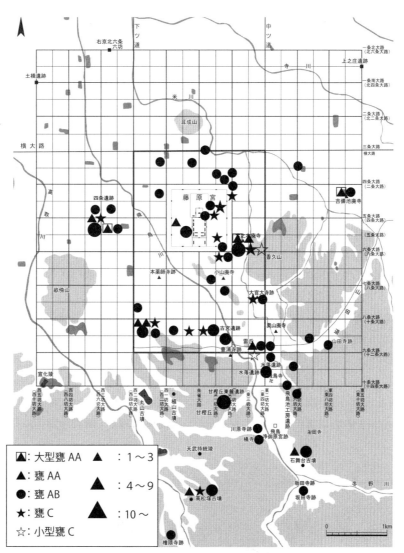

図8　藤原京・飛鳥地域の甕分布図　1：60000

比定の難しさも含めて藤原京成立以前と以後の変化や藤原京期特有の出土傾向を見出すことは難しい。現時点で読み取ることができる甕の出土傾向として、藤原京内からも甕の各器種が多く出土していること、藤原宮以外に藤原京内でも甕Cが出土しており、飛鳥宮周辺に比して甕Cの分布範囲が広がっていることが指摘できる。

なお、藤原京右京十一条一坊西南坪では甕埋設遺構を検出している（本書183頁）。甕埋設遺構の北にある塀を北側柱とすれば甕据付建物とみることもでき（文献48）、藤原京内における甕据付建物の初例となる。今後も、藤原京内で甕据付建物が検出される可能性があり、藤原宮や平城宮・京における甕据付建物との比較検討が必要であろう。

(3) 平城宮・京

平城宮　平城宮内における甕分布図を示す（図9）。平城宮内の甕の分布は、現在までの報告書や概報・紀要に掲載された図面を反映しているため、分布図から平城宮全体の甕の出土傾向を把握することは難しい。その中で、大膳職地区と内裏北外郭地区では甕の分布がまとまってみられ、甕は甕ＡＡ・甕ＡＢ・甕Ｃの各器種が出土している。同地区からは食膳具も大量に出土しており、平城宮の内裏や西宮における食膳・調理に関わる官司と推定されるこの地区の特徴を反映している。

平城宮内の甕については兵部省地区西側のＳＤ3715と東院地区から出土する甕の組成が注目される。

ＳＤ3715は平城宮の基幹排水路の1つである。北は大膳職地区東から、第一次大極殿院・中央区朝堂

院東側を流れ、兵部省地区の西側を経て南面大垣から宮外にいたる。ＳＤ3715は複数次にわたり調査がなされており、特に兵部省地区西側の地点から出土した土器および甕の内容が詳細に報告・検討されている(文献19)。ＳＤ3715は奈良時代末(平城宮土器Ⅴ)の土器が主体であり、長岡京への遷都にともなう廃棄が大半であると考えられる。このＳＤ3715出土甕の組成をみると、中型の甕ＡＡと甕ＡＢが主体を占めている(図10)。また破片数でも甕Ａが7割近くを占め、甕Ｃ・鉢Ｄが3～4割程度とされる[10]。ＳＤ3715からは木簡や墨書土器が出土しており、その記載内容から兵部省の北にあたる中央区と東区の間の南北に細長い地域に存在した内廷に関わる官司から廃棄された遺物である可能性が考えられている(文献55)。兵部省地区西側のＳＤ3715から出土した甕もこれらの官司で使用され、廃棄された可能性が推測できる。

東院地区は平城宮の東張り出し部南半である。東院地区の西北部にあたる第469次調査区(文献18)や、第481次調査区(文献25)を中心に甕の大量出土が特徴として指摘されている。特に甕Ｃが多く報告されており、甕Ｃの多さが東院地区の甕組成の特徴である可能性がある。さらに、奈良時代初頭の遺構である斜行溝ＳＤ8600出土土器は平城宮土器Ⅰの基準資料でもあるが、出土甕をみると圧倒的に甕Ｃが多く、特に口径45～60cmの甕Ｃが主体を占めている(図10、文献6)。これらから平城宮遷都当初から東院地区西北部において甕Ｃを主体とする甕の組成が認められ、奈良時代を通じた特徴である可能性が考えられる。

また、第593次調査では、奈良時代後半の大型井戸と関連遺構を検出した。大型井戸ＳＥ20000は内裏の井戸に匹敵する規模と構造をもち、この井戸から派生する東西溝はさらに2本の溝に分岐し、その上に覆屋が設けられていた。この井戸と派生する溝・覆屋は一体となって機能していたと考えられる。派生する溝から出土した遺物の特徴として、須恵器甕・盤、土師器甕や竈が多い点を指摘し、須恵器貯蔵具として甕Ｃを図示している(文献53)。そして、これらの溝には調理や食膳に関わる土器が廃棄されている可能性が高く、調査地周辺は井戸の水を利用して調

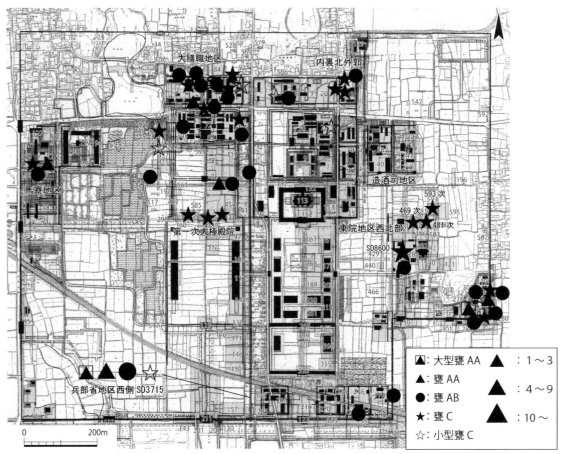

図9　平城宮の甕分布図　1：10000

理や食膳の準備がおこなわれていた「厨」の空間の可能性が高いと指摘している[11]（文献53）。東院地区の西部から北部にかけては、東院地区中枢施設の厨に関わる施設が奈良時代を通じて存在していた可能性が高く、甕Cの出土傾向もこれを反映している可能性が高い。

平城宮内の甕を考える上でもっとも重要な課題は、造酒司地区の甕の実態が不明な点である。甕据付建物については玉田芳英の研究があるが（文献32）、出土甕の詳細について、今後再整理と分析をおこなう必要がある。

平城京 平城京域における甕分布図を示す（図12）。平城京内の各所から甕の各器種が出土していることがわかるが、特に甕Cの分布に注目すると、平城宮に近い貴族邸宅が集中する京北部で大型の甕Cが多く、南部では大型の甕Cよりも小型の甕Cの分布が目立つ。

左京三条二坊一・二・七・八坪には奈良時代前半に長屋王の邸宅が営まれていた。長屋王邸東北部のＳＤ4750は、いわゆる長屋王家木簡が出土した遺構

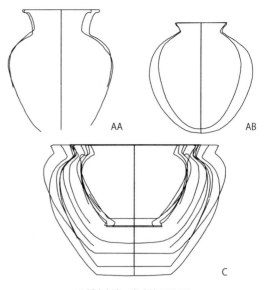
平城京左京二条大路 SD5100

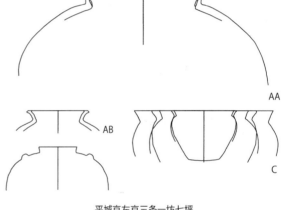
平城京左京三条一坊七坪

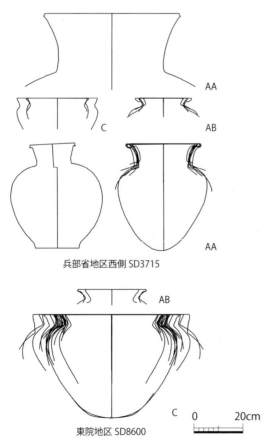

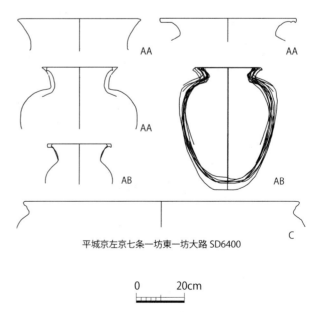
平城京左京七条一坊東一坊大路 SD6400

図10　平城宮における甕組成　1：15

図11　平城京における甕組成　1：15

であり、その出土遺物は長屋王邸内における活動の痕跡を示すと考えられる。ＳＤ4750出土甕は、大型の甕ＡＡと甕ＡＢ、甕Ｃの実測図が示されており、個体数比率でみると甕Ａが15％、甕Ｂが22％、甕Ｃが52％で甕Ｃが5割以上を占める[12]（文献31）。長屋王邸では出土木簡から、邸宅内において酒造りをおこなっており、「店」「西店」とよばれる施設で酒を販売していたことがあきらかにされている（文献30）。ＳＤ4750出土の大型甕ＡＡは長屋王邸内における酒造りに関連する可能性があるものの、想像の域を出ない。

次に、左京二条大路濠状遺構ＳＤ5100出土甕をみる。個体数でみるとＳＤ4750と同じく甕Ｃが67％の割合を占めており[13]、外形トレース図で比較すると、甕ＡＡ、甕ＡＢ、甕Ｃの3形態にまとまる（図11）。甕Ｃは器高によるまとまりがみられることから、容量による使い分けがなされていたことがうかがえる。

左京三条一坊七坪では複数の井戸とともに甕据付建物を6棟検出している（本書196頁、文献39）。奈良時代後半の宮外官衙とみられ、建物配置や空間の利用状況から宮外官衙の現業部門にあたると考えられている[14]。報告書では七坪出土土器群の特徴として、貯蔵形態の出土が顕著であると指摘され、特に甕据付建物ＳＢ5760・5763の間に掘られた土坑ＳＫ5769から甕類が一括して出土している。甕据付建物の周辺で使用されていた甕の一部が廃棄されたものとみられる。これら七坪出土の甕の組成をみると、甕ＡＡ、甕ＡＢ、甕Ｃが出土している（図11）。特に口径50cmを超える大型の甕ＡＡが特徴である。この大型甕Ａ

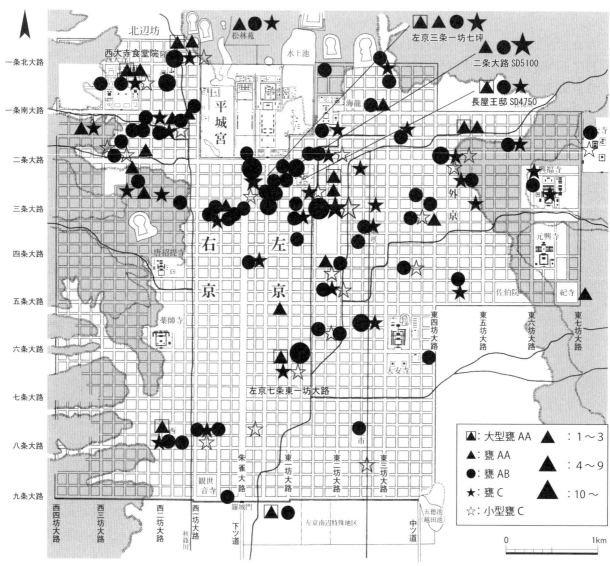

図12　平城京の甕分布図　1：40000

Aは垂下形縁帯状口縁を呈し、陶邑産の甕である（文献16）。

左京七条一坊の東一坊大路西側溝ＳＤ6400から多量の甕が出土している。ＳＤ6400出土甕の組成をみると、甕ＡＡ・甕ＡＢ・甕Ｃの多様な形態の甕が出土しており、その中でも口径20〜25cm、器高45〜50cmの頸部が短く、長胴形態の甕ＡＢがまとまって出土している（図11）。ＳＤ6400に隣接する左京七条一坊十六坪は奈良時代を通して一体の敷地として一町規模で利用されていた（文献40）。ＳＤ6400出土甕は道路側溝出土遺物であり周辺の遺跡との関連性を捉えにくいものの、平城京南部における甕の様相の一端を示していると考えられる。

西大寺食堂院（本書210・211頁）は寺域東北部、右京一条三坊八坪にあたる。発掘調査により大型の井戸ＳＥ950を検出し、その東方で埋甕列ＳＸ930を検出している（文献42）。ＳＸ930の北方では奈良市の調査により同一の埋甕列を確認しており、東西4基、南北に少なくとも20列の合計80基以上の甕据付穴が整然と並んでいたと推定されている。これらの甕据付穴にはそれぞれ甕の底部が遺存しており[15]、甕内部に落ち込んでいた口縁部片を根拠に、甕の配列と口縁部形態との関連が検討され、ＳＸ930の甕は猿投・美濃など複数の生産地から調達されていたことが指摘されている（文献21）。

大型井戸ＳＥ950からはほぼ完形に復元できる大型甕ＡＡが出土し、ＳＸ930出土甕も口径50cmを超える大型甕ＡＡである。西大寺食堂院ではこのような大型甕ＡＡを整然と据え並べて、集中・集約的な甕および内容物の管理をおこなっていたことを示している。

Ⅴ　宮都における甕の特質

以上、各宮都における現状での甕の出土様相について整理した。これをふまえて宮都における須恵器甕の特質について検討したい。

飛鳥時代前半期における甕の様相　飛鳥時代前半期の甕は口径20〜25cmの甕ＡＢを主体とする。この時期の甕ＡＢには大小2種類程度の容量の規格があったようである。これらの甕を複数揃えて使用することにより貯蔵の目的を果たしていたと考えられる。また、当該期の飛鳥地域の甕ＡＢは口縁部形態や調整が類似しており、限定的な生産地からの搬入とみることができる。これは、複数の生産地から多様な口縁部形態と調整の特徴をもつ甕が搬入された飛鳥時代後半期以降の状況とは異なるようである。

本稿の分析では飛鳥時代前半期の大型甕ＡＡと甕Ｃを確認することができなかったが、大型甕ＡＡは古墳時代以来の大甕の系譜にあり、飛鳥時代後半期にも存在していたと考えられる。一方で、次に述べるように飛鳥時代前半期には甕Ｃは出現していないと考えている。当該期における甕ＡＡと甕ＡＢの使い分けや甕ＡＢにおける複数規格の容量の有無については、今後の資料の蓄積と古墳時代の様相との比較検討が必要である。

飛鳥時代後半期における甕の器種分化　飛鳥浄御原宮期〜藤原宮期前後に貯蔵具類の器種分化が認められる。具体的には甕Ｃの出現と定着である。

出現期の甕Ｃとして飛鳥Ⅲの大官大寺下層ＳＫ121出土の甕と飛鳥宮内郭東方ＳＤ6751出土の甕を挙げる（図13）。飛鳥Ⅲの基準資料である大官大寺下層ＳＫ121から口縁部を大きく屈曲させる広口の甕Ｃが出土しており（文献47）、これは同じくＳＫ121出土の甕ＡＢ（文献33）とも共通する特徴である。また、飛鳥宮内郭東方ＳＤ6751出土の甕は、広口・平底・耳状把手をもつ特徴が甕Ｃと共通するが、浅い点が大きく異なり、外面にタタキ痕跡を明瞭に残す点も特徴的である。これらの甕は口縁部が直立し肩部が張る定型化した甕Ｃの初源的な形態であると解し、甕Ｃの出現時期と出現背景を考える上で重要な資料と位置付ける。そして飛鳥浄御原宮の廃絶に関わる飛鳥宮外郭北方ＳＤ0901から甕Ｃが多量に出土しており、飛鳥浄御原宮期には宮殿内で多数の甕Ｃを使用することが定着していたものと考えられる。

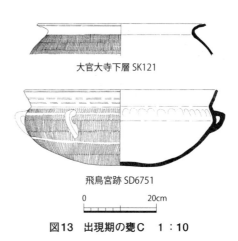

図13　出現期の甕Ｃ　1：10

この飛鳥時代後半期における甕の器種分化は、食器構成の変化とも関連する可能性が考えられる。飛鳥時代後半期には大陸風の食事様式を受容して、筆者の言う「律令的土器様式」(文献5)が成立する。これと同時期に貯蔵具にも甕Cが新たに出現し、甕の器種分化がおこっていたものとみられる。ただし、甕の器種分化はあくまで甕Cが加わったのみであり、食膳具や小型貯蔵具(壺・瓶類)にみられる多様な器種分化や食器構成の変化とは様相が異なっていたと考えられる。これは使用場面や内容物に対応して多様な形態が製作された食膳具・小型貯蔵具とは異なり、須恵器甕は「容量の確保」という貯蔵容器としての本質的機能が最優先され、結果としてある程度似通った形態で製作されていた可能性を考えたい。また、器高の違いから読み取った複数規格の容量分化も、飛鳥時代後半期以降の宮都の甕の特徴である可能性がある。宮都ではより細かい単位での「容量の確保」が必要となったこと、その需要に応えるために複数の生産地から複数規格の甕が搬入されたことを意味する可能性がある。

飛鳥時代後半期の甕の器種分化や複数規格の容量分化は古代宮都の成立と関連する可能性が高く、その具体的な背景を追究する必要がある。さらに、これらは複数の生産地から宮都へ大量の土器が搬入された当該期の食膳具の調達体制の変化(文献7)とも関連する可能性があり、出土甕の生産地比定も含めて実態をあきらかにする必要がある。

宮都と甕C 宮都では大型で広口の甕Cが特徴的な分布を示す点が注目される。上述の通り甕Cは飛鳥時代後半期に出現し、飛鳥浄御原宮や藤原宮・京で定着していた。平城京では、平城宮や貴族邸宅が多い平城京北部で大型甕Cが分布し、一般宅地の多い南部域では大型甕Cは少なく、小型甕Cの出土が目立つ。また、藤原宮・平城宮の甕Cと飛鳥地域・藤原京・平城京の甕Cを比較すると、藤原宮と平城宮で大型の甕Cが顕著にみられる(図14)。

甕Cは平城京二条大路ＳＤ5100出土の「水」と墨書された事例や文献史料の検討から、主に貯水容器として使用されたと想定されている(文献26・28)。甕Cを貯水容器＝水甕とみて宮都における出土傾向を解釈すると、藤原宮や平城宮など宮内における大人数を対象とする食事や調理に際しての水を貯蔵するために大型の甕Cが多用され、この使用方法は飛鳥浄御原宮において定着していたこと、平城京内でも貴族邸宅では比較的大型の甕Cを使用し、一般宅地では小型を使用するなど、使用の場面や人数に応じ

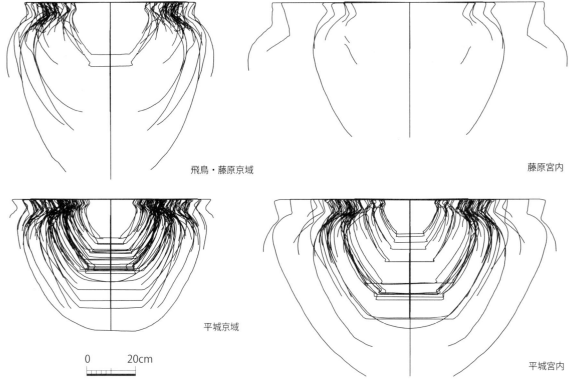

図14　各宮都における甕C　1：15

て容量による使い分けがおこなわれていたことがうかがえる[16]。

甕Cの出現・定着および宮都内での出土傾向は、宮都における貯水容器の展開過程を反映する可能性があり、人口が集中する宮都という特殊な空間における水の確保、という都市問題とも関連している可能性が考えられる。

宮都と甕ＡＢ　宮都の甕組成をみると、ほとんどの遺構から甕ＡＢが出土している点が注目される。甕ＡＢは宮都出土甕の中でもっとも出土量が多い基本的な器種であり、普遍的な甕であったといえる。平城京左京七条東一坊大路西側溝ＳＤ6400では口径20～25cmのほぼ同形同大の甕ＡＢが多量に出土している（図11）。ＳＤ6400の出土甕組成は基本となる1つの容量の甕ＡＢを多数揃え、これにその他の容量の甕ＡＢと中型甕ＡＡ、甕Cが加わった組成と理解する[17]。

宮都では甕ＡＢが基本的な器種として存在し、多様な貯蔵の目的を果たしていた。これは、汎用性の高い甕として甕ＡＢを複数揃え、中に入れる物に応じて適した規格の容量が選択されていたものと考えられる。これは飛鳥時代前半期から続く甕の使用方法であり、古代における一般的な甕の使用方法であったとみられる。

甕の組成と空間の性格　その一方で、大型甕ＡＡや甕Cは特別な機能が期待されていた甕であったと考えられ、出土の偏りはその空間の性格を示唆する可能性がある。平城京左京三条一坊七坪や西大寺食堂院では複数の大型甕ＡＡが出土しており、平城宮東院地区ＳＤ8600では大型甕Cが多数を占める。これらの事例を代表例として、宮都の甕には出土遺構・遺跡により特徴的な甕の組成がみられる[18]。

大型甕ＡＡは平城京左京三条一坊七坪や西大寺食堂院において、甕据付建物や甕据付穴列とともに多量に出土していることから、醸造用・発酵用の容器として使用され、周辺では集約的な酒造りや大量貯蔵・管理がおこなわれた空間であったと考えられる。

また、甕Cは上述のように大人数の食事や生活など水を大量に消費する空間と相関する可能性があり、甕Cが多量に出土する平城宮東院地区ＳＤ8600や平城京二条大路ＳＤ5100周辺では、大量の水の消費を前提として専用の大型貯水容器が必要な空間であったと考えられる。平城宮東院地区は奈良時代を通じ

て東宮や東院・楊梅宮という宮殿が置かれており、甕Cはこれらの東院地区中枢施設における食事や調理に使用する水を大量に貯蔵していたこと、その貯蔵施設が東院地区西北部に存在していたことが考えられる。

これらは代表的な遺構出土の甕の組成を見たのみではあるが、汎用性の高い甕ＡＢを容量に応じて複数使用する方法が一般的な甕の使用方法であり、醸造・発酵や大量の貯水などの目的に応じて特定の形態・サイズをもつ大型甕ＡＡや甕Cが使用されていたものと考えられる。出土甕の組成に注目し、共伴する遺物や周辺遺構との関係に注意して検討することにより、より豊かな遺跡・遺構の理解が可能になるとの見通しが得られる。今後、個別事例の分析が必要である。

まとめ

本稿では宮都における須恵器甕について基礎的な整理と検討をおこない、以下の点を論じた。

①宮都出土甕の外形トレース法による分析をおこない、甕ＡＡ・甕ＡＢ・甕Cの3器種に分類した。

②古代宮都では甕ＡＢが基本的な器種である。甕ＡＢは汎用性の高い甕として、用途に応じて適宜容量を選択して使用されていたと考えられる。

③古代宮都では甕Cが特徴的である。これは宮都の成立によって生じた大量の水の需要に応じて出現・定着した新たな器種であると考えられる。

④出土甕の組成に注目することで、甕（貯蔵具）に期待された機能と、出土遺構や周辺の空間の性格を読み取ることができる可能性がある。

本稿の検討を通じて、宮都における須恵器甕の特質についての見通しを得た。しかし、本稿はまだ基礎的な情報の整理段階であり、須恵器甕の特質をより深く理解するためには今後も調査・報告の方法や観察視点、分析手法など各方面の深化が必要である。今後、出土貯蔵具への関心が高まり、研究が大きく進展することを期待したい。

謝　辞

本報告をなすにあたり、以下の方々、諸機関の助言・援助を得た。

大澤正吾　川畑誠　北門幸二郎　北野智子　木村泰
彦　木村理恵　神野恵　清野陽一　田中秀弥　田中
広明　玉田芳英　並河由佳子　西山良平　野口成美
馬場基　林正憲　三舟隆之　山川貴美
奈良文化財研究所

　なお、本報告の一部は科学研究費基盤研究（C）（課
題番号18K01080）の成果による。

註

（1）筆者の経験による。これらの問題点を克服する方法
として、実測図の掲載以外に個体数・破片数・重量
などの数値を表に示す報告書も多い。

（2）宮都出土煮炊具の分析からは、食膳具とは異なる
分布・製作集団の特質があきらかにされている（文献
17・51）。

（3）本稿では、器形の種類の略語として器種の語を使用
する。

（4）なお、この知見は巽淳一郎が器名比定をおこなう際
に、甕Aと甕Bの口縁部の違いや形態差よりも法量
（容量）の違いを重視したこと（文献28）の妥当性を追認
するものである。

（5）巽淳一郎も、甕C・鉢DをE群として一括し法量で
4つのグループに分類している（文献28）。

（6）図3において器高25cmに分布の境を認め、この器
高に対応する完形資料の口径が36cmであったこと
にもとづいて大型・小型に区分した。なお、甕Cに
は高台を付す例があるが、現状では口径40cm、器
高32cm以下までのサイズでは高台を付す例と平底
の例が混交し、これを超えると高台を付す例はみら
れない。

（7）ただし「甀」と「㽍」の違いを明確にできていない。
甕ABの中でも体部が球胴形を呈し、より大きな容
量を確保できる個体の中に「甀」が含まれている可
能性は残る。

（8）本稿では飛鳥Ⅰ・Ⅱの「飛鳥時代前半期土器様式」
と仮称する段階を飛鳥時代前半期とし、飛鳥Ⅲ以降
の「律令的土器様式」成立以後の段階を飛鳥時代後
半期とする（文献5）。

（9）なお、藤原宮内裏東方地区からの甕の大量出土は先
にみた飛鳥宮内郭東部・東北部における甕の出土傾
向と類似している。飛鳥浄御原宮と藤原宮では内裏
東方に厨に関わる施設が存在していた可能性があり、
両宮殿の連続性を考える上で興味深い。

（10）奈良文化財研究所の器種分類による。

（11）隣接する第595次調査では地上式竈を複数設置した
とみられる方形区画遺構を検出しており、第593・

595次調査区周辺が東院地区の厨施設である蓋然性
はかなり高まったといえる（文献2）。

（12）奈良文化財研究所の器種分類による。

（13）なお、ＳＤ5100出土の甕Cの中・小型品の中には油
とみられる有機物が残存することが指摘されている
（文献29）。ＳＤ5100からは大量の灯明器が出土して
いることから、これらの土器群と燃灯供養との関連
が指摘されている（文献24）。

（14）報告書では具体的な官司として大学寮に比定する
（文献54）。

（15）甕据付穴に実際に甕が遺存している事例は少なく、
甕据付建物内部に据えられた甕と建物との関係を考
える上で重要な事例といえる。また、西大寺食堂院
において甕据付穴に甕が残されていた背景について
も検討が必要である。

（16）ただし巽淳一郎が指摘するように、ＳＤ5100出土
中・小型甕Cには油を入れたものもある（文献29）。ま
た、貯水容器とみる場合、飲用・調理用だけでなく
防火用の水槽などとして用いられた可能性もある。

（17）同様に、平城宮兵部省地区西側ＳＤ3715出土甕の口
径・容量をみると口径30cm前後の中型の甕ＡＡが
多い（図10）。これはＳＤ6400出土甕と同じく、中型
の甕ＡＡが汎用性の高い甕として選ばれていたと考
える。ＳＤ6400の甕ＡＢとＳＤ3715の中型甕ＡＡ
の違いは、必要とされた甕の容量の違いに関わる可
能性が考えられる。ＳＤ3715出土土器が周辺の官司
で使用されていたとみられることから、大量の水の
貯蔵や醸造・発酵に関わらない一般的な官司では、
汎用性の高い甕を複数使用する使い方がおこなわれ
ていたと考えられる。

（18）ただし、これらは存否ではなく、出土量の多寡に注
目して出土遺跡・遺構の性格を検討すべきである。

参考文献

1　海野聡・小田裕樹「都城の形成と井戸」『続・井戸再
考』第62回埋蔵文化財研究集会事務局、2013。

2　海野聡・山藤正敏「東院地区の調査－第595次」『奈
良文化財研究所紀要2019』奈良文化財研究所、2019。

3　小田裕樹「食器構成からみた「律令的土器様式」の成
立」『文化財論叢Ⅳ』奈良文化財研究所、2012。

4　小田裕樹・清野孝之「甘樫丘東麓遺跡の調査－第
171・177次」『奈良文化財研究所紀要2013』奈良文化
財研究所、2013。

5　小田裕樹「古代宮都とその周辺の土器様相」『官衙・
集落と土器2』奈良文化財研究所、2016。

6　小田裕樹「平城宮斜行溝ＳＤ8600出土の土器」『奈良
文化財研究所紀要2017』奈良文化財研究所、2017。

7　尾野善裕・森川実・大澤正吾「飛鳥地域出土の尾張

産須恵器」『奈良文化財研究所紀要2016』奈良文化財研究所、2016。

8 鐘方正樹『井戸の考古学』同成社、2003。

9 上村憲章「容量からみた甕」『瓦衣千年　森郁夫先生還暦記念論文集』森郁夫先生還暦記念論文集刊行会、1999。

10 川畑誠「須恵器貯蔵具の消費痕跡試論」『北陸古代土器研究』第8号、北陸古代土器研究会、1999。

11 木村泰彦「甕据え付け穴を持つ建物について」『瓦衣千年　森郁夫先生還暦記念論文集』森郁夫先生還暦記念論文集刊行会、1999。

12 木村泰彦「長岡京の甕据付建物について」『官衙・集落と大甕』奈良文化財研究所、2019。

13 木村理恵「須恵器大甕からみる古代の窯業生産」『古代窯業の基礎研究』窯跡研究会、2010。

14 木村理恵「藤原宮期の須恵器供給体制に関する研究」『文化財論叢Ⅳ』奈良文化財研究所、2012。

15 木村理恵「大甕の変遷とその歴史的背景」『待兼山考古学論集Ⅲ』大阪大学考古学研究室、2018。

16 木村理恵「大甕の生産・流通の変遷について」『官衙・集落と大甕』奈良文化財研究所、2019。

17 古代の土器研究会『古代の土器研究－律令的土器様式の西・東4　煮炊具』1996。

18 芝康次郎・森川実ほか「東院地区の調査－第446・469次」『奈良文化財研究所紀要2011』奈良文化財研究所、2011。

19 神野恵「土器類」『平城宮跡発掘調査報告ⅩⅥ　兵部省地区の調査』奈良文化財研究所、2005。

20 神野恵「陶硯と転用硯」『平城宮跡発掘調査報告ⅩⅥ　兵部省地区の調査』奈良文化財研究所、2005。

21 神野恵「土器・土製品」『西大寺食堂院・右京北辺発掘調査報告』奈良文化財研究所、2007。

22 神野恵・森川実「土器類」『図説　平城京事典』柊風舎、2010。

23 神野恵「平城宮転用硯の実態」『奈良文化財研究所紀要2018』奈良文化財研究所、2018。

24 神野恵「奈良時代の燃灯供養と律令祭祀」『都城制研究』13、奈良女子大学古代学学術研究センター、2019。

25 鈴木智大・青木敬「東院地区の調査－第481次」『奈良文化財研究所紀要2012』、奈良文化財研究所、2012。

26 関根真隆『奈良朝食生活の研究』吉川弘文館、1969。

27 巽淳一郎編『平城宮・京出土須恵器の分類と産地同定』奈良文化財研究所、1992。

28 巽淳一郎「奈良時代の甌・甄・㽅・由加」『文化財論叢Ⅱ』奈良文化財研究所、1995。

29 巽淳一郎「ＳＤ5100木屑層の土器組成の特質」『平城

京左京二条二坊・三条二坊発掘調査報告』奈良国立文化財研究所、1995。

30 館野和己「長屋王家の交易活動」『奈良古代史論集』第3集、奈良古代史談話会、1997。

31 玉田芳英「長屋王家の土器」『平城京左京二条二坊・三条二坊発掘調査報告』奈良国立文化財研究所、1995。

32 玉田芳英「平城宮の酒造り」『文化財論叢Ⅲ』奈良文化財研究所、2002。

33 玉田芳英「大官大寺下層土坑出土の貯蔵器と煮炊具」『奈良文化財研究所紀要2002』奈良文化財研究所、2002。

34 津野仁「古代須恵器大甕の耐久」『研究紀要』25、（公財）とちぎ未来づくり財団埋蔵文化財センター、2017。

35 奈良県教育委員会『飛鳥京跡一』1971。

36 奈良県立橿原考古学研究所『飛鳥京跡二』1980。

37 奈良県立橿原考古学研究所『飛鳥京跡Ⅳ』2011。

38 奈良国立文化財研究所「東方官衙地区の調査（第67次）」『飛鳥・藤原宮発掘調査概報23』1993。

39 奈良国立文化財研究所『平城京左京三条一坊七坪発掘調査報告』1993。

40 奈良国立文化財研究所『平城京左京七条一坊十五・十六坪発掘調査報告』1997。

41 奈良文化財研究所『平城宮跡発掘調査報告ⅩⅥ　兵部省地区の調査』2005。

42 奈良文化財研究所『西大寺食堂院・右京北辺発掘調査報告』2007。

43 奈良文化財研究所『世界文化遺産特別史跡平城宮跡』2010。

44 奈良文化財研究所『飛鳥・藤原宮発掘調査報告書Ⅴ』2017。

45 奈良文化財研究所『奈良文化財研究所紀要2019』2019。

46 西弘海「土器様式の成立とその背景」『考古学論考』小林行雄博士古稀記念論文集刊行会（脱稿は1974）、1982。

47 西口壽生・玉田芳英「大官大寺下層土坑の出土土器」『奈良文化財研究所紀要2001』奈良文化財研究所、2001。

48 林部均・松井一晃「藤原京右京十一条一坊」『奈良県遺跡調査概報2003年（第二分冊）』奈良県立橿原考古学研究所、2004。

49 北陸古代土器研究会『須恵器貯蔵具を考えるⅠ　つぼとかめ』北陸古代土器研究第8号、1999。

50 堀内明博「長岡京出土の特殊建物遺構に関する2・3の覚え書き」『長岡京古文化論叢Ⅱ』中山修一先生喜寿記念事業会、1992。

51 三好美穂「都城形甕」『続文化財学論集』文化財学論

集刊行会、2003。

52　森先一貴ほか「東方官衙北地区の調査−第175次」『奈良文化財研究所紀要2013』奈良文化財研究所、2013。

53　山藤正敏・小田裕樹「東院地区の調査第584・593次」『奈良文化財研究所紀要2018』奈良文化財研究所、2018。

54　渡辺晃宏「史料からみた平城京の宮外官衙」『平城京左京七条一坊七坪発掘調査報告』奈良国立文化財研究所、1993。

55　渡辺晃宏「ＳＤ3715出土木簡をめぐって」『平城宮跡

発掘調査報告XVI　兵部省地区の調査』奈良文化財研究所、2005。

図版出典

図1〜3・5・6・10・11・14：筆者作成。

図4：　各報告書をもとに筆者作成。

図7：　文献37ををもとに筆者作成。

図8：　文献44をもとに筆者作成。

図9：　文献45をもとに筆者作成。

図12：文献43をもとに筆者作成。

図13：文献36・47。

（別表）分析対象遺跡一覧（1）

遺跡	遺構名	甕AA 大型	甕AB ①	甕AB ②	甕AB ③	甕C 小型		文献番号
【飛鳥地域】								
古宮遺跡	SD050・SG070		1	4				78
古宮遺跡	152-8次SD200			2				123
雷丘東方遺跡	SD110・西地区整地層	1	2			1		82
石神遺跡	2次SD500			1				87
石神遺跡	19次SD4260			1				122
水落遺跡	貼石遺構周辺		7	1				103
甘樫丘東麓遺跡	171次炭溜SU250・炭混層SX201		3	5				126
甘樫丘東麓遺跡	177次谷埋め立て土・堆積土		2	2				127
飛鳥池遺跡	93次SK70			1				109
酒船石遺跡	北部・西部地域			3				1
島庄遺跡	SD27				1			2
島庄遺跡	20次SB08・SD06・SG03・SD04	2	4	2				26
竹田遺跡	A・B区断割	2	1					3
山田道	104次SD3880		1					110
上の井手遺跡	143-1次東西溝SD4221		1					120
高松塚周辺遺跡	掘割状遺構	2	3	5	1	2		9
飛鳥寺	1次塔前参道			1		1		74
川原寺	1996-2次SD367中層		1					105
橘寺	飛鳥京102次			2	1			12
吉備池廃寺	塔心礎抜取穴SX151・南面回廊周辺SD180下層	1	1	1				115
山田寺	SK006		1					114
坂田寺	SG100			3				132
檜隈寺	SD940			1				126
大官大寺	SK121		1		1			133
【飛鳥宮】								
飛鳥宮跡	昭和35年度遺構面			2				7
飛鳥宮跡	昭和36年度遺構面				1			7
飛鳥宮跡	昭和39年度調査地点北方遺構			2				7
飛鳥宮跡	12・14次SD6751下層	1			1			7
飛鳥宮跡	13次			2				7
飛鳥宮跡	昭和43年度酒舟石下	1						7
飛鳥宮跡	18次調査地点下層				1			7
飛鳥宮跡	92次SX8205			2		3	1	10
飛鳥宮跡	115次			2				15
飛鳥宮跡	118次SD6751砂層				3			19
飛鳥宮跡	117次SX9026覆土		1					21
飛鳥宮跡	120次SA8935			2				21
飛鳥宮跡	146次・148次SA0123			1				31
飛鳥宮跡	内郭北区画		1			2		36
飛鳥宮跡	外郭北部SD0605	2	1			4		41
飛鳥宮跡	外郭北部SD0641	1						41
飛鳥宮跡	外郭北部SD0315					2		41
飛鳥宮跡	外郭北部SD0901	1	1	1	1	6	1	41
飛鳥宮跡	167次SX1005,SA1101	1						47
【藤原宮】								
藤原宮	SB530周辺・その他		1	1				80
藤原宮	SE1225	1						80
藤原宮	SK1042		1					80
藤原宮	SD1250				1			80
藤原宮	SK1365		1					80
藤原宮	SK595		1					82
藤原宮	SD878			1				82
藤原宮	174次第二次整地土			1				126
藤原宮	175次東西溝SD11098・整地土	1	1			5		126
藤原宮	183次SD8551・8565		1					128
藤原宮	188-7次SD11380				2			130
高所寺池	南面大垣内・外濠			1				119
【藤原京】								
左京二条東一坊大路	SD5110・SD5111・SD5118			2				95
左京二条二坊	東側溝		1	2		1		22
左京三条三坊	SD11212			1	1			127
左京二条六坊	1044SE		1					5
左京六条三坊	土坑SK4325・SK4265・SK4271	1		1		1		131
左京六条三坊	掘立柱建物SB4800・SB4725	1		1	2			131
左京六条三坊	条坊側溝	1		3	2	1		131
左京六条三坊	東西大路SD4130	1	9	10	2	6	5	131
左京七条二坊	SD6031・SD6032B・SD4752・SD9633・SE9330・SD9651・SD9561・SD9870		2			1		119
左京八条一坊	SA640			1				124
紀寺南遺跡	谷1		1	1				22
横大路（醍醐町）	20層		2	1				13
右京一条一坊	SE8689・SE8690・SK8686			2		1		106
右京一条三坊・同一条四坊	素掘溝			1				24
右京三条三坊	南区　溝40SD			1				4
四条遺跡	整地層堆積土		1	1				19
四条遺跡	SD24100		1		1			26
四条遺跡	SD30032		1		1			32
四条遺跡	SK31018		1					33
四条遺跡	西六坊大路西側溝SD102	1	1	3	4			40
四条遺跡	四条条間路南側溝SD110		1	1				40
四条遺跡	井戸SE135					1		40
四条遺跡	河道SD147・整地土			1		1		40
四条遺跡	四条2号墳周濠SD01	1						40
下ツ道（栄和町）	SX02		2					15
右京十一条一坊	第Ⅲ層・井戸1・土坑146・溝62・落ち込み	1	2	2	1	2		51
右京十一条二坊	A区整地土・C区溝12090		1	2				48
右京十一条三坊	井戸07001・土坑07001・西三坊坊間路東側溝	1	2	3				45
右京十一条三坊・四坊	C3区	1				1		52
【平城宮】								
大膳職地区	SK219・SD126B・SD106・SB143・SK140・SA109・SE311-A・SE311-B・SK234・SK238・SB236・SB246	1	8	3		4	6	75
内裏北外郭地区	SK820・Q地区整地・SK2113・SB960			2	1	4		79
第一次大極殿院地区	SK8223・SK8317・SK3784・SB7802・SD3715・西辺整地土層・SK3835・SB17871・SD3825C・SB18500	1	1	4	2	8	3	86
馬寮地区	SK6350・SE6166	2		1		1		91
内裏地区	SC640・SB7600・SB7872					1	1	99
東院庭園	SG5800・SD5830・SD9375・SD9272・SA5505・SD16309・SD9040・SB5880	1	1	2	2	4	2	116
兵部省地区	SD3715	1	6	3	1	1	3	118
式部省地区	222次			1				100
式部省地区東方	東面大垣SD17650			1				108
東院地区	593次					4		132
東院地区	斜行溝SD8600			3		22		130
東院地区	469次					1		124
東院地区	481次					1		125
第一次大極殿院地区	585次					1		132
松林苑跡		2				1	1	16
【平城京】（左京）								
平城宮下層下ツ道	SD1900A			1		1		81
朱雀大路	119次			1				57
朱雀大路	東側溝SD1002	1	8	2		3	3	64
朱雀大路	坊垣築地雨落溝SD1011	1	3	1				64
朱雀大路	条間北小路南側溝SD1009					1		64
東三坊大路	ウワナベ古墳東外堤SD734					1		76
東三坊大路	SD485		1	1		3		76
左京一条二坊九坪	558次SK10947			1				129
左京一条三坊十二・十三坪	SE02			1				56

（別表）分析対象遺跡一覧（2）

遺跡	遺構名	甕AA	甕AB			甕C	文献番号
		大型	①	②	③	小型	
左京一条三坊十三坪	S D 09	1					55
左京二条条間路	S D 7090A				1		108
左京二条二坊十一坪	571次 S D 11113				1		130
左京二条二坊十三坪	S K 2270・S K 2800			1		2	89
左京二条二坊十五坪	501次 S D 10320					1	126
左京二条四坊二条条間路	329次 S D 02			1	1		63
左京二条四坊七坪	174次 S X 28					2	58
左京二条五坊四・五坪	S X 9911・N R 0008		3	2	1	1 1	46
左京二条六坊五坪・北小路	S K 022			1			73
左京二条六坊十一坪	S D 2289					1	72
長屋王邸（左京三条二坊）	S D 4750・S E 4770	1		2		2	104
二条大路	S D 5100	2		2		13	104
左京三条一坊五・十二・十三坪	東一坊坊間路両側溝			3	1		37
左京三条一坊六坪	S D 20			1			11
左京三条一坊七坪	S K 5769・S K 5770・S K 5773・S E 5767	3		2		4 1	101
左京三条一坊十坪	304次 S D 7473			1			111
左京三条一坊十五坪	534次 S K 10499			1			128
左京三条二坊三坪	S E 967・S K 2968		2			1	77
左京三条二坊三坪	S E 32			1	1		14
左京三条二坊六坪	S D 1545・S D 1525		1	1		1	93
左京三条二坊九坪			1	3			53
左京三条二坊九坪 445次	S E 08			1			67
左京三条二坊十一・十二・十三・十四坪	土坑・井戸・溝・洪水堆積	1 3	4	17	6	10 9	49
三条大路	北側溝 S D 02			1			43
左京三条三坊八坪	東三坊坊間路西側溝1層		1	1		3 2	27
左京三条三坊十二坪	17C S D 02			2	1	1 1	38
左京三条三坊十二坪	S K 17					1	18
左京三条四坊十一坪	S D 19			1			20
左京三条四坊十三坪	S E 25			1	1		68
左京三条五坊十坪	S D 001・S D 011・N R 312	1 1		3		1	46
左京三条五坊十三坪	S E 353					1	29
興福寺	中金堂					1	113
東六坊大路（興福寺旧境内）	井戸			1		1	25
左京四条二坊一坪	S E 2600・S K 2596・S E 2600			2			96
左京四条二坊三坪	550次河川03			1			70
左京四条三坊六坪				2			23
左京四条三坊十坪	314次 S E 07			2		1	62
左京四条四坊九坪	S K 2412				1	2	97
左京四条四坊・四条五坊	溝17C02	1					35
左京五条一坊一・八坪	S E 45			3	1	1	56
左京五条二坊十四坪	S E 03			1		1	54
左京五条四坊七・九・十坪	S D 101			1		1	68
左京五条二坊十五・十六坪	S E 01・S E 04・S B 01・S B 16・S B 19	3		1		2	34
左京五条四坊十五・十六坪	S D 101・S D 2005			1		1	70
左京五条五坊七・八坪	N R 0208・整地土					2	46
左京五条五坊九坪	S B -04					1	17
左京（外京）五条五坊坊間路	S D 01 S D 02			2		2	55
左京六条一坊十六坪	S K 13 S E 14	1		1			65
左京六条二坊十三・十四坪	S E 03・S D 15			2		1	20
東市跡	22次溝 S D 01	1					65
左京六条三坊十坪（東堀河）	S D 02			2	1	1	56
左京七条一坊十五・十六坪	S B 6601・S B 6651・S D 6400・S E 6653・S E 6432	1 2	1	10	7	2	107
左京七条四坊十六坪				1			14
左京八条一坊三・六坪	S G 3500					1	92
東堀河（左京九条三坊）	S D 1300			1			88
左京九条三坊十坪	坪内道路側溝					1	94
東大寺境内	S K 05					1	50
東大寺旧境内	第24発掘区瓦層		1	1			71
平城京十条（下三橋遺跡）	溝・土坑	1	1	1	1		136
東紀寺遺跡	川跡			1			29
【平城京】（右京）							
朱雀大路	西側溝 S D 2600			1			130
朱雀大路	三条大路付近西側溝 S D 601			1			39
右京北邊	溝・土坑・井戸	2	1	1	1	1	6
右京一条北辺二坊三坪・四坪	S E 103	1 1	1	1	1	1	8
右京一条南大路	S D 3301C			1	1		129
西隆寺旧境内	344次 S E 960			1			117
西隆寺旧境内	S E 060・S E 130・S G 530・S K 455				2	1	102
西隆寺旧境内	S D 110			1			112
西大寺旧境内	505次金堂院下層					1	127
西大寺食堂院	S E 950・S X 930	3		1		1 2	121
右京一条四坊二坪	S D 03			1			59
右京二条二坊一坪	S K 3232	2		1			129
右京二条二坊七・八・九・十坪	溝・井戸・柱穴	2		2	1	1 1	28
右京二条二坊十五坪	460次 S E 503			1		1	68
右京二条二坊十六坪	S E 0540・S E 0600		1	3		1	84
右京二条三坊二坪	S E 572	1					66
右京二条三坊四坪	S E 503	1					61
右京二条三坊七坪	S K 610			2	1		65
右京二条三坊十一坪	S D 103			4			67
右京二条三坊十二坪	S D 101			2		1	69
右京二条四坊七坪		1				1	55
右京三条西一坊間東小路	S X 0635・S X 0864	2	1	2		1	42
右京三条二坊五坪	S D 01	1					29
右京三条二坊十二・十三・十四坪	第4調査区					1	30
右京三条三坊三坪	S E 111				1	1	60
右京三条三坊六・十一坪	S E 01					1	30
右京三条三坊八坪	溝 S D 111	1					61
右京三条三坊・四坊	S E 0302・S X 1407					3	44
右京四条一坊九坪	沼地状遺構 S X 0602 IX層			1			42
西市跡	S E 396				1		85
右京八条一坊十一坪	S E 930・S D 920			2			90
右京八条一坊十三・十四坪	S K 2001・S D 1500・S K 1373・S E 1555・S E 1315			4		1 2	98
右京八条二坊五・六・十一・十四坪	土坑0509・井戸0639	1				2	134
九条大路	S K 12			2			83
平城京南方遺跡	溝10			1			135

分析対象遺跡出典一覧

1　明日香村教育委員会『酒船石遺跡発掘調査報告書』2006。

2　明日香村教育委員会『島庄遺跡発掘調査報告書』2008。

3　明日香村教育委員会『竹田遺跡発掘調査報告書』2012。

4　橿原市教育委員会事務局生涯学習部文化財課『藤原京Ⅱ』2013。

5　橿原市教育委員会事務局生涯学習部文化財課『藤原京Ⅲ』2013。

6　元興寺文化財研究所『平城京右京北邊』2005。

7　奈良県教育委員会『飛鳥京跡二』1980。

8　奈良県教育委員会『平城京右京一条北辺二坊三坪・四坪』1994。

9　奈良県立橿原考古学研究所『奈良県遺跡調査概報1981年度（第二分冊）』1983。

10　奈良県立橿原考古学研究所『奈良県遺跡調査概報1982年度（第一分冊）』1983。

11　奈良県立橿原考古学研究所『奈良県遺跡調査概報1983年度（第一分冊）』1984。

12　奈良県立橿原考古学研究所『奈良県遺跡調査概報1984年度（第二分冊）』1985。

13　奈良県立橿原考古学研究所『奈良県遺跡調査概報1988年度（第一分冊）』1989。

14　奈良県立橿原考古学研究所『奈良県遺跡調査概報1988年度（第二分冊）』1989。

15　奈良県立橿原考古学研究所『奈良県遺跡調査概報1989年度（第二分冊）』1990。

16　奈良県立橿原考古学研究所『松林苑跡Ⅰ』1990。

17　奈良県立橿原考古学研究所『奈良県遺跡調査概報1987年度（第二分冊）』1990。

18　奈良県立橿原考古学研究所『奈良県遺跡調査概報1990年度（第一分冊）』1991。

19　奈良県立橿原考古学研究所『奈良県遺跡調査概報1990年度（第二分冊）』1991。

20　奈良県立橿原考古学研究所『奈良県遺跡調査概報1991年度（第一分冊）』1992。

21　奈良県立橿原考古学研究所『奈良県遺跡調査概報1991年度（第二分冊）』1992。

22　奈良県立橿原考古学研究所『奈良県遺跡調査概報1993年度（第二分冊）』1994。

23　奈良県立橿原考古学研究所『奈良県遺跡調査概報1994年度（第一分冊）』1995。

24　奈良県立橿原考古学研究所『奈良県遺跡調査概報1995年度（第二分冊）』1996。

25　奈良県立橿原考古学研究所『奈良県遺跡調査概報1996年度（第一分冊）』1997。

26　奈良県立橿原考古学研究所『奈良県遺跡調査概報1997年度（第二分冊）』1998。

27　奈良県立橿原考古学研究所『平城京左京三条三坊八坪』1998。

28　奈良県立橿原考古学研究所『平城京右京二条二坊七・八・九・十坪』1998。

29　奈良県立橿原考古学研究所『奈良県遺跡調査概報1998年度（第一分冊）』1999。

30　奈良県立橿原考古学研究所『奈良県遺跡調査概報2001年度（第一分冊）』2002。

31　奈良県立橿原考古学研究所『奈良県遺跡調査概報2001年度（第三分冊）』2002。

32　奈良県立橿原考古学研究所『奈良県遺跡調査概報2004年度（第二分冊）』2005。

33　奈良県立橿原考古学研究所『奈良県遺跡調査概報2005年度（第二分冊）』2006。

34　奈良県立橿原考古学研究所『平城京五条二坊十五・十六坪』2006。

35　奈良県立橿原考古学研究所『平城京左京四条四坊・四条五坊』2007。

36　奈良県立橿原考古学研究所『飛鳥京跡Ⅲ』2008。

37　奈良県立橿原考古学研究所『平城京左京三条一坊五・十二・十三坪発掘調査報告』2008。

38　奈良県立橿原考古学研究所『平城京左京三条三坊五・十二坪発掘調査報告書』2008。

39　奈良県立橿原考古学研究所『平城京朱雀大路・下ツ道』2010。

40　奈良県立橿原考古学研究所『四条遺跡Ⅱ』2010。

41　奈良県立橿原考古学研究所『飛鳥京跡Ⅳ』2011。

42　奈良県立橿原考古学研究所『平城京三条大路Ⅰ』2011。

43　奈良県立橿原考古学研究所『平城京三条大路Ⅱ』2011。

44　奈良県立橿原考古学研究所『平城京右京三条三坊・四坊』2011。

45　奈良県立橿原考古学研究所『藤原京右京十一条三坊』2013。

46　奈良県立橿原考古学研究所『平城京左京二・三・五条五坊』2013。

47　奈良県立橿原考古学研究所『飛鳥京跡Ⅵ』2014。

48　奈良県立橿原考古学研究所『藤原京右京十一条二坊』2015。

49　奈良県立橿原考古学研究所『平城京左京三条二坊十一・十二・十三・十四坪』2015。

50　奈良県立橿原考古学研究所『奈良県遺跡調査概報2015年度（第一分冊）』2016。

51　奈良県立橿原考古学研究所『藤原京右京十一条一

52 奈良県立橿原考古学研究所『藤原京右京十一条三坊・四坊』2017。

53 奈良市教育委員会『平城京左京三条二坊九坪　発掘調査概要報告』1980。

54 奈良市教育委員会『奈良市埋蔵文化財調査報告書昭和54年度』1980。

55 奈良市教育委員会『奈良市埋蔵文化財調査報告書昭和56年度』1982。

56 奈良市教育委員会『奈良市埋蔵文化財調査報告書昭和59年度』1985。

57 奈良市教育委員会『奈良市埋蔵文化財調査概要報告書昭和61年度』1988。

58 奈良市教育委員会『奈良市埋蔵文化財調査概要報告書平成元年度』1990。

59 奈良市教育委員会『奈良市埋蔵文化財調査概要報告書平成3年度』1992。

60 奈良市教育委員会『奈良市埋蔵文化財調査概要報告書平成4年度』1993。

61 奈良市教育委員会『奈良市埋蔵文化財調査概要報告書平成5年度』1994。

62 奈良市教育委員会『奈良市埋蔵文化財調査概要報告書平成6年度』1994。

63 奈良市教育委員会『奈良市埋蔵文化財調査概要報告書平成7年度』1995。

64 奈良市教育委員会『史跡　平城京朱雀大路跡』1999。

65 奈良市教育委員会『奈良市埋蔵文化財調査概要報告書平成10年度』2000。

66 奈良市教育委員会『奈良市埋蔵文化財調査概要報告書平成11年度』2001。

67 奈良市教育委員会『奈良市埋蔵文化財調査概要報告書平成12年度』2002。

68 奈良市教育委員会『奈良市埋蔵文化財調査概要報告書平成13年度』2005。

69 奈良市教育委員会『奈良市埋蔵文化財調査概要報告書平成14年度』2006。

70 奈良市教育委員会『奈良市埋蔵文化財調査年報平成18年度』2009。

71 奈良市教育委員会『奈良市埋蔵文化財調査年報平成24年度』2015。

72 奈良女子大学『奈良女子大学構内遺跡発掘調査概報Ⅰ』1982。

73 奈良女子大学『奈良女子大学構内遺跡発掘調査概報Ⅴ』1995。

74 奈良国立文化財研究所『飛鳥寺発掘調査報告』1958。

75 奈良国立文化財研究所『平城宮発掘調査報告Ⅱ』1962。

76 奈良国立文化財研究所『平城宮発掘調査報告Ⅵ』1975。

77 奈良国立文化財研究所『平城京左京三条二坊発掘調査報告』1975。

78 奈良国立文化財研究所『飛鳥・藤原宮発掘調査報告Ⅰ』1976。

79 奈良国立文化財研究所『平城宮発掘調査報告Ⅶ』1976。

80 奈良国立文化財研究所『飛鳥・藤原宮発掘調査報告Ⅱ』1978。

81 奈良国立文化財研究所『平城宮発掘調査報告Ⅸ』1978。

82 奈良国立文化財研究所『飛鳥・藤原宮発掘調査報告Ⅲ』1980。

83 奈良国立文化財研究所『平城京九条大路発掘調査報告』1981。

84 奈良国立文化財研究所『平城京右京二条二坊十六坪発掘調査報告』1982。

85 奈良国立文化財研究所『平城京西市跡・右京八条二坊十二坪発掘調査』1982。

86 奈良国立文化財研究所『平城宮発掘調査報告Ⅺ・ⅩⅦ』1982・2011。

87 奈良国立文化財研究所『飛鳥・藤原宮発掘調査概報13』1983。

88 奈良国立文化財研究所『平城京東堀河』1983。

89 奈良国立文化財研究所『平城京左京二条二坊十三坪発掘調査報告』1984。

90 奈良国立文化財研究所『平城京右京八条一坊十一坪発掘調査報告』1984。

91 奈良国立文化財研究所『平城宮発掘調査報告Ⅻ』1985。

92 奈良国立文化財研究所『平城京左京八条一坊三・六坪発掘調査報告』1985。

93 奈良国立文化財研究所『平城京左京三条二坊六坪発掘調査報告』1986。

94 奈良国立文化財研究所『平城京左京九条三坊十坪発掘調査報告』1986。

95 奈良国立文化財研究所『藤原京左京二条一坊・二条二坊発掘調査報告』1987。

96 奈良国立文化財研究所『平城京左京四条二坊一坪発掘調査報告』1987。

97 奈良国立文化財研究所『平城京左京四条四坊九坪発掘調査報告』1989。

98 奈良国立文化財研究所『平城京右京八条一坊十三・十四坪発掘調査報告』1989。

99 奈良国立文化財研究所『平城宮発掘調査報告ⅩⅢ』1991。

100 奈良国立文化財研究所『1991年度平城宮跡発掘調査部発掘調査概報』1992。

101 奈良国立文化財研究所『平城京左京三条一坊七坪発掘調査報告』1993。

102 奈良国立文化財研究所『西隆寺発掘調査報告』1993。

103 奈良国立文化財研究所『飛鳥・藤原宮発掘調査報告Ⅳ』1995。

104 奈良国立文化財研究所『平城京左京二条二坊・三条二坊発掘調査報告』1995。

105 奈良国立文化財研究所『奈良国立文化財研究所年報1997-Ⅱ』1997。

106 奈良国立文化財研究所『藤原京右京一条一坊発掘調査報告』1997。

107 奈良国立文化財研究所『平城京左京七条一坊十五・十六坪発掘調査報告』1997。

108 奈良国立文化財研究所『奈良国立文化財研究所年報1998-Ⅲ』1998。

109 奈良国立文化財研究所『奈良国立文化財研究所年報1999-Ⅱ』1999。

110 奈良国立文化財研究所『奈良国立文化財研究所年報2000-Ⅱ』2000。

111 奈良国立文化財研究所『奈良国立文化財研究所年報2000-Ⅲ』2000。

112 奈良国立文化財研究所『西隆寺跡発掘調査報告書』2001。

113 奈良文化財研究所『興福寺発掘調査概報Ⅲ』2002。

114 奈良文化財研究所『山田寺跡発掘調査報告』2002。

115 奈良文化財研究所『吉備池廃寺発掘調査報告』2003。

116 奈良文化財研究所『平城宮発掘調査報告ⅩⅤ』2003。

117 奈良文化財研究所『奈良文化財研究所紀要』2003、2003。

118 奈良文化財研究所『平城宮発掘調査報告ⅩⅥ』2005。

119 奈良文化財研究所『高所寺池発掘調査報告』2006。

120 奈良文化財研究所『奈良文化財研究所紀要2007』2007。

121 奈良文化財研究所『西大寺食堂院・右京北辺発掘調査報告』2007。

122 奈良文化財研究所『奈良文化財研究所紀要2008』2008。

123 奈良文化財研究所『奈良文化財研究所紀要2010』2010。

124 奈良文化財研究所『奈良文化財研究所紀要2011』2011。

125 奈良文化財研究所『奈良文化財研究所紀要2012』2012。

126 奈良文化財研究所『奈良文化財研究所紀要2013』2013。

127 奈良文化財研究所『奈良文化財研究所紀要2014』2014。

128 奈良文化財研究所『奈良文化財研究所紀要2015』2015。

129 奈良文化財研究所『奈良文化財研究所紀要2016』2016。

130 奈良文化財研究所『奈良文化財研究所紀要2017』2017。

131 奈良文化財研究所『飛鳥・藤原宮発掘調査報告書Ⅴ』2017。

132 奈良文化財研究所『奈良文化財研究所紀要2018』2018。

133 西口壽生・玉田芳英「大官大寺下層土坑の出土土器」『奈良文化財研究所紀要2001』2001。玉田芳英「大官大寺下層土坑出土の貯蔵器と煮炊具」『奈良文化財研究所紀要2002』2002。

134 大和郡山市教育委員会『平城京右京八条二坊五・六・十一・十四坪』2009。

135 大和郡山市教育委員会『稗田・若槻遺跡　平城京南方遺跡』2012。

136 大和郡山市教育委員会・元興寺文化財研究所『平城京十条発掘調査報告書』2014。

北陸における官衙・集落と大甕
—分析・理解に向けての視点と事例を中心として—

川畑　誠（公益財団法人 石川県埋蔵文化財センター）

I　はじめに

　須恵器貯蔵具は、「ためる」ことを目的に生産された容器の総称であり、列島に須恵器生産が導入されて以降、その終焉まで主要器種の1つであり続ける。北陸地域の古代の須恵器貯蔵具・調理具（以下、貯蔵具）については、平成9～12年（1997～2000）に北陸古代土器研究会が、その器種組成・器形・容量の変遷、製作・焼成技術、生産や消費の痕跡、出土状況を主な検討課題として、例会・シンポジウムを開催し、その成果を冊子に刊行した（文献141・142）。また、近年、同研究会の中心メンバーの一人である望月精司氏が、縄文時代から中世の土製貯蔵具に関する優れた論考を発表している（文献161）。本稿は、これらの論考に導かれつつ、まず大甕を含む須恵器貯蔵具の特性と視点に若干触れた後、9世紀中頃までに大きく変容する北陸地域における須恵器貯蔵具の生産の様相、次いで使用～廃棄の様相からみた須恵器甕の特徴について事例報告を交えて報告することで、官衙・集落と大甕の関係を考える一助としたい。

　さて、北陸地域とは日本海に面する現在の福井、石川、富山、新潟の4県を指すことが多く、律令制の旧国でいえば、概ね北陸道に属した若狭・越前、加賀・能登、越中、越後・佐渡にあたる（図1）。古代の土器様相は、大きく北陸西南部（加賀以西）と、北陸東北部（能登、越中以東）に分けられ、若狭は畿内から、越後・佐渡は東海・信濃からそれぞれ継起的に影響を受けるため、異なる様相を呈する部分も多い。また、対象とする7～11世紀前葉の時期区分は、北陸地域の古代土器編年で記載し（表1）、6世紀末～9世紀初頭（I期～IV期）までを古代前半期、9世紀前葉（V期）以降を古代後半期と区分する[(1)]。

　次に、北陸地域の須恵器貯蔵具（壺、瓶、甕、鉢等）の器種分類については、冒頭の研究会で北野博司氏が提示した器形・容量分析等にもとづく分類（文献51）に拠った。甕は、小型甕（体部容量20ℓ未満）、中型甕（同20ℓ前後～50ℓ）、大型甕（同50～80ℓ）、特大型甕（同80ℓ超）、さらに器形から横瓶、浅甕、狭口甕に分かれる（図2）。以下では、壺・瓶と互換可能な容量帯を含む小型甕、中型甕と、8世紀代まで口縁部外面を加飾する大型甕・特大型甕に大別し、後2者を「大

表1　編年対照図

時期区分	想定年代	備考
I期	6世紀末～7世紀中頃	飛鳥I・II
II1期	7世紀中葉後半	飛鳥III
II2期	7世紀末	飛鳥IV
II3期	8世紀初頭	平城I
III期	8世紀前葉	平城II
IV1期	8世紀中頃	
IV2(古)期	8世紀後葉	長岡京
IV2(新)期	8世紀末～9世紀初頭	
V1期	9世紀前葉	
V2期	9世紀中頃	
VI1期	9世紀後葉	K-90
VI2期	9世紀末～10世紀初頭	
VI3期	10世紀前葉	O-53
VII1期	10世紀中葉	
VII2(古)期	10世紀後葉	
VII2(新)期	11世紀前葉	

図1　北陸道の位置

甕」と呼称する。また、小型甕は口径15cm強、中型甕は同20cm弱〜30cm強、大型甕は同30cm弱〜45cm前後、特大型甕は同45cm超を目安とした。

Ⅱ 須恵器貯蔵具の特性と視点

(1) 須恵器貯蔵具の特性

多用途性 須恵器貯蔵具は、食関連での使用を前提としつつも、それ以外の物品の運搬、貯蔵あるいは調度品や祭祀の容器としても十分適した器形・容量をもつ。その意味で食膳具に比してさまざまな用途に用いられる容器といえる。

容量・器形・装飾性 須恵器貯蔵具を考える要素に、容量(大きさ)・器形・装飾性がある。容量は、用途にもっとも密接に関わり、小容量(概ね10ℓ未満)の貯蔵具は、頻繁な移動をともなう「短期的」「一時的」保管・保存や、「小分け」に適した容器となる。いっぽう、中・大容量の貯蔵具は、内容物の重量も加わることから、頻繁な移動に不向きであり、定置のうえ

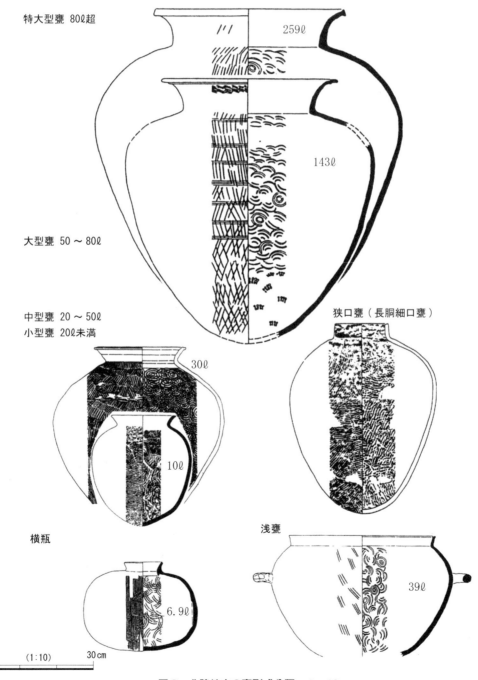

図2　北陸地方の甕形式分類　1：10

「中・長期的」「大量」保管・保存に適した容器といえる。甕については、胴部叩き成形で丸底・広口径を基本とする相似器形をもち、2～500ℓを超える広い容量帯をもつ。大甕の古器名復元に関する一連の研究であきらかなとおり、本来は一定の容量帯に規定されつつ作り分けられた「別器種」であり、考古学分類上の「須恵器甕」は複数器種の複合体と理解すべきであろう[2]。また、大容量の貯蔵具は、保管、廃棄の際に、その容量の故にかなりのスペースを必要とする。

　器形は、想定する用途に即して作り分ける要素である。例えば、口縁部が長くのび、平底で小口径・小法量の瓶は、酒等の液体を「注ぐ」ことに特化した器形といえる。食膳風景の一部を構成する壺・瓶を中心とした小容量の貯蔵具は、食膳具に準じるように、必要以上ともいえる新器形の導入・分化、細部の形態・装飾変化に敏感であり、「器形重視」の器種となる。いっぽう、大甕を中心とした中・大型貯蔵具は、器種分化や細部形態の変化に乏しい「機能重視」の器種と位置付けられる。装飾性でいえば、大型・特大型甕(＝大甕)は、8世紀代を通じて長く外反する口縁部外面を波状文、突帯、沈線等で加飾する。須恵器出現以来、大甕が担った特定用途を想定した「象徴的機能」を維持し続けたものと理解できる。

時期比定の困難さ　消費遺跡出土の甕は、先述した器形変化の乏しさや、破砕による完形品の少なさ、さらに後述する土器サイクルから生じる食膳具とのタイムラグ(使用期間の差)のため、出土甕単体での時期比定は難しい場合が多い。出土甕の時期比定は、共

伴する食膳具や文字資料に大きく依存せざるを得ず、結果として生産技術・流通に関する研究が中心となっている。

(2)「大甕」を考える視点

前後の時代との関係　古代の須恵器大甕の使用を考える上で、各地域で須恵器が導入・定着する以前に、醸造・貯蔵機能を担った土師器や木製貯蔵具との連続性・非連続性からの視点が求められる。また、9世紀以降に顕在化する須恵器大甕生産の客体化と、その背景にある社会的・経済的・文化的要因、さらには中世陶器生産を視野に入れながら、各地域で須恵器生産終焉以降の貯蔵のあり方を考える必要があろう。

大甕出土と遺構の関係　消費遺跡の大甕使用について、発掘調査側からの検証・評価方法と換言できる。甕を掘り据えた単体の穴と掘立柱建物との同時並存の証明は、甕底部の遺存や文字資料が伴出しない限り、難しいといわざるを得ない。また、古代は『令集解』儀制令春時祭田条の古記に記される「郷飲酒礼」や、石川県河北郡津幡町加茂遺跡出土の嘉祥2年(849)の加賀郡牓示札(図3)に記される禁令8ヵ条のうち2条(「禁制田夫任意喫魚酒状」「可禁制里邑之内故喫酔湎及戯逸百姓状」)が禁酒に関することなどから、地方を含めて広く酒が醸造・貯蔵、流通、消費された社会であったことがうかがえる。木村泰彦氏は、宮都での大規模造酒に加え、郡司や貴族、寺院、「酒家」「店」等の私的経営による酒造り・販売を指摘する(文献53)。これらの文献からうかがえる状況と、北陸西

符深見村□郷驛長并諸刀弥等
應奉行壹拾條之事
一田夫朝以寅時下田夕以戌時還私状
一禁制田夫任意喫魚酒状
一禁断不勞作溝埭百姓状
一以五月卅日前可申田殖竟状
一可搜捉村邑内竄宕為諸人被疑人状
一可禁制无来原養蚕百姓状
一可禁制里邑之内故喫酔湎及戯逸百姓状
一可填勤農業状
案内被國去□月廿八日符併勸催農業
□法條而百姓等恣事逸遊不耕作喫
魚歐乱為宗播殖過時還稱不爇只非
弊耳復致飢饉之苦此郡司等不治
之□而豈可○然哉郡宜兼知並口示
事早令勤作若不遵符旨稱倦懈
由加勘決者謹依符旨仰下田領等宜
毎村屢廻愉有懈怠者移身進郡符
國道之裔簗鞴進之牓示路頭嚴加禁
領刀弥有怨憎隠容以其人為罪背不
有符到奉行

大領錦村主
擬大領錦部連真手麿
少領道公　夏□□
□少領勘了

主政八戸史
擬主帳甲臣
副擬主帳宇治

嘉祥□年□月□日
□月十五日請田領丈部浪麿

図3　加賀郡牓示札釈文

南部の古墳時代後期以降の消費遺跡における多量の甕片出土状況との間には、少なからぬギャップが感じられ、醸造以外に用いる頻度もかなり存在したと考えられる。

さらに、宮都を中心に確認例が急増しつつある甕据付建物は、酒等の大規模な醸造・貯蔵施設が長大な掘立柱建物内に作業空間をともないながら、多数の大甕を規則的に地中に据え置くことをあきらかとしている (文献53・143)。今後は、これらの大規模な醸造・貯蔵施設を手掛かりに、その間取りや甕設置方法の規則性を抽出し、生産技術・工程面を含めた整理が必要となろう。また、後述するように、新潟県上越市子安遺跡で甕を据え置いた片廂付建物 (平面積約140m²) を確認している。北陸地方では、この建物規模は主屋級建物に位置付けられることが多い。据え付けた甕が貯水用、あるいは醸造・貯蔵用かという判断は、これまでの北陸地域の大型廂付建物の評価・機能に直結する課題といえる。さらに、地中に据

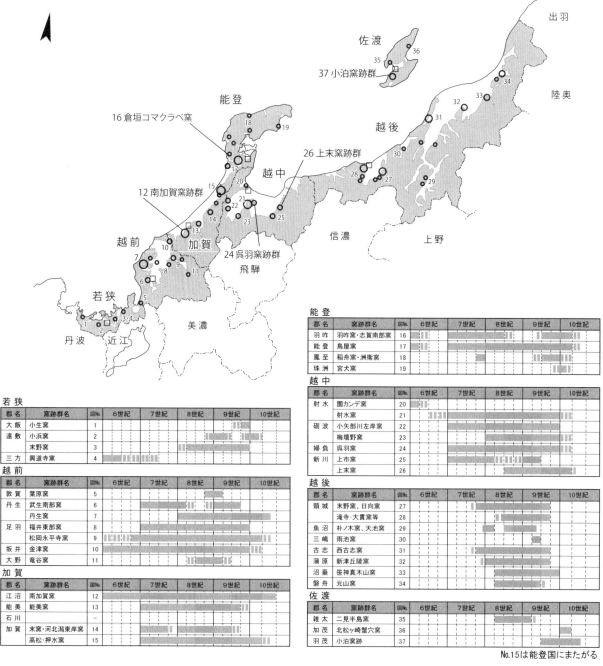

図4　北陸の須恵器窯跡群の分布

え付けない平底の貯蔵具や小規模な醸造・貯蔵のあり方についても、多様な須恵器貯蔵具の使い方を念頭に置きつつ、遺構と結びつける検証手法の確立が求められる。

Ⅲ　生産の様相

須恵器窯跡群の概要　北陸地域の主な須恵器窯跡群は約80ヵ所を数える（図4）。須恵器生産は、5世紀末（TK47型式並行期）を前後する時期に、若狭の興道寺窯、越前の金津窯跡群、加賀の南加賀窯跡群、能登の羽咋窯跡群・鳥屋窯跡群、越中の園カンデ窯がそれぞれ開窯、加賀以西の北陸西南部の窯跡群は6世紀代を通じて継続的な生産を維持し、集落遺跡から定量の須恵器が出土する。6世紀末〜7世紀初頭（Ⅰ期、表1の時期区分、以下同じ）になると、越後・佐渡を除く各地域で新たな窯跡群が多数成立し、既存の窯跡群も生産規模を拡充することから、生産量は一時的に急増する。ただし、北陸東北部の能登・越中は、総じて生産規模が小さく、器種構成も集落遺跡への供給以上に古墳・横穴墓への供献を重視した印象が強い。7世紀末〜8世紀前葉（Ⅱ2〜Ⅲ期）には、北陸東北部を含めて主要な須恵器窯跡群がほぼ成立、窯跡群数はピークを迎える。集落遺跡では、須恵器供給が安定化し、食膳具・貯蔵具を須恵器で、煮炊具を土師器で、それぞれ賄う明確な機能分担が促進される。その背後には、地方官衙の成立や寺院建立に象徴される律令制の整備があり、特に「新技術の地方への扶植・手工業生産体制の確立」を目指す各種工業生産振興が強力に推し進められたとされる（文献23・24）。各窯跡群は、続く、8世紀中頃に土師器生産を含めた土器の一体的生産体制を確立し、9世紀中頃（Ⅴ期）まで最大数郡程度を供給圏とする活発な土器生産を継続する。

　9世紀前葉の中央における食膳具様式の転換に象徴される大きな画期を背景に、9世紀中葉（Ⅴ2〜Ⅵ期）以降、北陸地域の須恵器生産は急速に変質・衰退・解体の方向を顕在化させる。その様相は、中核的窯跡群における生産器種の集約化や、中・小規模窯跡群の衰退・解体、あるいは新たな窯跡群の分散的成立、土師器生産への集約化等、他地域と同様に、小地域・窯跡群ごとに複線的で顕著な偏差を示すのが特徴であり、10世紀前葉（Ⅵ3期）までに北陸地域の須恵器生産は、ほぼ終焉を迎える。

　以下では、生産面からの須恵器貯蔵具の変遷について、変遷が比較的あきらかな北陸西南部に属する南加賀窯跡群と、北陸東北部に属する古代後半期を中心とした能登・倉垣コマクラベ窯、越中・上末釜谷窯跡群、佐渡小泊窯跡群を取り上げて概観する。

加賀　南加賀窯跡群　南加賀窯跡群は、石川県小松市南部から加賀市北部の低丘陵に立地する加賀地域最大の中核的窯跡群（図4-12）で、現在までに須恵器窯約200基（埴輪窯・瓦窯含む）、土師器窯約60基が確認されている。先述のとおり、5世紀末〜10世紀代まで連綿と土器生産をおこなうほか、周辺には製鉄炉・炭窯等の製鉄遺跡、中世瓷器系（加賀焼）窯約40基も濃密に分布する。

　まず、須恵器窯の調査で得られた貯蔵具率（口縁部残存率計測法による須恵器生産器種全体に占める貯蔵具の割合）の推移について整理する（表2、文献7・159）。7世紀前半（Ⅰ期）に属する林タカヤマ1〜3号窯の貯蔵具率は22％と、6世紀代より減ずるものの、全生産器種の中で貯蔵具が大きな割合を占める。7世紀後半（Ⅱ期）〜9世紀中頃（Ⅴ期）は、食膳具の大量焼成にともない、貯蔵具率は減少、概ね5％前後で推移する。9世紀後葉（Ⅵ期）の貯蔵具率は、後述する壺・瓶類の量産を要因として、8％に増加、須恵器生産最終期の10世紀前葉（Ⅵ3期）に属する二ツ梨豆岡向山1・3号窯で39％と一層の増加をみる。なお、須恵器生産最終期の窯体（図5）は、燃焼効率を高めるため、前代より規模が縮小・急傾斜化するとともに、食膳具、瓶、甕を生産する通常サイズの窯（二ツ梨豆岡向山1・3号窯、戸津49号窯、窯体長6〜7m）、食膳具を主に生産する小型サイズの窯（二ツ梨豆岡向山7号窯、全長4〜5m）、椀類を生産する超小型サイズの窯（戸津51号窯、全長2〜3m）と、焼成器種に応じて窯体規模が3つに分化する（文献160）。

　次に、貯蔵具の器種組成を概観する（図6〜8、表2、文献7・159）。7世紀前半代（Ⅰ期）に属する林タカヤマ1〜3号窯では、6世紀代から続く丸底壺、提瓶等の器種を定量生産し、貯蔵具の中で甕が占める割合は約50％（横瓶10％、小型甕2％、中型甕28％、大型・特大型甕11％）となる。当該期の大型甕・特大型甕は、中型甕の1/3程度の焼成量が復元できよう。7世紀後半（Ⅱ1〜Ⅱ2期）は、那谷金比羅山2号窯、戸津六字ヶ丘4号窯とも、6世紀代の器種が減少し、中型甕を量産する。大型甕は、並行期の那谷金比羅山7

表2　南加賀窯跡群の須恵器貯蔵具の変遷

時期	資料名	貯蔵具率(%)	大甕率(%)	貯蔵具器種組成(%、口縁部残存率計測法)	パンケース出土箱数	備考
Ⅰ期	林タカヤマ1〜3号窯	22	2.4	丸底等壺／瓶A／提瓶等／横瓶／小甕／中型甕／大甕	約500	
Ⅱ₁期	那谷金比羅山2号窯	4	0	丸底等壺／提瓶等／中型甕(口径17cm以上の小型甕42%)	16	横瓶胴部片あり
Ⅱ₂期	戸津六字ヶ丘4号窯	2	0	瓶A・B／他瓶／横瓶／中型甕／その他	7	
Ⅱ₃期	那谷桃の木山1号窯	8	0.5	壺AB／瓶A・B／他瓶／横瓶／小甕／中型甕／大甕	32	
Ⅲ期	矢田野向山1号窯	23	6.4	壺A・B／瓶A・B／横瓶／中型甕／大甕	75	
Ⅳ₁期	二ツ梨横川1号窯	5	0.1	壺A・B／瓶A／瓶D／小甕／中型甕／大甕	36	
Ⅳ₂期	箱宮5号窯	5	0.4	壺F／瓶A・B／瓶D／他瓶／小甕／中型甕／大甕	－	報告書掲載概数
Ⅴ₁期	戸津58号窯	5	1.2	壺A・B／壺F／瓶A・B／他瓶／小甕／大甕	17	
Ⅴ₂期	戸津63号窯	4	0	壺A・B／壺F／瓶A・B／瓶D／他瓶／中甕	4	
Ⅵ₁期	戸津1号土器溜まり	8	2.9	壺A／壺F／瓶D／大甕	11	
Ⅵ₂期	戸津8〜11号窯	8	0.8	壺F／瓶B／瓶D／他瓶／中甕／大甕	194	
Ⅵ₃期	二ツ梨豆岡向山1・3号窯	39	1.2	壺F／瓶B／瓶D／中甕	60	

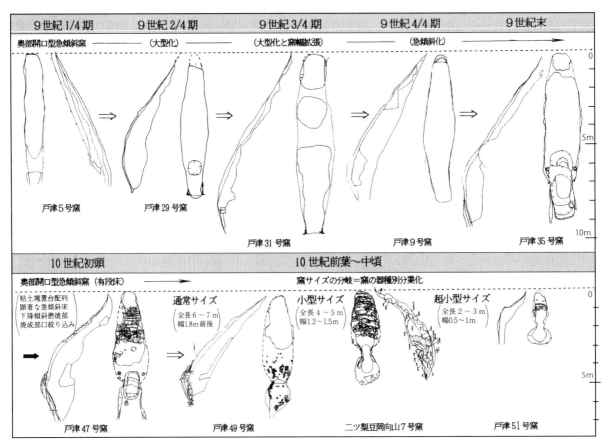

図5　南加賀窯跡群の須恵器構造変遷図　1：200

－2号窯で焼成するが、全体として目立たない存在といえる。8世紀初頭〜9世紀初頭（Ⅱ3期〜Ⅳ期）の組成は、古代的器種である壺A・B（球胴壺・狭口壺）、瓶A・B（長頸瓶）が増加し、甕の占める比率は依然として貯蔵具の半数近く（48〜68%）を占める。中型甕は、8世紀前葉（Ⅲ期）の矢田野向山1号窯（中型甕

18%、大型甕28%）を除けば30〜55%を占め、量産する状況を継続する。口縁部外面を波状文等で加飾する大甕は、窯差を示すものの中型甕の1/4程度の割合で焼成されるようだ。

この貯蔵具に占める甕の割合は、9世紀前葉（Ⅴ期）に大きく変化する。それまで量産した中型甕は、汎

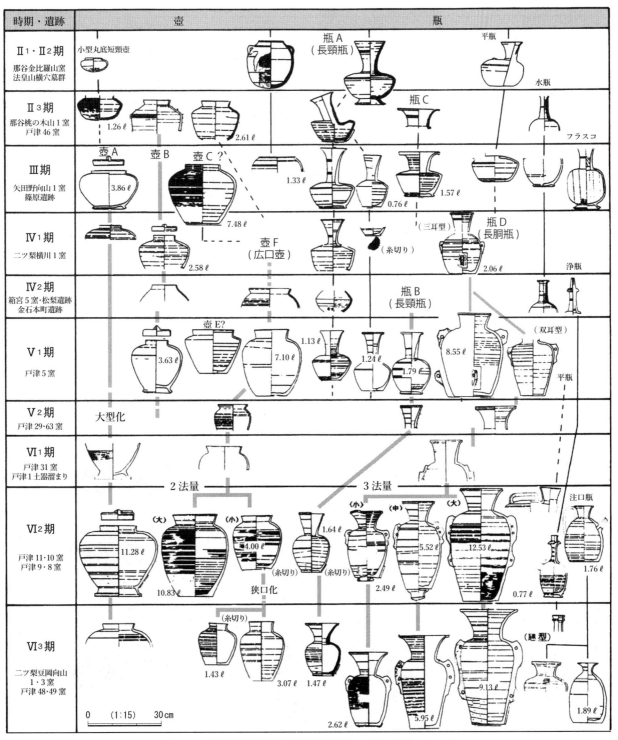

図6　南加賀窯跡群の須恵器貯蔵具編年1（壺・瓶類）　1：15

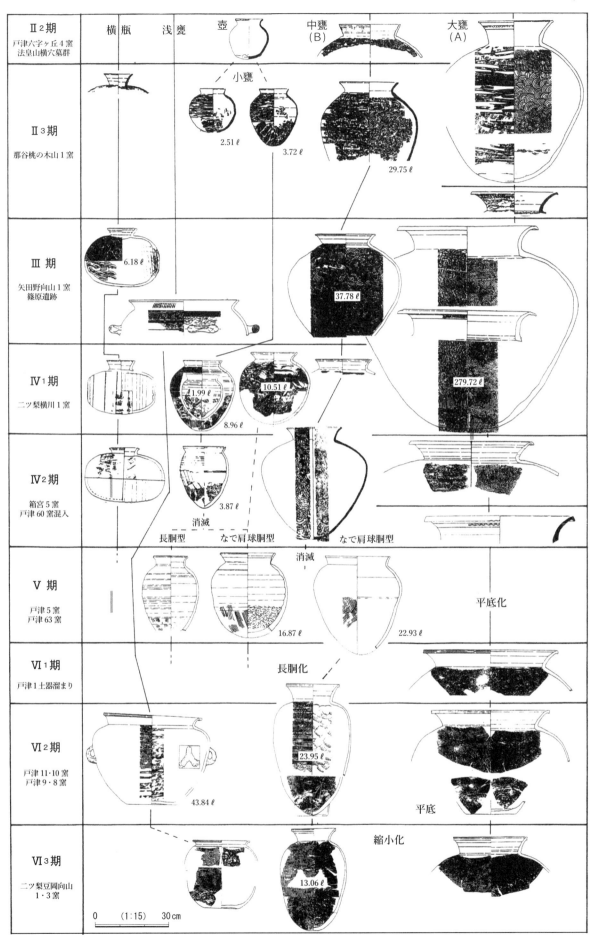

図7 南加賀窯跡群の須恵器貯蔵具編年2（甕類） 1：15

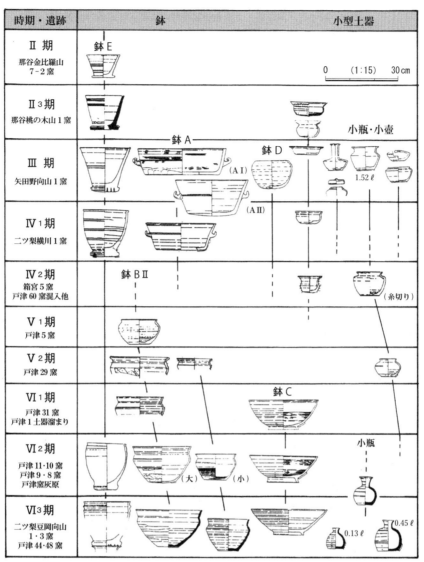

図8 南加賀窯跡群の須恵器貯蔵具編年3（鉢・小型土器）1：15

用的な器形をもつ壺F（広口壺、Ⅳ2期出現）と瓶D（長胴瓶、Ⅳ1期出現）の量産と反比例するように10％以下の比率まで急減する。中型甕は、9世紀前葉（Ⅴ期）に瓶Dを意識したなで肩長胴の器形が出現、9世紀末（Ⅵ2期）に長胴化（砲弾形）が促進され、容量は古代前半期の小型甕の容量帯10〜20ℓ前後まで縮小する。また、9世紀前葉（Ⅴ期）以降、横瓶・小型甕はほぼ確認できなくなる。大甕の比率は、大きな窯差（0〜36％）をもち、須恵器生産最終期まで「特注的」な需要に応じたかのような状況をみせる。器形は、9世紀前葉（Ⅴ期）以降、底部平底を呈する個体の出現や、口縁端部の形態変化、口縁部外面の無文化、器厚の薄手化・軽量化等、大きく変化する。また、中型甕と同様に容量が次第に縮小し、10世紀前葉（Ⅵ3期）には8世紀代の中型甕の容量帯約50ℓと重複するような個体もあらわれる。消費遺跡の様相でみると、南加賀窯跡群の須恵器供給圏は、古代前半期と後半期で顕著な差を示さず、南加賀地域を中心に北加賀地域を北限とする。

以上のように、南加賀窯跡群の貯蔵具は、8世紀代（Ⅱ3〜Ⅳ期）が壺A・B（4ℓ前後）、瓶A（1ℓ強）、横瓶（6ℓ前後）、中型甕（20〜50ℓ）、大型甕を基本とし、律令制が整備される中で大甕以上に中型甕を量産する。9世紀前葉（Ⅴ期）以降は、汎用的な長胴器形と法量分化を特徴とする壺F（2法量、3〜4ℓ、7〜10ℓ）、瓶D（3法量、2ℓ、5ℓ、10ℓ前後）を主体に、縮小化した中型甕（10〜20ℓ前後）と大型甕が補完する組み合わせに置きかわり、口縁部外面の装飾を喪失した大型甕は必須の焼成品とはいえなくなる。容量からみた場合、9世紀以降は、器種ごとでの容量の作

表3　越中古沢窯跡群・上末釜谷窯跡群の須恵器貯蔵具の変遷

時期	資料名	貯蔵具率(%)	大甕率(%)	貯蔵具器種組成(%、口縁部残存率計測法)	総破片数(点)	備考
III期	古沢3号窯	18.7	-	甕(大甕含む)	121	瓶A・B、横瓶破片あり
IV1期	古沢2号窯	10.5	-	壺A・B / 瓶A～C / 横瓶 / 甕(大甕含む)	2,037	
IV2(古)期	古沢1号窯	9.7	-	壺A・B / 瓶A・B / 横瓶 / 甕(大甕含む)	6,229	
IV2(新)期	古沢4号窯	5.9	-	壺A・B / 瓶A・B / 横瓶 / 甕(大甕含む)	3,110	壺D破片あり
IV2(古)期	上末釜谷1号窯1～4次操業	7.7	?	壺A・C / 瓶D / 横瓶	297	甕胴部片あり
IV2(新)期	上末釜谷1号窯5～13次操業	4.4	0	壺F / 壺A・C・F / その他壺 / 瓶D / 横瓶 / 中甕	3,869	
V2期	上末釜谷4号窯	21.4	0	その他壺 / 瓶D(小瓶D含む) / 小・中甕	3,457	口径30cmの甕1点
VI1期	上末釜谷3号窯1～2次操業	11.1	?	その他壺 / 瓶D(小瓶D含む) / 中甕	1,988	
VI2期	上末釜谷3号窯3次操業・6号窯	17.5	0	壺A～F / 瓶D(小瓶D含む) / 小・中甕	813	口径32cmの甕1点
VI3期～VII1期	上末釜谷5・2号窯	8.7	0	瓶D(小瓶D含む) / 中甕	642	

り分けが明確となり、須恵器貯蔵具に求められた機能が大きく転換したと考えられる。大甕は、弘仁14年(823)の加賀立国にも関わらず、10世紀初頭(VI2期)まで時々の需要に応じた「特注的」生産をうかがわせる器種となり、最終期の10世紀前葉には8世紀代の中型甕容量まで縮小化、その役割を終えるようだ。

能登　倉垣コマクラベ窯　石川県羽咋郡志賀町に所在する10世紀前葉(VI3期)の単独窯で、土師器生産をともなう(文献48・126)。町史編纂にともなう灰原の試掘調査で採集された須恵器片は約2,500点を数え、破片数でみた貯蔵具率は約26％と高い比率を示す。また、全破片中に叩き成形痕をもつ甕片が約19％の比率で存在、口径は約15cm、20cm、30cm以上に分布する。貯蔵具率は、南加賀窯跡群と類似するいっぽう、瓶類以上に小・大型甕が出土する点で異なる様相を呈する。能登地域では、9世紀後葉(VI期)以降、中核的な鳥屋窯跡群、高松・押水窯跡群が生産規模を維持する中、小規模な志賀南部窯(本窯、給分小袋窯、町長池1～3号窯、猪谷貯水池窯等)、洲衛窯跡群、宮犬窯等が、それぞれ短期間・独立的に生産をおこなう(図4-16・18・19)。それぞれの成立には、在地の富裕有力層が深く関与し、各供給圏もかなり狭域と考えられる。

越中東部　古沢窯跡群・上末釜谷窯跡群　越中東部の8世紀代の様相を古沢窯跡群、9～10世紀代の様相を上末釜谷窯跡群で概観する(文献108)。

古沢窯跡群は、富山県富山市の呉羽丘陵に位置する呉羽窯跡群(図4-24)の一支群で、律令制下では婦

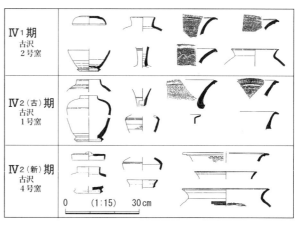

図9　越中東部8世紀後半の貯蔵具編年　1:15

負郡に属する。富山大学が継続的な分布調査を実施し、8世紀代に営まれた4基の須恵器窯から比較的良好な遺物を採取している。参考データとなるが、貯蔵具率は、8世紀前葉(III期)の3号窯が約19％、続く2号窯が約11％、1号窯(同IV2(古)期)が約10％、9世紀初頭(同IV2(新)期)の4号窯が約6％となる(表3)。南加賀窯跡群より若干高い数値ながら、8世紀前葉から後葉に向けて貯蔵具率が低下していく傾向は近似する。また、口縁部残存率計測法による貯蔵具の器種別比率でみれば、横瓶が2号窯で約17％、1号窯で約38％、4号窯で約63％と、高い比率を示すことが指摘できる。甕片の中には、口縁部外面を突帯、波状文でしっかりと装飾した大甕口縁部片が含まれ、定量焼成した状況がうかがえる(図9)。

上末釜谷窯跡群(図4-26)は、富山県中新川郡立山町の段丘に位置する窯跡群で、律令制の新川郡に

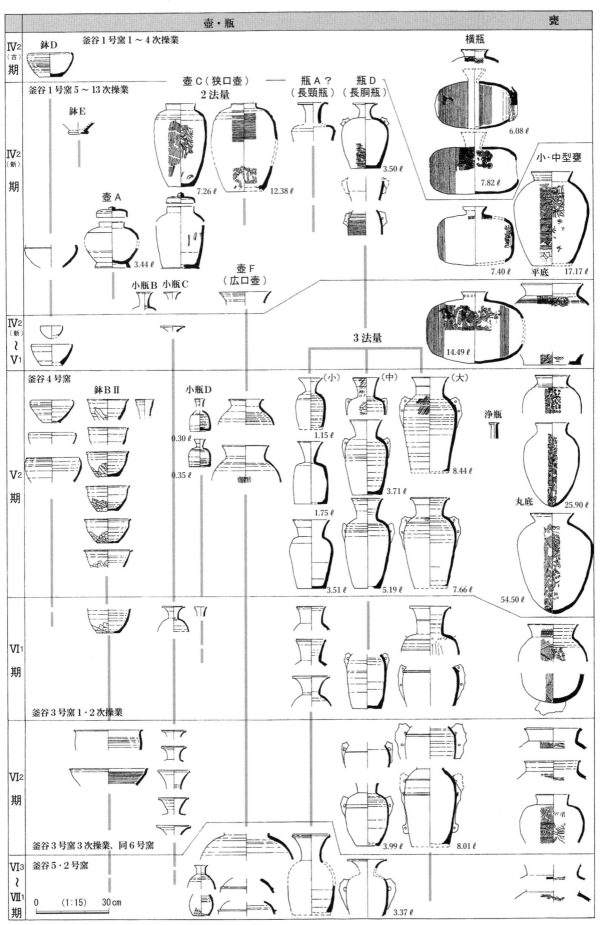

図10　越中東部上末釜谷窯跡群の須恵器貯蔵具編年　1：15

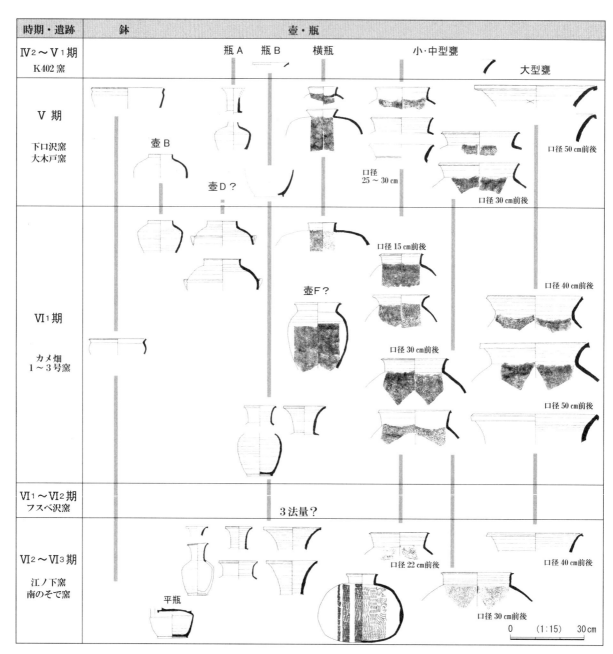

図11 佐渡小泊窯跡群の須恵器貯蔵具編年 1:15

属する。同じく、富山大学の調査で、8世紀後葉〜10世紀中葉（Ⅳ2期〜Ⅶ1期）に操業した10基以上の須恵器窯の変遷があきらかとなった。貯蔵具率の推移（**表3**）は、8世紀後葉（Ⅳ2期）の比率4〜8％が、9世紀中葉（Ⅴ2期）には瓶D（長胴瓶）の量産にともなって約21％まで上昇、その後は下降傾向に転じ、最終段階では約9％の比率となる。9世紀前葉（Ⅴ期）以降は、南加賀窯跡群の貯蔵具率5〜8％と比して、上末釜谷窯跡群の貯蔵具率が高い数値を示す点に大きな特徴を見出せる。

次に、貯蔵具の器種組成を整理する（**図10**）。8世紀後葉（Ⅳ2期）は、壺A（球胴壺、3ℓ強）、壺C（狭口壺、7ℓ、12ℓ）、瓶D（長胴瓶、3ℓ前後）、横瓶（7ℓ前後）、平底の中型甕（20ℓ前後）を基本組成とする。甕は、釜谷1号窯5〜13次操業段階で、貯蔵具の約21％を中型甕が占め、その器形・容量は壺Cに近似する。なお、この平底の中型甕は底部糸切り痕を残す特徴等から、東海猿投窯からの技術移入が指摘されている（文献108）。9世紀中葉（Ⅴ2期）以降の器種組成は、壺F（広口壺）、瓶D、中型甕の簡素な組成に転換し、全体の80％以上を3法量（2ℓ前後、3〜5ℓ、8ℓ前後）に分化した瓶Dが占める。甕は、丸底器形に

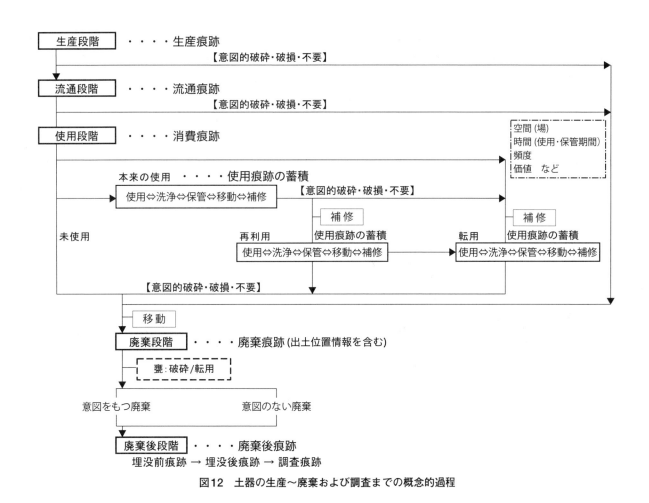

図12 土器の生産〜廃棄および調査までの概念的過程

転じ、貯蔵具全体の10％前後の比率で推移する。口径20〜24cm、25〜30cmを測る中型甕（容量25〜55ℓ）が大部分を占めるほか、口径30〜32cmを測る小振りな大型甕も少数確認できる。このように大型甕を基本的に欠落した組成は、その経営に東大寺領大荊荘の関与が指摘されることと、深く関係するものと考えられる。

佐渡　小泊窯跡群　新潟県佐渡市の小佐渡丘陵に約100基の分布が予想される大規模な須恵器窯跡群である（図4-37）。8世紀前半に開窯した二見半島の窯跡群に引き続き、9世紀〜10世紀前葉（Ｖ〜Ⅵ3期）に佐渡・越後の国衙勢力が直接的に関与して集約的生産をおこなった窯跡群と考えられている（文献72・73）。9世紀前葉以降、越後の須恵器窯跡群が急速に衰退・解体に向かういっぽう、同窯跡群の生産品が越後全域に大量に流通するほか、越中、信濃北部、出羽等の消費遺跡でも同窯跡の焼成品が出土し、日本海を介した広域の流通圏を形成する点が指摘されている（文献72・73）。

須恵器貯蔵具（図11）は、9世紀前葉（Ｖ1期）の下口沢窯で壺Ｂ（狭口壺）、瓶Ａ・Ｂ（長頸瓶）、横瓶、小型甕、中型甕、大型甕の器種がみられる。9世紀後葉（Ⅵ1期）のカメ畑1〜3号窯では、把手付壺Ｄ（狭口壺）、壺Ｆ（広口壺）が加わり、瓶Ａが欠落する。続く、9世紀末〜10世紀前葉（Ⅵ2〜Ⅵ3期）の江ノ下窯、南のそで窯は、数法量の瓶Ｂ、横瓶、小型甕、中型甕、大型甕という比較的簡素な組成に集約される。甕は、大型甕が大幅に減少、口縁部を直立気味に仕上げる口径30cm前後の中型甕が大半を占めるようだ（文献29）。南加賀窯跡群と比較すれば、定量の横瓶と数法量の甕を継続的に量産する点に相違点をもつ。

小　結　以上、北陸地方の生産地における須恵器貯蔵具の概要を述べた。甕の推移を整理すれば、7世紀は6世紀代の様相を基本的に継承し、中型甕を中心に多数の甕を生産する。8世紀前後になると、壺・瓶類の量産にともない、甕の比率は低下をみるものの、中型甕を主体とした生産を維持する。各窯の操業単位での焼成個数は減るものの、各地域で窯跡数が急増することから、流通した甕は、総体として増加したものと考えられる。大甕は、中型甕数個に1個の

割合で生産されるようで、9世紀前葉までに地域差・窯差を示しながら口縁部外面の装飾を消失していく。

9世紀前葉〜中頃以降、中型・大型甕の生産は、需要を背景とした地域差・窯差が顕著となる。東大寺領大荊荘の関与が指摘される上末釜谷窯跡群では大型甕が組成から基本的に欠落するほか、南加賀窯跡群では中型甕が大きく減少し、大型甕は「特注的」な生産の様相を呈する。いっぽう、佐渡・越後の国衙の直接関与が指摘される佐渡小泊窯跡群では、多量の中型甕・大型甕を集約的に生産し、他の焼成品とともに越後を中心とした広域の流通圏を達成する。

なお、10世紀中葉以降、北陸地域では窖窯を用いた土製貯蔵具生産は途絶え、12世紀代の石川県志加浦窯跡群・珠洲窯跡群に代表される中世陶器の生産

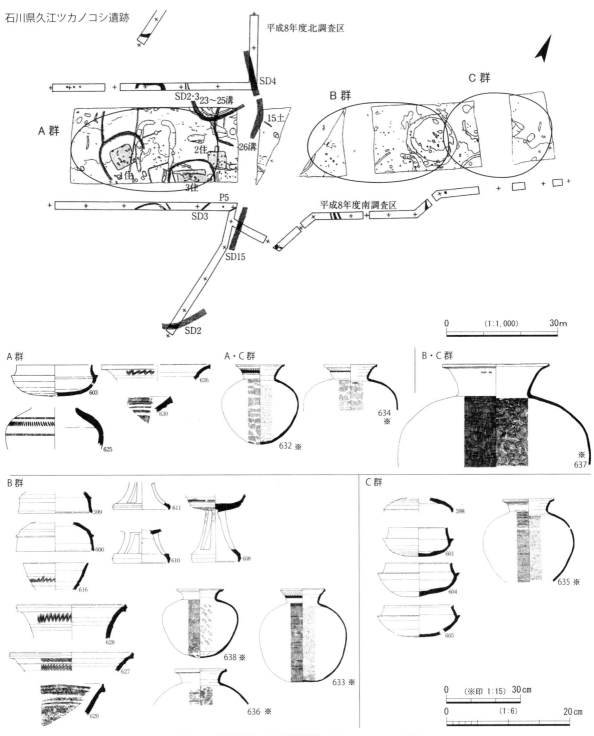

図13　須恵器甕の出土状況例1（久江ツカノコシ遺跡）

まで、在地での土製貯蔵具生産は確認できない。

Ⅲ　使用・廃棄の様相

（1）土器サイクルと痕跡

次に須恵器甕を位置付ける前提として、消費遺跡における土器サイクル、土器器面に刻まれた消費痕跡を概念的に整理し、いくつかの事例を示しながら、須恵器甕の使用・廃棄の特徴の抽出を試みる。

土器サイクル　土器を含めた出土遺物の生産～廃棄後の過程（サイクル）は、概念的に５つの段階に整理できる（図12）。それぞれの生産個体は、生産地で作られた後、生産地から消費地に自給・分配・交換・貢納・交易・下賜等により、狭域・中域・広域に移動する。消費地では、その必要性（価値、機能）に応じて保管・使用・移動（および未使用、再利用、転用、補修[3]）という、複雑で重層的な消費過程の後に廃棄され、さらに地中に埋没し、現代の発掘調査・保管の過程を経て、我々が目にすることとなる。このようなサイクルを考える上で、空間（場）と時間（使用期間）の観点は欠かせず、特に廃棄後段階の様相（＝出土状況）が、使用段階での使用・保管の実相をどの程度反映するかといった視点が一層重要となる。各時代・各地でそれぞれ生産された個体は、素材・器種に応じた一定の空間（場）と時間（使用期間）のサイクルがあり、出土状況は異なるサイクルを経た個体の集合体といえる。その中で、須恵器は、①北海道を除く各地で多くの生産地が分布すること、②各地で編年研究が進み、個体でも産地や生産時期の比定が比較的容易なこと、③多孔質・硬質の器面に消費痕跡が残りやすいこと等の特徴に加え、北陸地方のように煮炊具以外の食器を須恵器でつくる須恵器卓越地域も少なくなく、土器サイクルの主要要素である生産場所、生産時期、移動範囲、使用状況、廃棄場所・時期の関係を把握するための好条件をもつ素材といえる。

さて、古代の土製食器は、食膳具、調理具、貯蔵具、煮炊具に大別できる。大量に消費された杯・椀類を主体とする食膳具については、発掘・整理担当者が日常的に出土遺構の時期比定の根拠の１つとするとおり、生産～廃棄までのサイクルが「世代を超えない程度」の比較的短い時間であるとの前提にたつ。また、被熱等で割れやすい土師器煮炊具は、より短い時間を前提とする。須恵器甕に関しても、食膳具とは全く異なる生産～廃棄のサイクルが想定できる。

天平宝字元年（757）施行の『養老令』営繕令瓦器経用条に「凡そ瓦の器。用経て損壊せらば、一年の内に、十分にして二分除くこと聴せ。以外は徴り填てよ」とあり、天長10年（833）成立の『令集解』に「謂。陶器。盤坏之類也。」「土師器亦同耳。」「瓦器。謂除甄等外。」等の釈がふられる（文献21・56）。これらから、食膳具は年間２割の使用や管理にともなう破損（＝廃棄、補充）を認めるいっぽう、規定の対象外となる須恵器甕は、より長い期間使用された状況がうかがえ[4]、使用期間に大きなタイムラグをもつ。

また、空間（場）における土器使用の実相復元は、上位の官衙ほど深刻な課題を内在する。国府は、国庁、厨家を含む曹司群、国司館、倉庫群等で構成される。郡衙については、11世紀初頭の「上野国交替実録帳」に郡庁、正倉、館、厨家に加えて、片岡郡に宿屋、多胡郡に宿屋・西納屋、群馬郡に酒屋・納屋・備屋の記載が残る（文献162）。これらから、上位の官衙になるほど、酒・酢等の生産・貯蔵施設と、調理を担う厨施設、実際に饗宴等をおこなう施設、廃棄の場所が明確に分離し、同時に製造から消費に向けて容器の入れ替えがともなうことが想定できる。食膳具と貯蔵具で生じる使用場所の相違は、官衙施設や集落または建物の移転時に、必要な甕を新たな場所に移動した場合、さらに顕著となる。宮都の甕据付建物でも、貯蔵容器自体が残存する例は少ないようだ。このように、土器サイクルの視点で須恵器甕をみた場合、食膳具以上に空間（場）と時間（使用期間）に関して慎重な検討・評価が求められる。

以下では、北陸地方の調査事例から、須恵器甕の空間（場）と時間（使用期間）の実相の一端を示す。

①石川県鹿島郡中能登町久江ツカノコシ遺跡　邑知地溝帯東側の小扇状地上に立地する弥生時代中期、後期～古墳時代前期、古墳時代後期の集落遺跡である（文献16）。古墳時代後期（TK47型式～MT15型式並行期）は、３棟の竪穴建物（1～3住）を中心とした小規模な集落が４期にわたり変遷する（図13）。出土した須恵器は、和泉陶邑産と在地産が混在し、図化された41点の須恵器には中型甕９点（口径17～21cm）、大型甕３点（637で口径約43cm）が含まれる。これらの須恵器は、分布からA～C群に分けられ、土師器椀・高杯・小型壺・甕など約60点がA群に集中する状況と好対照の出土状況を示す。中型甕632・634は、60～80m離れた破片が接合、C群から口縁部を含む主な

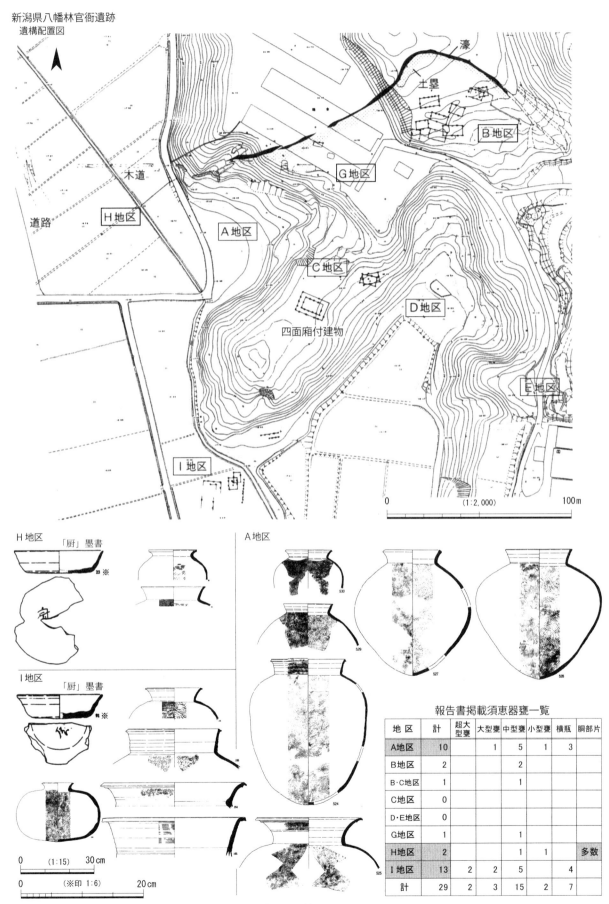

図14 須恵器甕の出土状況2（八幡林官衙遺跡）

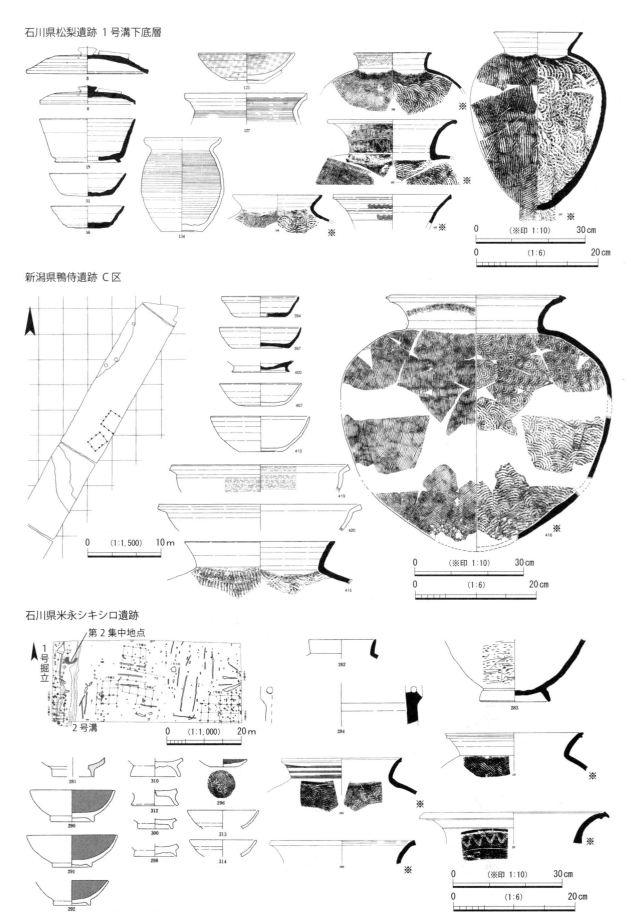

図15 須恵器の出土状況3（松梨遺跡、鴨侍遺跡、米永シキシロ遺跡）

破片が、A群から胴部下半の破片がそれぞれ出土する。また、大型甕637の破片はB・C群に広く分布するほか、B群・C群それぞれで胴部下半を欠損または完形に近い中型甕が出土する。この状況は、集落域から大きく離れたB・C群の空間（場）が、不要な須恵器のみの廃棄の場、あるいは「郷飲酒礼」と想起させる行為の場を示唆するものといえる。

②新潟県長岡市八幡林官衙遺跡　信濃川左岸の沖積平野に面した丘陵・低地に立地する8世紀前葉〜10世紀中葉（Ⅲ〜Ⅶ1期）の古志郡衙関連遺跡で、推定面

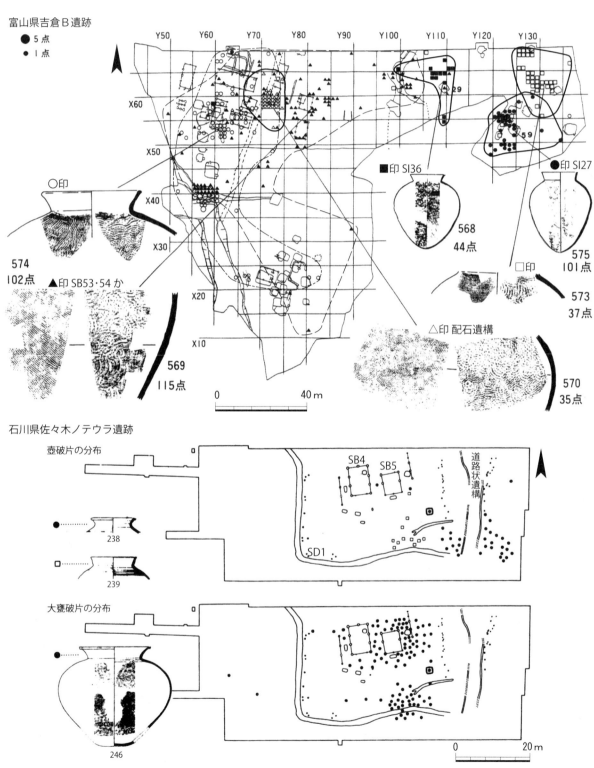

図16　須恵器の出土状況4（吉倉B遺跡、佐々木ノテウラ遺跡）

積は約4haにおよぶ（図14、文献164〜166・170）。出土遺物には、帯金具、石帯、奈良三彩、瓦、木製祭祀具、漆器、漆塗り用具、墨書土器400点以上、木簡約100点が含まれる。8世紀前葉〜中葉（Ⅲ〜Ⅳ1期）は、B地区で桁行5間を最大とする掘立柱建物群、G地区で鍛冶工房1棟（SI01）、H地区で南北道路（溝心々距離約4m）等を検出、「郡」「郡殿新」「古志」「石屋木」「厨」の墨書土器が出土する。空白期とされる8世紀後半は、A地区SD37出土木簡（蒲原郡の過所木簡「郡司符」（1号木簡）、「祝沼垂城」と記された木簡（2号木簡）等）から城柵・関との関連が指摘されている。9世紀前半（V期主体）は、C地区で四面廂をもつSB12（7×4間、廂含め平面積約180m²）を検出している。また、I地区では大規模な埋め立て後に建てられた10棟以上の掘立柱建物を確認、帯金具、「大領」「石屋大領」「郡佐」「大厨」「厨」の墨書土器、「上大領殿門」（32号木簡）、「上郡殿門」（34号木簡）と記された封緘木簡等が出土している。当期の遺構群は、古志郡の大領館との考えが有力である。

報告書掲載の須恵器甕29点はA地区、I地区に偏在するほか、H地区から甕胴部片が多出する（図14）。また、「厨」墨書土器はH・I地区で出土する。限られた範囲の調査であるが、A地区の「厨」で使用した甕を破砕、H地区で地盤改良材に「転用」したとみれば、厨施設と須恵器甕が相応の相関関係をもつことを指摘可能であろう。

③石川県小松市松梨遺跡　梯川に面した沖積平野に立地する集落遺跡で、弥生時代後期〜室町時代にかけて断続的に営まれる（文献65）。古代は、直線的に北東方向から南西方向に流下する1号溝（幅3〜3.5m、深さ50〜58cm）を検出、覆土は下底層（8世紀後半〜9世紀前葉（Ⅳ〜Ⅴ1期））、中・上層（9世紀末（Ⅵ2期）〜12世紀）に大別される。下底層から、数次の飲食儀礼後に廃棄したと考えられる「仁古万呂」「廣」「□」「十」等の墨書を含む須恵器杯A・B、盤、高杯、壺類、長頸瓶、鉢、甕、土師器赤彩椀、甕、鍋のほか、筒形漆器、金属器、羽口、鉄滓等が出土した（図15）。須恵器甕は、中型甕、大型甕各12個体分が出土し、口縁部装飾や胴部叩き具に8世紀前半の様相を強く残す特徴から、8世紀後半に本遺跡に搬入、長期間使用の後、9世紀中頃に食膳具等とあわせて廃棄したとする（文献158）。須恵器甕を100年以上の長期間にわたり使用し続けた事例の1つとなる。

④新潟県村上市鴨侍遺跡　日本海に近い荒川左岸の沖積平野に立地する9世紀代の遺跡である（文献2）。A区で9世紀中頃（Ⅴ2期主体）に短期間営まれた郡司層の居宅と考えられる掘立柱建物7棟を、C区で9世紀後葉（Ⅵ1期）の河川、掘立柱建物2棟を、それぞれ検出した（図15）。河川1覆土第2・3層から、須恵器杯A・B、中型甕、大型甕、内黒土師器椀、土師器椀、鍋が約150点出土した。須恵器特大型甕（口径48.8cm、図15-416）は、口縁部外面を突帯、波状文で加飾することから、8世紀後半以前の焼成品である可能性が高い。他所で50年以上使用した後、9世紀後葉に本遺跡C区建物に持ち込まれ、建物廃絶時に河川1に廃棄した過程が復元できよう。このような須恵器甕の長期間使用を想起させる遺跡は、新潟県胎内市蔵ノ坪遺跡SD265土器群（9世紀後葉（Ⅵ1期主体））など、9世紀以降の集落遺跡で比較的多く確認できる（文献32）。

⑤石川県白山市米永シキシロ遺跡　手取扇状地扇央部に立地する11世紀前葉（Ⅶ2期）の集落遺跡である（文献151）。区画溝や空閑地で画された3つの屋敷地は、各々が数棟の総柱構造の掘立柱建物で構成され、比較的有力な農民層が居住した集落と考えられる（図15）。1号掘立柱建物の廃絶時に区画溝（2号溝）に向けて廃棄した土器群（第2集中地点）は、灰釉陶器椀1点、内黒を含む土師器椀A・B約100点、須恵器瓶・壺・甕で構成される。当期には在地の須恵器生産は終焉していることから、伝世使用された須恵器貯蔵具群といえる。須恵器甕は、中型甕4点（口径30〜40cm）、口縁部に装飾をもつ特大型甕（口径50cm弱）1点の計5個体が出土、特大型甕は、移動をともないながら200年程度使用され続けた事例となる。

同様な事例は、石川県加賀市田尻シンペイダン遺跡で確認できる（文献3）。本遺跡で、もっとも古いⅠ期（11世紀末葉、北陸中世1様式Ⅱ1期）は、01大溝（幅約4m、深さ約1mの自然流路）と01建物（四面廂付総柱建物、14.1×10.4m）で構成され、手工業をともなう在地有力者の屋敷地とされる。01大溝底面付近から、白磁椀Ⅱ〜Ⅴ類、ⅢⅤ類、ロクロ成形の土師器小皿・椀・柱状高台椀・皿、非ロクロの椀等とともに、須恵器甕片約100点が出土する。望月精司氏は、須恵器甕について胴部叩き原体の特徴から、他地域からの搬入品と、在地の南加賀窯跡群焼成品（9世紀中葉以前か）で構成され、後者は伝世使用した可能性が高いとす

表4　消費痕跡等の内容一覧表

消費痕跡

区　分	項　目	説　明　等
①遺存具合	全体の形	完形・一部欠損(略完形)・部分・小片、部位
		水平・非水平
	破片の大きさ・数	
接触痕跡　②割れ・割り・剥離・穿孔	部位	
	範囲	全周・部分・単独等の連続性、水平・非水平
	大きさ・頻度	大・中・小、多い～少ない
	方向・順序	打点の位置
③欠け・欠き(打ち欠き)・細かい剥離	部位	
	範囲	全周・環状・帯状・部分・単独等の連続性、水平・非水平
	大きさ・頻度	頻度は規則的・非規則的、多い～少ない
	方向・順序	打点位置
④磨耗・磨滅	部位	
	範囲	全面・環状・帯状・部分・単独等の連続性、水平・非水平
	頻度	平滑(強い)・普通・弱い
	方向・順序	
付着痕跡　⑤付着	内容	煤、コゲ、炭化物、墨、粘土、編物痕、しみ、ヨゴレ等
	部位	
	範囲	全面・環状・帯状・部分・単独等の連続性、水平・非水平
	頻度	多い～少ない
	擦れ具合	取れた範囲、頻度、要因
⑥文字・記号	記入方法	墨書(黒墨・朱墨)、漆書、刻書、印刻等
	記入内容	文字・文字様・記号・記号様等
	記入部位、大きさ	
	筆法、筆原体、墨の良し悪し	
	磨滅具合	磨滅範囲・頻度・要因等
⑦色調・硬さの変化	色調	変化の部位・範囲、要因(煮炊き等)
	硬さ	〃
⑧出土状況		器種構成、点数等

廃棄後痕跡

区　分	項　目
埋没前痕跡	廃棄後の二次的移動・焼成、水中でのローリング、コケ類・鉄分の付着痕跡等
埋没後痕跡	科学変化による器面剥離、変質・変色、木・草の浸入、シミ・鉄分の付着痕跡等
調査痕跡	移植ゴテ・ヘラ等の接触痕跡、洗浄時ハケ痕、注記文字、袋内の接触痕跡等

○ 他との接触で形成される痕跡(接触痕跡)の相関関連

	他との接触の強さ		
	強←		→弱
土器に刻まれる痕跡	割れ　剥離	←　欠け　細かい剥離　→	摩滅
上記のうち意図的と判断できる痕跡	割り(割りそろえ)　穿孔	←　欠き(打ち欠き)　→	磨耗　磨き

表5　須恵器器種別の再利用・転用率

	小型甕		中型甕		大型甕		横　瓶		短頸壺		長頸瓶		双耳瓶	
完　形	4	30%	6	13%	1	7%	8	28%	9	20%	1	1%	0	0%
再利用	0	0%	2	4%	0	0%	1	3%	9	20%	25	31%	7	32%
転　用	1	8%	2	4%	0	0%	1	3%	1	2%	11	14%	3	14%
不　明	8	62%	38	79%	13	93%	19	66%	27	58%	44	54%	12	54%
計	13		48		14		29		46		81		22	

る(文献157)。

甕片の分布と転用　須恵器甕は、生産地を含めて、一定の大きさ以下で出土する場合が非常に多い。その出土状況例として、富山県富山市吉倉B遺跡、石川県小松市佐々木ノテウラ遺跡、新潟県新潟市緒立C遺跡を示す(図16・22、文献4・57・104)。吉倉B遺跡は、6個体の甕が35～115片に割れて出土した。その破片分布は、長径40mを超える広範囲に点在する中型甕574・大甕569と、本来帰属した建物近辺の径20m以内の範囲に分布する群の2パターンに分かれ、前者は破砕した破片が2次的に広域拡散した状況と考えられる。中世にも集落が営まれる新潟県緒立C遺跡例では、約40mの範囲に大甕片が同心円状に散布しており、後者のパターン例となる。

いっぽう、佐々木ノテウラ遺跡Ⅲ期(9世紀末～10世紀初頭)では、長期の使用が想定できる大型甕246の破片約100点が、SB4・SB5と重複することなく敷地内から出土する。吉倉B遺跡の狭い範囲に分布する一群を含めて、不要な須恵器甕を一定程度の大きさまで意図的に破砕し、敷地の地盤改良材的な転用を想定可能と考える。

消費痕跡　次に各器種の土器サイクルを考える上で、出土状況・組成とともに、有用な土器情報と考える消費痕跡を概観する。現在、実見する土器は、**図12**で示した過程を経る間に、意図・無意図のさまざまな痕跡(情報)が重層的に蓄積する。消費段階において土器に刻まれる諸痕跡(消費痕跡)は、**表4**のとおり整理できよう。使用者が、一定期間、特定の目的に即した行為を反復することで、土器に固有の痕跡が蓄積すると仮定すれば、土器に残る痕跡の前後関係や頻度が、何時どのような要因で形成されたかを整理することで、その使用実態に近づくことが可能と考える。

甕でいえば、水を貯めるために据え置いて、一定方向から毎日頻繁に柄杓で汲み取った個体と、酒・酢等を醸造するために木蓋をして長期間安置した個

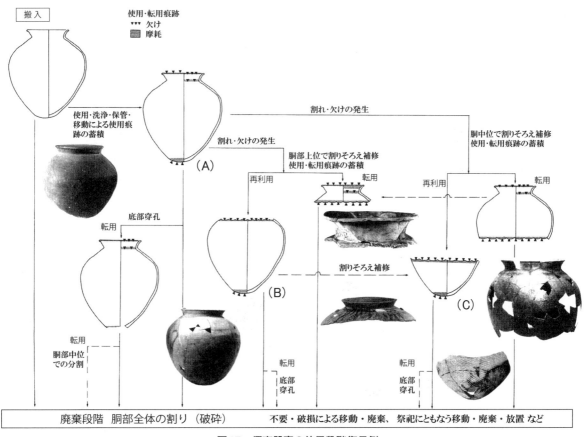

図17 須恵器甕の使用段階復元例

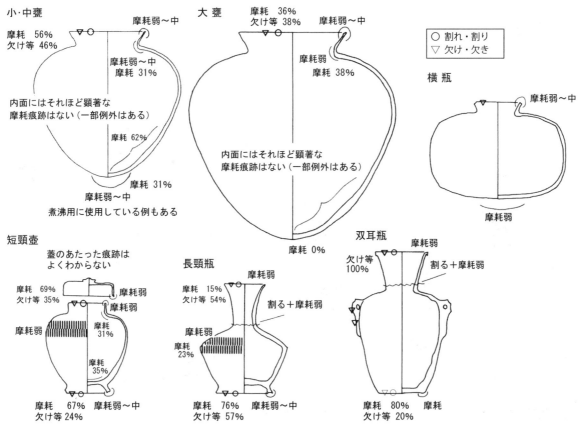

図18 北陸地域の器種別の消費痕跡観察結果

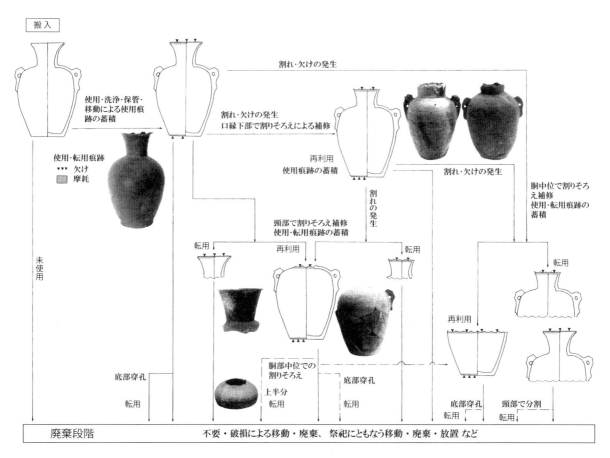

図19 須恵器瓶類の使用段階復元例

体、馬に載せて運搬容器に用いた個体では、おのず
と蓄積する痕跡に差異が生じるであろう。また、酒・
酢等の醸造期間や、醸造工程の撹拌頻度といった内
容物固有の作業が痕跡に影響を与えるほか、1個体
の甕の生涯の中でさまざまな異なる用途での使用が
容易に起こり得るため、蓄積された痕跡が複数の用
途を示す場合も想定できる。

　冒頭の研究会例会で、須恵器瓶・甕の観察で得ら
れた土器サイクルの復元例を図17・19に示した。甕
は、瓶に比して、その容量縮減を主目的とした廃棄
段階での破砕行為が加わる事例が多く存在するほか、
いくつかの出土パターンが予想できる。直接に甕据
付穴が検出できなくとも、包含層等出土甕片が図17
の (A) ～ (C) の状態で接合すれば、破片の分布地点
近辺での甕の据え置きを想定する手がかりとなり得
る。図17 (C) の例として、石川県小松市荒木田遺跡
包含層出土の中型甕底部を例示しておきたい (図24)。

　研究会例会で観察した11遺跡369点の須恵器貯蔵
具については、柿田祐司氏が器種別の再利用・転用
率と、接触痕跡 (摩耗・磨滅～割りそろえ・割れ) のパター
ン・出現頻度を取りまとめている (文献28)。再利用・
転用率 (表5) でみれば、長頸瓶・双耳瓶が再利用率
30％強、転用率14％を示し、完形品がほとんどない
ことからも、最後まで十分使い込まれる器種といえ
る。いっぽう、短頸壺は再利用率20％、転用率2％、
完形率20％と、瓶類とは異なる土器サイクルを示唆
する比率である。横瓶は、器形が再利用・転用に適
さないためか、完形で出土する比率が28％ともっと
も高くなる。完形で意図をもつ廃棄に用いる場合も
多い器種ともいえる。破片が多い甕は、不明 (再利用・
転用の判断不能) が多く、判断が難しいものの、再利用
率・転用率ともかなり低い傾向を示す。

　次に、器種ごとの接触痕跡のパターン・出現頻度
を概観する (図18)。長頸瓶・双耳瓶は、摩耗・欠け
の出現頻度が高く、頻繁に動かした器種といえる。
口縁部欠けの出現率の差は、液体を注ぐ頻度の差を
反映したものと考えられる。短頸壺は、口縁部欠け
の出現率が相対的に低く、完形出土が目立つことか
らも、内容物の保管を重視した使い方が想定できる。
甕は、小・中型甕が口縁部の摩耗・欠けの出現率、
底部の摩耗出現率とも一定の数値を示し、大型甕に
比して頻繁に動かすような使い方であったことがわか
る。大型甕底部の摩耗出現率0％は、観察個体数の

少なさが影響した可能性が高く、実際、底部が摩耗
した大型甕も少なからず存在する。このように、用途
を想定してつくられる器種ごとに、蓄積した消費痕
跡の一定の傾向性が復元可能である。

　なお、土器の使用状況の復元は、個体観察による
器種ごとの消費痕跡の傾向性の把握が端緒となる。
現在の発掘調査報告書は、各個体の原形を可能な限
り復元した実測図に、生産痕跡や墨書、煤・漆等付
着物 (表4の網掛け項目) を表現するものの、接触にとも
なう痕跡等は未記載の場合が多く、消費痕跡からみ
た使用状況の復元に関して大きな制約をもつ。

小　結　須恵器甕の特徴として、①須恵器・土師器
製の食膳具とは異なる土器サイクルをもち、数世代
以上の長い使用期間を想定すべきこと、②中型甕と
大甕を組み合わせた使用が一般的であること、③食
膳具に比して大きな移動が一般的である可能性が高
いこと、④高い貯蔵機能を価値とするため、再利用・
転用の割合が意外と少ない可能性をもつこと、⑤廃
棄時には他器種以上に容量縮減・祭祀行為等の理由
から破砕行為をともなうことが多く、中には破片を
地盤改良材的に転用した事例も想定し得ることが指
摘できる。発掘調査時に「古い時代の混ざり込み」と
判断される場合が少なくない須恵器甕破片について、
「伝世的に長期間使用した須恵器甕を、廃棄時に細か
く破砕した破片の一部」という、より積極的な評価が
できる場合を考慮するべきと考える。後述する須恵
器生産終焉後の貯蔵具のあり方とも深く関わるもの
である[5]。なお、特徴①について、津野仁氏が栃木
県内の古代遺跡出土の須恵器大甕約200点を分析し
て、使用期間から4つに類型化している (文献97)。そ
して、短期間で生産・使用～廃棄に至る個体群と、
7世紀末以降生産された甕を主体に100年以上長期
間使用する個体群が同量程度存在すること、官衙・
寺院では新品を搬入、使用、廃棄する事例が多いこ
とを指摘し、須恵器甕の使用実態に迫り得る研究方
法を提示している。

(2) 消費遺跡の須恵器甕出土傾向

集計方法　消費遺跡における須恵器甕については、
各々の遺跡・遺構の中で位置付けるべきことは、い
うまでもない。しかしながら、食膳具の重厚な研究蓄
積に比して、須恵器甕は対比資料が少ないことも実
状である。以下では、その基礎作業として、北陸地

表６　調査報告書掲載の須恵器貯蔵具率・須恵器甕出土点数一覧表１

旧国名	遺跡名	遺跡区分		時期区分	主体の時期	調査面積(㎡)	報告書掲載の実測遺物									面積当たり点数(x/1,000㎡*1000)	
							点数(点)						比率(%)			大甕(点)	中型甕以上(点)
							計	食膳具	貯蔵具	うち大甕	うち中型甕以上	煮炊具	食膳具	貯蔵具	煮炊具		
若狭	西縄手下遺跡	A	若狭国府か	c期	IV2-VI期	9,590	921	712	116	4	18	93	77%	13%	10%	0.42	1.88
若狭	木崎遺跡3・4区	C	その他官衙	d期	VI・VII期	322	93	67	17	3	7	9	72%	18%	10%	9.32	21.74
越前	山腰遺跡	D	寺社	b/c期	IV～VI期	3,480	827	669	153	13	31	5	80%	19%	1%	3.74	8.91
越前	持明寺遺跡A地区	D	寺社・廃棄場	c期	V～VI期	350	557	508	49	0	2	0	91%	9%	0%	0	5.71
越前	大塩向山遺跡G・N地区	D	寺社	c期	V～VI期	6,703	424	336	56	1	6	32	79%	13%	8%	0.15	0.90
越前	光源寺遺跡	D	寺社・廃棄場	c期	VI3期	600	285	257	26	0	4	2	90%	9%	1%	0	6.67
越前	福井城(1996～98県)	E	有力者居宅か	c期	V～VI期	8,605	160	140	11	2	3	9	87%	7%	6%	0.23	0.93
越前	今市岩畑遺跡	F	開発集落	b-1期	II3～IV期	13,334	1,450	1,124	73	4	10	253	78%	5%	17%	0.30	0.75
越前	下丁遺跡	F	一般集落	c期	IV～VI期	6,000	68	46	8	1	2	14	67%	12%	21%	0.17	0.33
加賀	戸水C遺跡	A	国府関連(国津)	c期	V～VI期	6,350	500	402	54	1	6	44	80%	11%	9%	0.16	0.94
加賀	戸水大西遺跡	B	国府関連	b/c期	IV～VI2期	13,980	1,565	1,226	153	8	15	186	78%	10%	12%	0.57	1.07
加賀	大友西遺跡	B	国府関連	b/c期	IV～VI2期	23,400	286	248	31	2	5	7	87%	11%	2%	0.09	0.21
加賀	金石本町遺跡(県・市)	B	郡津	b-2期	II3～V期	5,400	861	675	94	8	21	92	78%	11%	11%	1.48	3.89
加賀	千木ヤシキダ遺跡	B	国府関連/居宅	c/d期	V～VII期	5,120	1,950	1,762	78	3	12	110	90%	4%	6%	0.59	2.34
加賀	篠原遺跡	C	その他官衙	b-1期	III期	900	648	521	82	4	8	45	80%	13%	7%	4.44	8.89
加賀	上荒屋遺跡	D	荘園	b/c期	IV～VI期	17,550	2,554	2,086	237	6	40	231	82%	9%	9%	0.34	2.28
加賀	横江荘遺跡	D	荘園	c期	V～VII期	16,340	1,829	1,498	152	10	27	179	82%	8%	10%	0.61	1.65
加賀	中屋サワ遺跡SD30	D	荘園	c期	IV～VI期	21,100	657	487	101	3	18	69	74%	15%	11%	0.14	0.85
加賀	三小牛ハバ遺跡	D	寺社	b-2期	III～V期	9,000	373	284	66	1	8	23	76%	18%	6%	0.11	0.89
加賀	浄水寺跡	D	寺社	c/d期	V～VII期	9,100	-	-	112	4	6	-	-	-	-	0.44	0.66
加賀	高堂遺跡	D	寺社か	c期	V期	10,000	349	302	21	0	0	26	87%	6%	7%	0	0
加賀	八里向山B遺跡	D	寺社	c期	V期	4,000	111	99	7	0	0	5	89%	6%	5%	0	0
加賀	太田シタンダ遺跡	E	有力者居宅	b-1期	II3～IV期	650	527	312	35	2	12	180	59%	7%	34%	3.08	18.46
加賀	荒木田遺跡(県・市)	E	有力者居宅	b-2期	III～V期	8,303	479	371	75	9	19	33	77%	16%	7%	1.08	2.29
加賀	宮永市松原遺跡	E	有力者居宅	b-2期	III～V期	12,150	283	167	22	4	7	94	59%	8%	33%	0.33	0.58
加賀	八日市サカイマツ遺跡	E	有力者居宅	b-2期	III～V期	1,390	400	325	32	3	7	43	81%	8%	11%	2.16	5.04
加賀	松梨遺跡	E	有力者居宅	b-2期	IV～V期	1,100	174	119	35	4	10	20	68%	20%	12%	3.64	9.09
加賀	北安田北遺跡(県・市)	E	有力者居宅	d期	VI～VII期	6,300	562	464	49	7	10	49	82%	9%	9%	1.11	1.59
加賀	米永シキシロ遺跡	E	有力者居宅	d期	VI3～VII期	1,200	344	305	19	6	7	20	89%	6%	6%	5.00	5.83
加賀	北安田北遺跡(県・市)	F	一般集落	b-2期	II3～V期	23,000	1,753	1,065	147	16	45	541	61%	8%	31%	0.70	1.96
加賀	三浦幸明遺跡(中層)	F	一般集落	b-2期	II3～V期	14,000	855	512	64	5	15	279	60%	7%	33%	0.36	1.07
加賀	源波遺跡	F	一般集落	b-2期	II3～V期	16,400	1,302	845	185	13	48	272	65%	14%	21%	0.79	2.93
加賀	清金アガトウ遺跡	F	一般集落	b-2期	II3～V期	9,100	388	213	52	11	20	123	55%	13%	32%	1.21	2.20
加賀	上新庄ニシウラ遺跡	F	一般集落	b-1期	III～IV期	2,000	83	50	5	1	1	28	60%	6%	34%	0.50	0.50
加賀	佐々木ノテウラ遺跡	F	一般集落	c期	VI期	3,100	99	82	8	1	1	9	83%	8%	9%	0.32	0.32
加賀	橋爪ガンノアナ遺跡	F	一般集落	d期	VI～VII期	3,520	414	358	28	3	3	28	87%	7%	7%	0.85	0.85
能登	杉野屋専光寺(県・町)	D	寺社	c期	V～VI期	5,810	411	314	81	2	7	16	76%	20%	4%	0.34	1.20
能登	小池川原地区遺跡	B	官人居宅か	b-1期	III～IV期	1,000	187	123	26	0	2	38	66%	14%	20%	0	2.00
能登	四柳白山下遺跡A・B区	E	中核的集落	b-2期	II3～V期	2,090	608	476	57	2	12	75	78%	10%	12%	0.96	5.74
能登	武部ショウブダ遺跡	E	有力者居宅	d期	VI3～VII1期	4,100	574	445	85	7	14	44	77%	15%	8%	1.71	3.41
能登	宿向山遺跡	G	祭祀場	c期	V～VI期	5,000	242	188	40	0	2	14	78%	16%	6%	0	0.40
越中	米田大覚遺跡(1995・96)	A	新川郡家か	b-2期	V期	4,600	762	523	147	8	13	92	69%	19%	12%	1.74	2.83
越中	水橋荒町遺跡・辻ケ堂遺跡(2004調査)	C	水橋駅家か	b-2期	II3～V期	1,650	58	46	1	0	1	11	79%	2%	19%	0	0.61
越中	石名田木舟遺跡(1993～95財団調査)	C	その他官衙	b/c期	II3～V期	57,324	1,260	908	129	3	22	223	72%	10%	18%	0.05	0.38
越中	東木津遺跡(1997・98)	C	その他官衙	b-2期	IV～V期	2,825	1,400	1,326	49	5	10	25	95%	3%	2%	1.77	3.54
越中	じょうべのま遺跡C・K地区	D	荘園	c期	V・VI期	4,000	136	90	27	7	7	19	66%	20%	14%	1.75	1.75
越中	常国遺跡	D	荘園	c期	V・VI期	8,600	565	432	39	6	13	94	76%	7%	17%	0.70	1.51
越中	吉倉B遺跡	E	有力者居宅	c期	V・VI期	7,340	529	370	32	2	6	127	70%	6%	24%	0.27	0.82
越中	麻生谷遺跡(1993・95)	E	川人駅家関連か	c期	V・VI期	2,720	209	156	25	3	12	28	75%	12%	13%	1.10	4.41
越中	仏田遺跡(2008・09)	E/F	一般/有力者居宅	c期	V・VI期	6,612	563	428	31	3	5	104	76%	6%	18%	0.45	0.76
越中	黒川尺目遺跡(1987)	F	一般集落	b-1期	IV期	2,600	172	108	27	2	7	37	63%	16%	21%	0.77	2.69
越中	南中田D遺跡(1990)	F	一般集落	b-2期	IV～V期	14,000	200	109	10	0	1	81	55%	5%	41%	0	0.07
越中	吉倉B遺跡(1993)	F	一般集落	b-2期	IV～V期	13,622	922	573	62	3	11	287	62%	7%	31%	0.22	0.81
越中	栗山椿原遺跡	F	一般集落	c期	VI期	5,000	166	97	30	0	2	39	58%	18%	24%	0	0.40

表7 調査報告書掲載の須恵器貯蔵具率・須恵器甕出土点数一覧表２

旧国名	遺跡名	遺跡区分		時期区分	主体の時期	調査面積(㎡)	報告書掲載の実測遺物									面積当たり点数(x/1,000㎡*1000)	
							点 数(点)						比 率(%)			大甕(点)	中型甕以上(点)
							計	食膳具	貯蔵具	うち大甕	うち中型甕以上	煮炊具	食膳具	貯蔵具	煮炊具		
越後	今池遺跡	A	越後国府か、国司館	b-2期	Ⅱ3～Ⅴ期	20,000	474	339	65	9	15	70	71%	14%	15%	0.45	0.75
越後	八幡林官衙遺跡	A/B	古志郡衙(館)か	b-2期	Ⅲ～Ⅴ期	4,452	312	262	30	3	10	20	84%	10%	6%	0.67	2.25
越後	蔵ノ坪遺跡(Ⅱ期SD264・265)	C	川津	c期	Ⅵ期	7,240	133	92	18	3	5	23	69%	14%	17%	0.41	0.69
越後	緒立C遺跡	C	その他官衙	c期	Ⅴ～Ⅵ期	4,500	236	124	45	1	9	67	53%	19%	28%	0.22	2.00
越後	上浦A遺跡(1992・2008市調査)	C	官衙か	c期	Ⅴ・Ⅵ期	4,342	539	274	24	0	1	241	51%	4%	45%	0	0.23
越後	門新遺跡	C	官衙/居宅か	c期	Ⅵ期	16,300	359	322	21	3	7	16	90%	6%	4%	0.18	0.43
越後	馬越遺跡	D	荘園関連	b-1期	Ⅳ期	2,903	142	94	7	2	4	41	66%	5%	29%	0.69	1.38
越後	行屋崎遺跡	E	開発集落	a期	Ⅱ期	3,740	171	66	20	1	2	85	38%	12%	50%	0.27	0.53
越後	山三賀Ⅱ遺跡	E	中核的集落	b-2期	Ⅱ3～Ⅴ期	13,600	985	481	57	5	12	447	49%	6%	45%	0.37	0.88
越後	駒首潟遺跡(3・4次)	E	有力者居宅	c期	Ⅴ～Ⅵ3期	11,493	859	554	101	6	46	204	64%	12%	24%	0.52	4.00
越後	蔵ノ坪遺跡(Ⅰ期SD808・1009)	F	一般集落	b-2期	Ⅳ～Ⅴ期	7,240	78	64	6	0	5	6	82%	6%	8%	0	0.69
越後	細池遺跡	F	一般集落	c期	Ⅴ・Ⅵ期	28,578	250	126	19	1	5	105	50%	8%	42%	0.03	0.17
越後	上郷遺跡	F/G	一般集落/水田	c期	Ⅵ期	22,200	448	289	20	0	5	139	65%	4%	31%	0	0.23
越後	門新遺跡	G	水田	c期	Ⅵ期	12,000	159	137	9	1	2	13	86%	6%	8%	0.08	0.17
	対象68遺跡 計					600,918	24,131	28,573	3,795	251	734	5,984	74%	10%	16%	0.42	1.22

※ 比率平均は浄水寺跡を除く。

○ 時期区分

a期	6世紀末～7世紀中頃
b-1期	7世紀末～8世紀(Ⅱ2～Ⅳ)
b-2期	7世紀末～9世紀中頃(Ⅱ2～Ⅴ)
c期	9世紀前葉～10世紀前葉(Ⅴ～Ⅵ)
d期	10世紀前葉～11世紀前葉(Ⅵ3～Ⅶ)

○ 遺跡区分

A	国府・国府関連(国府周辺)、郡衙
B	国府関連(国府周辺以外)、郡衙関連
C	その他の官衙
D	寺社(堂など小規模施設含む)、荘園
E	有力者居宅、有力者居宅を含む集落、中核的集落
F	一般集落
G	その他(水田等)

○ 対象遺跡数

		計	遺跡区分						
			A	B	C	D	E	F	G
北陸西南部	7c中頃～9c中頃(Ⅱ～Ⅴ期)	16	0	1	1	3	5	6	0
	9c中頃～11c前葉(Ⅴ～Ⅶ期)	20	2	3	1	8	3	3	0
北陸東北部	7c中頃～9c中頃(Ⅱ～Ⅴ期)	15	2	2	3	1	3	4	0
	9c中頃～11c前葉(Ⅴ～Ⅶ期)	17	0	0	4	3	5	2	3
	計	68	4	6	9	14	16	15	3

○ 遺跡別須恵器甕の出土状況

区 分	遺跡数（%）
中型甕・大甕が出土	52（76%）
中型甕のみ出土	10（15%）
大甕のみ出土	4（6%）
甕出土なし	2（3%）

表8 計測法による比率の違い

	大沢谷内遺跡 SX945・946(Ⅱ1期)								馬越遺跡 河川3(Ⅳ1期)							
	口縁部残存率(X/36)		報告書図版(点)		重量(g)		破片(点)		口縁部残存率(X/36)		報告書図版(点)		重量(g)		破片(点)	
	数値	比率	数値	比率	数値	比率	数値	比率	数値	比率	数値	比率	数値	比率	数値	比率
食膳具	404	79.6%	39	↘60.0%	2,386	14.4%	55	21.0%	487	76.7%	↘47	58.8%	6,036	37.6%	202	30.1%
貯蔵具	30	6.0%	9	↗13.8%	7,120	42.9%	54	20.6%	4	0.6%	↗5	6.3%	1,401	8.7%	24	3.6%
煮炊具	73	14.4%	17	↗26.2%	7,103	42.8%	153	58.4%	144	22.7%	↗28	34.9%	8,622	53.7%	445	66.3%
合 計	508	100%	65	100%	16,609	100%	262	100%	602	100%	80	100%	16,059	100%	671	100%

	寺道上遺跡 SK3(Ⅴ期)								駒首潟遺跡 旧河川(Ⅵ1期)							
	口縁部残存率(X/36)		報告書図版(点)		重量(g)		破片(点)		口縁部残存率(X/36)		報告書図版(点)		重量(g)		破片(点)	
	数値	比率	数値	比率	数値	比率	数値	比率	数値	比率	数値	比率	数値	比率	数値	比率
食膳具	502	86.5%	51	↘76.1%	5,676	57.5%	720	62.6%	3,262	74.8%	145	→74.4%	16,981	23.9%	1,238	36.9%
貯蔵具	4	0.7%	2	↗3.0%	351	3.6%	7	0.6%	174	4.0%	19	↗9.7%	20,066	28.2%	432	12.9%
煮炊具	75	12.8%	14	↗20.9%	3,845	38.9%	423	36.8%	924	21.2%	31	↘15.9%	34,149	48.0%	1,684	50.2%
合 計	580	100%	67	100%	9,872	100%	1,150	100%	4,361	100%	195	100%	71,196	100%	3,354	100%

※ 矢印は口縁部残存率計測法と比較した場合の増減を示す。

表9　調査報告書掲載の須恵器中型以上の甕一覧表

○ 北陸西南部・7世紀後半～9世紀中頃（Ⅱ～Ⅴ期）

平均 2.19点/1,000㎡

旧国名	遺跡名	中・大甕(点/1,000㎡)	遺跡区分		時期区分	調査面積(㎡)
加賀	太田シタンダ遺跡	18.46	E	有力者居宅	b-1期	650
加賀	松梨遺跡	9.09	E	有力者居宅	b-2期	1,100
越前	山腰遺跡	8.91	D	寺社	b/c期	3,480
加賀	篠原遺跡	8.89	C	その他官衙	b-1期	900
加賀	八日市サカイマツ遺跡	5.04	E	有力者居宅	b-2期	1,390
加賀	金石本町遺跡(県・市)	3.89	B	郡衙	b-2期	5,400
加賀	源波遺跡	2.93	F	一般集落	b-2期	16,400
加賀	荒木田遺跡(県・市)	2.29	E	有力者居宅	b-2期	8,303
加賀	上荒屋遺跡	2.28	D	荘園	b/c期	17,550
加賀	清金アガトウ遺跡(1・2次)	2.20	F	一般集落	b-2期	9,100
加賀	北安田北遺跡(県・市)	1.96	F	一般集落	b-2期	23,000
加賀	三浦幸明遺跡(中層)	1.07	F	一般集落	b-2期	14,000
加賀	三小牛ハバ遺跡	0.89	D	寺社	b-2期	9,000
越前	今市岩畑遺跡	0.75	F	開発集落	b-1期	13,334
越前	宮永市松原遺跡	0.58	F	有力者居宅	b-2期	12,150
加賀	上新庄ニシウラ遺跡	0.50	F	一般集落	b-1期	2,000

○ 北陸東北部・7世紀後半～9世紀中頃

平均 0.84点/1,000㎡

旧国名	遺跡名	中・大甕(点/1,000㎡)	遺跡区分		時期区分	調査面積(㎡)
能登	四柳白山下遺跡A・B区	5.74	E	中核的集落	b-2期	2,090
越中	東木津遺跡(1997・98調査)	3.54	C	その他官衙	b-2期	2,825
越中	米田大覚遺跡(1995・96調査)	2.83	A	新川郡家か	b-2期	4,600
越中	黒川尺目遺跡(1987調査)	2.69	F	一般集落	b-1期	2,600
越後	八幡林官衙遺跡	2.25	A/B	古志郡衙(館)か	b-2期	4,452
能登	小池川原地区遺跡	2.00	B	官人居宅か	b-1期	1,000
越後	馬越遺跡	1.38	D	荘園関連	b-1期	2,903
越後	山三賀Ⅱ遺跡	0.88	E	中核的集落	b-2期	13,600
越中	吉倉B遺跡(1993調査)	0.81	F	一般集落	b-2期	13,622
越後	今池遺跡	0.75	A	越後国府か、国司館	b-2期	20,000
越後	蔵ノ坪遺跡(Ⅰ期SD808・1009)	0.69	F	一般集落	b-2期	7,240
越中	水橋荒町遺跡・辻ヶ堂遺跡(2004調査)	0.61	C	水橋駅家か	b-2期	1,650
越中	行屋崎遺跡	0.53	E	開発集落	a期	3,740
越中	石名田木舟遺跡(1993～95財団調査)	0.38	C	その他官衙	b/c期	57,324
越後	南中田D遺跡(1990調査)	0.07	F	一般集落	b-2期	14,000

○ 北陸西南部・9世紀～11世紀前葉（Ⅴ～Ⅶ期）

平均 1.01点/1,000㎡

旧国名	遺跡名	中・大甕(点/1,000㎡)	遺跡区分		時期区分	調査面積(㎡)
若狭	木崎遺跡3・4区	21.74	C	その他官衙	d期	322
越前	光源寺遺跡	6.67	D	寺社・廃棄場	c期	600
加賀	米永シキシロ遺跡	5.83	E	有力者居宅	d期	1,200
越前	持明寺遺跡A地区	5.71	D	寺社・廃棄場	c期	350
加賀	千木ヤシキダ遺跡	2.34	B	国府関連/居宅	c/d期	5,120
若狭	西縄手下遺跡	1.88	A	若狭国府か	c期	9,590
加賀	横江荘遺跡	1.65	D	荘園	c期	16,340
加賀	北安田北遺跡(県・市)	1.59	E	有力者居宅	d期	6,300
加賀	戸水大西遺跡	1.07	B	国府関連	b/c期	13,980
加賀	戸水C遺跡	0.94	A	国府関連(国津)	c期	6,350
越前	福井城(1996～98県)	0.93	E	有力者居宅か	c期	8,605
越前	大塩向山遺跡G・N地区	0.90	D	寺社	c期	6,703
加賀	中屋サワ遺跡SD30	0.85	D	荘園	c期	21,100
加賀	橋爪ガンノアナ遺跡	0.85	F	一般集落	d期	3,520
加賀	浄水寺跡	0.66	D	寺社	c/d期	9,100
越前	下丁遺跡	0.33	F	一般集落	c期	6,000
加賀	佐々木ノテウラ遺跡	0.32	F	一般集落	c期	3,100
加賀	大友西遺跡	0.21	B	国府関連	b/c期	23,400
加賀	高堂遺跡	0	D	寺社か	c期	10,000
加賀	八里向山B遺跡	0	D	寺社	c期	4,000

○ 北陸東北部・9世紀～11世紀前葉（Ⅴ～Ⅶ期）

平均 0.95点/1,000㎡

旧国名	遺跡名	中・大甕(点/1,000㎡)	遺跡区分		時期区分	調査面積(㎡)
越中	麻生谷遺跡(1993・95調査)	4.41	E	川人駅家関連施設か	c期	2,720
越後	駒首潟遺跡(3・4次)	4.00	E	有力者居宅	c期	11,493
能登	武部ショウブダ遺跡	3.41	E	有力者居宅	d期	4,100
越後	緒立C遺跡	2.00	C	その他官衙	c期	4,500
越中	じょうべのま遺跡C・K地区	1.75	D	荘園	c期	4,000
越中	常国遺跡	1.51	D	荘園	c期	8,600
能登	杉野屋専光寺(県・町)	1.20	D	寺社	c期	5,810
越中	吉倉B遺跡	0.82	E	有力者居宅	c期	7,340
越中	仏田遺跡(2008・09調査区)	0.76	E/F	一般/有力者居宅	c期	6,612
越後	蔵ノ坪遺跡(Ⅱ期SD264・265)	0.69	C	川津	c期	7,240
越後	門新遺跡	0.43	C	官衙/居宅か	c期	16,300
能登	宿向山遺跡	0.40	G	祭祀場	c期	5,000
越中	栗山楮原遺跡	0.40	F	一般集落	c期	5,000
越後	上浦A遺跡(1992・2008市調査)	0.23	C	官衙か	c期	4,342
越後	上郷遺跡	0.23	F/G	一般集落/水田	c期	22,200
越後	細池遺跡	0.17	F	一般集落	c期	28,578
越後	門新遺跡	0.17	G	水田	c期	12,000

※ 表中程の太線は平均点数を示す。

表10　調査報告書掲載の須恵器大甕（大型甕・特大型甕）一覧表

○ 北陸西南部・7世紀後半～9世紀中頃（Ⅱ～Ⅴ期）

平均 0.75点/1,000㎡

旧国名	遺跡名	大甕(点/1,000㎡)	遺跡区分		時期区分	調査面積(㎡)
加賀	篠原遺跡	4.44	C	その他官衙	b-1期	900
越前	山腰遺跡	3.74	D	寺社	b/c期	3,480
加賀	松梨遺跡	3.64	E	有力者居宅	b-2期	1,100
加賀	太田シタンダ遺跡	3.08	E	有力者居宅	b-1期	650
加賀	八日市サカイマツ遺跡	2.16	E	有力者居宅	b-2期	1,390
加賀	金石本町遺跡(県・市)	1.48	B	郡津	b-2期	5,400
加賀	清金アガトウ遺跡(1・2次)	1.21	F	一般集落	b-2期	9,100
加賀	荒木田遺跡(県・市)	1.08	E	有力者居宅	b-2期	8,303
加賀	源波遺跡	0.79	F	一般集落	b-2期	16,400
加賀	北安田北遺跡(県・市)	0.70	F	一般集落	b-2期	23,000
加賀	上新庄ニシウラ遺跡	0.50	F	一般集落	b-1期	2,000
加賀	三浦幸明遺跡(中層)	0.36	F	一般集落	b-2期	14,000
加賀	上荒屋遺跡	0.34	D	荘園	b/c期	17,550
加賀	宮永市松原遺跡	0.33	E	有力者居宅	b-2期	12,150
越前	今市岩畑遺跡	0.30	F	開発集落	b-2期	13,334
加賀	三小牛ハバ遺跡	0.11	D	寺社	b-2期	9,000

○ 北陸東北部・7世紀後半～9世紀中頃（Ⅱ～Ⅴ期）

平均 0.28点/1,000㎡

旧国名	遺跡名	大甕(点/1,000㎡)	遺跡区分		時期区分	調査面積(㎡)
越中	東木津遺跡(1997・98調査)	1.77	C	その他官衙	b-2期	2,825
越中	米田大覚遺跡(1995・96調査)	1.74	A	新川郡家か	b-2期	4,600
能登	四柳白山下遺跡A・B区	0.96	E	中核的集落	b-2期	2,090
越中	黒川尺目遺跡(1987調査)	0.77	F	一般集落	b-1期	2,600
越後	馬越遺跡	0.69	D	荘園関連	b-1期	2,903
越後	八幡林官衙遺跡	0.67	A/B	古志郡衙(館)か	b-2期	4,452
越後	今池遺跡	0.45	A	越後国府か、国司館	b-2期	20,000
越後	山三賀Ⅱ遺跡	0.37	E	中核的集落	b-2期	13,600
越後	行屋崎遺跡	0.27	E	開発集落	a期	3,740
越中	吉倉B遺跡(1993調査)	0.22	F	一般集落	b-2期	13,622
越中	石名田木舟遺跡(1993～95財団調査)	0.05	C	その他官衙	b/c期	57,324
越中	南中田D遺跡(1990調査)	0	F	一般集落	b-2期	14,000
越中	蔵ノ坪遺跡(Ⅰ期SD808・1009)	0	F	一般集落	b-2期	7,240
越中	水橋荒町遺跡・辻ヶ堂遺跡(2004調査)	0	C	水橋駅家か	b-2期	1,650
能登	小池川原地区遺跡	0	B	官人居宅か	b-1期	1,000

○ 北陸西南部・9世紀～11世紀前葉（Ⅴ～Ⅶ期）

平均 0.38点/1,000㎡

旧国名	遺跡名	大甕(点/1,000㎡)	遺跡区分		時期区分	調査面積(㎡)
若狭	木崎遺跡3・4区	9.32	C	その他官衙	d期	322
加賀	米永シキシロ遺跡	5.00	E	有力者居宅	d期	1,200
加賀	北安田北遺跡(県・市)	1.11	E	有力者居宅	d期	6,300
加賀	橋爪ガンノアナ遺跡	0.85	F	一般集落	d期	3,520
加賀	横江荘遺跡	0.61	D	荘園	c期	16,340
加賀	千木ヤシキダ遺跡	0.59	B	国府関連/居宅	c/d期	5,120
加賀	戸水大西遺跡	0.57	B	国府関連	b/c期	13,980
加賀	浄水寺跡	0.44	D	寺社	c/d期	9,100
若狭	西縄手下遺跡	0.42	A	若狭国府か	c期	9,590
加賀	佐々木ノテウラ遺跡	0.32	F	一般集落	c期	3,100
越前	福井城(1996～98県)	0.23	E	有力者居宅か	c期	8,605
越前	下丁遺跡	0.17	F	一般集落	c期	6,000
加賀	戸水C遺跡	0.16	A	国府関連(国津)	c期	6,350
越前	大塩向山遺跡G・N地区	0.15	D	寺社	c期	6,703
加賀	中屋サワ遺跡SD30	0.14	D	荘園	c期	21,100
加賀	大友西遺跡	0.09	B	国府関連	b/c期	23,400
越前	持明寺遺跡A地区	0	D	寺社・廃棄場	c期	350
越前	光源寺遺跡	0	D	寺社・廃棄場	c期	600
加賀	高堂遺跡	0	D	寺社か	c期	10,000
加賀	八里向山B遺跡	0	D	寺社	c期	4,000

○ 北陸東北部・9世紀～11世紀前葉（Ⅴ～Ⅶ期）

平均 0.29点/1,000㎡

旧国名	遺跡名	大甕(点/1,000㎡)	遺跡区分		時期区分	調査面積(㎡)
越中	じょうべのま遺跡C・K地区	1.75	D	荘園	c期	4,000
能登	武部ショウブダ遺跡	1.71	E	有力者居宅	d期	4,100
越中	麻生谷遺跡(1993・95調査)	1.10	E	川人駅家関連施設か	c期	2,720
越中	常国遺跡	0.70	D	荘園	c期	8,600
越後	駒首潟遺跡(3・4次)	0.52	E	有力者居宅	c期	11,493
越後	仏田遺跡(2008・09調査区)	0.45	E/F	一般/有力者居宅	c期	6,612
越後	蔵ノ坪遺跡(Ⅱ期SD264・265)	0.41	C	川津	c期	7,240
能登	杉野屋専光寺(県・町)	0.34	D	寺社	c期	5,810
越中	吉倉B遺跡(1993調査)	0.27	E	有力者居宅	c期	7,340
越後	緒立C遺跡	0.22	C	その他官衙	c期	4,500
越後	門新遺跡	0.18	C	官衙/居宅か	c期	16,300
越後	門新遺跡	0.08	G	水田	c期	12,000
越後	細池遺跡	0.03	F	一般集落	c期	28,578
越後	上浦A遺跡(1992・2008市調査)	0	C	官衙か	c期	4,342
越後	上郷遺跡	0	F/G	一般集落/水田	c期	22,200
越中	栗山楮原遺跡	0	F	一般集落	c期	5,000
能登	宿向山遺跡	0	G	祭祀場	c期	5,000

※ 表中程の太線は平均点数を示す。

域の須恵器甕の出土傾向の把握を試みる。

遺構種別による出土傾向については、熊谷葉月氏による石川県内50遺跡から出土した中型以上の須恵器甕348点の集計があり（文献55）、包含層約54％、溝および周辺約35％、その他（土坑、竪穴建物、掘立柱建物周辺、井戸等）約11％との比率を得ている[6]。集計から20年近く経た現在でも、あまり変わらない傾向を示すと考えられる。

次に、出土点数および単位面積（1,000㎡）当たりの点数について、北陸地域68遺跡の発掘調査報告書掲載の須恵器甕点数（胴部片除く）を集計した（表6～10）。集計にあたり、地域区分（北陸西南部・北陸東北部）、時期区分（表7中段の5区分）、遺跡区分（同7区分）を併用し、出土傾向の把握に努めた。この集計方法は、過去の比較的多くの集落遺跡を検討対象にできる大きな長所をもつ。いっぽう、他時代と重複する遺跡や存続時期の長い遺跡では須恵器甕の帰属時期が判断しにくいこと、集落遺跡の大きな転換期（9世紀前半（V期））の様相がみえにくいこと、1つの集落遺跡でも時期・調査地点で性格が変わるケースがあること、あくまで廃棄状況からみた須恵器甕の様相であること等が短所となる。また、発掘調査・報告書作成時における調査主体の状況・目的により、掲載される須恵器甕点数が強い影響を受けることも、大きなデメリットといえる。さらに、今回検討する遺跡の選択では、北陸地域における上位の官衙遺跡および7世紀代や10世紀中葉以降（Ⅶ期）の集落遺跡の調査事例が少ないことや、多すぎる「官衙関連遺跡」の評価・区分に苦慮している。

得られた報告書掲載点数の集計結果の妥当性については、直接比較し得る資料がない。そのため、春日真実氏が実施した新潟県下4遺跡の土器の機能別（食膳具、貯蔵具、煮炊具）の計測結果（文献32）を引用し、他計測法（口縁部残存率、重量、破片）と対比した。報告書掲載による集計は、表8のとおり、口縁部残存率計測法に比較的近い数値を示す。ただし、口縁部残存率計測法の値とは、食膳具が0.4～19.6％減少、貯蔵具が2.3～7.8％増加、煮炊具が5.3％減少（駒首潟遺跡）あるいは8.1～12.2％増加した比率となり、報告者が貯蔵具・煮炊具に重きを置いた実測・報告書掲載をおこなっている状況がわかる。今回試みた2次的資料である報告書掲載点数の集計は、絶対値を基にした3つの計測法とは質的に全く異なるものの、須

恵器甕の出土傾向を把握する現段階において、一定程度の有効性をもつものと考えたい。

集計結果 北陸地域全体では、68遺跡約60万㎡から中型甕734点、大甕251点が出土、単位面積1,000㎡（約32平方m）当たり中型甕1.22点、大甕0.42点という結果を得た（表6・7）。中型甕と大甕の比率は、加賀・南加賀窯跡群で得た値（約3：1）に近く、遺跡単位でみた場合に中型甕と大甕の使用期間に大きな差がないことを示唆する。

まず、中型甕と大甕の組み合わせ状況をみてみたい（表7中段右）。中型甕・大甕が出土する52遺跡、中型甕のみ出土する10遺跡、大甕のみ出土する4遺跡、両者とも出土しない2遺跡に分かれ、中型甕・大甕とも出土する遺跡が全体の76％を占めるいっぽう、甕が出土しない遺跡はきわめて限られる。このことから、北陸地域では、遺跡単位でみた場合、その性格に関わらず、中型甕・大甕を組み合わせた使い方が、一般的であったと予想できる。

次に、7世紀後半～9世紀中頃の中型甕・大甕の集計結果（表9）については、北陸西南部で単位面積当たり2.19点、北陸東北部が0.84点と、早い時期から須恵器生産が定着する北陸西南部において約3倍の出土量をもつ。遺跡の性格からみれば、北陸西南部がE（有力者居宅）を主体にB（郡衙）・C（その他官衙）で、北陸東北部がA・B（国府、郡衙関連）を主体として、それぞれ出土点数が多い傾向を示す。ただし、北陸西南部の結果は、A～Cに区分できる遺跡が少ないことが影響した可能性を多分に残す。また、F（一般集落）は、総じて単位面積当たりの出土点数が少ない傾向にあり、遺跡の性格と出土点数は、一定の相関関係をもつことが指摘できる。

続く、9世紀～11世紀前葉（実質10世紀中葉頃まで）の中型甕・大甕は、北陸西南部が単位面積当たり1.01点、北陸東北部が0.95点と、北陸西南部で出土点数の半減を理由に、接近した数値に転ずる。遺跡の性格からみた場合、北陸西南部はA・B（国府、国府関連）以上にD（荘園、寺社）・E（有力者居宅）での出土点数が多い傾向を示す。出土点数が21.74点と突出する若狭・木崎遺跡3・4区は、狭い調査面積が影響したものと判断できる。北陸東北部も、北陸西南部と同様に、D（荘園、寺社）、E（有力者居宅）で出土点数が多い傾向を示す。北陸東北部の集計対象にA・B区分に属する官衙遺跡が欠落するため、判然としな

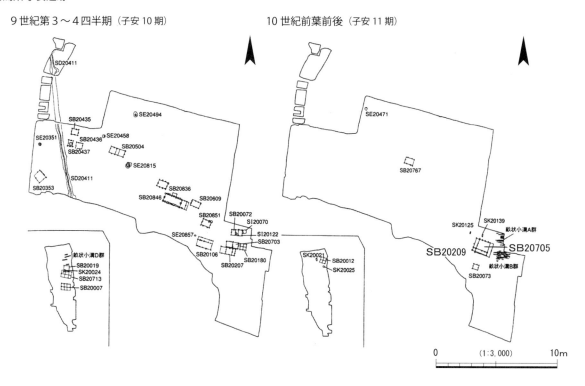

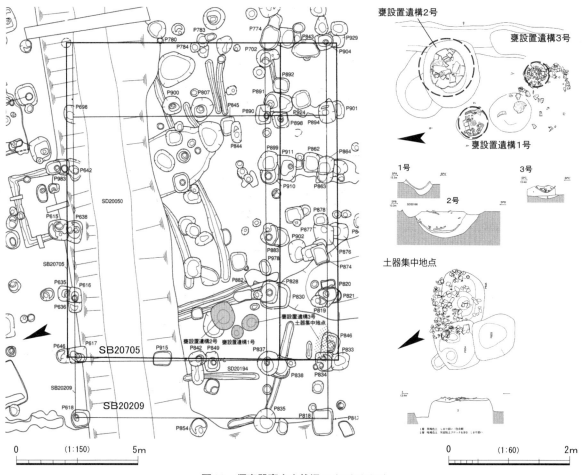

図20 須恵器甕出土状況5（子安遺跡1）

いものの、官衙以上に中小の富裕有力者や荘園が、多くの須恵器甕を所有した可能性をもつ。

大甕の集計結果（表10）については、7世紀後半～9世紀中頃が、北陸西南部が単位面積当たり0.75点、北陸東北部が0.28点となり、中型甕・大甕の結果と同傾向を示す。遺跡の性格からみれば、北陸西南部がE（有力者居宅）を主体に、B（郡衙）・C（その他官衙）、D（荘園）で、北陸東北部がA・B（国府関連・郡衙）で、それぞれ出土点数が多い傾向を示す。なお、能登・越中の上位4遺跡（東木津遺跡～黒川尺目遺跡）の出土点数は、北陸西南部に近い様相といえる。続く、9世紀～11世紀前葉（実質10世紀中葉まで）の大甕は、北陸西南部で単位面積当たり0.38点、北陸東北部で0.29点がそれぞれ出土し、中型甕・大甕の結果と類似し

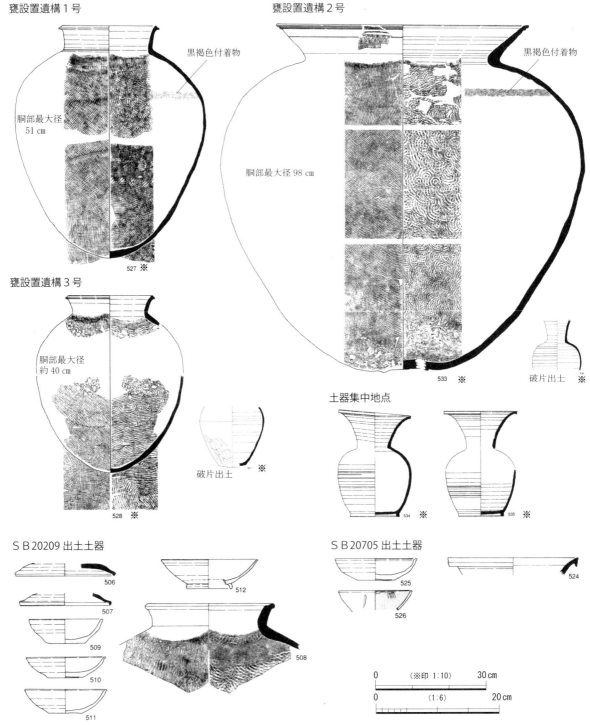

図21 須恵器甕出土状況6（子安遺跡2）

た傾向にある。遺跡の性格からみても、北陸西南部、東北部とも、中型甕・大甕と同様な傾向といえる。

以上、限られた遺跡の集計結果とはなるが、北陸地域では8世紀以降、大部分の遺跡から普遍的に須恵器中型甕、大甕が出土、両者を組み合わせて使用したものと考えられる。その中で、遺跡の性格と甕の出土点数は一定の相関関係を示し、上位の官衙遺跡（A・B）と同等以上にD（荘園、寺社）、E（有力者居宅）が多くの須恵器甕を所有した可能性が高いことを指摘できよう。特に須恵器甕生産で地域差が顕在化する9世紀中頃～10世紀中葉は、その傾向が顕著となる。須恵器甕の単位面積当たりの出土点数からみた場合、必ずしも上位の官衙遺跡のみに須恵器甕が偏在しないといえる。

なお、高橋照彦氏は、平安京、出雲国府等の緑釉陶器の出土率を調査地点別に算出し、その遺構群の性格と背景を明快に読み解くとともに、「一定の地区ごとの算出」の必要性を指摘する（文献85）。緑釉陶器とは、保管場所や使用頻度、使用期間は異なるが、須恵器甕や壺・瓶等の貯蔵具についても、各地域で遺跡単位から地点単位での集計・算出が一層進み、食膳具・煮炊具あるいは土器種類といった他の計測結果と対比・検討ができれば、新潟県八幡林官衙遺跡事例のように、その地点の性格をより的確に判断する指標の1つになり得る可能性を十分もつと予想する。

（3）北陸地方の甕使用事例

現在、北陸地方の甕据付建物事例は、新潟県子安遺跡1例にとどまる。以下では、屋内使用例である子安遺跡に加え、緒立C遺跡等の屋外での特徴的な甕出土例を紹介する。

新潟県上越市子安遺跡（本書272頁）　高田平野に立地する弥生時代後期～近世の集落遺跡で、8世紀前葉～9世紀の大規模な官衙遺跡群である今池遺跡、下新町遺跡の北側約500mに位置する（図20・21、文献78）。子安遺跡は、8世紀前葉（Ⅲ期）頃に掘立柱建物と竪穴建物で構成された集落が成立し、9世紀中葉（V期）に今池遺跡の衰退と連動するように、3ヵ所で大型掘立柱建物を主屋とする建物群（子安9・10期）に転換する。その後、10世紀前葉前後（子安11期）に、須恵器甕を据え付けた廂付大型掘立柱建物（SB20705等）と倉庫（SB20073）、井戸、畝溝状小溝群（畠地）で

構成された、独立的な有力者の居宅域に替わる。

子安11期の重複する2棟の建物規模は、SB20209が桁行6間（15.1m）×梁行4間（10.3m）、廂を含めた平面積155.5m²を、SB20705が桁行5間（12.7m）×梁行4間（11.0m）、廂を含めた平面積139.7m²を、それぞれ測る。身舎西南隅で甕設置遺構3ヵ所、土器集中地点1ヵ所を検出、その位置関係からSB20705にともなう可能性が高いとされる。甕設置遺構1号は径52～56cm、深さ20cmを測り、佐渡小泊窯産の中型甕（図21−527、口径26cm・器高41cm）を据え付ける。甕設置遺構2号は径92～106cm、深さ40cmを測り、近接する滝寺窯産の特大型甕（図21−533、口径70cm・復元高109cm）を据え付け、同時に出土した短頸壺胴部片を甕底部の固定に用いる。甕設置遺構3号は径34cm、深さ40cmを測り、底面から約10cm浮いた状態で佐渡小泊窯産の中型甕（図21−528、口径23cm・器高41cm）を据え付け、甕固定に長頸瓶胴部片を用いる。また、須恵器甕527・533内面には、帯状の黒褐色付着物（成分不明）が残る。これらの甕は、地中に深く埋めない特徴から、内容物は「酒」「油」「調味料」のいずれかと推察されている。なお、土器集中地点は、須恵器甕片3個体分、長頸瓶2個体（図21−534・535、佐渡小泊窯産）が出土、建物廃絶時に廃棄した土器群とされる。

本事例は、廂付の主屋建物西南隅に中型甕を含む複数の甕を据え付ける点、据付掘方の規模と甕法量の関係があきらかな点、甕の据え付けに他個体片を用いる点で注目できる。また、設置された甕の用途をどう考えるかが、北陸地方の古代後半期の大型側柱建物の間取り・評価に深く関わることは、前述のとおりである。

新潟県新潟市緒立C遺跡（本書270頁）　信濃川下流の埋没砂丘上に立地する縄文～中世の遺跡である（文献57・172）。古代は8世紀中頃に成立し、盛期を迎える9世紀代は物資管理を担った官衙遺跡と位置付けられ、2時期の変遷が示される（図22・23）。9世紀第2～3四半期（V2期頃）は、総柱構造のSB3（5×2間、平面積88.8m²）からSB5（4×2間、同64.0m²）に建て替えられ、建物北側にSX601、木製品が集中出土した低地が位置する。SX601は、明確な掘方をもたず、径約2.5mの範囲に須恵器、土師器を一括廃棄したものである。SX601出土の須恵器甕は、底部を欠落した中型甕3個体、伝世使用の大型甕1個体を数え、

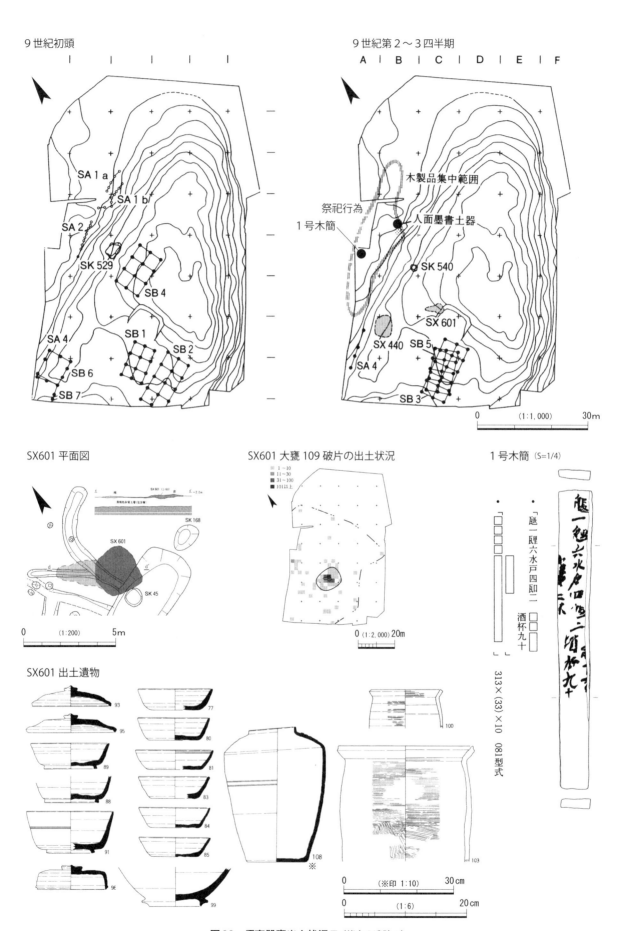

図22 須恵器甕出土状況7（緒立C遺跡1）

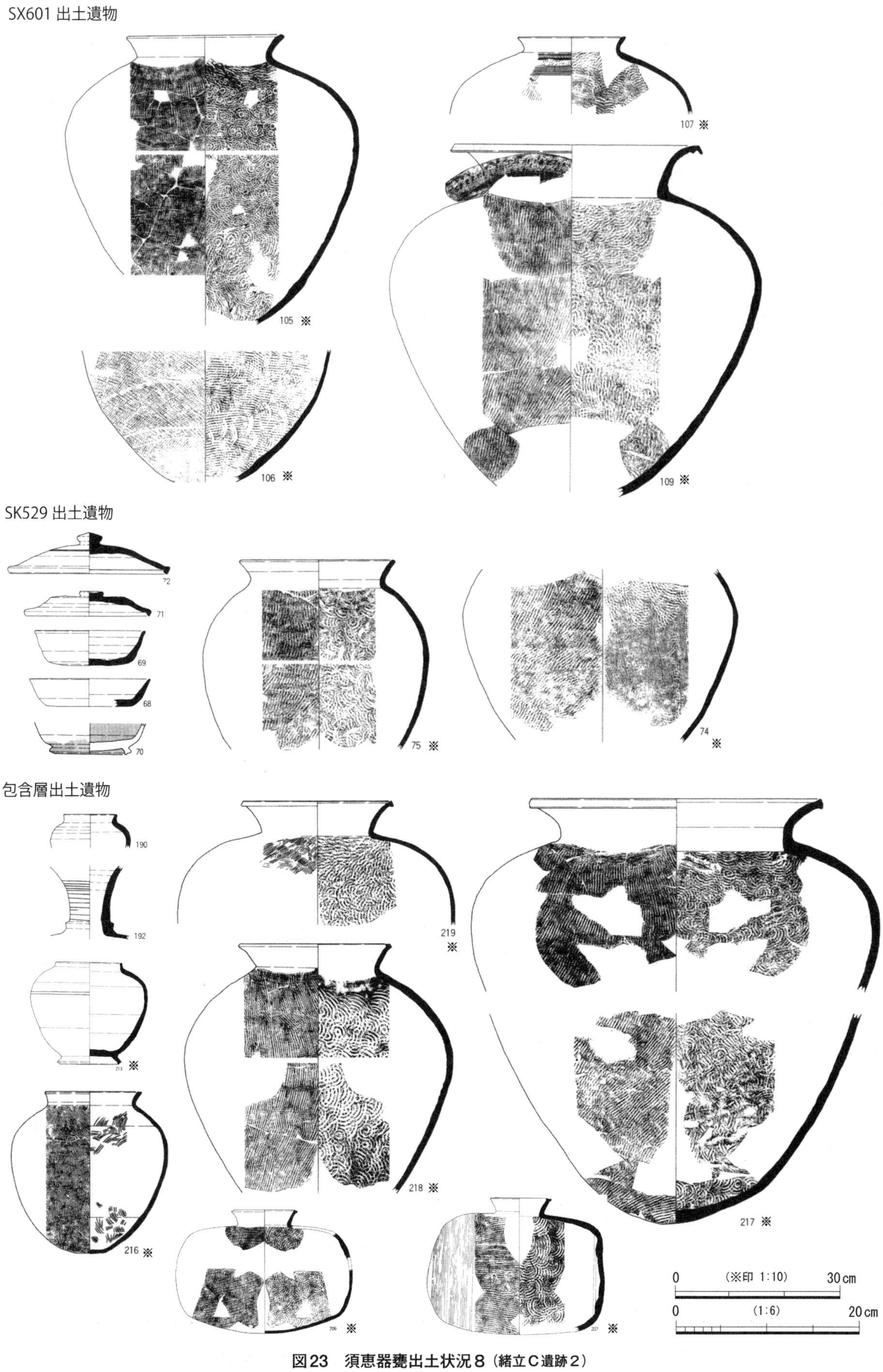

SX601 出土遺物

SK529 出土遺物

包含層出土遺物

0 　（※印 1:10） 30cm

0 　（1:6） 20cm

図23　須恵器甕出土状況8（緒立C遺跡2）

ＳＸ601を中心として同心円状に破片が散布する。低地では、黒褐色土中から木簡１点、多量の木製品（斎串、付札、浮子、木鍬、農具、箸、杓子、曲物等）、人面墨書土器（土師器小甕）等が出土、水際での祭祀行為が想定されている。第１号木簡は、４種の須恵器貯蔵具名（瓺、甌、水戸、㼧）と数量、割り書き左側に「酒杯九十」と記される物品請求木簡である。包含層等から、完形品を含む多数の須恵器貯蔵具（狭口壺、短頸壺、長頸瓶、横瓶、小〜大型甕）や、金属製巡方、サイコロ、「罠本」「老老」「〇」等の墨書土器が出土、須恵器貯蔵具の中では横瓶が目立つ存在となる。

新潟県新潟市駒首潟遺跡　信濃川・阿賀野川・小阿賀野川に囲まれた沖積地に立地する、９世紀に富豪層が営んだ集落で、９世紀後半（Ⅵ期）に盛期をもつ（文献119）。東側の旧河川に沿って３つのブロックに掘立柱建物群が３時期にわたり変遷、中央の建物群で

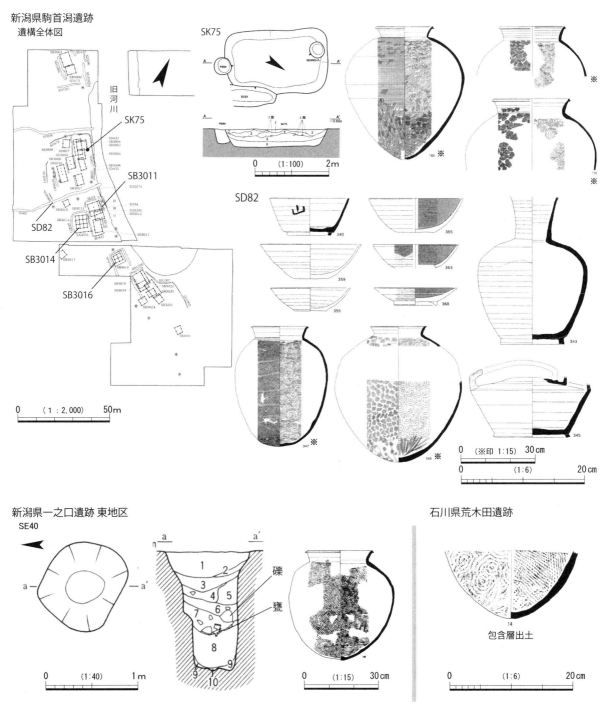

図24　須恵器甕出土状況９（駒首潟遺跡、一ノ口遺跡、荒木田遺跡）

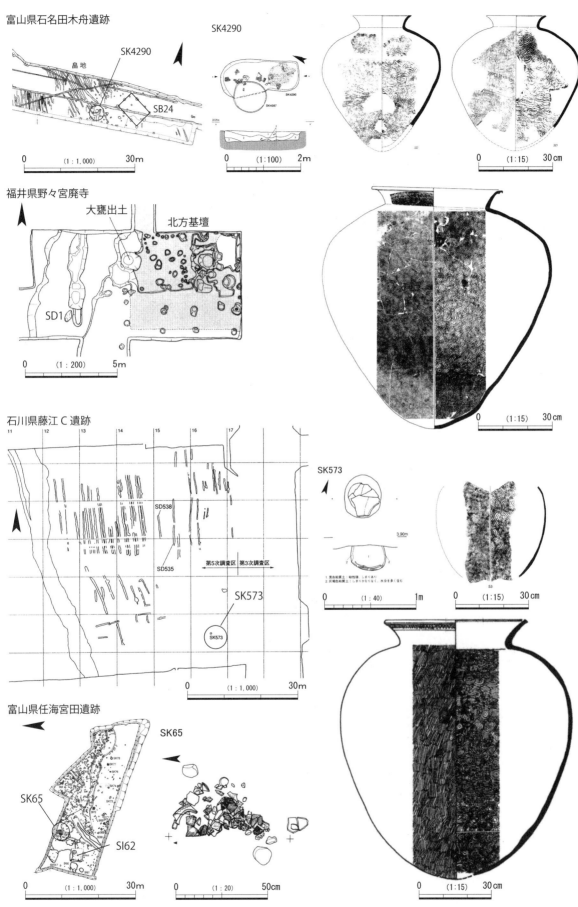

図25 須恵器甕出土状況10（石名田木舟遺跡、野々宮廃寺、藤江C遺跡、任海宮田遺跡）

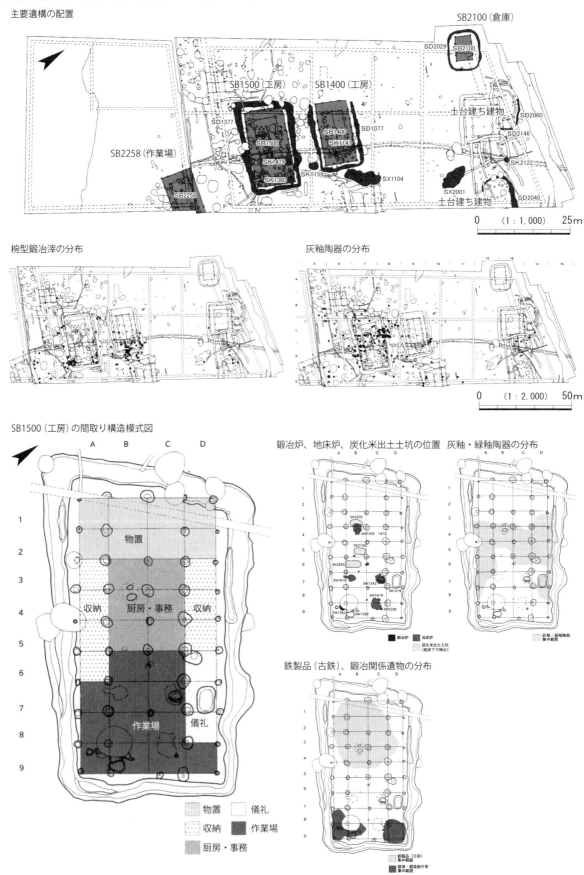

図26 須恵器甕出土状況例11（西部遺跡）

は片面廂付床束建物ＳＢ3011（廂含め平面積44.5㎡）を最大とする居住・家政関係施設、大型の倉（ＳＢ3014、3×3間）や雑舎、四面廂付仏堂（ＳＢ3016）、舟着き場等、集落構造が判明している（図24）。須恵器・土師器を主体とする多量の食膳具、貯蔵具、煮炊具や「大」「足」「山」「柱＋数字（十、六十等）」等の墨書土器、斎串のほか、9世紀後半に実在した「大納言阿部太夫殿」と記された習書木簡（第3号木簡）が出土する。廃棄土坑ＳＫ75から、須恵器杯、中型甕3個体や、土師器椀、長胴甕、鍋が出土している。本遺跡は、中型甕を主体とした高い須恵器貯蔵具率を示し、古代後半期の富豪層の活動および貯蔵具の集中を示す好事例となる。

新潟県上越市一之口遺跡東地区　上越市に所在する古墳時代〜平安時代の集落遺跡である（文献114）。10世紀後半のＳＥ40（一辺約0.95ｍ、深さ1.25ｍ）の埋土下層から、割られた中型甕1個体が礫・木器片とともに出土した（図24）。井戸埋戻しの際に、沈降を防止するため、礫と同じ意識で、完形の甕を破砕、転用した事例と考えられる。

石川県小松市荒木田遺跡　小松市に所在する古代〜中世の集落遺跡である（文献11）。水場遺構から多量の土器、木製品、桃核、墨書土器約130点、斎串・人形・刀形等の木製祭祀具が出土した。包含層から須恵器中型甕底部が出土（図24）、屋外に据え置かれた貯水用甕の可能性をもつ。

富山県富山市石名田木舟遺跡　富山県富山市に所在する古墳時代〜中世の遺跡である（文献70）。8世紀後半と考えられるＳＫ4290（長軸2.1ｍ、短軸0.8ｍ、深さ30cm）から底部欠損の中型甕2点、土師器片が出土した（図25）。覆土に焼土・炭化物が混ざることから廃棄土坑とされる。ＳＢ24畝溝状小溝群（畠地）との位置関係から、屋外での貯水用甕の使用例の可能性を残す。

福井県越前市野々宮廃寺　福井県越前市に所在する白鳳寺院で、8世紀中頃までに廃絶する（文献88・89）。北方基壇を壊して掘られた溝ＳＤ1の肩部付近に、完形の特大型甕（口径54cm、器高96cm）を肩部付近まで埋めて据え置く（図25）。甕内に200点を超える瓦片や甕上部を割り入れた破片、少量の須恵器片が充填されており、8世紀中葉〜後半に大型甕自体を含めて廃棄した事例となる。

石川県金沢市藤江Ｃ遺跡　石川県金沢市臨海部に所在する古代〜近世の集落遺跡である（文献13）。ＳＫ573は、径80〜88cm、深さ56cmを測り、底面に中型甕胴部片を敷きつめる（図25）。土坑側面の埋土状況から、木製の側材が存在した井戸の可能性が高い。

富山県富山市任海宮田遺跡　富山県富山市に所在する古代〜近世の集落遺跡である（文献105）。ＳＫ65は、掘方をともなわない遺構で、特大型甕（口径約60cm）が単独出土する（図25）。出土した甕が使用位置を保持していれば、近接する9世紀の竪穴建物ＳＩ62にともなう屋外設置の貯水用甕を、そのまま破砕した事例となる。

新潟県村上市西部遺跡　新潟県村上市に所在する大型工房で構成される生産遺跡である（文献117）。9世紀末〜10世紀中葉（Ⅵ・Ⅶ期）にかけて、2棟一対の大型四面廂付掘立柱建物（ＳＢ1500は9×4間、平面積250.6㎡）で、鍛冶、漆塗布等の複合的な作業をおこなう（図26）。多量の土師器食膳具とともに、定量の緑釉・灰釉陶器、須恵器貯蔵具、土師器煮炊具、鉄製品、鍛冶関連遺物、漆紙、漆パレット、製塩土器等の多彩な遺物が出土、墨書土器や鍛冶関連遺物、灯明皿、緑釉・灰釉陶器、漆関連遺物等の出土分布を総合的に検討し、工房の間取りや各建物の機能を復元した事例となる。特に、倉庫（ＳＢ2100）周辺に須恵器貯蔵具が濃密に分布し、貯蔵具の使用・保管場所を示唆するほか、工房の諸生産活動に須恵器甕がどのように関わるか興味深い。

Ⅳ　まとめにかえて

　以上、北陸地域の須恵器甕について報告をおこなってきた。最後に、須恵器甕を考える視点として古墳時代からの連続性、須恵器生産終焉後の貯蔵具のあり方について、若干の私見を述べることでまとめに代えたい。

古代前半期の甕（須恵器の2面性）　『魏志倭人伝』の「喪主哭泣　他人就歌舞飲酒」の有名な記述のように、列島では古くから酒が醸されており、共同体が執りおこなうマツリでの共食のため、醸造を主用途とした専用容器が存在する可能性が高い。この醸造容器について、弥生時代から古墳時代前期までは、土師質の特大型壺（最大容量100ℓ前後）とする意見が多く、その出土量は各集落に1つ程度と限られる[7]。また、この特大型壺は、実用器として存在するだけではなく、「共同体結束の象徴」としての価値が強く

付加されていたと評価される。そして、須恵器の出現以降、土師器特大型壺の２つの機能(実用および象徴性)は、大量に生産された須恵器甕が継承したとみる考えが有力である。実際、古墳時代中・後期にかけて古墳の墳丘や墳丘裾で執りおこなわれた儀礼(会食儀礼、墓前祭祀等)には、中型・大型を主体とする須恵器甕が、須恵器小型貯蔵具(甑、提瓶等)の小分け容器、須恵器・土師器の食器と組み合わせて使われ、儀礼終了後にその場で破砕した状況で出土する事例が多い(文献1・71)。また、長野県青木下遺跡Ⅱ(本書275頁)では「郷飲酒礼」を彷彿させる、6〜7世紀の祭祀遺構が検出されている(文献77)。この祭祀遺構では、須恵器・土師器の杯・高杯類が正位で径約8mの環状に配され、その中央付近に1個体の大甕が据え置かれた状態で出土している。古代でも『播磨風土記』の丹波と播磨の国境に大甕を埋設した記事や、『万葉集』の「斎瓮(伊波比倍)」が登場する歌(巻20-4331)のように、須恵器甕を想起させる貯蔵具が、祭祀的行為に用いられた例が散見できる。

この須恵器甕と祭祀・儀礼との関係を含む「須恵器の2面性」について、渡辺一氏の論考(文献171)が魅力的である。渡辺氏は、須恵器甕と祭祀との深いつながりの理由について、列島への陶質土器、初期須恵器導入期の甕が「祭祀に欠かせない神酒を入れる酒甕」に使われるように、これまでの土師器にはない「焼物としての優秀性」と「異質性」に求める。そして、5世紀後半〜6世紀前半の地方窯拡散期に、土師器より上位の焼物と位置付けられた須恵器は、「須恵器の別の一面であり、かつ須恵器の本質でもある仮器というあり方」を含めて、各地域に広く受容されていったと論じる。しかし、7世紀前後に須恵器の上位とする金属器(新たな価値)が登場し、硬質・青灰色の須恵器が金属器の輝きを模倣できないいっぽうで、金属器の輝きを器面に再現しえた土師器(畿内産土師器)は、平城宮で多出するように、次第にその価値を増していく。そして、須恵器は、自らがもつ「異質性」=「仮器」という存在価値の故に、その地位を転落すると結論付ける。

このように須恵器大甕は、その導入当初から醸造・貯蔵の実用器としての使用と古代中国の思想を背景にもった、飲酒をともなう共同体の祭祀・儀礼での仮器としての使用(および破砕)という「2面性」をもちあわせた大型貯蔵具といえる。当時、須恵器のみが

創出しえた新たな器形や質感、装飾(胴部叩き成形痕を含む)は、非日常的な場に用いる「仮器」に適した焼物であった。特に、これまでの土師器では作りえなかった「大きさ」を具現化した須恵器大甕は、共同体結束の象徴に相応しい焼物として、祭式の受容とともに土師器特大型壺からスムーズに置換が進み、各地でひろく使用されたと考えられる。

さて、須恵器大甕が「仮器」としての価値を喪失する時期について、明快な解は持ち合わせないが、器形や容量、装飾性の変遷から、地域差をもちながらいくつかの段階を経ると予想する。北陸西南部および能登・越中においては、まず小地域差をもちながらも、古墳祭式が大きく変容し、古墳時代の壺、甑、提瓶等の器種が古代的器種に入れ替わることから、7世紀に1つの転換点を求めることができよう。古墳時代の系譜をひく小・中型貯蔵具は、この段階で「仮器」としての価値を喪失し、新たな価値を表現した金属器模倣の貯蔵具に入れ替わる。いっぽう、須恵器大甕は、他素材では作りえない唯一無二の大きさや、伝統的な在地支配を基盤とする共同体が執りおこなう「郷飲酒礼」等の祭祀・儀礼との強い関係性から、従来からの「2面性」を保持しつつ、7世紀後葉〜8世紀も中央・地方の日常・非日常のさまざまな場で中型甕と組み合わせて使用され続けたと推される。北陸地方では、須恵器中型甕・大甕の出土点数は、遺跡の性格と一定の相関性を示し、上位の官衙以上に有力者居宅に偏在する傾向をもつことは前述のとおりである。

各地での須恵器大甕の「仮器」としての価値を完全に喪失する時期については、生産地における口縁部の装飾性(=象徴性の表示)が1つの指標となろう。須恵器大甕の口縁部装飾は、北陸地域の生産地では8世紀後半に簡略化が始まり、9世紀初頭までに消失する。また、兵庫県加古川北部流域(志方窯跡群等)では8世紀前半のうちに装飾性を失うとみられる(文献132)。集落における「仮器」としての須恵器大甕を用いた祭祀・儀礼の終焉は、大甕の長期使用という特性を加味すれば、生産地の様相より遅れ、北陸地域については、共同体や集落という小単位間で大きな偏差をもちながら律令制(特に給食制度、饗宴や郡衙機能)や伝統的な在地支配、そして集落構造や共同体の構成が、同時並行的に変質・解体・再編する9世紀前後〜中葉を中心とした時期を考えたい。律令制の大

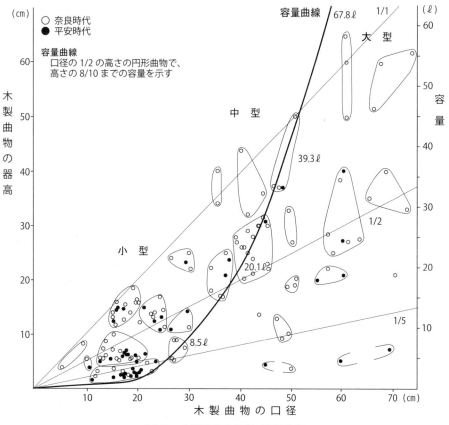

図27　木製曲物の法量・容量分布

きな転換期と相前後しながら、おそらく弥生時代に始まる大型貯蔵具を用いた伝統的な共同体祭祀も次第に終焉を迎える。須恵器生産地の一部は、中型甕を主体とした生産を強化し、醸造や発酵食品の生産、貯水といった「実用」の貯蔵具に特化を図ることで、その「生き残り」を目指したものと考える[8]。

古代後半期の貯蔵具　北陸地域の須恵器生産は、先述のとおり10世紀前葉頃に終焉を迎え、どの集落遺跡でも須恵器甕片が多出する状況でなくなる。須恵器生産の終焉については、生産基盤やコスト、須恵器自体のブランド低下を主因とするが、いっぽうで兵庫県東播磨地域や香川県十瓶山等の特定器種の生産を継続した地域も存在する。以下では、10世紀中葉以降の須恵器中型甕・大甕および貯蔵具について、その使用状況（使用期間、偏在性、素材の置換）の視点から考えてみたい。

　古代の食膳具様式については、7世紀後葉の中央における大量の官人層出現と給食制度の整備を基盤にもつ「宮都型食膳具様式」（文献84・85）が成立し、この様式を基軸に、各地域で須恵器・土師器を組み合わせた個性豊かな新しい食膳具組成が8世紀中頃までに整備される。この中央の食膳具様式は、弘仁12年（821）編纂の『内裏式』にもみえる宮廷儀礼全般の変革（文献24）を起点に、9世紀前半～中頃までに「多器質食膳具様式」（文献85）に緩やかに転換する。この新しい「多器質食膳具様式」は、椀、皿、瓶といった磁器指向を基本に、中国製陶磁器、国内施釉陶器、黒色土器、土師器、須恵器、黒・朱漆器、白木木器、金属器等の多種多様の素材・種類を、場と身分に応じて組み合わせることを特質とする。このことを、生産～廃棄のサイクルの視点からみた場合、各素材・種類それぞれがもつ価値、生産・流通量、使用目的や頻度に応じて、素材・種類間での生産～廃棄の格差（特に使用期間・場所の格差）を顕在化する側面をあわせもつ。例えば、北陸西南部の有力者の居宅では、清浄さが求められる「仮器」に特化した土師器椀・皿は1度の会食で廃棄されるきわめて短い生産～廃棄サイクルをもつのに対して、貴重な「財」である中国製陶磁器や国内施釉陶器、漆器は数世代以上に及ぶ長期のサイクルをもつ場合が多いと想定できる。調査でも、前者は多量に出土するのに対して、後者の出土量は限られる。在地生産が途絶え、醸造等の用

途に特化した須恵器中型甕・大甕は、貴重な「財」の一部として、後者に属する位置付けが可能であろう。

また、「器種別分業、在地流通と遠隔地流通の複合」(文献84) と端的に表現されるように、組み合わせる素材・種類や、その生産地・生産基盤、流通圏・流通量が地域 (経済圏) ごとに異なる、古代後半期の新たな経済システムへの再編[9]や、「財」「富」としての価値観念の発達は、その使用場所の偏在性 (=出土遺跡・遺構の偏在性) を一層加速する側面をもつ。醸造容器として須恵器中型甕・大甕を仮定した場合、大規模造酒・販売をおこなう特定地域の特定生産施設 (南都の寺院等)、都市部の販売施設 (「店」「酒家」等) や、大量に酒を消費する特定の官衙・寺社・貴族邸宅等の厨房・倉庫、そして北陸地域の集計結果に萌芽がみられる官衙、荘園、寺社、有力者居宅等の小規模生産・貯蔵施設の周辺から、廃棄した須恵器甕片が集中的に出土するいっぽう、造酒をおこなわない大部分の中央・地方の集落からは、入手した少量の酒を入れるための瓶等の小型容器や、酒以外の用途に用いた中型甕が若干出土すると予想できる。古代後半期 (おそらく8世紀後半に萌芽をもつ) に各地域で発達した経済システムは、中央集権的な古代前半期の国・郡を単位とした経済システムとは異なり、各地域における食器素材・種類の選択、その生産地の特化、各食器の生産・流通・使用～廃棄サイクルのさまざまな格差を理由として、須恵器甕の出土遺跡・遺構の偏在を一層顕在化するものと考える。今回、事務局が作成した甕据付建物の集成や、平安京の完形須恵器甕の出土状況 (文献46) は、平安京 (特に10世紀以降) では新しい経済システムに再編され、京内で大規模な造酒がほぼおこなわれなくなったことを示唆するものといえる。

さて、先学による北陸地域周辺の須恵器中型甕・大型甕および貯蔵具のあり方は、大きく2つの考え方に整理できる。1つ目は、須恵器生産の終焉にともない、大型貯蔵具の使用自体が放棄されたという考え方である。極端ないい方とはなるが、須恵器貯蔵具の実用器としての使用に懐疑的な指摘も存在する[10]。2つ目は、須恵器生産は終焉するが、大型貯蔵具の使用が基本的に継続するとの考え方である。この場合、在地での須恵器中型・大型甕生産が途絶えることから、既存甕の長期使用や、他地域からの搬入、さらに貯蔵具の他素材への置き換えが必要と

なる。

北陸地域では、古代後半期のみが生活や生産活動に必需な大型貯蔵具が欠落するとは考えにくい。また、「西」の平安京や大宰府 (文献163) のように、12世紀前半まで兵庫県東播磨地域や香川県十瓶山等の須恵器甕特産地から、須恵器甕の安定供給を受ける状況は、石川県では田尻シンペイダン遺跡例がみられる程度で一般的様相と想定しにくい。10世紀中葉以降の中・大型貯蔵具のあり方として、事例が少ないものの、須恵器貯蔵具の伝世的な長期使用と、生産コストがはるかに安い木製曲物の組み合わせを軸に再編され、絶対量が不足する須恵器甕の用途の主要部分を木製曲物が駆逐したと予想する。図27で木製曲物の法量分布と容量曲線 (器高を口径の1/2、器高の8割まで使用した場合の容量) を示した。口径30cmの曲物で約8.5ℓ、口径40cmで20.1ℓ、口径50cmで39.3ℓ、さらに口径60cmの個体に至っては67.8ℓを量り、須恵器中型甕に匹敵する容量を示す。また、木製容器 (曲物) は軽量で、貯水や調理、穀物等の多様な物品の運搬・保管に十分対応し得る強度をもった汎用的容器で、接合部に補修を加えることで長期間使用が可能である。平安時代前期以降、北陸地方における井戸枠材に転用した大型曲物側材の出土例が少なくないことも、木製曲物が普及した傍証となろう。

10世紀中葉以降、北陸地域の一般的な集落遺跡は、小規模な散村的景観を呈し、かつ流動化する。石川県米永シキシロ遺跡、田尻シンペイダン遺跡例のように須恵器甕が特定の遺跡・建物に偏在し、一般的な集落で広く普及した木製曲物が遺物として残らなければ、大部分の一般的な集落遺跡・建物から大型貯蔵具が全く出土しない状況も出てこよう[11]。

このように、古墳時代中期以来、須恵器大甕が担った役割は、地域ごとに遅速を示しながらも、8世紀後半から9世紀中頃の「仮器」としての価値喪失を経て、10世紀中葉頃までに生産地・消費地とも偏在性を増す方向に、取り巻く社会的・経済的環境を背景として緩やかに、そして大きく変容しつづける。食膳具とは異なる要素を多分にもつ須恵器貯蔵具について、今回例示した生産～廃棄のサイクルや消費痕跡等を含めたさまざまな観点からの検討・蓄積が、各地域の実態把握につながるものと考えられ、本稿がその一助にでもなれば幸いである。

註

（1） 北陸地域の古代土器編年は、田嶋明人氏の編年（文献90・91）を軸とし、その後、旧国程度で土器編年が組まれている。その中で、古代後期の暦年代比定に関しては、異なる見解が提示されている。

（2） 甕の容量分布について、北野博司氏は個別の窯跡等では3〜4容量に明確に作り分けが認められること、その容量分布は70ℓクラスの大型品を基準にすること、超大型品が2倍（約150ℓ）、中型品が1/2（約35ℓ）、小型品が1/4（約18ℓ）と、一定の法則性をもつことを指摘する（文献51）。

（3） 本稿では、土器が形状を大きく変えながらも生産段階に意図した本来の用途に供される場合を「再利用」、土器形状に関わらず本来の用途以外に使用される場合を「転用」と、それぞれ定義する。また、須恵器の「補修」は漆等による接合ではなく、水平方向での「割り（割り揃え）」、「欠き（打ち欠き）」でおこなう場合が多い。なお、口縁部の打ち欠きは、弥生時代前期以降認められる行為であり、古墳時代中期以降の古墳墳丘から出土する須恵器小型貯蔵具の口縁部打ち欠き行為は、古墳儀礼の一部と位置付けられている（文献1）。

（4） 本稿のテーマではないが、『養老令』営繕令瓦器経年条の規定どおりなら、須恵器・土師器食膳具は、長くて5年程度で新たな器に全て入れ替わることとなる。また、規定の実効性は判然としないが、北陸地方で7世紀後葉から8世紀中頃に顕著にみられる官衙的遺跡を中心とした食膳具の大量出土は、規定に沿って保管する食膳具の入れ替え（廃棄）を義務的・強制的に進めた可能性を示唆するとともに、実需要以上の須恵器生産の基盤ともなり得る。

（5） 仮に土器サイクルを、須恵器杯が5年、緑釉陶器が20年、須恵器甕が100年とすれば、100年間で各々必要な個数は20点、5点、1点となる。

（6） 包含層出土の須恵器甕には、埼玉県中堀遺跡B−Ⅰ類、C−Ⅰ類（文献93）のような遺構掘方が浅いため、包含層出土となった個体が含まれる可能性をもつ。また、熊谷氏の集計によれば、大甕135点は包含層約52％、溝及び溝周辺約42％、その他約6％から、中型甕213点は同約55％、同約31％、その他約14％から、それぞれ出土する。中型甕が、竪穴建物、土坑等にともなう割合は、大甕の3倍程度を示し、中型甕が、大甕以上に日常生活に密着した、貯水等を主用途の1つとみる根拠となる。また、石川県小松市念仏林南遺跡では、7世紀前半に10棟程度の竪穴建物・掘立柱建物が並存し、建物毎で貯水用として中型甕1〜22個体の使用を復元する（文献161）。

（7） 文献161による。また、土師質の特大型壺を、共同体の所有という象徴性を付加した種籾の貯蔵容器とする見解もある（文献127）。いずれの見解でも、土師質の特大型壺が共同体結束の「象徴性」を具備する視点は共通する。

（8） 陶製大型貯蔵具を用いた共同体のマツリは、中世以降、現在でも各地に存在する。その中で、大型貯蔵具が実用の「酒の醸造・貯蔵容器」として使われるが、マツリの「象徴」として中心に位置付けられることは、少ないのではなかろうか。なお、古代後半期の須恵器貯蔵具の仮器使用を全面的に否定する立場には立っておらず、北陸地域では井戸の祭祀に須恵器瓶がともなう事例は少なくない。

（9） 須恵器甕についても、平安京と周辺地域が、9世紀前葉〜中頃までは和泉陶邑から、次いで中型甕の大量生産に特化した東播磨地域等から供給を受けることや、佐渡小泊窯、東播磨地域諸窯、美濃窯で、在地と遠隔地の製品間で精粗の別が指摘されること（文献30・132）、また北陸地域の須恵器諸窯跡群のさまざまな動きも、新しい経済システムへの再編過程といえる。

（10） 原明芳氏は、信濃の集落遺跡で10世紀中頃以降に須恵器貯蔵具が出土せず、灰釉陶器量がそれを補わないこと、また、その灰釉陶器の貯蔵具も11世紀後半になくなり、12世紀後半の珠洲焼、常滑焼が流通するまで、焼物の貯蔵具が存在しないことから、「古墳時代からの貯蔵具が実用であったかも疑わしい」と、懐疑的な見方をおこなう（文献128・129）。

（11） 現在、貯蔵具の素材はプラスチックに変わり、戦後しばらくまで各家庭にあった水桶や自給自足を支えた漬物桶等をほとんど見なくなった。未来の考古学者はこの状況をもって、平成の世は大型貯蔵具を使わない社会と判断するであろうか。なお、古代後半期と中世の陶製大型貯蔵具の生産・流通・流通の関わりについて、今回触れることができなかった。中世の陶製大型貯蔵具のあり方は、古代後半期とは質的に大きく異なる、列島規模で達成した安定的・同質的な社会・共同体における新たな文化・思想、価値観、需要を基盤とした、広域の流通ネットワークの構築と、新たな特産品の開発・生産に、その解を求めたいと考える。

引用・参考文献

1　浅岡俊夫「須恵器の口縁部・脚台部の打欠き儀礼−弥生農耕社会からの土俗的祭祀の予察−」『田辺昭三先生古稀記念論文集』田辺昭三先生古稀記念の会、2002。

2　荒川町教育委員会『鴨侍遺跡』荒川町埋蔵文化財発掘調査報告第8集、2002。

3 石川県教育委員会『加賀市田尻シンペイダン遺跡発掘調査報告書』1979。

4 石川県立埋蔵文化財センター『佐々木ノテウラ遺跡』1986。

5 石川県立埋蔵文化財センター『宿向山遺跡』1987。

6 石川県立埋蔵文化財センター『篠原遺跡』1987。

7 石川県立埋蔵文化財センター『那谷金比羅山古墳　那谷金比羅山窯跡群』1989。

8 石川県立埋蔵文化財センター『松任市北安田北遺跡Ⅲ』1990。

9 石川県立埋蔵文化財センター『小松市高堂遺跡　一般国道8号改築事業(金沢西バイパス)関係埋蔵文化財緊急発掘調査報告書』1990。

10 石川県立埋蔵文化財センター『金沢市戸水C遺跡』1993。

11 石川県立埋蔵文化財センター『荒木田遺跡』1995。

12 石川県立埋蔵文化財センター『金石本町遺跡』1997。

13 石川県教育委員会・(財)石川県埋蔵文化財センター『金沢市藤江C遺跡Ⅳ・Ⅴ』第3分冊　古代・中世編、2002。

14 石川県教育委員会・(財)石川県埋蔵文化財センター『鹿島町武部ショウブダ遺跡　一般国道159号鹿島バイパス改築工事に係る埋蔵文化財発掘調査報告書』2002。

15 石川県教育委員会・(財)石川県埋蔵文化財センター『松任市橋爪ガンノアナ遺跡　橋爪B遺跡』2002。

16 石川県教育委員会・(財)石川県埋蔵文化財センター『鹿島町久江ツカノコシ遺跡』2003。

17 石川県教育委員会・(財)石川県埋蔵文化財センター『四柳白山下遺跡Ⅰ』2005。

18 石川県教育委員会・(財)石川県埋蔵文化財センター『野々市町清金アガトウ遺跡』2006。

19 石川県教育委員会・(財)石川県埋蔵文化財センター『宝達志水町・羽咋市　杉野屋専光寺遺跡　国道改築(交通円滑化事業)一般国道415号に係る埋蔵文化財発掘調査報告書』2006。

20 石川県教育委員会・(財)石川県埋蔵文化財センター『小松市浄水寺跡』2008。

21 井上光貞他『律令』日本思想大系3、岩波書店、1976。

22 魚津市教育委員会『仏田遺跡発掘調査報告』2014。

23 宇野隆夫『考古資料にみる古代と中世の歴史と社会』真陽社、1989。

24 宇野隆夫『律令社会の考古学的研究－北陸を舞台として－』桂書房、1991。

25 宇野隆夫「貯蔵具のイメージ」『北陸古代土器　第8号　須恵器貯蔵具を考えるⅠ　つぼとかめ』北陸古代土器研究会、1999。

26 宇野隆夫・坂井秀弥他『月刊文化財』第409号、第一法規出版、1997。

27 小浜市教育委員会『西縄手下遺跡発掘調査報告書Ⅱ－ふるさと農道緊急整備事業に伴う発掘調査報告書－』2009。

28 柿田祐司「使用痕跡から見た須恵器貯蔵具の使用実態について」『北陸古代土器　第8号　須恵器貯蔵具を考えるⅠ　つぼとかめ』北陸古代土器研究会、1999。

29 春日真実・笹沢正史「越後・佐渡の様相」『北陸古代土器　第8号　須恵器貯蔵具を考えるⅠ　つぼとかめ』北陸古代土器研究会、1999。

30 春日真実「消費遺跡出土佐渡小泊産須恵器のロクロ回転方向－越後出土の資料を中心に－」『研究紀要』第4号、(財)新潟県埋蔵文化財調査事業団、2003。

31 春日真実「土器・陶磁器の機能別比率－越後の古墳時代～古代を中心に－」『研究紀要』第8号、(財)新潟県埋蔵文化財調査事業団、2015。

32 春日真実「越後の官衙・集落と土器様相」『第19回古代官衙・集落研究会報告書　官衙・集落と土器2－宮都・官衙・集落と土器－』奈良文化財研究所、2016。

33 金沢市教育委員会『三小牛ハバ遺跡』金沢市文化財紀要112、1994。

34 金沢市教育委員会『金沢市千木ヤシキダ遺跡』金沢市文化財紀要68、1987。

35 金沢市教育委員会『八日市サカイマツ遺跡』金沢市文化財紀要81、1990。

36 金沢市教育委員会『金沢市千木ヤシキダ遺跡Ⅱ－平成元・二年度発掘調査報告書－』金沢市文化財紀要86、1991。

37 金沢市教育委員会『上荒屋遺跡Ⅱ』金沢市文化財紀要106、1993。

38 金沢市教育委員会『金石本町遺跡Ⅰ・Ⅱ・Ⅲ』金沢市文化財紀要125・126・127、1996。

39 金沢市教育委員会『上荒屋遺跡Ⅲ』金沢市文化財紀要140、1998。

40 金沢市教育委員会『戸水遺跡群Ⅱ　戸水大西遺跡Ⅰ』金沢市文化財紀要160、2000。

41 金沢市埋蔵文化財センター『金沢市戸水遺跡群Ⅲ　戸水大西遺跡Ⅱ』金沢市文化財紀要174、2001。

42 金沢市埋蔵文化財センター『金沢市大友西遺跡Ⅱ(本文編)』金沢市文化財紀要180、2002。

43 金沢市埋蔵文化財センター『石川県金沢市中屋サワ遺跡Ⅲ』金沢市文化財紀要242、2007。

44 窯跡研究会『須恵器窯の技術と系譜2－8世紀中頃～12世紀を中心にして－発表要旨集』2004。

45 窯跡研究会『古代窯業の基礎研究－須恵器窯の技術と系譜－』真陽社、2010。

46 上村憲章「容量から見た甕」『瓦衣千年－森郁夫先生還暦記念論文集－』真陽社、1999。

47 加茂市教育委員会『馬越遺跡Ⅱ 一般国道403号交通連携事業に係わる埋蔵文化財発掘調査報告書』加茂市文化財調査報告18、2009。

48 川畑誠「能登地域の須恵器生産の終焉」『北陸古代土器研究』第2号、北陸古代土器研究会、1992。

49 川畑誠「中世加賀地方の木製容器の概要」『第8回北陸中世土器研究会 中世北陸の木製容器』北陸中世土器研究会、1995。

50 川畑誠「須恵器貯蔵具の消費痕跡試論」『北陸古代土器 第8号 須恵器貯蔵具を考えるⅠ つぼとかめ』北陸古代土器研究会、1999。

51 北野博司「須恵器貯蔵具の器種分類案」『北陸古代土器 第8号 須恵器貯蔵具を考えるⅠ つぼとかめ』北陸古代土器研究会、1999。

52 北野博司「律令国家転換期の須恵器窯業」『国立歴史民俗博物館研究報告』第134集、国立歴史民俗博物館、2007。

53 木村泰彦「甕据え付け穴を持つ建物について」『瓦衣千年－森郁夫先生還暦記念論文集－』真陽社、1999。

54 木村理恵「須恵器大甕からみる古代の窯業生産－近畿地方を中心に－」『古代窯業の基礎研究－須恵器窯の技術と系譜』窯跡研究会、2010。

55 熊谷葉月「須恵器甕の出土状況と傾向」『北陸古代土器 第8号 須恵器貯蔵具を考えるⅠ つぼとかめ』北陸古代土器研究会、1999。

56 黒坂勝美・國史大系編修会『令集解』後篇、新訂増補國史大系第24巻、吉川弘文館、1966。

57 黒埼町教育委員会『緒立C遺跡』1994。

58 国立歴史民俗博物館『国立歴史民俗博物館研究報告』第71集、1997。

59 小林正史「須恵器瓶・甕の形と大きさによる作り分け」『北陸古代土器 第8号 須恵器貯蔵具を考えるⅠ つぼとかめ』北陸古代土器研究会、1999。

60 小松市教育委員会『二ツ梨東山古窯跡・矢田野向山古窯跡』1990。

61 小松市教育委員会『戸津古窯跡群Ⅰ』1991。

62 小松市教育委員会『戸津古窯跡群Ⅱ』1992。

63 小松市教育委員会『戸津古窯跡群Ⅲ』1993。

64 小松市教育委員会『二ツ梨豆岡向山古窯跡』1993。

65 小松市教育委員会『松梨遺跡』1994。

66 小松市教育委員会『荒木田遺跡』1996。

67 小松市教育委員会『八里向山遺跡群』2004。

68 (財)石川県埋蔵文化財センター『金沢市 戸水C遺跡・戸水C古墳群(第9・10次)』2003。

69 (財)石川県埋蔵文化財センター『発見！古代のお触れ書き 石川県加茂遺跡出土加賀郡牓示札』2001。

70 (財)富山県文化振興財団埋蔵文化財調査事務所『石名田木舟遺跡発掘調査報告書 能越自動車道建設に伴う埋蔵文化財発掘調査報告Ⅲ 第一分冊』富山県文化振興財団埋蔵文化財発掘調査報告第14集、2002。

71 酒井清治他『季刊 考古学』第142号、雄山閣、2018。

72 坂井秀弥・鶴間正昭・春日真実「佐渡の須恵器」『新潟考古』第2号、新潟県考古学会、1991。

73 坂井秀弥・望月精司他『日本海域歴史大系』第二巻古代篇Ⅱ、清文堂出版、2006。

74 佐渡市教育委員会『小泊窯跡群』2005。

75 佐渡市・佐渡市教育委員会『佐渡市内遺跡発掘調査報告Ⅳ』2013。

76 志雄町教育委員会『杉野屋専光寺遺跡 広域営農団地農道整備事業(羽咋地区第3工区)に係る緊急発掘調査報告書』1998。

77 篠原祐一「須恵器大甕祭祀」『季刊 考古学』第96号、雄山閣、2006。

78 上越市教育委員会『子安遺跡』2009。

79 条里制・古代都市研究会『日本古代の郡衙遺跡』雄山閣、2009。

80 関根真隆『奈良朝食生活の研究』吉川弘文館、1969。

81 高岡市教育委員会『麻生谷遺跡・麻生谷新生園遺跡調査報告－平成4～7年度、主要地方道小矢部伏木港線道路改良工事に伴う調査－』高岡市埋蔵文化財調査報告第1冊、1997。

82 高岡市教育委員会『石塚遺跡・東木津遺跡調査報告－都市計画道路下伏間江福田線築造に伴う平成9・10年度の調査－』高岡市埋蔵文化財調査報告第7冊、2001。

83 高岡市教育委員会『常国遺跡調査報告－平成4・5年度、常国住宅団地造成事業に伴う調査－』高岡市埋蔵文化財調査報告第18冊、2008。

84 高橋照彦「「律令的土器様式」再考」『瓦衣千年－森郁夫先生還暦記念論文集－』真陽社、1999。

85 高橋照彦「都と地方の土器」『第18回 古代官衙・集落と土器Ⅰ－宮都・官衙と土器－』奈良文化財研究所、2015。

86 田上町教育委員会『行屋崎遺跡 一般国道403号(小須戸田上バイパス)道路改築事業に伴う埋蔵文化財発掘調査報告書』田上町埋蔵文化財調査報告書第22集、2015。

87 武田健次郎・青山晃・内田亜紀子「越中における須恵器貯蔵具の様相」『北陸古代土器 第8号 須恵器貯蔵具を考えるⅠ つぼとかめ』北陸古代土器研究会、1999。

88 武生市教育委員会『大虫廃寺・野々宮廃寺』武生市埋蔵文化財調査報告Ⅸ、1990。

89 武生市教育委員会『野々宮廃寺Ⅱ』武生市埋蔵文化財調査報告12、1991。

90 田嶋明人他『シンポジウム北陸古代土器研究の現状と課題』北陸古代土器研究会・石川考古学研究会、1988。

91 田嶋明人「平安期土器の暦年代と横江荘遺跡の変遷」『加賀横江荘遺跡』白山市・白山市教育委員会、2013。

92 巽淳一郎「古代の焼物調納制に関する研究」『瓦衣千年－森郁夫先生還暦記念論文集－』真陽社、1999。

93 田中広明他『中堀遺跡－御陣場川堤調整池関係埋蔵文化財発掘調査報告－』埼玉県埋蔵文化財調査事業団報告書第190集、(財)埼玉県埋蔵文化財調査事業団、1997。

94 田中広明『地方の豪族と古代の官人』柏書房、2003。

95 田中靖「新潟県八幡林遺跡」『日本古代の官衙遺跡』雄山閣、2009。

96 津田隆司「貯蔵具の出土傾向」『北陸古代土器　第8号　須恵器貯蔵具を考えるⅠ　つぼとかめ』北陸古代土器研究会、1999。

97 津野仁「古代須恵器大甕の耐久－栃木県域の事例から－」『研究紀要』第25号、(公財)とちぎ未来づくり財団埋蔵文化財センター、2017。

98 津幡町教育委員会『太田シタンダ遺跡』1994。

99 出越茂和「北加賀・能登地方の古代須恵器貯蔵具」『北陸古代土器　第8号　須恵器貯蔵具を考えるⅠ　つぼとかめ』北陸古代土器研究会、1999。

100 富山県教育委員会『都市計画街路　七美・太閤山・高岡線内遺跡群発掘調査概要(5)　黒河尺目遺跡』1988。

101 富山県埋蔵文化財センター『栗山楢原遺跡 南中田A遺跡 任海鎌倉遺跡 南中田C遺跡』富山県総合運動公園内遺跡群発掘調査概要Ⅰ、1990。

102 富山県埋蔵文化財センター『富山県富山市南中田D遺跡発掘調査報告書』1991。

103 富山県埋蔵文化財センター『任海遺跡 吉倉A遺跡 吉倉B遺跡』富山県総合運動公園内遺跡発掘調査報告書3、1993。

104 富山県埋蔵文化財センター『吉倉B遺跡』富山県総合運動公園内遺跡発掘調査報告書4、1994。

105 富山県埋蔵文化財センター『富山県富山市任海宮田遺跡発掘調査報告書Ⅱ』1997。

106 富山市教育委員会埋蔵文化財センター『富山市水橋荒町・辻ヶ堂遺跡発掘調査報告書　病院施設等建設工事に伴う埋蔵文化財発掘調査報告(2)』富山市埋蔵文化財調査報告140、2005。

107 富山市教育委員会埋蔵文化財センター『富山市米田大覚遺跡発掘調査報告書』富山市埋蔵文化財調査報告9、2006。

108 富山大学人文学部考古学研究室『越中上末窯』富山大学考古学研究報告第3集、1989。

109 七尾市教育委員会『七尾市小池川原地区遺跡　七尾市小池川原地区圃場整備事業に伴う埋蔵文化財発掘調査報告書』七尾市埋蔵文化財調査報告第12集、1990。

110 新潟県教育委員会『上新バイパス関係遺跡発掘調査報告Ⅰ　今池遺跡・下新町遺跡・子安遺跡』新潟県埋蔵文化財調査報告書第35集、1984。

111 新潟県教育委員会『上新バイパス関係発掘調査報告書　山三賀Ⅱ遺跡』新潟県埋蔵文化財調査報告書第53集、1989。

112 新潟県教育委員会・(財)新潟県埋蔵文化財調査事業団『磐越自動車道関係発掘調査報告書 細池遺跡　寺道上遺跡』新潟県埋蔵文化財調査報告書第59集、1994。

113 新潟県教育委員会・(財)新潟県埋蔵文化財調査事業団『横雲バイパス関係発掘調査報告書　上郷遺跡Ⅰ』新潟県埋蔵文化財調査報告書第62集、1994。

114 新潟県教育委員会・(財)新潟県埋蔵文化財調査事業団『北陸自動車道上越市春日・木田地区 発掘調査報告書Ⅳ 一之口遺跡東地区』新潟県埋蔵文化財調査報告書第60集、1994。

115 新潟県教育委員会・(財)新潟県埋蔵文化財調査事業団『横雲バイパス関係発掘調査報告書　上郷遺跡Ⅱ』新潟県埋蔵文化財調査報告書第87集、1997。

116 新潟県教育委員会・(財)新潟県埋蔵文化財調査事業団『一般国道7号中条黒川バイパス関係発掘調査報告書　蔵ノ坪遺跡』新潟県埋蔵文化財調査報告書第115集、2002。

117 新潟県教育委員会・(財)新潟県埋蔵文化財調査事業団『西部遺跡Ⅱ　日本海沿岸東北自動車道関係発掘調査報告書XXXⅢ』第206集、2010。

118 新潟県考古学会『新潟県の考古学』高志書院、1999。

119 新潟市教育委員会『駒首潟遺跡　第3・4次調査』2009。

120 新潟市埋蔵文化財センター『新潟市埋蔵文化財発掘調査報告書　上浦A遺跡第14次調査　－市道結6号市之瀬線改良工事に伴う発掘調査報告書－』2010。

121 新津市教育委員会『上浦遺跡発掘調査報告書』1992。

122 新津市教育委員会『新津市文化財調査報告書　上浦A遺跡　新津市工業団地第2期工事地内発掘調査報告書』1997。

123 新津市教育委員会『細池遺跡発掘調査報告書』1998。

124 入善町教育委員会『じょうべのま遺跡－C・K地区の調査－』1985。

125 野々市町教育委員会『上新庄ニシウラ遺跡』1998。

126 濱岡賢太郎「歴史時代」『志賀町史』資料編第一巻、志賀町役場、1974。

127 浜崎悟司「2～4世紀の集落の構成について」『石川県小松市八幡遺跡I』(社)石川県埋蔵文化財保存協会、1998。

128 原明芳「松本平における食器様式の変化と窯業生産－7世紀から12世紀を中心として」『中部高地の考古学IV』長野県考古学会、1994。

129 原明芳「古代末期における信濃の土器様相」『北陸古代土器』第7号、北陸古代土器研究会、1997。

130 原明芳「埋められた甕」『信濃』第50巻第11号、信濃史学会、1998。

131 菱田哲朗『須恵器の系譜』歴史発掘10、講談社、1996。

132 兵庫県教育委員会埋蔵文化財調査事務所『志方窯跡群II－投松支群－』兵庫県文化財調査報告第217冊、2000。

133 福井県教育庁埋蔵文化財調査センター『光源寺遺跡』福井県埋蔵文化財調査報告第24集、1994。

134 福井県教育庁埋蔵文化財調査センター『下丁遺跡 担い手育成基盤整備事業に伴う調査その2』福井県埋蔵文化財調査報告第74集、2004。

135 福井県教育庁埋蔵文化財調査センター『福井城跡－JR北陸線外2線連続立体交差事業および高架側道4号線街路工事に伴う調査－』福井県埋蔵文化財調査報告第72集、2004。

136 福井県教育庁埋蔵文化財調査センター『大塩向山遺跡(仮称 王子保山城跡)・山腰遺跡』福井県埋蔵文化財調査報告第96集、2007。

137 福井県教育庁埋蔵文化財調査センター『今市岩畑遺跡』福井県埋蔵文化財調査報告第34集、2008。

138 福井県教育庁埋蔵文化財調査センター『持明寺遺跡』福井県埋蔵文化財調査報告第16集、2008。

139 福井県教育庁埋蔵文化財調査センター『木崎山城跡・木崎遺跡 舞鶴若狭自動車道建設事業に伴う調査』福井県埋蔵文化財調査報告第113集、2010。

140 北陸古代手工業生産史研究会『北陸の古代手工業生産』1989。

141 北陸古代土器研究会『北陸古代土器 第8号 須恵器貯蔵具を考えるI つぼとかめ』1999。

142 北陸古代土器研究会『北陸古代土器 第9号 須恵器貯蔵具を考えるII つぼとかめのつくりかた』2001。

143 堀内明博「長岡京出土の特殊建物遺構に関する2・3の覚え書き」『長岡京古文化論叢II』中山修一先生喜寿記念事業会、三星出版、1992。

144 松任市教育委員会『東大寺領横江庄遺跡』1983。

145 松任市教育委員会『松任市北安田北遺跡II』1990。

146 松任市教育委員会『松任市源波遺跡』1990。

147 松任市教育委員会『松任市北安田北遺跡IV』1992。

148 松任市教育委員会『松任市橋爪ガンノアナ遺跡』1993。

149 松任市教育委員会『松任市北安田北遺跡I』1994。

150 松任市教育委員会『松任市宮永市松原遺跡』1994。

151 松任市教育委員会『松任市米永シキシロ遺跡』1994。

152 松任市教育委員会『松任市三浦・幸明遺跡』1996。

153 松任市教育委員会『東大寺領横江庄遺跡II』1996。

154 松任市教育委員会『松任市源波遺跡II』1997。

155 南博史「曲物研究と課題」『月刊考古学ジャーナル』第335号、ニューサイエンス社、1991。

156 三舟隆之「文献から見た官衙と土器」『第18回古代官衙・集落と土器I－宮都・官衙と土器』奈良文化財研究所、2015。

157 望月精司「加賀における須恵器生産の終焉」『北陸古代土器』第2号、北陸古代土器研究会、1992。

158 望月精司「奈良時代後期～平安時代前期の遺構と遺物」『松梨遺跡』小松市教育委員会、1994。

159 望月精司「越前・南加賀地域の古代須恵器貯蔵具」「シンポジウム討論のまとめ」『北陸古代土器 第8号 須恵器貯蔵具を考えるI つぼとかめ』北陸古代土器研究会、1999。

160 望月精司「北陸」『古代窯業の基礎研究－須恵器窯の技術と系譜－』窯跡研究会、真陽社、2010。

161 望月精司「壺・甕－貯蔵具－」『モノと技術の古代史 陶芸編』吉川弘文館、2017。

162 山中敏史『古代地方官衙遺跡の研究』塙書房、1994。

163 山本信夫・山村信榮「中世食器の地域性10－九州・南西諸島－」『国立歴史民俗博物館研究報告』第71集、国立歴史民俗博物館、1997。

164 和島村教育委員会『遺跡発掘事前総合調査に係る埋蔵文化財調査報告書 八幡林遺跡』和島村埋蔵文化財調査報告書第1集、1992。

165 和島村教育委員会『八幡林遺跡』和島村埋蔵文化財調査報告書第2集、1993。

166 和島村教育委員会『八幡林遺跡』和島村埋蔵文化財調査報告書第3集、1994。

167 和島村教育委員会『県営圃場整備事業(桐原地区)に伴う埋蔵文化財発掘調査報告書 門新遺跡』和島村埋蔵文化財調査報告書第4集、1995。

168 和島村教育委員会『県営圃場整備事業(桐原地区)に伴う埋蔵文化財調査報告書 門新遺跡 外割田地区』和島村埋蔵文化財調査報告書第5集、1996。

169 和島村教育委員会『八幡林遺跡IV－一般国道116号線和島バイパス建設に伴う埋蔵文化財調査報告書－』和島村埋蔵文化財調査報告書第16集、2005。

170 和島村教育委員会『門新遺跡 谷地地区II－国道116号線和島バイパス建設に伴う埋蔵文化財調査報告書

―』和島村埋蔵文化財調査報告書第17集、2005。

171 渡辺一「須恵器の諸段階」『吉岡康暢先生古希記念論集 陶磁器の社会史』吉岡康暢先生古希記念論集刊行会、桂書房、2006。

172 渡邊ますみ「新潟・緒立Ｃ遺跡」『木簡研究』第13号、木簡学会、1991。

挿図出典

図1： 筆者作成。

図2： 文献51を一部編集、加筆。

図3： 文献69に一部加筆。

図4： 文献45をもとに作成。

図5： 文献160に一部加筆。

図6〜8：文献159に一部加筆。

図9： 文献87・106をもとに作成。

図10：文献87に一部加筆。

図11：文献31・72・74をもとに作成。

図12・17・19：文献50を一部修正。

図13：文献14をもとに作成。

図14：文献95・164〜166・169をもとに作成。

図15： 文献2・65・151をもとに作成。

図16： 文献4・104に一部加筆。

図18： 文献28に一部加筆。

図20・21：文献78に一部加筆。

図22・23：文献57に一部加筆。

図24： 文献11・114・119に一部加筆。

図25： 文献13・70・88・89・105に一部加筆。

図26： 文献117に一部加筆。

図27： 文献155に一部加筆。

表1： 文献90・91をもとに作成。

表2： 文献7・159をもとに作成。

表3： 文献87・108をもとに作成。

表4： 文献50を一部修正。

表5： 文献28をもとに作成。

表6・7・9・10：文献4〜6、8〜12、15〜20、22、27、33〜43、47、57、65〜68、70、76、81〜83、86、98、100〜104、106、107、109〜113、115、116、119〜125、133〜139、144〜154、164〜168、170をもとに作成。

表8： 文献32をもとに作成。

古代の地方官衙・集落・寺院と大甕

田中広明（公益財団法人 埼玉県埋蔵文化財調査事業団）

I　はじめに

　越前国能登郡熊来には、「酒屋」があった（『万葉集』第16巻3879番、文献19）。熊来は、海と陸との境、船や馬、人々が行き交い集う交通の要衝である。そこは、旅の安全を祈願して社や寺が建てられ、酒屋が設けられた。酒は出挙され、社や寺、橋や津などの建設、修繕費用にあてられた。おそらく、熊来の「酒屋」にも数個の須恵器大甕（甀）が、据えられていたことであろう。

　さて、須恵器大甕は硬くて丈夫である。その用途は液体の貯蔵、調味料や粉体、穀物の貯蔵、埋葬の容器、壊れてからも置き台や硯、カマドの補強材など多岐におよぶ（文献20）。そのため、大甕の破片は官衙・集落・寺院など多様な遺跡から出土し、その出土状態は、複雑な用途の推定に役立つ。

　須恵器窯で焼成された大甕は、「市」などを介して官衙や寺院の厨、集落の竪穴建物などへもたらされ[1]、壊れないかぎり、移動や移転を繰り返したと考えられる。そうした須恵器大甕の特徴をふまえ、本稿では、関東地方の主な官衙、集落、寺院における出土状態や保有状況を紹介したい。

　まず、須恵器大甕の出土傾向を遺跡ごとに確認するため、出土遺構と分布の片寄り、時期別の変化、器形の違いなどを確認することとする。次に、どのような遺構にどのように須恵器大甕が据え置かれたのかについてあきらかにしたい。とくに掘立柱建物や竪穴建物との関わりには、注意を払うこととする。古代の人々の須恵器大甕と「酒」との多様な関わりについて、その実態を少しでもあきらかにすることが、本稿の課題である。

II　事例研究

（1）古代官衙

西下谷田遺跡（栃木県宇都宮市茂原町）　初期の地方官衙

遺跡である西下谷田遺跡では、復元個体6点、大形破片16点の須恵器大甕が報告されている（図1、文献7）。

　西下谷田遺跡は、西側に柵列で囲まれた長方形の区画と、中央から東側に広がる掘立柱建物と竪穴建物の建物群からなり、2時期の変遷が復元されている（図2）。

　I期（7世紀後葉）は、長方形区画の南門は棟門または冠木門、中央には整然と並ぶ側柱建物群、東側に竪穴建物群で構成されていた。それが、II期（7世紀末から8世紀初め）になると、南門は八脚門、中央の建物群は側柱建物が減って、総柱建物が増加し、竪穴建物は中央から東側へ拡散する。

　注目すべきは、須恵器大甕の出土傾向である。I期は、9点の破片が遺跡全体から散在して出土したが、II期になると中央付近の竪穴建物群から多数の破片が出土するようになる[2]。すべて、埋土中、埋まりかけの遺構から出土した。

　西下谷田遺跡は、II期以降、東方の上神主・茂原官衙遺跡へその機能が移転すると考えられている（文献7）。西下谷田遺跡の機能は、国宰所、または評家とされるが、その機能を失い、移転を契機として、須恵器大甕を廃棄したと考えたい。その結果、II期の竪穴建物の凹地に須恵器大甕の破片が入ったのである。

　また、仮に長方形区画東側の建物群について、総柱建物を倉庫、側柱建物を納屋、竪穴建物を竈屋とすると、この区画は、「厨」の施設と考えられる。上神主・茂原官衙遺跡へ「厨」も移転したと考えたい。

　しかし、上神主・茂原官衙遺跡から須恵器大甕（破片）の出土は乏しい。おそらく、調査区のさらに北側、いまだに調査されていない場所に須恵器大甕を必要とした遺構群が、埋没していると考えたい。

　話を戻すが、西下谷田遺跡から出土した須恵器大甕は、すべて古墳時代後期の型式学的特徴を備えて

いる。それは、口縁部に3から5条の沈線の区画と波状文、そして丸底という特徴である。とくに頸部に補強凸帯をめぐらす須恵器大甕は、群馬県から埼玉県北部、栃木県西部の6世紀前半から7世紀にかけて生産された。古墳に供献された須恵器大甕に特徴的な加飾技法である[3]。

ちなみに、西下谷田遺跡では、この古墳時代的な須恵器大甕ばかりか、新羅(系)土器も廃棄された。「厨」の移転とともに古墳時代的な土器や渡来の出自を示す土器と決別し、より古代的(律令的)な土器へと転換を図ったと考えたい。

神野向遺跡(茨城県鹿嶋市大字宮中野字神野向)　神野向遺跡は、『常陸国風土記』に登場する香島郡の郡家に推定されている遺跡である(文献37)。大甕を据えた掘立柱建物はないが、正倉院を囲む大溝から須恵器大甕がまとまって出土した(図3)。昭和54年度町内No.6遺跡SD001(同図中のA)、および昭和56年調査のJトレンチ北面大溝(同図中のB)が出土した地点である(A・Bは、本稿の仮称)。

まず、Aから須恵器甕が8点出土した。その中で1〜4・8は、口径も大きく、肩も大きく張る普遍的な大甕であり、本稿で「甕A」とした器形である。しかし、5〜7は、胴径の小さな甕であり、とくに5・6は、広口の口縁部で器高が高く、底径が口径とほぼ同じ大きさの甕である。本稿で「甕B」とした器形である。この甕は、東関東地方では、集落遺跡の竪穴建物から普遍的に出土する。薄手の甕で外面に平行タタキが施される。底部が広いことから元々、平置きを念頭につくられた甕と考えられる。

いっぽう、1〜4および8は、胴部が球形、またはイチジク形となる甕で底部は丸底となる。地面に安定させて据えるためには、何らかの工夫が必要となる。1や2の口縁部には文様がみられないが、3・4には、口縁部に波状文が施されている。しかし、区画の沈線は見られない。なお、8の外面は格子目文、内面は青海波文がみられる。

いっぽう、B出土の土器は、9・10の2点とも「甕A」である。9・10は口縁部に粗い波状文が施されている。9は波状文の間に沈線を引き、区画を施している。10は口径25cm、高さ54.7cm、胴部最大径33.0cmである。

発掘調査の所見によると、炭化米が多量にこのAのSD001大溝中位層から出土し、「溝の東側より投

下されたと思われる状態で確認された。(中略)炭化米層には、遺物が集中する部分で炭化米のほかに建物の柱材、屋根材と思われる炭化物、鉄釘、多量の須恵器の大甕が包含されており倉庫が火災にあった時期に相当すると思われる」(文献37)とされている。

この須恵器大甕の一群は、正倉院内に保管され、火災にあったため毀損したので他の建築材や物品と一緒に大溝へ廃棄したと考えられたのである。

この点は、Bから出土した2つの須恵器大甕、9・10も同様である。「南から北へ流れ込む多量の炭化米層を包含する。(中略)溝出土の大型の甕は、炭化米層に包含されたものが多い」と報告されているように、火災によって毀損した物品とともに廃棄されたようである。とくに10は、胴部下半が被熱を受け剥落したとある。

基壇建物(正倉)をめぐる大溝内を正倉院とすると、このことから正倉院には、大甕を保管した建物があり、正倉の火災とともに被災したと考えられる。そのとき、大甕は空であったとは考えにくく、中に液体(酒)が貯蔵されていたはずである。

しかし、正倉院内に火を扱う厨家の建物、たとえば酒屋や竈屋などがあったとは考えにくい。なお、炭化米とともに9〜10世紀代の須恵器の食器類が出土しており、後に述べる埼玉県中堀遺跡のように大甕と食器を多量に保管した甕据付建物が、正倉院の至近に営まれていたが、ともに罹災して焼けた一切合切をこの大溝に廃棄したと考えたい。

ここでは、甕据付建物が今後、発掘調査により発見されることを期待しておきたい。なお、厨家(厨家院)は、政庁の東側に推定されている。

八幡太神南遺跡B地点(埼玉県児玉郡上里町大字嘉美)(本書264頁)　遺跡の所在地が「嘉美」であることから、武蔵国賀美郡家との関わりが深い遺跡と考えられる。幅7m前後の調査区であるため、全体像は把握しにくい。しかし、掘立柱建物4棟、重複した竪穴建物2軒、土坑などが散在する。そのうち2号掘立柱建物跡の東側から、須恵器大甕の破片がまとまって出土した。

掘立柱建物は、北側の柱列が3間分、東側の柱列が2間分検出されている。身舎内に柱のないことから側柱建物と考えられる。その東側柱P2の東側(外側)に接するように大甕の破片が出土した。その下には、円形の径60cm、深さ20cmほどの掘り込みがみられ

る。報告者の所見は、「あたかも据え置かれていたものが (故意に?) 破砕されたかのような状況で出土しており、破片の一部は、2号掘立柱建物跡P2掘り方の上面にも散布していた」とある (文献28)。

この大甕は、口径34.8cm、推定高さ80.5cmの大きさである。底部が著しくゆがむ平底、全体は徳利状に図化されている。八幡太神南遺跡B地点は、遺構からの出土遺物が乏しく、時期の限定は難しい。しかし、隣接する同遺跡A地点や熊野太神南遺跡などでは、7世紀後半から8世紀前半にかけての豊富な遺物が出土しており、この須恵器大甕や2号掘立柱建物跡もその段階と考えることが妥当であろう。

ところで、この大甕は、建物の側柱 (妻側の柱か) の外に、屋外に置かれていたことになる。後述する武蔵国分僧寺跡第28次SB39 (文献6) と共通する置かれ方である。どのような目的をもって壁外に据え置かれたのか、現段階では、明確な答えをもっていない。

東の上遺跡 (埼玉県所沢市久米)　宝亀2年 (771)、武蔵国は東山道から東海道に所管替えとなる。それまで武蔵国は、上野国から武蔵国を経て下野国に至る東山道を往来していたが、相模国から武蔵国を経て下総国に至る東海道で往来するようになる。その東山道が宝亀2年まで、東の上遺跡を南北に貫いていた。

東の上遺跡は、この東山道駅路とともに始まる。ここは、7世紀前半まで集落のない「空閑地」であったが、東山道駅路の施工にともない集落の形成が始まる。東山道駅路の西側は、倉庫群を囲む方形区画や竪穴建物群、東側は掘立柱建物群の集中や竪穴建物群などがみられる。

しかし、山陽道の兵庫県赤穂郡上郡町落地 (飯坂) 遺跡 (野磨駅家) や同県たつの市小犬丸遺跡 (布勢駅家) のように政庁 (院) や館・厨を確定できる遺構群の把握はされていない。けれども、東の上遺跡の南方 (武蔵国府方面)、北方 (上野国府方面) とも10km近く大規模な集落がないことから、駅家であった可能性は高い。

さて、東の上遺跡では、須恵器大甕が掘立柱建物や竪穴建物に据え置いた状態で出土した例はない。しかし、須恵器大甕の破片は丁寧に報告されている (文献31〜33)。そこで、調査報告書に掲載された破片や完形資料が、どの遺構、どの地点から出土したかについて、全体図に落とす作業をおこなった (図4下)。

同図では、破片資料を黒丸、復元図は、完形、口縁部のみ、口縁部から肩部、肩部から底部といった

部位をシルエットで表現した。大きさ (容量) に大型と中型の2種があることからそれも表現した。また、掲載資料の大半は竪穴建物の埋土からの出土ではあるが、リード線で出土遺構を明示し、どのような場所 (ブロック) が集中するか疎らかについて、その傾向を探った。

その結果、AからHの集中ブロックを8地点確認できた。A・Eは、竪穴建物群で構成されたブロックである。Aは遺跡の北東部、Eは遺跡の南部であるが、それぞれの竪穴建物から満遍なく出土し、その量も多い。建物の規模は、共通してそれほど大きくない。

B・D・Fは、東山道武蔵路に隣接した区域である。竪穴建物で構成されるところからの出土である。Fの大型竪穴建物である3次14・17号竪穴住居跡やそれに隣接した30次6号竪穴住居跡、Bのやはり大型竪穴建物である36次29号竪穴住居跡からの出土が目立つ。同竪穴住居跡からは、鐙が3点出土しており、東山道武蔵路の至近に馬具を出土する建物が確認された意義は大きい。さらにDからも須恵器大甕の破片が、集中的に出土している。

いっぽう、東山道武蔵路の東、Cは掘立柱建物群が集中する区域である。総柱建物もみられるが、総じて柱穴は小さく、大型の建物はみられない。須恵器大甕の破片は出土しているが、その量は少なく、ここが須恵器大甕を主体的に使用した場所ではないことがわかる。なお、この掘立柱建物群に甕据付建物はない。

Gは、方形区画溝がみられるが、その区画溝から出土した須恵器大甕は小破片であり、溝は比較的きれいに管理されていたようである。ただ、この区画溝は2棟の3間×3間の総柱建物 (倉庫) をめぐっており、また、同規模の建物がHにもあることから、駅家にかかる正倉院であった可能性が高い。そうした範囲の中央付近、竪穴建物や円形大型土坑から須恵器甕の破片が集中的に出土している。ただし、押しなべて小型の竪穴建物である。

ところで、Hの西北端、1次3号住居址から2点の須恵器甕が出土した。2は、小型で細長いB類の甕であり、壁際から出土した。また、3は最大径64cm、残存高54cmの平底の大甕である。ここから「湯」、または「油」と書かれた墨書土器 (図4右上1) が出土した。残画から「酒」とも読めないだろうか。な

お、この竪穴建物は、9世紀第1四半期であり、東の上遺跡が、もっとも規模を縮める段階にあたる。

ところで、この図はあくまでも調査報告書の掲載資料がどこから出土したかについて表現した図であり、古代の全時期の遺構を累積して作成した。そのため、AからHのブロックは、同時に存在したわけではない。しかし、東の上遺跡において須恵器大甕が、どのような場所に廃棄されたのかを把握するには、充分と考える[4]。

さて、東の上遺跡の竪穴建物の時期別軒数と須恵器大甕の破片 (報告書掲載資料) 数の推移をみると、図4左上のような棒グラフとなる。これと宝亀3年 (772) の東山道武蔵路の駅路廃止との関わりについて検討すると、以下のようにまとめられる。

まず、集落は7世紀第3四半期、東山道武蔵路の建設とともに竪穴建物6軒から始まり、8世紀第2四半期 (43軒) に向かって、順調に建物数を増やしていく。しかし、8世紀第3四半期 (18軒) には急速な減少がみられ、その傾向は、9世紀第1四半期 (2軒) まで続く。それが、9世紀第2四半期に盛り返し、集落のとぎれる9世紀第4四半期まで10軒弱で安定的に続く。

8世紀第2四半期の32軒から第3四半期の18軒という減少率44%はとても大きい。しかし、竪穴建物の増減は、宝亀3年 (772) の東山道武蔵路ルートの廃止よりも前から進んでいたのか、それを契機として減少したのか、にわかに判断しかねる。それは、東山道武蔵路の通行量、利用機会が、宝亀3年以前から減少していた実態がまずあり、それを追認する形で駅路として廃止された可能性があるからである。

ところで、須恵器大甕の破片数は、7世紀第3四半期には少ないが、8世紀第2四半期に急速に出土数が増加する。7世紀第3四半期にはわずか6点だったが、その後16点、18点、そして43点となり、実に2.4倍となる。しかし、竪穴建物軒数の急速な減少と歩調を合わせるように出土数は減少し、9世紀第1四半期にはついに9点となる。

それが9世紀第3四半期、ふたたび急速に出土数が26点、2.6倍にまで上昇する。9世紀の第3四半期に中型の須恵器甕が、普遍的に各地の集落から出土することと共通する。東の上遺跡では、再び流通や往来を担う集落として、成長を遂げた証しであろう。

さらに、消費された須恵器大甕の生産地の推移 (図4中央) をみると、以下のとおりである。まず、集落の開始直後は、湖西窯 (静岡県浜松市) の製品が用いられていたが、7世紀第4四半期に南比企窯 (埼玉県比企郡鳩山町) の製品が使われはじめ、8世紀第1四半期に末野窯 (同県大里郡寄居町) の製品も加わると、湖西窯の製品は姿を消していく。

須恵器大甕に関わらず湖西窯の製品は、6世紀後半から8世紀前葉にかけて、太平洋岸地域の古墳、集落等で積極的に消費された遠距離交易品である。湖西窯は、静岡県浜松市 (旧湖西市) の窯であるが、その製品は、固緻で美麗な灰白色という高品質な製品が多く、関東地方以北の須恵器窯が積極的な操業を開始する以前は、流通コストが割高であるにも関わらず積極的に受け入れられた。東の上遺跡も例外ではなかった。

ところが、7世紀第4四半期、南比企窯の製品が使われはじめ、8世紀第2四半期、爆発的に同窯の製品は需要を拡大した。43点の須恵器大甕の77%が南比企窯の製品となる。この現象は、東の上遺跡が須恵器大甕を多数消費する必要が生じたこと、南比企窯の製品を入手した結果である。その背景には、東京都府中市の武蔵国府が拡大期に入ったこと、東山道武蔵路の往来人口が上昇したことなどが考えられる。

その後、8世紀第3四半期に南比企窯の製品が激減し、かわって東金子窯 (埼玉県入間市) の製品が主体となる。東金子窯の製品は、8世紀第2四半期からみえはじめるが、大甕の消費全体が減少していく中で、安定的な消費が続いた。

おそらく、地理的な関係から東の上遺跡は、東山道武蔵路の廃止以降も一時衰退するが、その後も東金子窯の製品をはじめ、入間郡西・南部地域における物資の流通拠点として、その役割を担ったのであろう。そして、9世紀第3四半期に須恵器大甕の消費が、再び2.6倍に上昇したとき、その製品の85%は、東金子窯の製品であった。

これらのことから、東の上遺跡では、須恵器大甕の破片が集中する区域と散漫な区域が存在すること、竪穴建物の増加とともに須恵器大甕の消費が増加したこと、その製品は湖西窯から南比企窯、そして東金子窯の製品へと推移したことなどがあきらかとなった。これが駅家にかかる集落の特質であるのか、類似遺跡との比較によってあきらかになるであろう。

（2）集　落

宮久保遺跡（神奈川県綾瀬市早川字新堀淵）（本書269頁）
目久尻川の右岸、台地上に展開した宮久保遺跡は、8世紀から10世紀にかけて、相模国分寺と深く関わり営まれた集落である。発掘調査によって150軒の竪穴建物と59棟の掘立柱建物が検出された（文献14）。竪穴建物は、時期によって数は変動するが、連綿と続いた集落である。

宮久保遺跡では、①竪穴建物の床面中央に大甕を据えた事例（図5右上）と、②石敷井戸の埋没層に廃棄された須恵器大甕（図5下）について考えたい。なお、須恵器大甕の破片は、①以外の竪穴建物からも出土を若干確認できるが、①のような事例はない。

さて、①のSI122は、長辺3.1m×短辺2.5mという小規模な竪穴建物であり、その床面中央に浅い円形のくぼみを掘り、口縁部の欠失した須恵器甕が据え置かれていた。甕は、胴部最大径48cm×残存高さ45cmの中型甕であり、肩が張り丸底の甕である。この甕は、床面中央に据え置かれていたことから居住性が低く、作業用、または貯蔵用の建物と考えられる。

次に、②石敷井戸の須恵器大甕である。この井戸跡は、掘り込みが大きく、井戸枠の周囲に石敷を施した大型の井戸である。ここから大甕をはじめ大量の食器、貯蔵具が出土した。なかでも甕の口縁部が復元された個体について図5下に掲載した。

1～13は大口径、14～20は小口径の甕である。大口径の甕は、大半が無文であるが、11～13は緩い波状文を描く。波状文が緩いことや沈線による区画がないことから、8世紀後半ごろと考えられる。いっぽう、小口径の甕の17～19は、口縁部上半に突帯をめぐらすことから、8世紀前半の静岡県湖西窯の製品と考えられる。

このことから、石敷井戸の周辺には、8世紀前半から9世紀前半ごろに作られた須恵器甕が、廃棄されたと考えられる。この場所には、他の食器や貯蔵具なども廃棄されており、その年代観とも大きく違うことがない。

ところで、なぜこれほど多くの甕がこの石敷井戸に捨てられたのであろうか。それは石敷井戸の機能、宮久保遺跡が果たした地域や社会の役割と密接に関わっていよう。

そもそも、宮久保遺跡は、目久尻川を通じて相模国分寺へ人や物を運ぶ中継地として成立した集落である。人や物が集まり、それを点検、分類、そして供給する「川津」としての機能をもっていたと考えられる。

川津ならば、運ばれた製品が、毀損や破損した廃棄品の捨て場であるか、井戸水を一時貯蔵するための施設に置かれた容器などが考えられる。しかし、この井戸は、自然の井泉、湧水点の周囲を掘削によって人工的に改変し、さらに石敷を施工し荘厳化して格式を高めていた。この井戸は、いわゆる「いわ井」（石井・祝井）であり、人々の集う特別な井戸だったと考えたい。

そうすると、この集落で抱えきれない大量の甕は、国分寺の造営や維持管理、あるいは『令集解』「春時祭田条」にみられるような人々のマツリなどに関わり、必要とされた甕であったと考えておきたい。

宮町遺跡（埼玉県坂戸市大字青木）（本書262頁）　推定東山道武蔵路が近くを通る宮町遺跡の第9号住居跡から、甕の破片が床面中央の貼床に破砕された状態で密着して出土した（図6下、文献12）。ほぼ1個体に復元された甕Aは、口径24cm、最大径45.6cm、器高50.3cmの中型の甕である。この竪穴建物からは、ほかにも口径25.8cm、最大径32.4cmの口縁部から肩部までの甕Bの破片、棹秤の金具とその錘（緑泥石片岩製、釣鐘形）が出土した。8世紀第4四半期の竪穴建物である。

また、この建物の南、第11号住居跡（8世紀第3四半期）からは、「路家」と墨書された須恵器の杯やいわゆる「桝」とされるコップ形土器、須恵器の稜椀などが出土した（図6左上）。さらに南の第12号住居跡（8世紀第4四半期）からは、黒色土器の稜椀が出土した（図6右上）。関東地方では、黒色土器の稜椀はとても珍しい。須恵器の甕をはじめ、この黒色土器は、南比企窯で生産された製品と考えられる。

ところで、宮町遺跡の北西1kmには、創建が7世紀に遡る勝呂廃寺、南西2kmには、8世紀から始まる拠点集落の若葉台遺跡、そして宮町遺跡の至近には、東山道武蔵路が南北に通っていたと推定されている。このような歴史的環境の中、宮町遺跡は、竪穴建物群のブロックや掘立柱建物群のブロック、区画溝などで構成される遺跡であり、墨書土器「院」は、その象徴であろう。

注目すべきは、この墨書土器「路家」と、棹秤、須恵器甕の出土した竪穴建物である。宮瀧交二は、『日

本書紀』大化２年（646）３月甲申条にある「路頭之家」をあげ、役民の炊飯と祓除の決まり、尾張・三河に馬を預けるときの細則など、「路家」が古代交通路の至近にあって、旅行者と積極的に関わった公的施設・機関と理解された[5]（文献39）。

さて、棹秤と須恵器甕に話を戻そう。棹秤は、大谷徹が報告であきらかにした（文献12）ように、３点の鉄製留め金具と石製の錘（権）とから構成されていた。品物を左端にフックでかけるか、皿などに乗せて、支点と腕木の長さおよび錘の重さ（632.4g）で品物の重量を計量する。棹秤の錘には、銅・鉄などの金属製があるが、石製の錘も珍しくない。宮町遺跡の例が自然石であることは、いかにも東国の農村的である。

ところで、この棹秤で何を計量したのか。とても興味深い。この竪穴建物の人物は、床に須恵器甕を据え、おそらく、液体を須恵器の桝をもって計量した。須恵器の桝は、宮町遺跡から他に２点出土した。

東山道武蔵路の至近に物品を秤量し、液体を貯蔵する必要のあった人物がいたのである。仏教系遺物である特殊な稜椀は、官衙や寺院などの経済活動に深く関わった人物を想定させる。

具体的には、『日本霊異記』（文献11）の紀伊国名草郡の岡田村主姑女や讃岐国三木郡の田中真人広虫女のような人物を想定したい。

大沼遺跡（埼玉県滑川町大字山田字大沼）　埼玉県のほぼ中央、比企丘陵の北部、複雑に入り組んだ樹枝状台地の斜面部に、大沼遺跡は形成された。８世紀第１四半期から９世紀第２四半期にかけ、18軒の竪穴建物、28基の竪穴状遺構がつくられた。その大沼遺跡のＢ区南端、第１号住居跡から須恵器の甕が出土した。

この竪穴建物は、一般の竪穴建物と異なり、明確な長方形の平面形とならない。また、床面も凹凸があり、カマドもいびつである。竪穴建物は、集落の発生期である８世紀第１四半期の遺構である。

この竪穴建物の埋土から須恵器大甕の破片が出土した。発掘調査報告書（文献35）では、「使用不能となった後、凹地状になった住居に斜面の上方向から一括して廃棄したもの」と観察している。共伴遺物の中に８世紀第３四半期の須恵器杯があり、大甕はこの段階に廃棄された。

口径45.2cm、器高79.6cmの大きさの大甕は、口縁部に３段の波状文が施された南比企窯の製品であ

る。また、この遺跡からは、須恵器の銅鋺模倣無台椀、仏鉢模倣土器、ミニチュア軒平瓦、なども出土した。刻書のある石製権（錘）は、①「具□□（郷ヵ）長」、「□（郷ヵ）長」、「□七日」と、②「真成」の文字のある２点が出土した。

石製の権は、宮町遺跡と同様、秤量にかかる作業がおこなわれていた証拠である。また、須恵器の銅鋺模倣無台椀、仏鉢模倣土器、ミニチュア軒平瓦などは、僧侶や古代寺院などに関わる遺物である。さらに、いびつな平面形の竪穴建物は、手工業者の工房とされることが多い。中山間地に展開した手工業生産者集団との関係も考えられる。

将監塚・古井戸遺跡（埼玉県本庄市共栄・共和）（本書261頁）　将監塚・古井戸遺跡は、７世紀後葉から９世紀にかけて展開した「墾田系集落」である。ここで「墾田系集落」としたのは、調査区の西辺を南北に貫く大溝の開削が、集落の開始期と重なるからである。奈良・平安時代の遺構は、竪穴建物186軒、掘立柱建物101棟、井戸10基、そして大溝から構成されている（図8）。

調査区の中央には、大型の側柱建物、床束のある四間一面の建物（4間×3間の身舎に西面廂）、大型の竪穴建物、大型の井戸などで構成される遺構群があり、ここがこの集落の中心的施設群と考えられる。周囲から「大田」「大西」「大家」「厨」などの墨書土器が出土したことからこの遺構は、大田部を率いた開発集団の拠点的集落と考えられる。

図7には、復元実測された個体を網羅した。１～14は、広口の口縁部に肩の張った球形の胴部となる大甕Ａ類で、15は横瓶、16～27は広口の口縁部に肩の張った花瓶形で長胴の甕Ｂ類である。Ａ類には、丸底と平底（13・14）があるが、Ｂ類は平底のみである。また、容量によってＡ類は大型の１～６・９・13・14と、中型の７・８・10～12（11はやや小振り）があり、Ｂ類の19は大振りで、23や21は小振りであるが、大差はない。

このほかに、平城京の甕との比較で図8に広口鉢ともいえるような広口の平底甕を集成した。

さて、この集落の推移を竪穴建物数の変化によってたどっておきたい。赤熊浩一の分析（文献2）にもとづきその推移を追うと、７世紀中葉から集落は開始され、10世紀前半まで継続する（図9）。大溝の開削が始まった７世紀代は、４軒以下と少ない。

しかし、8世紀第1四半期、突如21軒と規模を拡大する。大規模な移動によって入植した人々があったと考えたい。ちょうど、陸奥国で加美郡が建郡された段階と一致する。陸奥国加美郡は、武蔵国賀美郡からの入植によって成立したと考えられており、移住元の人口減少を超える新たな入植（地域内における居住地の編成替えを含む）によって補ったことは十分考えられる。しかも、大溝の開削によって耕地が拡大したことが推定される。それは、農業に長けた大田部をはじめとする人々が、将監塚・古井戸遺跡に入植したためと考えたい。

ところが、7世紀第4四半期から8世紀第2四半期の須恵器大甕は、わずかに2点にとどまる。図化されているのは、8と11の2点である。8世紀前半までは、須恵器大甕の需要は低かったが、須恵器大甕がその後も長期にわたって用いられたか、ある特定の竪穴建物に限られていたためと考えられる。

その後、8世紀中頃から9世紀第3四半期にかけて竪穴建物数は、一定数を維持する。いっぽう、須恵器大甕が再び現れるのは、8世紀第4四半期に入ってからとなる。9世紀第1四半期をピークに徐々に減ってはいくが、9世紀第3四半期まで確認することができる。将監塚・古井戸遺跡へ供給された須恵器大甕の生産窯は、まず南比企窯の製品が過半を占め、末野窯製品が追従し、わずかながら秋間窯（群馬県安中市）・東金子窯がみられる（図9左下）。

9世紀第4四半期に入ると、竪穴建物数は急速に減少していく。須恵器大甕の破片も出土がみられない。その理由は、9世紀第2四半期から徐々に成長を遂げた中堀遺跡（埼玉県児玉郡上里町）の存在が大きい。中堀遺跡は、将監塚・古井戸遺跡の人々を吸収し、9世紀後半から10世紀にかけて、この地域で中心的な役割を担っていった。それと比例して、中堀遺跡の須恵器大甕の需要も拡大していった。

なお、図9右下の竪穴建物は、将監塚・古井戸遺跡のH-30号住居跡の遺物出土状態である。炭化した建物の建築材や屋根材の下から須恵器大甕が出土した。この甕は、右下の壁際から出土した。甕を据え付けた穴はみられない。

将監塚・古井戸遺跡は、186軒の竪穴建物、101棟の掘立柱建物で構成され、しかも大溝の開削、維持管理に関わる集落であったが、8世紀代の須恵器大甕は決して多くない。将監塚・古井戸遺跡が、墾田

系集落の中核的役割を担った遺跡であっても須恵器大甕の保有は難しかったのかもしれない。7世紀末から8世紀前半に遡る時期の甕が少ないことから、廃棄されず9世紀まで使われ続けたと考えたい。

なお、8世紀第4四半期以降、須恵器甕B類が3割前後を占めるようになった。

中堀遺跡（埼玉県児玉郡上里町大字堤）（本書263頁）　中堀遺跡は、武蔵国に設置された後院勅旨田の経営施設と考えた遺跡である（文献25）。遺跡内は、瓦葺建物の区画、館の区画、竪穴建物群の区画、四面廂建物群の区画などが溝と道で区画されていた（図10）。集落は、9世紀初めから始まり、9世紀後葉から末にピークを迎え、10世紀末まで続いた。牛馬の焼印「石」が出土しており、南方10kmにあった「石田牧」の経営に関わることもあきらかとなった。

絶頂期を迎えた9世紀末、大規模な火災が遺跡全体を襲った。焼土と炭化物の層が遺跡全体を覆うが、とくに3棟の瓦葺建物や四面廂の方形建物、そして須恵器大甕を据えた第50号掘立柱建物跡の周囲は、多くの土器や鉄釘などが、焼土や炭化物とともに出土した。

第50号掘立柱建物跡は、調査区のほぼ中央に確認された三間四面の大型建物である（図11）。身舎の柱は大きく深い。それに比べると廂の柱は小さく貧弱である。ただし、身舎の柱間と廂の柱間、廂の出がほぼ同じであり、軒の深い建物であったことがわかる。甕を据えた穴は、身舎の内側に納まり、その西側に集中していた。中央の不整形の囲みは、硬化面である。作業場の可能性を考えておきたい。

ここで発掘調査の状況を記しておきたい。バックホーで表土の除去をおこなったところ、地山由来の川原石と焼土・炭化物を含む黒色土（厚さ10〜20cm）に大量の須恵器甕や灰釉陶器、土師器などが混じって出土した。そこで、この黒色土についてグリッド調査をおこなったところ、大甕の破片が地面に埋設した状態で出土した。

当初は、掘立柱建物が大甕に付帯することを予測していなかった。焼土・炭化物混じり層がとぎれ、遺物の出土もとぎれると、遺構確認面が現れ甕を埋設した土坑の周囲に柱穴が検出され、建物に甕が付帯していたことがわかった。その後、身舎の柱穴が他よりも大型だったことから、四面廂建物の可能性を疑い、柱穴を検出した。

なお、この建物に係る遺物は、貯蔵具として須恵器の大甕5点、中型甕1点、長胴甕4点、長頸壺3点、広口甕1点、灰釉陶器の長頸瓶11点、手付瓶4点、などが出土した。

また、食器は、土師器の杯、皿、須恵器の高台付椀、灰釉陶器の椀、皿、段皿などが出土し、煮沸具の土師器甕も3点出土した。圧倒的多数の須恵器大甕の破片に混じって、これらの食器や煮沸具が出土したことについては、液体の運搬や注ぐ器などを一括して保管していたこととなる。

三間四面の建物は、仏堂や居宅の主殿、官衙の政庁などが想定される。しかし、中堀遺跡の第50号掘立柱建物跡は、甕を据え付けた土間のある平地建物と考えたい。ただし、当初からこの建物は、甕を据え付けていたか、もとは高床の建物だったが、のちに床板をはがし、土間としたのかあきらかにできない。

第54号掘立柱建物跡も須恵器大甕を据え付けた建物である（図12）。

この建物は二間三面、または三間二面の建物である。大規模な火災の後に建築された建物で、柱穴に大量の焼土、炭化物を充填していた。とくにP4からは、図12右にあげた一群の灰釉陶器（一部）が出土した。椀・皿、段皿などの食器を中心に長頸壺、手付き瓶・三足盤・耳皿なども出土した。これらは、厨屋に一括して保管されていた物品が、火災で一括廃棄されたと考えられる。

さて、甕を据えたと考えられる穴は、AからFの6ヵ所がみられるが、実際に甕が据えられていたのは、Aのみである。この甕の胴部3分の1が、地面に埋められていた。この穴と同規模で柱穴から等位置にあるBからD、同規模で柱から近いE・Fも甕を据えた穴と考えられる。

このほか、大甕を埋設した遺構が、中堀遺跡では9ヵ所検出されている。なかでも第728号土壙から出土した大甕は、平底の甕で完形に復元できた。同様の例は、長野県松本市北方遺跡（文献29）（本書274頁）の埋甕遺構や後述する東京都国分寺市武蔵国分寺460次（文献10）の土坑と類似する。

なお、中堀遺跡から出土した須恵器大甕の破片総量は、1.2tにおよぶ。その破片について、グリッドごとの出土重量分布図（図10中央左）を示した。2kg以上は、重量を直接記している。第50号掘立柱建物跡付近も多数出土しているが、それより北西や四面堂の付近にも破片の集中をみることができる。

（3）古代寺院

上総国分僧寺跡（千葉県市原市惣社）（本書265頁）　上総国分僧寺跡は、関東地方でもっとも発掘調査が進み、内容のあきらかとなっている国分寺跡である（文献18）。

須恵器大甕にかかる建物は、伽藍地北方、政所院（東院）推定地の①掘立柱建物（南北棟）と、同政所院の北方、薗院（油菜所）推定地の北区画にある②竪穴建物である（図13）。

まず、①掘立柱建物（3127号遺構）は、上総国分僧寺跡の第Ⅱ期（8世紀後半）の建物であり、6間×3間の南北棟（屋）である。政所院が形成される以前、国分僧寺建立に関わる造寺関連の施設と考えられる。束柱や甕据付穴はないが、西南の隅柱外側に接した皿状の土坑（1545号遺構）に4個体の須恵器甕の破片が埋められていた。

復元された個体は、口縁部から肩部にかけての破片であり、底部資料ではない。甕据付穴ではないが、この建物または至近の建物で、須恵器大甕が4個体まとまって使用されていたことを示す例である。甕は4個体ともすべて、口縁部に4条のやや粗い波状文を施文する。また、波状文の間には、2本一単位の沈線が引かれる区画がみられる個体と、沈線区画の無い個体がある。

口縁部に波状文や沈線を施文する甕は、古墳時代の伝統を引く甕である。口縁部文様は、次第に無文化し、平安時代になると文様は消失していく。この建物は、政所院が整備される8世紀後半には移転したことから、それまでに使用を終えた甕を廃棄したと考えたい。最大口径は77.5cmである。

この大甕4点は、おそらく造寺関係の建物（厨の酒屋カ）で用いられ、その建物が、移転、撤去の際、破損の著しい甕のみをこの建物脇に廃棄したと考えたい。なお、これまで上総国分僧寺跡の調査区域内に甕据付穴をともなう掘立柱建物は報告されていない。ただし、②の例のような置台や設置の工夫をしたならば、甕を据え付けた痕跡は残らない。

②竪穴建物（142号遺構）は、国分僧寺の寺院地北端を区画する溝の南に接して設けられた。2.12m×2.28mのとても小さな竪穴建物である。東壁中央にカマドを設け、床面中央に薄く貝を敷き、その上に胴部径32.4cmの平底甕（壺）を据え置いていた。貝層は

二枚貝を主体としていた。

　この竪穴建物の西隣には、「油菜所」の墨書土器が出土した竪穴建物（143号遺構）がある（図13上中央）。143号遺構は上総国分僧寺跡Ⅲ期（8世紀後葉）であり、122号遺構がⅣ−1・2期（760〜810）であることから、墨書土器「油菜所」よりも一時期新しいこととなる。この「油菜所」は、国分寺で用いる灯明、または食用として用いた油菜（油）を生産、管理した施設と考えられ、西側に広がる空閑地は、油菜を栽培した薗院とされている。

　竪穴建物の床面西寄りには、比較的深いピットが3ヵ所みられ、これも油の生産と関連するかもしれない。いずれにせよ、小規模建物であるにも関わらず、甕（壺）を竪穴建物の中央に据え置いたことは、寝食空間が著しく狭かったこととなる。

　なお、『信貴山縁起絵巻』の飛倉条（文献23）では、山崎の長者（油長者）が住む屋敷の場面で油（荏胡麻か）を搾る道具が、屋外に描かれている。この絵巻では、絞った油を桶か小型の甕で受けたのであろう。

武蔵国分僧寺跡（東京都国分寺市西元町）（本書266・267頁）
武蔵国分僧寺跡は、東山道武蔵路に接し、国府、国分尼寺などとともに設けられ、発掘調査が諸国国分寺の中でも早くから、また継続的におこなわれている遺跡である。

　この武蔵国分僧寺では、①掘立柱建物の側柱に接して据え置かれた大甕（図14右上、文献6）、②土坑に埋設した大甕（図14右下、文献10）、③出土状態は不明瞭だが、掘立柱建物に関わり出土した大甕の3例（文献5）をあげておきたい。

　まず、①は武蔵国分寺跡28次ＳＢ39である。この建物は、「伽藍地区画溝」（ＳＤ23）[6]と平行する南北棟の建物である。西側に土取り穴とされる長方形の土坑ＳＫ163がある。この土坑の東側は、埋め戻して壁面に瓦を交互に平積みし、ＳＢ39の基壇としていた。

　建物は、4間×2間の細長い建物である。甕は、東の側柱穴3−2に寄り添うように置かれていた。大甕は口縁部に4条の波状文が施されるが、区画の沈線はない。胴部はイチジク形であり、底部は丸底の完形である。須恵器の蓋2点や黒笹90号窯式の灰釉陶器椀が共伴して出土しており、9世紀後半と考えられる。

　ところで、武蔵国分僧寺跡の北方には崖線（国分寺崖線）が東西に延びている。その崖下と伽藍地の間

は「黒鐘谷」という谷地となっており、東山道はこの谷地を南北に横切っていた。東山道を通る調庸の民、防人たちは、この崖下の新鮮な湧水を旅の目安としたことであろう。

　有吉重蔵の御教示によると、同寺跡37次「市公共下水道南部地区15号」の発掘調査（文献9）で検出された溝ＳＤ73が、この湧水点から東に向かい、武蔵国分僧寺跡28次の長方形土坑ＳＫ163に至る導水施設であるということである。

　ＳＤ73は、埋土に礫が詰められ、作り直しによって2時期の使用が認められる。水が礫の中を通過したか、樋管を据えてＳＫ163に引いたとするならば、ＳＫ163は、貯水施設と考えられる。この土坑は素掘りであり、長さ5.55ｍ×幅3.3ｍ×深さ0.9ｍの東側を平瓦積とする。貯水施設とするならば、沈殿枡、または槽のような構造物を据えたことも考えられる。

　なお、ＳＤ73は、9世紀中葉から10世紀前半の年代が与えられている。

　いっぽう、須恵器大甕を据え置いた掘立柱建物ＳＢ39の特徴は、4間×2間という細屋（殿）であること、屋内中央やや南の床面に方形土坑がみられること、棟通りが伽藍地の西限区画溝と平行していることなどがあげられる。

　次に、②武蔵国分僧寺跡460次ＳＫ2060土坑から出土した大甕である。この土坑は、建物や他の遺構との重複がなく、単独で土器が据え置かれていた。甕の胴部下半と同じ規模で皿状の穴を掘り、そこに据え置いた。

　甕の口縁部が内側に落ち込んでいたことから、甕全体を地下に埋設したのではなく、胴部上半は、地上に出ていたと考えられる。この大甕は、頸部が短く、肩が大きく張り、底部は丸底である。9世紀後半と報告されている（文献10）。この甕を据えた土坑の周囲は、竪穴建物2軒と小型の掘立柱建物が散在している。

　最後は、③武蔵国分寺跡市立第四中学校建設第1次調査の事例である。須恵器大甕は、ＳＢ55掘立柱建物跡から出土したことが報告されているが、出土位置は明確ではない。ただしＰ3−3やＰ2−2に接して楕円形のくぼみが掘られており、あるいは甕据付穴かもしれない。なお、この建物は、北と西に二面廂のある建物である。

黒熊中西遺跡（群馬県高崎市黒熊）　上野国多胡郡には、南に牛伏丘陵、中央に鏑川の形成した河岸段丘、北

に観音山丘陵がある。黒熊中西遺跡は、この牛伏丘陵から続く尾根に5棟の瓦葺き堂舎群、傾斜地に竪穴建物群が築かれた。平安時代の寺院、および集落跡である。その一角にまとまった数の須恵器大甕が出土した（文献22・41）。

竪穴建物で構成される集落は、8世紀前半からみられるが、堂舎群は、9世紀第3四半期以降と考えられる。なお、集落の竪穴建物数のピークは、10世紀第2四半期であり、11世紀まで継続した。よって、寺院とその関連集落という関係性は、9世紀後半から10世紀のことといえよう。

竪穴建物は、丘陵平坦面に集中し、傾斜面にも散在する。とくに調査区の中央に集中する傾向にある。出土遺構（地点）と出土数（量）を視覚的に表現したのが、**図15**中央の遺跡全体図および須恵器甕出土分布図である。この図によると、須恵器大甕・壺・甕の破片は、この平坦面に広がる竪穴建物の覆土からも多少は出土するが、それよりも傾斜面直下に形成された第2遺物集積から多量に出土したことがわかる。大甕A類8点、B類6点、胴部破片9点におよぶ。

また、このほかに遺物集中の北側、46・60号住居跡と方形の80号土坑・81号土坑、そして斜面直下の1号井戸から、大甕の破片が多く出土した。さらに、第Ⅰテラス、7号建物（平地建物）と75号住居跡、および石組遺構は、須恵器大甕に関わる一連の遺構群と考えられる。また、尾根上の2号から5号基壇建物とは、有機的な関係をもって存在したと考えられる。

寺院における大甕の使用を考えたとき、大衆院の厨（家）で液体の貯蔵を目的としていたことが考えられる。酒、醤、油などの貯蔵である[7]。

黒熊中西遺跡が、これらの食品生産や貯蔵、集積に関わっていたとすると、「特殊な土坑」と報告された80号土坑と81号土坑が、ヒントとなるかもしれない。前者は長さ1.4m×幅1.4m×深さ0.2m、後者は長さ1.4m×幅1.3m×深さ0.6mの大きさである。ともに方形の土坑で「東側の壁上端には粘土塊が設けられ、焼土化していた。（中略）覆土は上層から下層にかけて多量の焼土・炭化物が検出され、土坑内部での燃焼行為が想起される」とある。須恵器杯、椀、大甕、砥石、鉄釘、紡錘車などが共伴した。

報告者は、「墓壙としての燃焼坑」、「鉄製品の焼き入れ備蓄用」、寺院建築の補修に関わる「工房施設」

などと考察されている。しかし、須恵器大甕が大量に出土した第1、第2遺物集中や斜面を切土造成して建てた2号掘立建物跡、水量の豊富な石組遺構（井戸）などから酒の生産、貯蔵に関わる遺構と考えたい。

したがって、黒熊中西遺跡の須恵器大甕の用途は、水の貯蔵を含めた酒の生産、醸造、貯蔵に使われた容器と考えておきたい。

ところで、黒熊中西遺跡の南には藤岡・吉井窯跡群があり、平安時代には、須恵器や瓦などを積極的に生産していた。とくに同窯は、弘仁の地震（弘仁9年(818)）で被災した上野国分寺や山王廃寺等の寺院の再建にあたり、積極的に瓦を供給し[8]、黒熊中西遺跡の堂舎群の屋根瓦も焼成していた。また、爆発的に拡大する上野国や武蔵国北部の集落へ須恵器を供給し続けた。

Ⅲ 「斎瓮」の可能性

三舟論文（本書135～151頁）で文献史料にもとづく甕の状況について詳述されており、地方官衙・寺院や集落についても言及がある。本稿の視点から、若干補足しておきたいと思う。

酒等の生産や貯蔵という典型的な利用方法以外に、祭祀にともなう「斎瓮」としての利用が、文献史料上にみられる。『古事記』は、孝霊天皇治政下の出来事として吉備国平定を記載する。この中に、「於_針間氷河之前_、居_忌瓮_而、」という記述があり、日本思想大系本『古事記』（文献1）の当該記事への補注で詳述されているように、境界祭祀における甕の利用を想起させる。また、有岡利幸が、『万葉集』巻3第379番や第420番の「斎瓮」「斎戸」は天神地祇を祀る行為だとしていること（文献4）もあわせて考えれば、たとえば埼玉県中堀遺跡や、長野県松本市北方遺跡のように、建物にともなわない須恵器大甕の埋設遺構について、祭祀にともなう甕の利用、すなわち「斎瓮」という視点から理解できる可能性を提示したい。

まとめ

古代の官衙・集落・寺院と須恵器大甕について検討するため、本稿は調査遺跡内における須恵器大甕の出土傾向についてあきらかにした。以下、その要点についてまとめておきたい。

（1）須恵器大甕の出土傾向

　須恵器大甕が、官衙・集落・寺院のどのような場所で保管、使用、廃棄されたかについて、いくつかの分析方法を試みた。

　まず、西下谷田遺跡では、発掘調査報告書の分類に従い、Ⅰ・Ⅱ期の遺構群と須恵器大甕の出土遺構の分布図を作成した。これによると、遺跡の機能（「国宰所」）が移転したことにともない、須恵器大甕が「厨家」相当の遺構群に廃棄されたことがわかった。

　また、東山道駅家に関わる集落遺跡である東の上遺跡では、須恵器大甕破片の分布状況から、保有、消費がおこなわれた地点の推定をおこない、8地点の集中ブロックを抽出した。

　いっぽう、墾田系集落である将監塚・古井戸遺跡では、散漫に分布する建物群と須恵器大甕出土の対応関係について検討した。その結果、同遺跡では特定の集中域や建物群に須恵器大甕が保管、使用されていた痕跡は確認できなかった[9]。

　しかし、9世紀に入り急成長した中堀遺跡では、須恵器大甕破片の重量分布図（5×5mグリッド）を作成した結果、遺跡全体を覆う広域的な火災に見舞われたこともあり、集中出土域と使用場所である甕据付建物や大甕埋設遺構、廃棄場所の特定につながった。中堀遺跡は、平城京や長岡京のように（文献13・36）屋内に複数個の甕を据え置いた全国的にも稀な例である。この建物には、造酒司や貴族の邸第等と同様、酒の醸造、保管機能があったと考えたい。

　また、平安時代の寺院、および関連集落である黒熊中西遺跡では、須恵器大甕の出土遺構と出土数を分布図化し、出土域を特定した。とくに2号遺物集積の周囲には、竪穴建物や炭を埋設した土坑、石組井戸などが作られたことを確認した。

　なお、東の上遺跡、将監塚・古井戸遺跡では、集落の展開（消長）と須恵器大甕の生産地（窯）の変化について言及した。

（2）須恵器大甕出土の遺構

　須恵器大甕は、①掘立柱建物の屋内、②掘立柱建物の屋外に接して、③竪穴建物内、④建物と関わらず据え置かれた。

　それぞれの事例は、①中堀遺跡第50号掘立柱建物跡、第54号掘立柱建物跡、②八幡太神南遺跡B地点2号掘立柱建物跡、武蔵国分僧寺跡28次調査SB

39、③東の上遺跡1次3号住居址、宮久保遺跡SI122、宮町遺跡第9号住居址、将監塚・古井戸遺跡H－30号住居跡、上総国分寺僧寺跡122遺構、④中堀遺跡728号土壙、武蔵国分僧寺跡460次SK2060土坑、北方遺跡大甕埋設遺構1などである。

　これらの事例をどのように解釈するのか。今後、諸国正税帳や寺院資財帳、「上野国交替実録帳」といった史料と、前述した発掘調査の事例、出土状況の照合などを丹念におこなっていくことが必要である。建物の役割や遺跡の性格などがさらにあきらかになれば、新しい歴史を構築する手掛かりとなることであろう。

註

（1）鳩山窯跡群（埼玉県比企郡鳩山町）出土の須恵器甕の「大𣇃布直六十段」ヘラ書き文字（文献45）や物品の値段に関連する木簡などは、集落（地域社会・集団）による須恵器甕の売買、購入などの経済活動を知る手掛かりとなると考えられる（なお、「大𣇃」と書かれた鳩山窯跡群出土の甕は、小型の甕である）。

　また、儀制令の春時祭田条についても、国家の意思伝達や在地社会のマツリに用いられた酒の醸造や保管などに須恵器大甕が果たした役割など、新たな視点が生まれるはずである（文献15）。

　なお、「厨家」および「厨」については、「上野国交替実録帳」の用例にしたがい、郡家や国府内に独立した給食施設として「厨屋」を用い、郡家の館に付属した給食施設として「厨」、建物そのものを指すときは「厨屋」を用いるよう心掛けた。また、「　」を付した場合は、史料用語である。

（2）西下谷田遺跡の調査報告書（文献7）では、複数の遺構から出土し接合された土器が、それぞれの遺構ごとに再録しているため注意が必要である。なお、単一遺構、たとえば竪穴建物に据え置いた事例はない。

（3）古墳時代の7世紀末まで、関東地方における須恵器大甕は、古墳や横穴墓からの出土に限られる。群馬、栃木、埼玉県などでは、早くから展開した在地窯で生産された須恵器大甕が、また神奈川、東京、千葉、茨城県では、湖西窯をはじめ東海地方の諸窯で生産された須恵器大甕が、古墳や横穴墓へ供献された。

　ただし、群馬、栃木、埼玉県（のちの東山道諸国）の古墳から出土した須恵器大甕は、胴部や底部に焼成前や焼成後の穿孔が多い。古墳の墓前に供献することを目的に、当初から生産された個体があったことを示す。

ところが、神奈川、東京、千葉、茨城県 (のちの東海道諸国) の古墳や横穴墓の須恵器大甕は、穿孔の事例が少ない。実用の液体容器として東海地方で生産され、何らかの手段で輸送されたのち、古墳や横穴墓の墓前に供献されたと考えられる。しかし、手ずれや掻き傷などの使用痕跡は、なかなか確認できない。実用器であるが、古墳用に準備されたと考えたい。

（4）須恵器の甕は、欠損して容器としての機能を失い遺構に残されてから、二次的な利用、たとえば猿面硯などの転用硯、砥石、温石などを除き、廃棄の同時性は担保できる。しかし、欠損しない限り食器のようないわゆる「属人性」は乏しく、生産から消費終了までの使用期間を推定することは極めて難しい。そこで、全体を把握するため、このような表現手法をとった。

（5）「路」を道氏との関わりで理解する向きもある。しかし、武蔵国のこの地域に道氏は確認できないこと、棹秤や据え置いた須恵器の甕から、宮瀧の意見に賛同したい。

（6）文献16の第2図の表記による。

（7）黒熊中西遺跡の出土量は、他の古代寺院跡の発掘調査事例と比較するとはるかに多い。それは、まだ大衆院の厨 (家) に相当する建物や遺物の調査例が少ないためと考えたい。

（8）上野国分寺の再建には、多胡郡や新羅人が深く関わっていた (文献24)。

（9）将監塚・古井戸遺跡は、186軒もの竪穴建物を調査したが、破片も含め須恵器大甕は、わずか34点の出土であった。じつは、須恵器大甕の出土は、意外と少ない。ましてや完形に復元できる個体はさらに少ない。以前、須恵器大甕の出土量と豪族の居宅や官衙・集落の関係について、比較をおこなった (文献37)。8世紀以前は、出土遺跡、出土量とも少なく、極めて限定的であったが、9世紀以降、須恵器甕を保有する遺跡、出土量が急速に増加し、10世紀後半以降は減少する傾向がつかめた。
そして、9世紀以降、須恵器甕を大量に保有した遺跡は、地域の拠点的集落であることを確認した。須恵器甕には、津野仁が指摘するように生産から廃棄までの寿命が長く、その「耐久」を一概にはかることは難しい (文献27)。8世紀に作られた須恵器甕も9世紀に引き継がれたことは十分ある。廃棄されてからの二次利用もあり、一筋縄にはいかない。

参考文献

1　青木和夫ほか校注『古事記』日本思想大系1、岩波書店、1982。

2　赤熊浩一ほか『将監塚・古井戸』歴史時代編Ⅱ、埼玉県埋蔵文化財調査事業団報告書第71集、1988。

3　秋元陽光・保坂和子『上神主・茂原遺跡Ⅰ－平成7～9年度調査概報－』上三川町埋蔵文化財調査報告第19集、1999。

4　有岡利幸『里山Ⅰ』ものと人間の文化史118巻1、法政大学出版局、2004。

5　有吉重蔵『武蔵国分寺遺跡発掘調査概報Ⅴ　市立第四中学校建設に伴う第1次調査』国分寺市教育委員会・武蔵国分寺遺跡調査団、1981。

6　有吉重蔵『武蔵国分寺遺跡調査会年報Ⅱ　昭和51～53年度　寺地・僧寺々域確認調査　第1分冊』国分寺市教育委員会・武蔵国分寺遺跡調査会、1894。

7　板橋正幸・田熊清彦『西下谷田遺跡』栃木県埋蔵文化財調査報告第273集、(財) とちぎ生涯学習文化財団埋蔵文化財センター、2003。

8　井上尚明ほか『将監塚・古井戸遺跡』古墳・歴史時代編Ⅰ、埼玉県埋蔵文化財調査事業団報告書第64集、1986。

9　上村昌男・有吉重蔵「市公共下水道南部地区15号工事に伴う発掘調査」『武蔵国分寺遺跡発掘調査概報Ⅵ』武蔵国分寺遺跡調査会・国分寺市教育委員会、1982。

10　上村昌夫ほか『武蔵国分寺跡発掘調査概報26』国分寺市教育委員会、2002。

11　遠藤嘉基『日本霊異記』日本古典文学大系70、岩波書店、1967。

12　大谷徹『宮町遺跡Ⅰ』埼玉県埋蔵文化財調査事業団報告書第96集、1991。

13　木村泰彦「甕据え付け穴を持つ建物について」『瓦衣千年－森郁夫先生還暦記念論文集』真陽社、1999。

14　國平健三・長谷川厚『宮久保遺跡Ⅲ』神奈川県立埋蔵文化財センター調査報告15、1990。

15　黒板勝美編　新訂増補『国史大系』令集解第三、吉川弘文館、1972。

16　国分寺市教育委員会『国指定史跡　武蔵国分僧寺発掘調査報告書Ⅰ』2016。

17　酒井清治「Ⅰ関東」『須恵器集成図録』第4巻　東日本編Ⅱ、雄山閣出版、1995。

18　櫻井敦史ほか『上総国分僧寺跡Ⅰ』市原市埋蔵文化財センター調査報告書第8集、2009。

19　佐竹昭広ほか (校注)『萬葉集』一～四、新日本古典文学大系1～4、岩波書店、1999～2003。

20　菅原正明「甕倉出現の意義」『国立歴史民俗博物館研究報告』第46集、国立歴史民俗博物館、1992。

21　鈴木美治『二の宮貝塚・大日山古墳群 (上)・思川遺跡』茨城県教育財団文化財調査報告第65集、1991。

22　須田茂ほか『黒熊中西遺跡 (1)』(財) 群馬県埋蔵文化財調査事業団発掘調査報告第135集、1992。

23 関根真隆『奈良朝食生活の研究』吉川弘文館、1969。

24 高井佳弘「弘仁の地震と上野国の瓦葺き建物」『古代の災害復興と考古学』古代東国の考古学2、高志書院、2013。

25 田中広明・末木啓介『中堀遺跡』埼玉県埋蔵文化財調査事業団報告書第190集、1997。

26 田中広明「豪族の家と動産の蓄積－大甕－」『地方の豪族と古代の官人』柏書房、2003。

27 津野仁「古代須恵器大甕の耐久－栃木県の事例から－」『研究紀要』第25号、(公財)とちぎ未来づくり財団埋蔵文化財センター、2017。

28 富田和夫・赤熊浩一ほか『立野南・八幡太神南・熊野太神南・今井遺跡群・一丁田・川越田・梅沢』埼玉県埋蔵文化財調査事業団報告書第46集、1985。

29 直井雅尚『松本市島内遺跡群　北方遺跡Ⅱ・北中遺跡』松本市文化財調査報告No.59、松本市教育委員会、1988。

30 長佐古真也ほか『横浜市緑区奈良町奈良地区遺跡群(No.11) 受地だいやま遺跡発掘調査概報Ⅰ』奈良地区遺跡調査団、1982。

31 根本靖『東の上遺跡－飛鳥・奈良・平安時代編－Ⅰ』所沢市埋蔵文化財調査報告書第49集、所沢市教育委員会、2010。

32 根本靖『東の上遺跡－飛鳥・奈良・平安時代編－Ⅱ』所沢市埋蔵文化財調査報告書第53集、所沢市教育委員会、2011。

33 根本靖『東の上遺跡－飛鳥・奈良・平安時代編－Ⅲ』所沢市埋蔵文化財調査報告書第59集、所沢市教育委員会、2013。

34 廣岡孝信『美酒発掘』奈良県立橿原考古学研究所付属博物館、2013。

35 福田聖『大沼遺跡』埼玉県埋蔵文化財調査事業団報告書第133集、1993。

36 堀内明博「長岡京出土の特殊建物遺構に関する2・3の覚え書き」『長岡京古文化論叢Ⅱ』中山修一先生喜寿記念事業会、1992。

37 本田勉・森下松寿『神野向遺跡Ⅰ－鹿島郡衙推定遺跡－』鹿島町の文化財第21集、鹿島町教育委員会、1981。

38 松田猛ほか『上西原遺跡』群馬県教育委員会、1999。

39 宮瀧交二「墨書土器「路家」について」『宮町遺跡Ⅰ』埼玉県埋蔵文化財調査事業団報告書第96集、1991。

40 安永真一『上神主・茂原　茂原向原　北原東』栃木県埋蔵文化財調査報告第256集、(財)とちぎ生涯学習文化財団埋蔵文化財センター、2001。

41 山口逸弘・神谷佳明『黒熊中西遺跡(2)』(財)群馬県埋蔵文化財調査事業団発掘調査報告第169集、1994。

42 山口耕一ほか『多功南原遺跡(奈良・平安時代編)』栃木県埋蔵文化財調査報告第222集、栃木県教育委員会・(財)栃木県文化振興事業団、1999。

43 渡辺一『鳩山窯跡群Ⅰ－窯跡群編(1)－』鳩山窯跡群遺跡調査会・鳩山町教育委員会、1988。

44 渡辺一『鳩山窯跡群Ⅱ－窯跡群編(2)－』鳩山窯跡群遺跡調査会・鳩山町教育委員会、1990。

45 渡辺一『鳩山窯跡群Ⅳ－工人集落編(2)－』鳩山窯跡群遺跡調査会・鳩山町教育委員会、1993。

挿図出典

図1：　文献7。

図2：　文献7より筆者作成。

図3：　文献37より筆者作成。

図4：　所沢市教育委員会『東の上遺跡』所沢市文化財調査報告書第1集、1976・文献31より筆者作成。

図5：　文献14。

図6：　文献12。

図7・8：文献2・8。

図9：　文献8より筆者作成。

図10～12：文献25。

図13：　文献18。

図14：　文献6・10。

図15：　文献22・41より筆者作成。

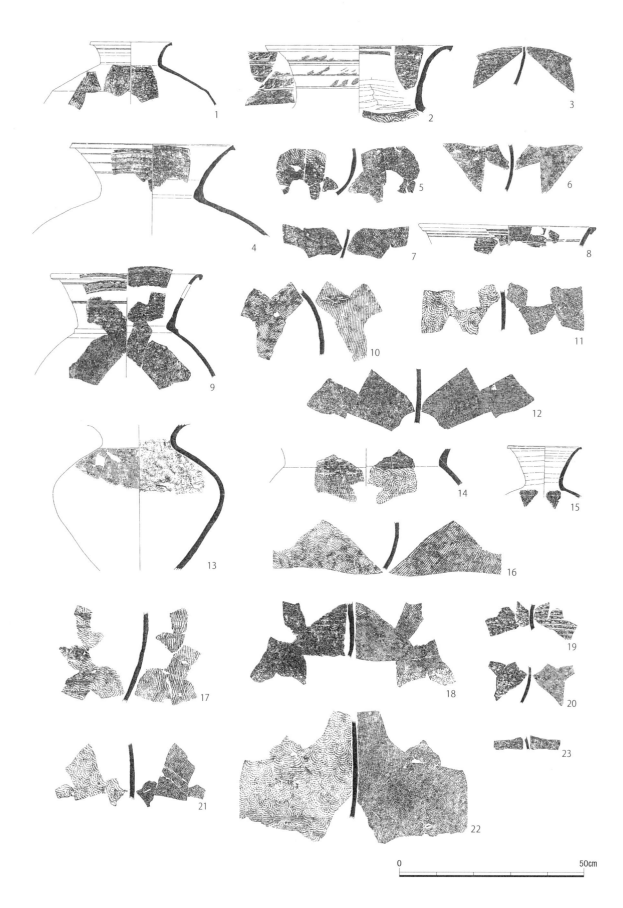

図1　西下谷田遺跡の須恵器大甕（1）

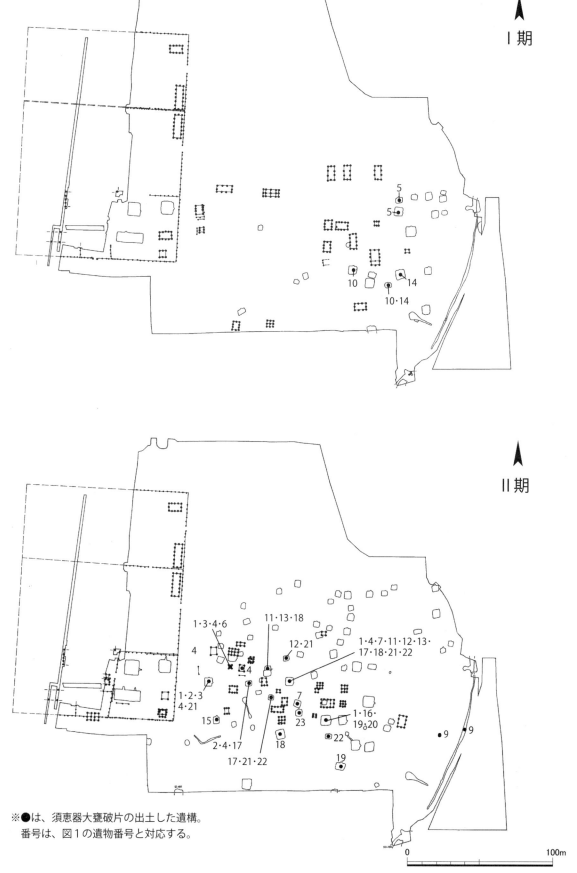

※●は、須恵器大甕破片の出土した遺構。
番号は、図1の遺物番号と対応する。

図2　西下谷田遺跡の須恵器大甕（2）

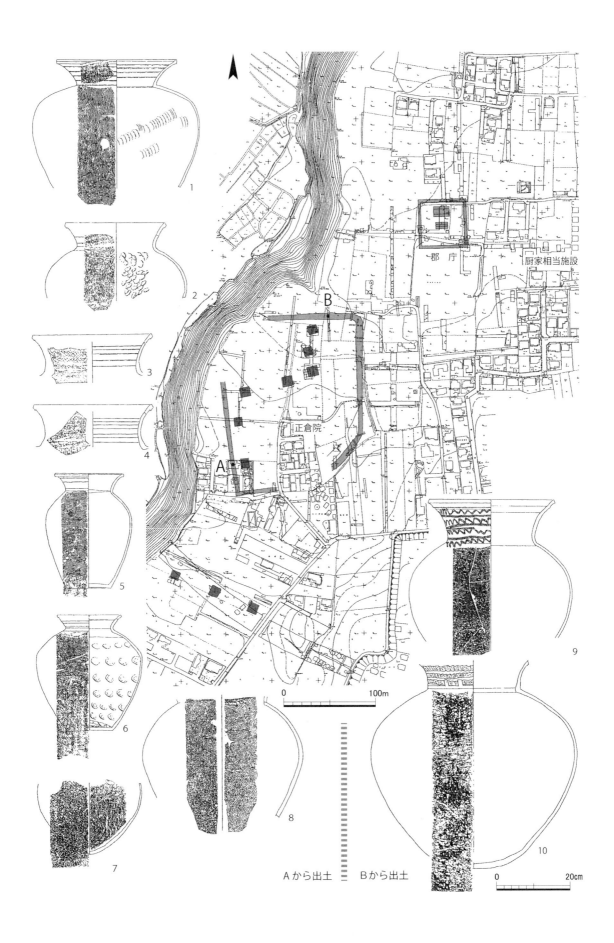

図3　神野向遺跡の須恵器大甕

竪穴建物数と須恵器大甕の破片数

1次3号住居址と出土遺物

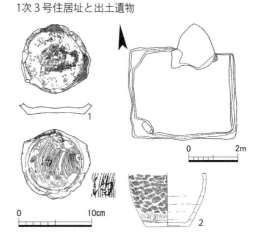

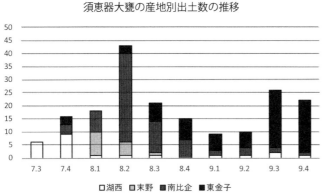

須恵器大甕の産地別出土数の推移

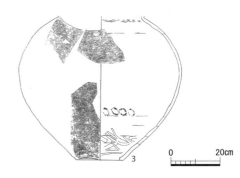

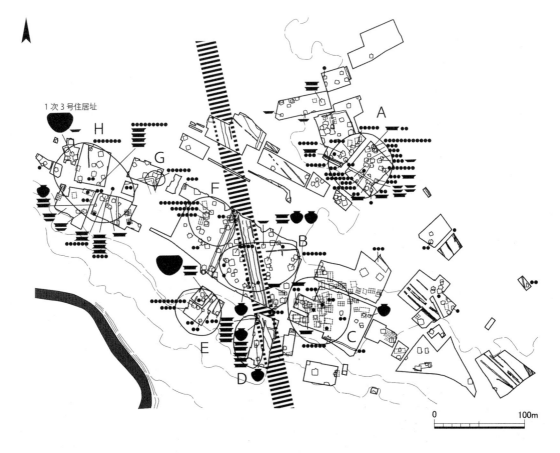

図4　東の上遺跡の須恵器大甕破片出土分布

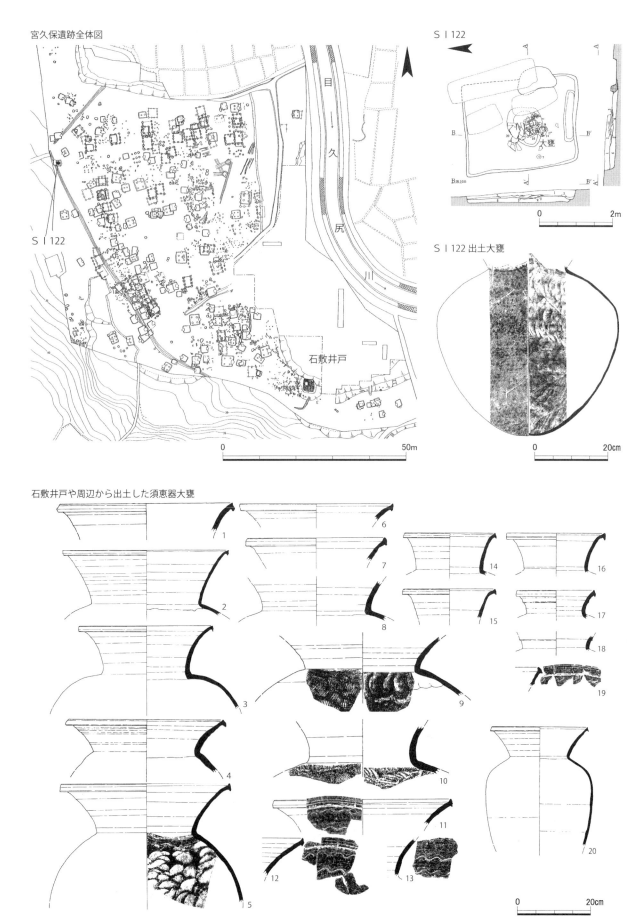

図5　宮久保遺跡の須恵器大甕

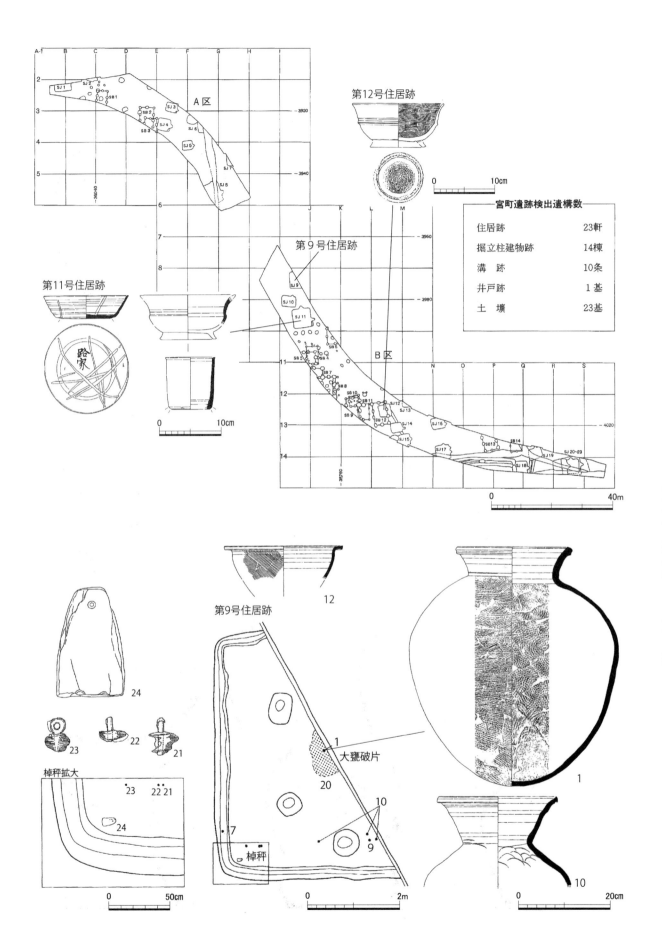

図6　宮町遺跡の須恵器大甕

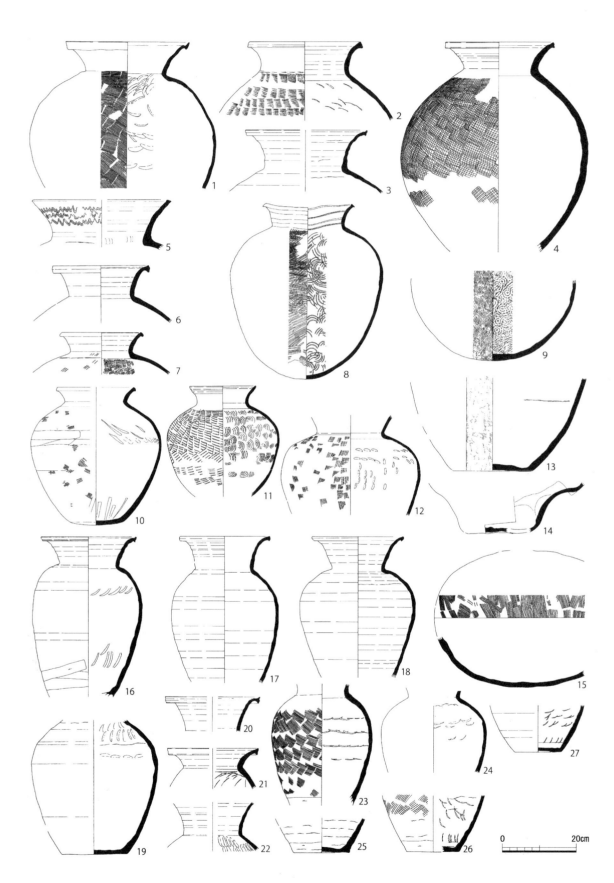

図7　将監塚・古井戸遺跡の須恵器大甕（1）

図8　将監塚・古井戸遺跡の須恵器大甕（2）

将監塚・古井戸遺跡の須恵器甕一覧

遺構名	図	番号	産地	口径	頸部径	口縁高	底部径	器高	胴部径	全形	口縁文様	時期	出土地点	備考
H8	43	3	末野カ	20.4	16.6	3.8	丸底	36.0	34.9	A	-	9.1	床直	壺か
H9	48	25	東金子カ	-	-	-	丸底	-	-	A	-	8.4	覆土中	横瓶
H25	99	4	末野	-	-	-	-	20.8	-	A	-	9.1	床上10cm	大甕
H30	126	23	末野	24.4	19.2	5.8	丸底	45.5	41.8	A	(内)沈線3条	8.1	床直・焼失住居	
H36	157	9	南比企	-	13.8	-	-	-	28.0	B	無文	9.2	床直(地点不詳)	
H36	158	10	南比企	32.8	21.8	7.7	-	-	50.0	A	無文	9.2	床直	
H40	169	6	南比企	破片	-	-	-	-	-	A	突波波×	8.1	覆土中	
H41	178	66	南比企	26.0	-	-	-	-	-	B	無文	9.1	床下	
H41	178	67	南比企	破片	-	-	-	-	-	A	突波波波×	9.1	覆土中	
H41	178	68	南比企	破片	-	-	-	-	-	-	無文	9.1	-	
H41	178	69	南比企	破片	-	-	-	-	-	A	×波波波	9.1	-	
H44	186	1	末野	-	-	-	14.0	-	-	B	-	-	床直	
SE1	208	31	南比企	破片	-	-	-	-	-	A	突波波波×	9.2	-	
H45	226	13	南比企	-	-	-	-	11.0	-	A	-	9.2	覆土中	
H58	275	4	藤岡か末野	36.0	26.6	11.2	-	-	-	A	波波波	8.4	覆土中	
H75	359	13	末野	-	17.2	-	-	17.5	34.0	B	無文	9.1	床直	
H85	392	6	末野	-	16.5	-	-	-	-	B	無文	9.2	貯蔵穴内(置き台)	
H97	14	24	南比企	-	-	-	-	14.2	-	B	-	8.2	覆土中	
H97	14	25	南比企	-	-	-	-	15.0	-	B	-	8.2	覆土中	
H102	93	95	南比企	25.0	15.6	8.7	-	38.3+α	27.3	B	無文	9.2	床直	大型住居
H103	52	63	南比企	28.4	19.7	7.0	-	54.8+α	49.8	A	無文	9.3	覆土中	
H113	85	27	南比企	24.1	14.0	8.3	-	40+α	30.9	A	無文	9.1	床直	
H127	134	7	秋間	25.4	15.8	7.4	17.0	42.0	29.2	B	無文	9.1	粘土採掘坑	
1号特殊遺構	152	20	南比企	24.8	16.2	5.4	-	-	-	B	無文	9.3	SB64の廃棄土壙	
H133	168	24	南比企	32.4	22.4	10.0	-	-	-	A	無文	9.3	覆土中	
H151	234	8	秋間	-	18.0	-	-	-	36.4	A	無文	8.4	覆土中	
H151	234	9	南比企	29.6	23.6	8.0	-	-	-	A	無文	8.4	覆土中	
H155	257	145	南比企	-	13.6	-	-	-	27.0	B	無文	8.4	覆土中	
H155	257	147	南比企	-	-	-	-	12.4	-	B	-	8.4	覆土中	
H160	302	28	南比企	22.5	14.3	4.8	-	36.5+α	38.3	A	無文	7.4	覆土中	古墳時代的甕
H175	363	7	南比企	-	-	-	-	15.4	-	B	-	8.4	覆土中	
大溝	417	91	秋間	21.0	16.4	5.0	-	-	-	A	無文	-	-	
大溝	417	92	末野	25.4	17.3	7.8	-	-	-	A	無文	-	-	
大溝	417	93	藤岡	-	-	-	丸底	-	-	A	無文	-	-	

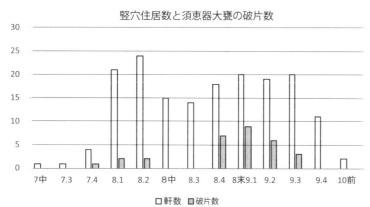

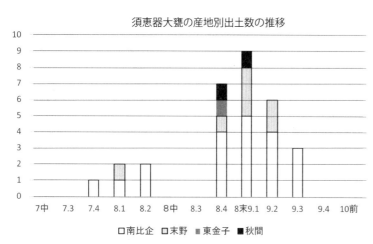

将監塚・古井戸遺跡の須恵器甕出土遺構

1、36住居跡 2・12、151住居跡 3、133住居跡 4・30、103住居跡 5、58住居跡 6・7・9、大溝 8、30住居跡 10、8住居跡 11、160住居跡 13、25住居跡 14、45住居跡 15、1井戸 16、127住居跡 17、102住居跡 18、113住居跡 19、75住居跡 20、41住居跡 21、1号特殊遺構 22、85住居跡 23、155住居跡 24、36住居跡 25・26・28、97住居跡 29、第4住居群掘立柱建物 31・32、129住居跡 33、47住居跡 34、185住居跡 35、45住居跡

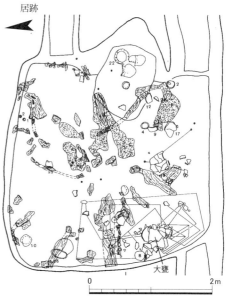

30号住居跡遺物出土状態
(焼失住居から須恵器大甕が出土)

図9 将監塚・古井戸遺跡の須恵器大甕(3)

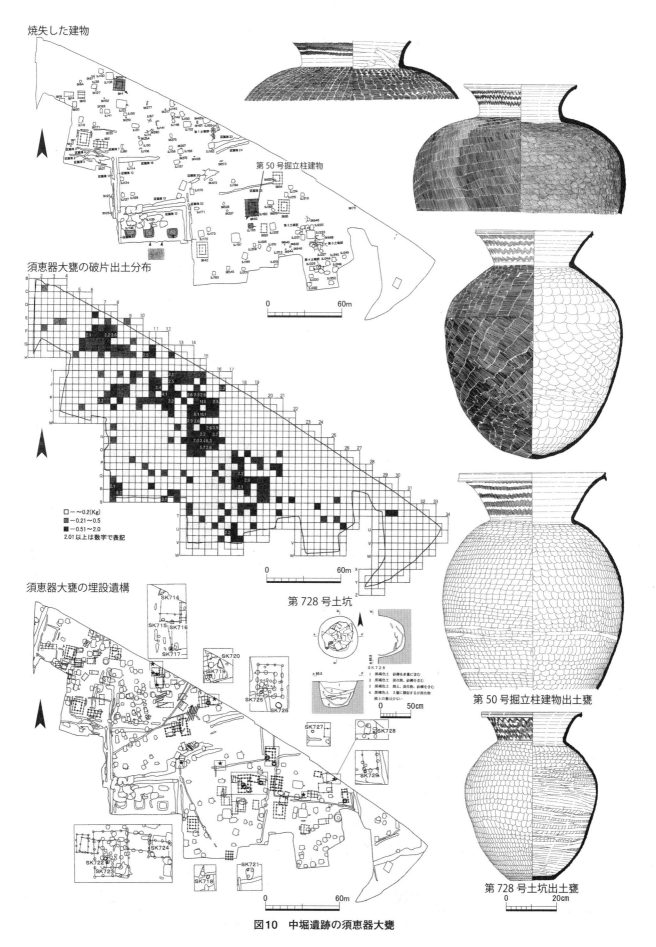

図10 中堀遺跡の須恵器大甕

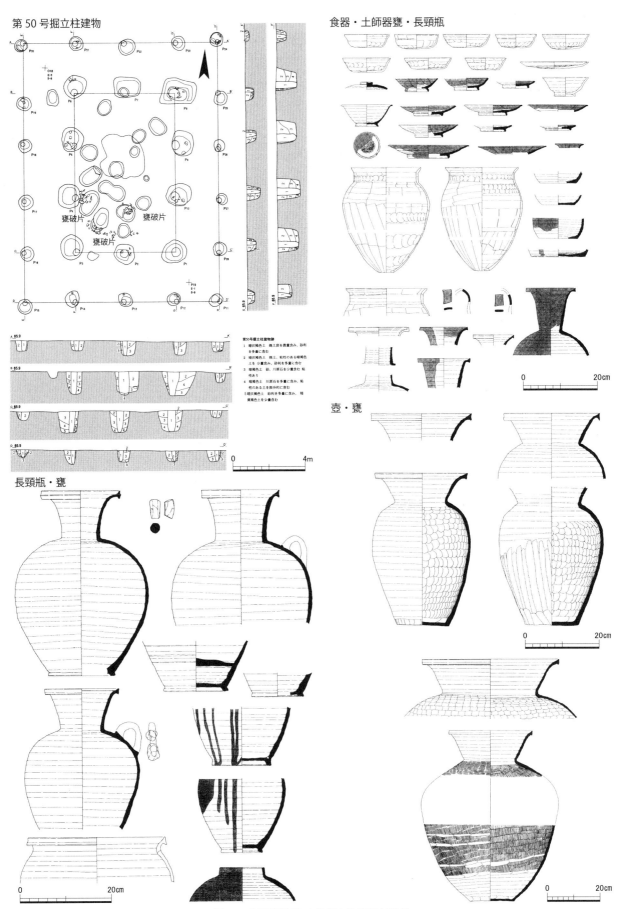

図11 中堀遺跡第50号掘立柱甕据付建物

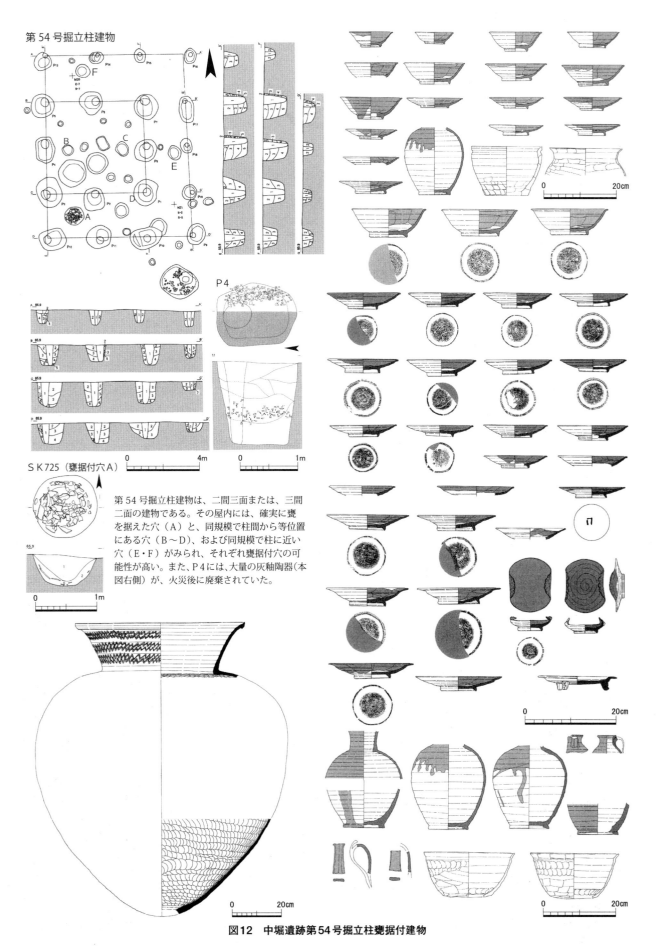

図12 中堀遺跡第54号掘立柱甕据付建物

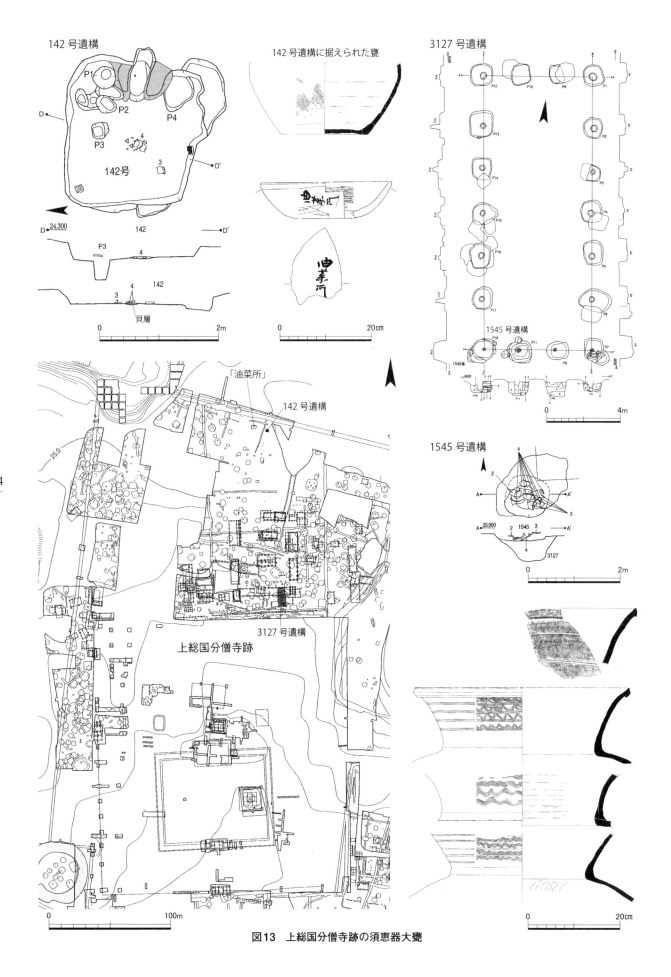

図13 上総国分僧寺跡の須恵器大甕

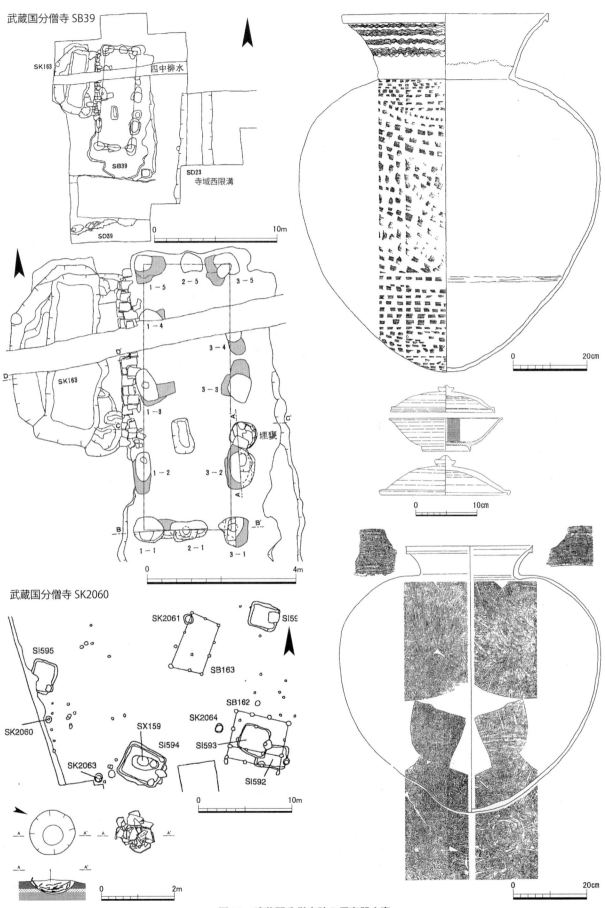

図14　武蔵国分僧寺跡の須恵器大甕

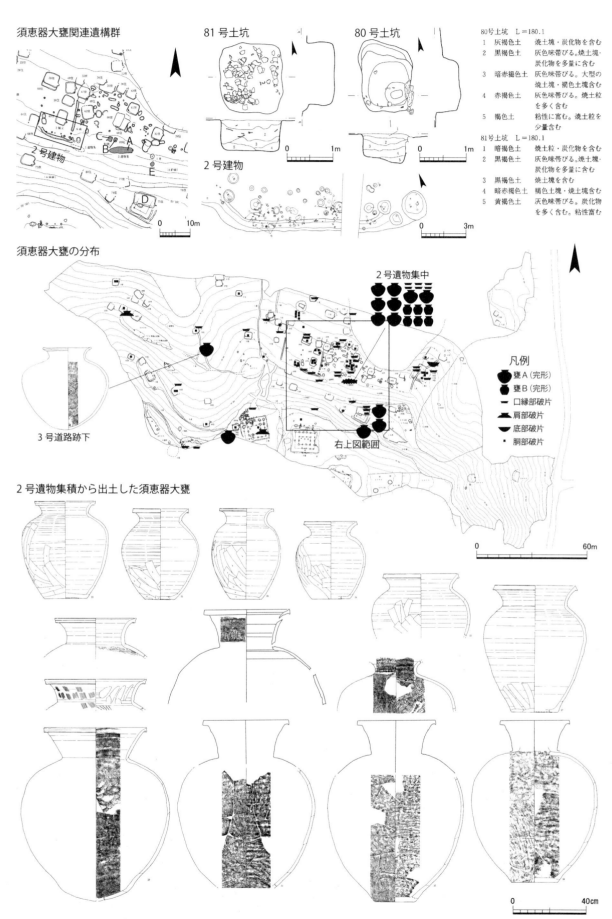

図15 黒熊中西遺跡の須恵器大甕

長岡京の甕据付建物について

木村泰彦（長岡京市教育委員会生涯学習課生涯学習・文化財係）

I　はじめに

　1986年3月におこなわれた長岡京跡右京第217次調査において、長岡京では初めて大規模な甕据付建物が確認された。見つかったのは長岡京右京八条二坊七町にあたる地点で、東西方向の長大な建物(129)[1] が見つかり、内部に円形の穴が規則正しく並んでいる状況が確認された（文献18）。発見当時はこのような遺構の類例が乏しく、その性格については不明な点が多かったが、検討を重ねるうちに、当時確認されていた長岡京第1号木簡に、須恵器の大甕に大量の米を貯蔵していたことが記されていたため、これら円形の穴を須恵器の大甕を据え付けた痕跡と考え、「米蔵」的な性格を考えた。さらに調査地が右京八条二坊七町という、都の中でもかなり南に位置していることから、西市の周辺に設置された諸国の「調邸」のひとつではないかと推定した。当時の新聞発表はその内容でおこない、さらにいくつかの出版物にも復元図（図2）とともに「調邸・米蔵」として紹介された（文献6・9）。その後、平城宮・京を中心として都城での類例の増加や、木簡・墨書土器など文字資料の増加、文献の検討などにより、これらの施設の大半が酒などの醸造施設であり、先の長岡京木簡に見られる米と記されたものはその原料を表したものと考えるに至った。これについてはすでに発表しており（文献1）、現在ではこれら甕据付建物の大半は醸造施設との見解は広く認識されていると思われる。今回、古代官衙・集落研究集会において発表する機会をいただいたことから、あらためてこれらの経緯について振り返っておきたいと思う。

II　長岡京跡右京第217次調査の甕据付建物

　上記の長岡京跡右京第217次調査は、短期大学の移転にともなって実施した調査である。広大な工場跡地のうち、新たに建設される短期大学管理棟部分と付随施設を合わせて、633㎡の調査をおこなった。その結果、東西10間、南北3間、南に1間の廂をもつ長大な掘立柱建物ＳＢ41 (129) が検出された。調査時はトレンチ南辺に建物北辺の柱掘方がわずかに確認されたのみであったが、大学側の協力によりほぼ全容をあきらかにすることができた。建物は中央に間仕切があり、東西に分けられた空間のそれぞれに、円形の穴が認められた。西側の部屋はほぼ全面に東西方向に4列、南北方向に9列の31基、東側の部屋では東寄りに、東西方向4列、南北方向に6列の20基、合計51基が確認された（本書241頁図63）。円形の穴は直径0.4～1.3m、深さ0.15～0.3m、断面は半球形～逆台形で、柱痕跡は認められなかったことから、束柱や総柱建物の重複ではないと判断された。そこで当時検出例が知られていた中世の埋甕遺構を参考に、上述した長岡京第1号木簡の記載内容から、米を入れた須恵器の大甕を据え付けた痕跡と推定し、あわせて現地説明会用に復元図を描いて提示した（図2）。

　長岡京第1号木簡（図1）はその名称通り、長岡京の発掘調査で最初に発見された木簡である（文献4）。長方形の材の一端の左右に切り込みを入れたもの (032形式) で、紐などで本体に括り付けられていたと見られるものである。木簡には「八條四甕納米三斛九斗」とあり、「八列目の四番目の甕に三斛九斗の米が納められている」というもので、少なくとも32個の甕が並んでおり、内容物は米で、三斛以上（現在量ではその四割強）の大容量であることが知られる。この8×4という並びは右京第217次調査で検出された建物の西側の部屋の数量31個分に類似するものであったことから、まさしくこれらが木簡に記された状況を表したものと考えた。また東側の部屋の20個と合わせ、このような甕が51個も据えられた建物は、大量の米が収納されていたことになり、その性格について当時の

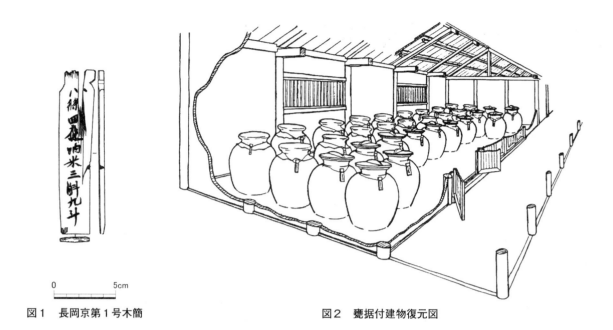

図1　長岡京第1号木簡　　　　　　　　　　　図2　甕据付建物復元図

向日市教育委員会、清水みき氏より、諸国の「調邸」ではないかとのご教示を得た。

調邸とは、東大寺薬師院文書に見られる、相模国が平城京左京八条三坊に所有していた施設で、東市の西に接した一町四方の敷地を有する（文献23）。その名称から、相模国から運ばれてきた「調」を取り扱う施設と考えられ、状況に応じて都において購入・交換などをおこなうために、大量の米を備蓄していたと考えられている（文献7）。したがって、長岡京跡右京第217次調査で検出された建物は、右京八条二坊という立地も考慮に入れ、長岡京内の西市近くに設けられた、いずこかの国の「調邸」ではないかと推定した。

ただし、この時点においてもいくつかの疑問が存在した。1つは「調邸」の実態が未だ不明な点である。文献上では相模国のみが知られるが、はたしてどのような機能を有していたのか。「調」の名称を冠することから上記の性格が推定されるものの、実際の性格や宅地内の状況などは全く不明である。さらにこのような一町四方を有する他の国の調邸が都の中に複数存在していたのか？さらにそれが東西市の周辺に集中していたのか？などである。また地面に据えた須恵器甕が、湿度の問題や出し入れの便などの点から、はたして米の貯蔵容器としてふさわしいだろうかという点もあった。特に右京第217次調査では、穴の中はもちろん、周辺の溝などからも須恵器大甕の破片が全く出土していなかったことから、甕据付説そのものを疑問視する向きもあった。

しかし須恵器甕をともなう類例の増加や、研究の進展などにより、これらの建物は酒を主とした醸造施設の可能性が高いことはほぼ認知されたと考える。この右京第217次調査がおこなわれた26年後、同地に別の中学・高校が移転することとなり、今度は広範囲にわたって右京第1019次として発掘調査がおこなわれることとなった（本書240・241頁）。その結果、同じ長岡京右京八条二坊七町内において、右京第217次調査で検出された建物の東側から、新たな甕据付建物ＳＢ88 (130)が見つかり、さらに周辺の溝ＳＤ84から、ほぼ完形に復元できる須恵器の大甕が出土することとなった（図7・8、文献16）。現在のところ都城などの消費遺跡で、このような出土例はきわめて稀であり、建物と合わせて貴重な検出例となった。右京第217次調査以降、長岡京内では検出例も増加しており、以下に長岡京で検出された甕据付建物について見ていきたい。

Ⅲ　長岡京の甕据付建物の分布

現在までの集計では、長岡宮内で1ヵ所1棟、左京で11ヵ所12棟、右京で9ヵ所15棟、計28棟が確認されている[2]。このほかに平安時代の建物が1棟確認されているが (119) ここでは検討から外しておく。これら甕据付建物が検出された調査地を、長岡京の完成度を推定した國下多美樹氏の復元図（文献5）に反映させると、長岡京の造営が進行中であったとみら

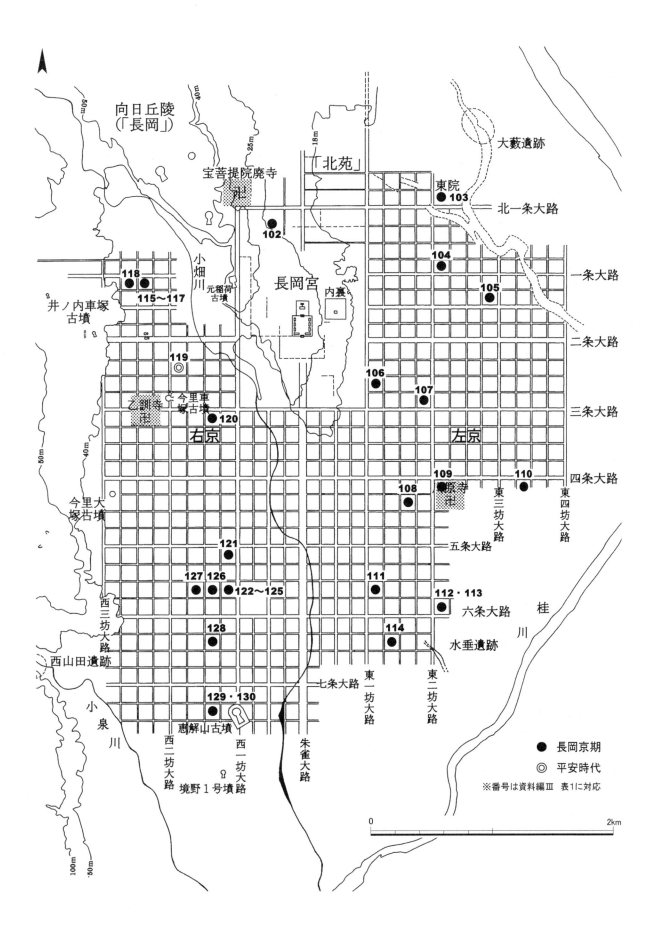

図3　長岡京の甕据付建物分布図

れる縁辺部にまで、ほぼ全域に分布していることがわかる（図3）。

宮　内　現在までに1例が知られるのみである（102）。北辺官衙域に含まれる一角に位置しているが、具体的な役所名までは判明していない。「造酒司」と関連付けたいところであるが、平城宮、平安宮いずれの造酒司の位置とも異なっており、規模も小さいことから不明な点が多い。

左　京　南北は北一条北部の東院地区（103）から七条二坊（114）まで、東西は東二坊から東四坊までほぼ左京域全体に分布が認められる。甕据付穴が不明瞭なものや、据付穴に重複がある例を除くと、1つの町内で1棟の検出例がほとんどである。むろん一町域全体が調査されたものは少ないため、あくまで現状での数値である。また東一坊では現段階で検出例は認められない。

右　京　南北は一条大路南に接する宅地を北限とし、南は八条二坊にまで分布する。東西は西二坊から西三坊まで分布するが、大半が西二坊周辺であり、特に六条二坊付近に集中する傾向がある。長岡京の東西の「市」は、現在のところ未確定であるが、特徴的な出土遺物や木簡・墨書土器などの文字資料から、六条大路と東西の一坊大路の交差点付近、特に七条二坊一・二町、七・八町ではないかとする考えもある。そうだとすれば、甕据付建物は西市周辺に分布が集中する傾向があるともいえよう。左京域とは異なり、一町内で複数の建物が見つかる例が3例（115〜117、122〜125、129・130）確認される。また右京域においても左京と同様、西一坊での検出例はみられない。

Ⅳ　甕据付建物の特徴

（1）甕据付建物の特徴

上屋構造は不明であるため、平面構造としては一般的な掘立柱建物との相違点は認められない。規模は、桁行3〜10間、梁行2〜4間とさまざまである。28棟のうち東西棟が20棟と大半を占め、南側に廂をもつものが多い。南北棟のものは長岡京では類例が少なく、全体を確認できるものもかぎられるが、廂を有する建物は現在のところ確認されていない。ただし今後検出される可能性もある。

建物構造の特徴とは異なるが、これらの中に地鎮をおこなったとみられる例があるので紹介しておきたい。まず右京域では、右京六条二坊一町（本書237頁図46、121）で検出された建物において、南と東に廂をもつ東西棟の甕据付建物が検出され、建物中央付近の外側に完形の須恵器の長頸壺（壺L）と神功開寶を埋納した土坑が検出されている（図4、文献17）。地鎮具に壺Lを使用する例は長岡京では珍しく、建物の性格と関連するものであろうか。

左京域では、左京七条二坊七町（本書232頁図29、114）で南廂をもつ4×2間の小規模な建物が検出された（図5、文献12）。内部の東辺に3基の甕据付穴をもち、廂のない同規模の建物に建て替えられている。建替前の建物の西棟持柱掘方内より、銅鏡（四仙騎獣八稜鏡）が出土した。外区には昆虫と花、内区には神仙を乗せた霊獣と霊鳥を配していて、踏み返し、再笵により全体に文様は甘くなっている。正倉院に所蔵される鏡には同笵の可能性があるものが2面ある。長岡京内でもかなり南に位置していて、実質的には都のはずれに近い。建物規模も小さく、町内の遺構もまばらであり、甕据付穴も3基と少ないことから、なぜこのような銅鏡が埋められていたのか、不明な点が多い。特殊な性格をもった建物であろうか。

（2）甕の配列

建物内の甕の配列は、ほぼ建物内の半分〜全面近くを占め、生活空間を確保するのが難しいもの（Aタイプ）と建物内の一辺に1〜2列の甕据付穴をもつもの（Bタイプ）に大きく分けられる。このうち後者は梁行方向に沿って配置されるものと、桁行方向に配置されるものがある。ただしこれらの中には、その後順次大甕を設置していき、最終的にAタイプとする過程のものが含まれている可能性もある。

Aタイプの甕の配列を見ると、一方の列に甕の据付が認められない部分があり、これが入り口にあたるとみられる（115・116・121・127・129・130）。この方向は廂の位置とも一致する場合が多い。また大甕の据付位置を変更したとみられる例があり（104・105・127・130）、130は、当初入り口寄りに設置した甕を奥側にずらして再設置していることが判明している（本書241頁図64）。これは手前側に作業空間を確保しようとしたものとも思われる。また127では、南北棟の建物を南に1間分拡張していて、甕の数量が増やされている（図6、文献19）。

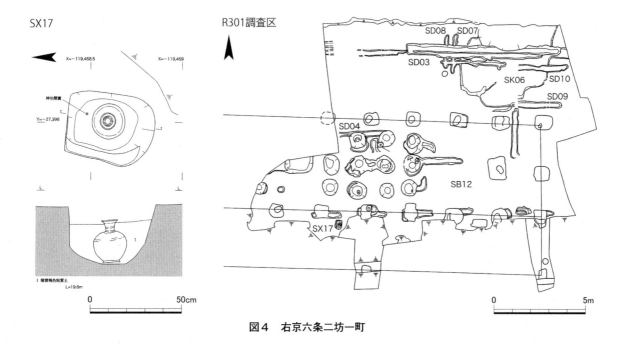

図4　右京六条二坊一町

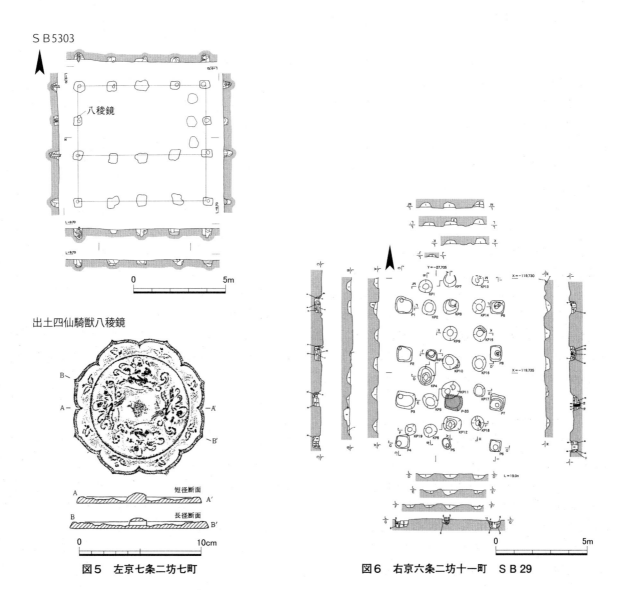

図5　左京七条二坊七町

図6　右京六条二坊十一町　SB29

（3）木簡に見える甕の配列

　冒頭で紹介した、長岡京第1号木簡「八條四甕納米三斛九斗」では、最低でも32個の甕を据え付けた建物が知られるが、平城宮造酒司出土木簡にも同様の記載がみられる（文献21）。これには「三條七㼿水四石五斗九升」「二條六㼿三石五斗九升」とあり、前者は最低21個の甕が据えられ、そのうちの1つの内容物が水であることがわかる。後者の内容物は不明であるが、最低12個の甕をもち、容量は三石五斗九升である。容量は三〜四石と大容量で、内容物は米・水といずれも単一のものである。しかし長屋王家木簡には「大㼿米三石麹一石水□石　次㼿米二石麹一石水二石二斗　次㼿米一石麹八斗□㼿米□石麹一石水□石二斗　次㼿二石麹八斗水二石一斗　少㼿米一石麹四斗水一石五升」と6個の大甕の内容物が米・麹・水の順で容量が記されている（文献22）。もちろんこれら3者で造られるのは酒であることは言うまでもない。3者の合計は五石以上、五石二斗、一石八斗、三石二斗以上、四石九斗、二石四斗五升となる。水の容量の記載がない一石八斗のものと「少㼿」と書かれたものを除くと、概ね三〜五石以上の酒が1つの甕で造られていたこととなる。したがって長岡京の「米」の容量だけが記されたものや、平城宮造酒司の「水」の容量だけが記されたものは、米・水・麹を合わせる前段階の貯蔵状況を表すものと考えられる。大量の大甕が据え付けられた建物内では、これらを取り出し、混ぜ合わせるための別の大甕やそのための作業空間が必要となる。また無駄なく効率よく作業をおこなうためには、水だけあるいは米だけを入れていた大甕の内容量がある程度減った段階で、そこに米ないし水・麹を投入すれば醸造用の甕として使用できる。そのためにも細かな記録が必要であったと思われる。なお、長屋王家木簡では各㼿の米・水・麹の比率が異なっているが、果たしてこれは酒の種類の違いによるものであろうか。興味のあるところである。なお129の検出例では、東西に分かれた部屋のうち東側の部屋には空間が存在しており、ここが作業スペースであった可能性もある（本書241頁図63）。

　ちなみに〇條〇甕（㼿）という記述に関して、これまで発掘調査で検出される甕据付建物は、梁行方向に配置された甕の数は最大で4個であることが判明しており、したがって、木簡にそれを超える数が記されている場合は桁行方向の甕を示しているといえる。

さらに「條」が都の道路と同じく東西方向の列を表しているとすれば、長岡京木簡の「八條四甕」は東西方向に8列あることになり、これは南北棟建物を表すものと考えられる。一方、平城京造酒司出土木簡を見ると「三條七㼿」「二條六㼿」とあり、條の数値が小さく、次の数値が4を超えていることから、長岡京木簡とは全く逆となり、上記の推定からすればこれは東西棟建物を表していると考えられる。

V　都の中の酒

（1）文献にみえる甕据付建物

　長岡京で検出されるこれらの建物については、酒を主とした醸造施設の可能性が高いことは先述したが、長岡京では文献史料が少なく、その性格や具体的状況に関しては、平城京でのあり方が参考になる。その1つが長屋王邸の木簡史料である。長屋王邸内には「御酒□（醸?）所」があり、先に紹介した6個の大甕の状況から酒造りがおこなわれていた様子があきらかである。注目されるのは、この酒が「西店」と呼ばれる施設で販売されていたことである。館野和己氏によれば「西店」では飯の販売もおこなわれていたらしい。また「店」の表現は長屋王家独特のもので、当時は「肆」など別の文字を使用していたとされる（文献10）。

　これによってあきらかになるのが、酒造りが造酒司といった宮内の役所だけではなく、貴族などの邸宅内でもおこなわれていたことである。さらにこれらが邸宅内での消費だけでなく、都の中で販売されていたという事実もあきらかとなった。このように見れば、長岡京内の大規模な宅地内での甕据付建物は邸宅内の醸造施設とみることができる。

　また『続日本紀』天平宝字五年（761）三月二十四日条にも注目される記事がある。それは、葦原王という人物が酒に酔って殺人を犯し、流罪になったというものである。この葦原王は「天性凶悪にして喜びて酒肆に遊ぶ」とあり「酒肆」と呼ばれる店が存在したことが知られる。さらに酒肆に遊ぶという表現は、単なる酒の販売だけではなく、酒を飲める場所であったこともわかる。続く記事には、ここで飲んでいた葦原王が突然怒りだし、一緒にいた人物を刺殺したとある。なんとも恐ろしい酒癖であるが、皇族であることから罪一等を減じて種子島に流されている。平城京内の発掘調査では、「酒司」と書かれた墨書土器もあり（文献

20）、先に見た長屋王家の西店もあわせて、飲酒も可能な施設が存在したと考えられる。

また平安京では『日本後紀』大同元年（806）九月壬子条に、洪水や旱魃などによる米価高騰に対処して左右京内にある「酒家」という施設での酒造りが中止されている。記事には使いを遣わせて「甕を封じた」とあり、平安京内での酒造りの一端が判明する。実態は不明であるが、この酒家というのは国家によって規制を受ける対象であり、造酒司とは異なる醸造施設の存在があったことがわかる。

玉田芳英氏によると、平城京内の甕据付建物は奈良時代中期以降に増加することが指摘されており（文献11）、「酒家」という施設もその延長にある施設なのかもしれない。またこのような変化の背景には、酒などの醸造技術の変化もあったのかもしれない。これら施設の増加は須恵器の大甕の需要を生むことから、当然生産地側にも大甕の形態や窯構造などさまざまな変化が起きたと思われる。

ところで、長岡京の甕据付建物の中に、文献上で確認される上記の性格をもつ遺構を指摘できるであろうか。酒を売ったり飲ませたりするような「酒肆」と呼ばれるような施設が確認できないであろうか。まず京内において比較的大きな宅地や、官衙域の一角に存在する甕を据え付けた醸造施設とみられる建物については、長屋王邸での事例のごとく、基本は宅地内や役所内での消費を前提としたものと考えられる。一方非常に小規模な宅地で、甕の数も少ない小規模な建物も存在する。これらについて、場所や周辺の状況から、特徴的なものを紹介してみたい。

（2）小規模な甕据付建物（Bタイプ）

右京六条二坊三町（本書238頁、122・123・124・125）三町の東北部分に小規模な掘立柱建物が重複して建てられている。宅地割は明確ではないが、甕据付建物は三町の東北隅付近に東西棟が２棟（ＳＢ21・ＳＢ22、文献14）、その西側に南北棟が２棟（ＳＢ14・ＳＢ20、文献15）検出され、それぞれ建物の西側と南側の梁行方向に甕据付穴をもつ。一町内に４棟もの建物が確認できるのは長岡京では現在のところここだけである。いずれも３×２間の小規模建物で、廂も認められない。最初にも触れたように、当地は西市推定地に近い場所であり、それとの関連が考えられる。これとは別に注目したいのは西一坊大路を挟んだ東側の

宅地である。この右京六条一坊十一〜十四町は四町四方の規模をもつ、長岡京造営に携わる人々や建築用資材が集められた場所ではないかと考えられている（文献13）。周囲は大きな内溝で囲まれ、東半分は小規模な掘立柱建物が規則正しく建ち並ぶ居住域、西半部は建物がまったくなく、資材置場的な空間と推定される。また東北隅には小規模な工房が存在したようである。建物はほぼ同一規格で、２〜３回建替られている例が複数棟で認められる。建物横には長岡京ではほとんど検出例の無いカマドが３基作られていた。また四町域内では井戸が１基も検出されていないのも大きな特徴である。このような特殊な施設は長岡京では現在のところここだけで確認されている。したがって、この四町域の西に隣接する個所にある小規模な４棟の甕据付建物は、日々長岡京の造営に使役された人々の憩いの場、あるいは労働の対価として支給される酒の供給施設としての「酒肆」であった可能性はないであろうか。

左京六条三坊四町（本書232頁）ここで見られる甕据付建物ＳＢ237（113）も同様の性格の可能性がある。この町内および周辺では建物遺構はきわめて希薄で、敷地全体に東西・南北方向の多くの小溝が掘られている。また条坊側溝が未完成の部分もあり、これより南東には長岡京期の遺構がまったく認められないことから、まさしく長岡京造営工事の最前線ともいえる個所にあたる。甕据付建物は四町の西南隅にある４×２間の東西棟で、南に１間の廂をもつ。甕据付穴は建物の東辺に４基認められる（文献2）。この建物も小規模であり、周辺の状況など特殊な立地から、上記同様、造営工事関係者のための「酒肆」の可能性もあろう。ただあまりに造営工事現場に近すぎることもあり、検討を有する。

（3）大規模な甕据付建物（Aタイプ）

次に平安京で「酒家」と呼ばれるような、醸造施設はどうであろうか。もちろんこれも実態が不明であるが、米価高騰で規制を受けるという点からみれば、大量の米を使用する非常に規模の大きな施設であった可能性がある。

右京二条三坊八町（本書233頁、115・116・117）一町の中軸線上北半に「コ」の字型に配置された建物群と東側に倉庫などが検出されている。「コ」の字型に配置された５棟の東西棟建物のうち、中心建物を囲む

3棟に甕据付穴が確認された（文献3）。うち西北の1棟（ＳＢ1060、本書233頁図31、115）はＡタイプ、東南の1棟（掘立柱建物9、本書233頁図33、117）はＢタイプである。東側の総柱建物は米などの貯蔵庫であろうか。これを見るかぎり、北半部は甕据付建物と管理施設および付随施設で構成された建物配置と思われる。ただし一条大路に面した宅地であり、北側には築地が作られていたとみられることから、ランクの高さがうかがえる。これを「酒家」に含めるべきか検討を要するが、大規模な醸造施設の可能性は高いと思われる。

右京八条二坊七町（本書240・241頁、129・130）　冒頭でも述べた長岡京で最初に検出された甕据付建物である。その後検出された建物と合わせ、2棟の建物が確認されている。当地のすぐ東側には乙訓地域最大の前方後円墳である恵解山古墳が存在しており、以前はこれを根拠に、周辺に長岡京造営はおよんでいないと考えられていた。しかし、その後周辺での開発が進み、それにともなう発掘調査によって、恵解山古墳周辺でも長岡京期の建物遺構や条坊側溝が見つかり、古墳を残したまま、周辺において都の造営がおこなわれていたことが判明した。ただし、これにより古墳周辺の宅地割は変則的にならざるを得ない。

2棟の甕据付建物は七町の南半部に位置し、南〜東南には小規模な掘立柱建物が認められる。町内北半部の遺構は非常に希薄で、小規模建物と井戸が1基確認できるのみである。また南側に八条条間小路が推定されるが、調査では検出されず、小路の推定個所からは、方位がやや振れた小規模な掘立柱建物が検出された。東側の西二坊坊間小路も調査では検出されず、西側溝の推定位置からは戦国時代〜江戸時代の遺物が出土する濠状の遺構が検出されている。南側の六町では小規模な建物群が重複して6棟検出され、さらに長岡京でも最大規模となる、上面での直径約4ｍ、底部付近で約3ｍ四方、深さ約4.5ｍの井戸ＳＥ636が検出された。

検出された2棟の甕据付建物のうち右京第217次調査で見つかった建物ＳＢ41（本書241頁図63、129）は、現在でも長岡京では最大のもので、中央に間仕切を有する事例もこれ以外には確認されていない。新たに検出された右京1019次調査の建物ＳＢ88（本書241頁図64、130）は、東西5間、南北2間で、南に廂をもつ。内部の甕据付穴は東西方向に8基3列、計22基残っており、甕の据付位置を途中で変更している。

建物周囲には浅い溝が掘られていて、西側の溝内からはここに据えられていたとみられる須恵器の大甕が長岡京期の土器（図7）とともにほぼ一個体分出土している（図8）。

これら2棟を合わせた甕の総数は73個となり、これまで長岡京内で検出された中ではもっとも多い数となる。さらに甕据付建物以外は小規模な建物がほとんどであり、また南側に八条条間小路が確認できず、六町では長岡京内では最大規模の井戸が存在するなど、これらは一連のものと考えられる。したがって、これが平安京では「酒家」と呼ばれるような醸造施設となる可能性もあろうかと思われる。さらに、この施設が長岡京でも最南端に位置している点は特徴的である。どうしてこのような地点で大規模な醸造施設が作られたのであろうか。南側の六町で検出された井戸が非常に深く規模が大きいことから、あるいはここが良水の得られる場所であったのであろうか。それとも淀川に近く、大甕や材料の搬入、出来上がった酒の搬出など、水運を重視したためであろうか。検討すべき点は残されている。ちなみに、『日本後紀』大同元年（806）に規制の対象となった「酒家」は平安京の左右京内のほか山崎津、難波津にも存在していて、水運の重視がうかがえる。今のところ山崎津は調査では確認されていないが、本調査地は山崎に近接した個所であり、そのように見れば、水運を重視した可能性が高いともいえよう。

以上、長岡京の甕据付建物のうち特徴的なものについて若干の検討をおこなった。現段階における検出例は平城京に比べると少ないが、これは長岡京の存続期間が短いことに起因すると思われ、おそらく平城京で見られた甕据付建物の増加傾向は、長岡京にも引き継がれていると思われる。これらすべての建物が醸造施設とは限らないが、これらの中に文献で確認される「酒肆」や「酒家」と呼ばれる施設が含まれている可能性も推定した。その当否はともかく、古代の酒造りというのは官営のみでなく、私的にかなり広くおこなわれていた可能性が考えられる。また、平城京では寺院における酒造りも広くおこなわれていたとみられるが、長岡京では寺院の調査例は非常に少ないこともあり、この実態については不明な点が多い。今後の検討課題としておきたい。

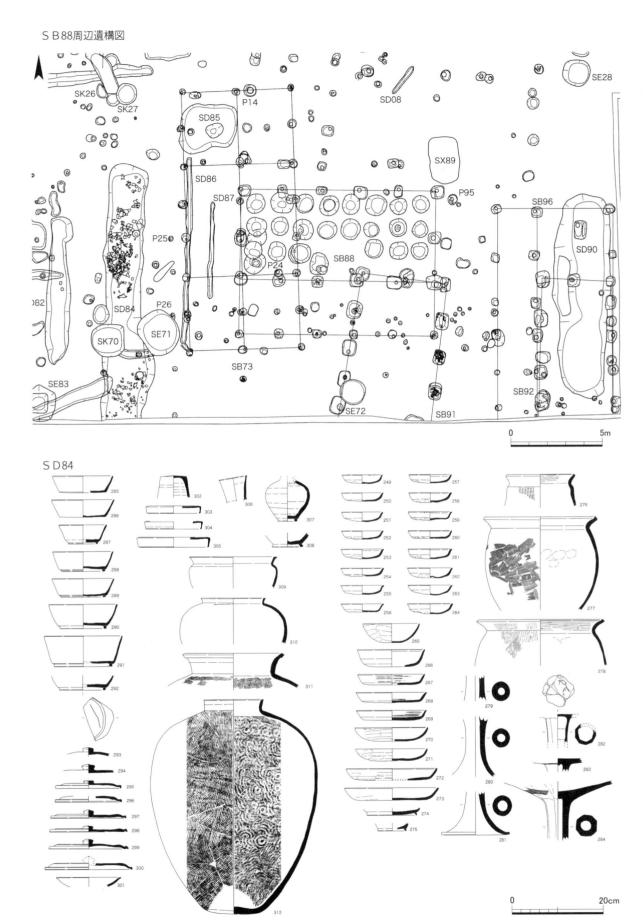

図7　左京八条二坊七町出土土器

図8　右京八条二坊七町SD84出土須恵器大甕

Ⅵ　おわりに

　最後に大甕の移動に関して、1つの事例を紹介しておきたい。大甕を復元して実感したことは、移動に大きな労力を必要とすることのほか、その製作には大量の粘土、多大な労力と高度な技術が必要であり、おそらく非常に高価であっただろうというものであった。したがって、このような高価な大甕は生産地から消費地への運搬にあたり、できるだけ破損を防ぐ方法がとられたと思われる。長距離の移動には舟運が推定されるが、陸路での移動はどうであろうか。牛や馬など背に振り分け荷物とする、あるいは荷車に乗せて牽かせるなどの方法が考えられるが、もう1つの方法が人による運搬である。『伴大納言絵詞』には非常に大きな甕を運搬する人物が描かれている（図9）。これは籠状の容器の上に大甕を載せ、縦横に紐で固定したものを背負っているもので、おそらく背中には背負い紐が存在したとみられる。また籠状の容器の下には細い棒状のものが取り付けられており、休憩の際にはこれを支点としたと思われる。荷駄による運搬は複数個体運べるものの、牛馬が一頭と御者一人が必要となり、あまり効率が良いとは思われない。また荷車を使用した運搬は振動などによる破損のリスクも多くなるだろう。それに比べて人力による運搬は破損リスクが少なく効率的であり、『伴大納言絵詞』に描かれたような運搬法は広くおこなわれていたのではなかろうか。実は同様の運搬方法は中国に類例が知られる。これは福山敏男先生のご教示によるもので、中華人民共和国の広報誌『人民中国』1986年3月号に「マオタイ酒の里貴州茅台鎮」と題する記事があり、その中にマオタイ酒を醸造するための大甕を運搬する男たちの写真が掲載されている（図10）。そこには編み籠の上に大甕を載せ、紐で固定したものを背負っていて、籠の下には細い棒が付いており、それを支点に休憩している姿が写されていた（文献8）。まさしく『伴大納言絵詞』に描かれた大甕を運搬する男とまったく同じ光景であり、運搬道具がきわめて類似しているのは非常に興味深いものである。もちろんこれをもって普遍化することはできないかもしれないが、人力による運搬方法を考える上で何かの参考になれば幸いである。

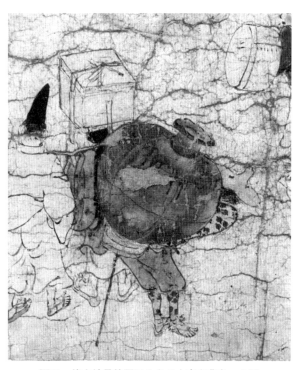

図9　伴大納言絵詞にみえる大甕を背負った男

図10　マオタイ酒の甕を背負う男たち

（付）右京第1019次調査　溝ＳＤ84出土須恵器大甕の復元（図11）

　右京第1019次調査で出土した須恵器大甕は、底部から口縁部までそろう珍しい資料であり、復元に際してはできるだけ美しく仕上げることを第一義とした。また以前に古墳時代の大甕を復元した経験をもとに、復元段階で実測や拓本・部分写真の撮影など必要なデータをとることも心掛けた。このような大型の遺物の復元は困難がともなうが、試行錯誤を繰り返して、

多くの人々の協力により完成することができた。もちろん復元方法に関しては他の手法も考えられるであろうが、この作業過程が何らかの参考になればと思いここに紹介しておく。

遺物の取り上げ　あらかじめ作成した出土状況の平面図をもとに、番号を付けて取り上げていく。これを細かく記録しておくことで、のちの復元の手間を省くことができる。

洗浄・接合　洗浄後、平面図や出土状態の写真をもとに接合関係を把握し、並べていく。すぐに接合はおこなわず、破片の状況を見て、組み上げの大まかな計画を立てる。またこの段階（接着剤や石膏を含まない状態）で各破片の重さを計測しておく。接合をおこなう上での最低条件は、破片の接合面が完全に洗浄されていることであるが、どうしても破断面には土などが残る場合がある。そこで破片どうしを接合する前に、接着剤を付けずに破片どうしを合わせ、隙間やぐらつきが無いことを確認し、ピッタリこないときは、原因を見つけて洗浄などをおこなう。これを怠ると歪が大きくなる原因となる。今回の復元では小さな破片段階の接合には、セメダインCを使用している。接着剤を塗布した破片は素早く接合し、隙間ができないように強く押し付けて接着剤を薄く断面にいきわたらせる。また歪みを防ぐため、隣り合う破片を接着剤を付けずに洗濯ばさみなどで挟んで仮止めしたものをガイドとするのも1つの方法である。この段階での接合のやり直しは、アセトンなどの有機溶剤を使用すれば可能であるが、再着したものは隙間や歪みが出やすくなるので注意が必要である。

接合・組み上げ　上記の作業を繰り返し、いくつかの大きな破片のブロックを作る。さらにこれらのブロックどうしを接合していくが、これらの接合も、破片が大きく重いため、先ほどのように隣り合う破片を利用し、ガイドとしながら、あるいは一度に複数の破片を接着するなどして、歪を防ぎながら組み上げていく。これら大型のブロックどうしの接合には2液混合タイプのアラルダイトラピッドを使用した。これは硬化するとかなりの強度が得られ、重量の大きな遺物の接合に向いていると判断したためである。また粘性が高く、組み上げていく段階でどうしても出来てくる隙間の充填にも利用できる。ただしやり直しが難しいため、硬化時間を把握しながら十分段取りを確認して作業する必要がある。また、はみ出した接着剤は硬化後の除去作業に手間がかかるため、なるべく表面にはみ出さないように注意した。逆に内面はあえてわずかにはみ出しを作り、少しでも強度を得られるようにした。また並行して歯科用石膏による隙間の補填もおこなう。このようにして下から組み上げた胴部と、別に組み上げた口縁部を接合するが、この時も複数のブロックどうしで何度も仮組をおこない、慎重に歪を逃がしながら接合する。この時すべての破片は接合せず、実測作業の便を図る形で隙間のある状態にしておく。

実測・拓本　上記の隙間が多くある状態で、実測作業および内外面の拓本作業をおこなった。これはもちろん完全に復元をおこなった後では実測作業、特に断面の実測や拓本作業が困難になるからである。また陶邑産の大甕の特徴である大きく垂下した口縁部は、復元後は内側の観察や実測が困難になるため、あらかじめ破片段階で実測や写真記録をとっておき、のちに図面を合わせている。

石膏入れ・色付け　上記の作業が終了したのち、残りの破片をすべて接合し、破片の足りない個所に歯科用石膏を充填してゆく。その後色付けをおこなうが、非常に実物の残りの良い資料であるため、なるべく石膏で補填した個所がわかるように彩色をおこなった。彩色は水性アクリル絵具を使用している。またこの段階で底部など、後に観察が困難となる部分の写真記録もとるようにした。

写真撮影　写真撮影にあたっての最大の難問は、復元の終わった大甕の移動であった。破片段階で90kg、石膏などを含めた復元後の重量はおそらく100kg近い大甕は思った以上に難物であった。試行錯誤の結果、もっとも移動させやすい方法は、胴部の最大径より下部にトラロープを二重から三重に巻き付け、それに手をかけて4～5人で持ち上げて移動するものであった。ただ、これらの人数で移動してもこの作業はかなりの重労働で、当時の工人たちが実際どのような方法で移動をしていたのか興味のあるところである。ちなみに、陶邑において床面が水平に作られた窯で大甕が焼かれていたのは、焼成時の破損リスクや窯詰め、焼成後の取り出しの利便性などを考えれば至極当然であると実感した次第である。なお、大甕の撮影は残りが良好な面とその反対側の面、および上面、底部の撮影をおこなった。

展示台の作成　写真撮影後、大甕を展示するための

遺物取り上げ

洗浄・接合

接合・組み上げ

実測・拓本

石膏入れ

色付け

写真撮影

台に載せて展示

図11　須恵器大甕の復元

台の作成をおこなった。台の基本形は十字形に組み合わせた台の四隅から、垂直に立ち上げた枠で大甕を支えるものである。これは40年近く前に、古墳時代の大甕用に作成した台を手本としている。この台は当時指物師の方に依頼したものであるが、大甕の展示台としては良好なものと考えている。他のいくつかの大甕の展示台を見ると、ほぼ共通しているのは大きさの異なる円形ないし方形の枠を上下に組み合わせ、その上に大甕を載せるものであった。これは底部の観察には都合がよいが、枠があたる大甕の体部に重量がかかり、大抵の場合ここに緩衝材が挟み込まれているため、一定の部分がほぼ全周にわたり観察不可能となってしまっている。また大甕の下方で支えるため、トップヘビーとなり、地震などの大きな揺れに対しては非常に不安が残るものといえる。先述の古墳時代の甕用の展示台は底部の観察は少し困難であるが、甕のアウトラインが明確に観察でき、何よりも安定したものとなっている。

　今回の台の作成にあたっては、古墳時代の甕よりも大きく重いため、木材をより太いものにしている。ちなみに材質は米松を使用している。また移動の便を考えて台の四隅にはキャスターを取り付け、通常の展示時には台の四隅と中央に台と同じ材のブロックをかませて、キャスターの変形を防いでいる。また、垂直に立ち上げた枠のうちの1本は取り外し可能とした。

註
（1）番号は資料編Ⅲ-表1（本書297・298頁）に対応。
（2）研究集会後、2018年9月〜2019年8月にかけておこなわれた長岡京跡右京第1180次調査において、新たに甕据付建物が検出された。場所は長岡京八条三坊十六町で、右京域での分布が若干広がることとなった。ほぼ一町域を占有する敷地内からは、整然と配置された掘立柱建物4棟のほか柵列、池状遺構、井戸、溝などが検出された。このうち、東西に廂をもつ南北棟の建物から甕据付跡が確認されている。甕は建物中央付近に東西3個、南北6個を基本とする配置で、Bタイプに含まれるものである。建物群は北で西に約8度振れており、柱間は9〜10尺と規模が大きく、出土した土器が古い特徴を残すことから、長岡京遷都直前から遷都直後にかけての時期で、立地などから長岡京造営に関わる高位の人物の宅地と考えられている。したがって、甕据付建物は貴族邸宅内の醸造施設の可能性が高いとみられる。現在（公財）長岡京市埋蔵文化財センターで整理中。

（（公財）長岡京市埋蔵文化財センター『長岡京右京第1180次・伊賀寺遺跡調査　現地説明会資料』2018年7月27日）。

参考文献
1　木村泰彦「甕据え付け穴を持つ建物について」『瓦衣千年―森郁夫先生還暦記念論文集―』真陽社、1999。
2　京都市埋蔵文化財研究所『水垂遺跡　長岡京左京六・七条三坊』京都市埋蔵文化財研究所調査報告第17冊、1998。
3　京都市埋蔵文化財研究所『長岡京右京二条三坊八・九町跡、上里遺跡』京都市埋蔵文化財研究所発掘調査報告2006-34、2007。
4　京都府教育委員会「長岡宮跡昭和44年度発掘調査概要」『埋蔵文化財発掘調査概報』1971、1971。
5　國下多美樹『長岡京の歴史考古学研究』吉川弘文館、2013。
6　栄原永遠男「調庸制から交易制へ」『週刊朝日　日本の歴史』51　古代―⑦税・交易・貨幣、朝日新聞社、1987。
7　栄原永遠男『奈良時代流通経済史の研究』塙書房、1992。
8　人民中国雑誌社編「マオタイ酒の里貴州茅台鎮」『人民中国』1986年3月号、1986。
9　高橋美久二「市と交易の発達」『古代史復元9　古代の都と村』講談社、1989。
10　舘野和己「長屋王家の交易活動―木簡に見える「店」をめぐって―」『奈良古代史論集』第三集、真陽社、1997。
11　玉田芳英「平城宮の酒造り」『文化財論叢』Ⅲ、奈良文化財研究所学報第65冊、2002。
12　長岡京市教育委員会「長岡京跡左京第53次調査概要」『長岡京市文化財調査報告書』第14冊、1985。
13　長岡京市埋蔵文化財センター『長岡京市埋蔵文化財調査報告書』第26集、2002。
14　長岡京市埋蔵文化財センター「長岡京跡右京第314次調査」『長岡京市埋蔵文化財発掘調査資料選』（一）、2012。
15　長岡京市埋蔵文化財センター「長岡京跡右京第365次調査」『長岡京市埋蔵文化財発掘調査資料選』（二）、2013。
16　長岡京市埋蔵文化財センター『長岡京跡右京第1019次発掘調査報告―長岡京跡右京八条二坊二・六・七町の調査―』長岡京市埋蔵文化財調査報告書第56集、2013。
17　長岡京市埋蔵文化財センター「長岡京跡右京第301次調査」『長岡京市埋蔵文化財発掘調査資料選』（四）、2014。
18　長岡京市埋蔵文化財センター「長岡京跡右京第217次

調査」『長岡京市埋蔵文化財発掘調査資料選』(五)、
2015。

19 長岡京市埋蔵文化財センター「右京第1117次調査略
報」『長岡京市埋蔵文化財センター年報』平成27年
度、2017。

20 奈良市教育委員会「平城京右京二条三坊三坪の調査
第273-2・283次」『奈良市埋蔵文化財調査概要報告
書　平成5年度』1994。

21 奈良国立文化財研究所『平城宮木簡』Ⅱ解説、奈良国
立文化財研究所史料第八冊別冊、1975。

22 奈良国立文化財研究所編『平城京長屋王邸宅と木簡』
1991。

23 福山敏男「平城京東西市の位置に就いて」『日本建築
史の研究』桑名文星堂、1943。

図版出典

図1：　文献4。

図2：　筆者作成(『長岡京市史』本文編一、長岡京市役
　　　所、1996所収)。

図3：　文献5より作成。

図4：　文献17。

図5：　文献12。

図6：　未報告資料((公財)長岡京市埋蔵文化財センター
　　　提供)。

図7・8：文献16より作成。

図9：　『伴大納言絵詞』日本絵巻大成2、中央公論社、
　　　1977。出光美術館蔵。

図10：　王恩普(撮影)「あの町この鎮　酒の里　茅台鎮」
　　　『人民中国』1986年3月号、人民中国雑誌社、1986。

図11：　筆者撮影。

大甕の生産・流通の変遷について
—垂下形縁帯状口縁をもつ大甕を中心に—

木村理恵（奈良県立橿原考古学研究所）

I　はじめに

　須恵器生産は古墳時代中期頃に朝鮮半島から導入され、中世に至るまでおよそ千年間続く。その長い歴史の中で、須恵器は古墳の副葬品や、官人など多くの人々が使用する食膳具、調理具としての鉢、液体を貯蔵する壺や甕など、さまざまな役割を果たしてきた。

　従来の古墳時代から古代の須恵器研究では、食膳具が注目されてきたが、須恵器の形質的特徴を最大

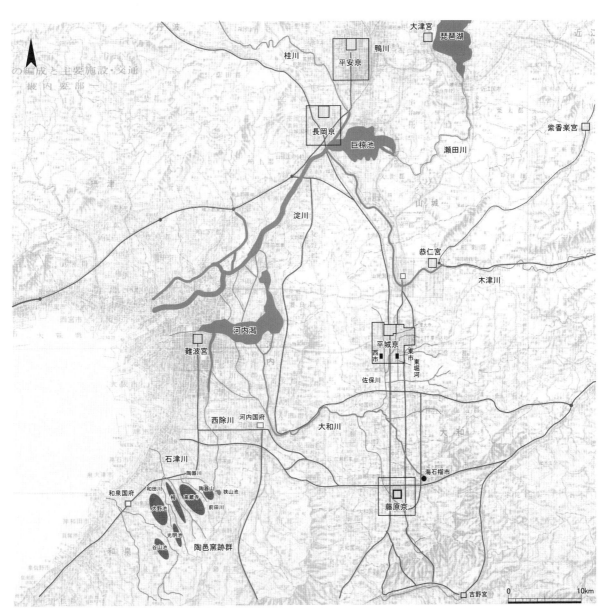

図1　陶邑窯と都城の位置図　1：500000

限に活かしているといえる器形は大型のものを主とする甕ではないだろうか。須恵器は土師器などの比較的低温で焼成された吸水性の高い土器に比べ、堅緻な器質に仕上げるために窯を用いて高温焼成される焼き物であり、容量を確保する必要がある液体の貯蔵等に適したものである。古墳時代から古代において、須恵器の大型甕は、大量の液体等を貯蔵するほぼ唯一の容器として重宝されたと考えられる。14世紀以降に桶の普及が進むようになるまでの中世前半期においても、大量に液体等を貯蔵することができた容器は、須恵器・焼締陶器の甕が主力であった。

　同じ貯蔵具でも壺と比較すると、甕は大容量が貯蔵可能であるという点、加えて古墳時代から古代・中世へと時代が下るにつれて、相対的には頸部幅を減じ、口径が大きくなる変化が進む点から、貯蔵用具としてだけではなく、酒造りや染物といった手工業生産の基本的な道具としての利用が拡大し、生産用具としての地位を確立していったのではないかという見通しをもっている。そして、その画期が平城京の時代に求められるのではないかという仮説を提示した（文献13）。この仮説を立証するため、本稿では、平城京東市跡推定地東堀河出土資料を中心に検討を進めていきたい（図2）。須恵器大甕の型式変化とその方向性への理解をてことして、いつ頃から須恵器甕が生産用具としての地位を確立するのか、解明を進めたい。

Ⅱ　須恵器甕についての研究史

都城出土須恵器甕の研究史　奈良時代における須恵器甕の研究では、巽淳一郎氏が須恵器貯蔵具を集成し、産地推定を試みている（文献21）。また、器名考証から、奈良時代の甕のバリエーションを容量別に把握しようと試みた（文献22）。上村憲章氏は、須恵器甕の容量を計測することで、古墳時代から近世における須恵器および焼締陶器甕の容量がどの程度であり、どの容量のものがどれほど出土しているかを把握しようとした（文献4）。須恵器甕は破片で出土することが多く、完形で出土するのはごく稀であることから、全形をとらえにくい上に、食器類と比べて、詳細な時代をとらえにくい傾向にある。そのために、他の器種と比較すると、整理研究が後回しにされることがままあるというのが現実である。

Ⅲ　大甕とは―大きさからみる須恵器甕の法量分化―

（1）平城京東市跡推定地東堀河出土須恵器甕の検討

平城京東市跡推定地東堀河出土須恵器甕　本検討では、奈良市教育委員会所蔵の平城京東市跡推定地内を流れる東堀河出土の須恵器甕を研究対象とした。藤原京、平城京、長岡京、平安京ではそれぞれ市が置かれ、モノの売り買いがおこなわれたと考えられる。平城京における流通経済の発達に関しては、さまざまな議論があるが（文献7・15・17・43）、平城京東市跡推定地東堀河出土の須恵器甕を検討することで、考古資料から平城京における流通経済に関する議論に少しでも踏み込むことができればと考えている。東堀河は東市にモノを搬入するための運河的な役割を果たしたと考えられることから、東堀河出土資料は、東市で売買されたものを含む蓋然性が高い。よって平城京における須恵器甕の需要と供給を解明するのに適した資料であると考えられる。

　平城京東市跡推定地東堀河出土須恵器甕は、奈良時代後半から平安時代前半のものを主体とする土器類と共伴する資料である。今回研究対象とした須恵器甕口縁部は全部で232点であるが、このうち118点は東市跡推定地の調査（文献34・39）で検出された東堀河出土のものである。この他は、東市跡推定地外の東堀河から出土しているものである（文献35～37）。本来は口縁部から体底部のプロポーションを把握したいが、残存状態がよいものばかりではなく、接合作業も難しいため、今回は口縁部が残存しているものを抽出し観察を進めた。須恵器甕口縁部の形態はバラエティーに富んでいるため、形態的特徴による分類はやや煩雑であり、得られる成果も少ない。すべての資料の口径計測をおこない、大きさごとに分類した上で、大きさの階級ごとに口縁部形態を把握することにした。口径ヒストグラムは図2に示した。

　口径ヒストグラムではいくつかのピークが読み取れる。そのピークをもとに、9群に分類を試みた。1群は口径が20.0cm台をピークとする一群、2群は口径が25.0cm台をピークとする一群、3群は口径が29.0cm台をピークとする一群、4群は口径が35.0cm台～36.0cm台をピークとする一群、5群は口径が40.5cm台をピークとする一群、6群は口径が45.0cm台をピークとする一群、7群は口径50.0cm台をピークとする一群、8群は口径が55.0cm台を

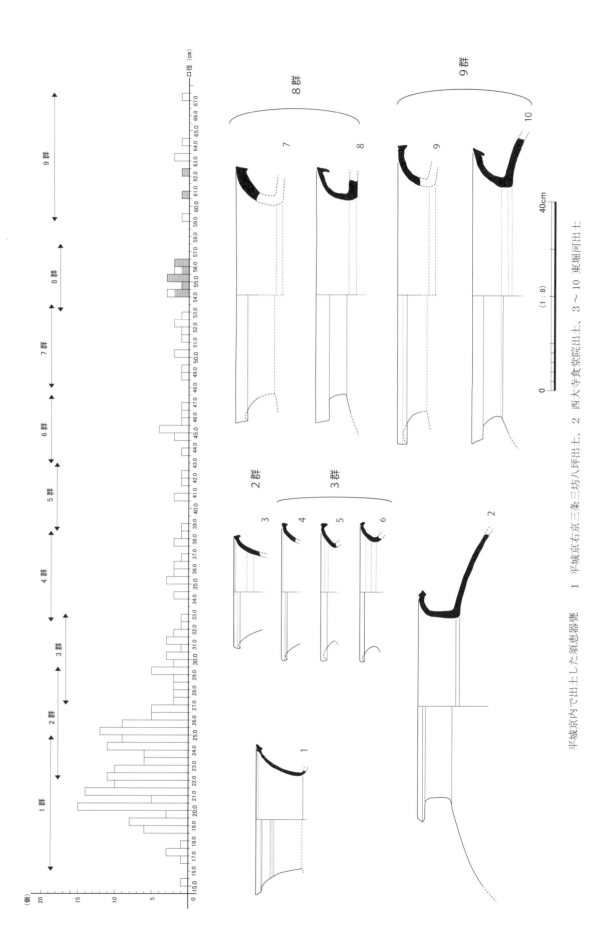

図2　平城京東堀河出土須恵器甕　口径ヒストグラム・実測図　1：8

ピークとする一群、9群は口径が63.0cm台をピークとする一群である。1・2群が量的にもっとも多く、一般集落などでもみられる小型甕群である。3〜5群は中型甕、6〜9群は大型甕に分類できる。容量に関しては、完形の資料がないと復元しがたいものの、口径からある程度の大きさは見当がつく。もちろん、形によっては同じ口径であっても容量にばらつきがある点は念頭におく必要がある。

既存の資料で、8世紀代の須恵器甕の完形品をみてみると、口径20cm台には容量が15ℓ前後〜20ℓ前後のものと、容量が30〜37ℓのものが存在する。口径40cm前後のものは容量が150ℓ前後、口径50cm以上の甕には、容量が350〜500ℓ程度のものがある (図3)。長岡京で出土した垂下形縁帯状口縁をもつ甕 (図3-16) は容量が670ℓあり、当時では最大級の容量を貯蔵できる甕であったと考えられる。

小型甕は東堀河でも出土量が多く、一般集落でも出土するように、家庭用の貯蔵具としても重宝されたと考えられる。一方の大型甕は、特殊な用途で使用されていたと推測される。大型甕は、井戸枠などの特別な用途以外、一般集落で使用されることはほとんどなく、酒造りや染物など、大容量の液体の貯蔵が必要不可欠な手工業生産の場において使用されるものであったと考えられる。

この他、鉢形をした甕Cもあり、最大級のものでは、口径が1m以上のものも出土している。東堀河でもみられ、図2のヒストグラムにおいて、口径が67.0cmのものは甕Cである。

垂下形縁帯状口縁の甕　口径ヒストグラムにおいて、8・9群の網掛け表示のものは、「垂下形縁帯状口縁」をもつ甕である。垂下形縁帯状口縁 (以下、縁帯状口縁と呼ぶ) の断面形態は、口縁端部が下方へ垂下し長く発達した結果、外面の立面的な見え方は、幅が細めの縁帯から太めの縁帯に見えるように変化している印象をもっている (図2-7〜10)。筆者が陶邑窯跡群 (以下陶邑窯とする) のTK230-I号窯出土資料を再整理した際に、縁帯状口縁の甕は口径40〜60cm前後の大型のものが多いと理解している (図6、文献9)。また、縁帯状口縁をもつ甕は現段階では、陶邑窯以外での生産を確認していない (文献11)。ヒストグラムから、大型甕の中では縁帯状口縁が量的にかなりの部分を占めていることがわかる。このことから、平城京東堀河出土の須恵器大型甕は、陶邑産が大部分を

占めていると評価できる。

縁帯状口縁の甕に関しては、今後、縁帯の幅の計測等も進めていきたい。縁帯が発達したもの、発達していないものが、型式変化の進んだ結果の時期差であるのか、工人差であるのかを把握する必要がある。この点は、この縁帯状口縁をもつ甕を生産している地域が、現状では陶邑窯でしか見出せていないため、陶邑窯出土須恵器甕の口縁部の型式変化および工人差 (バリエーションがどの程度あるか) を明確にしていく必要がある。

甕の産地推定　平城京東堀河出土の須恵器甕について、量的に主体をなすのは陶邑窯産と理解しているが、都の特徴として、陶邑窯産以外のさまざまな産地のものがみられる。その中には、播磨産、尾張産 (猿投窯・尾北窯) に比定できるものある。これらは中型甕に分類されるものに多く、図2-4〜6は3群に属する。鉄泥を器表面に塗布した甕もあり、口縁端部は内面と外面に少しずつ粘土を肥厚させたような形状である。このような特徴を有する甕は尾張・猿投窯産と考えられ、頸部が長いなど、やや古相を示す資料が多い。図2-1は、平城京右条三条三坊八坪出土資料で、口径が31.8cmであり、口径ヒストグラムにあてはめると、3群に分類される。口縁端部の断面形状が四角形で、頸部が長いのが特徴である。東播磨の白沢3号窯でよく似た口縁部形態をもつ甕を焼成している。

(2) 西大寺食堂院 (平城京右京一条三坊八坪) 出土須恵器甕

西大寺食堂院 (本書210・211頁) では、平成15年度の奈良市教育委員会の調査 (文献38)、平成18年度の奈良文化財研究所の調査 (文献40) により、埋甕遺構が確認されている。甕は少なくとも20列、総数80基が並んでいたと推定されている。須恵器甕が多数出土しており、縁帯状口縁をもつ甕も出土している。甕の内部からは、10世紀頃の土器が底部に貼り付いた状態で出土していることから、廃絶時期がその頃であり、出土甕は奈良時代末〜平安時代前期のものと考えてよいであろう。奈良文化財研究所の調査で出土した須恵器甕の口縁部形態は、C類とされる陶邑窯産の縁帯状口縁が1点、美濃須衛産とされるA類の甕口縁が1点確認されている。B類は、美濃須衛産とされるA類の一種であるという認識であることから、A類とB類は同一産地の可能性もあるという

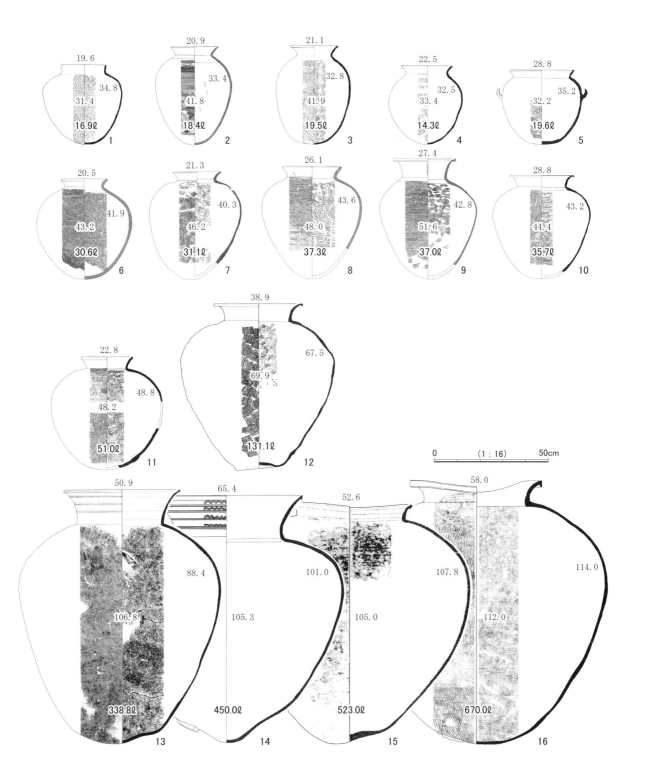

1・3・4 平城京 SD485、2・6・9 長屋王邸関係 SD5100、5・10 平城宮 SK820、7 長屋王邸関係 SE4760、
8 長屋王邸関係 SD4750、11 長屋王邸関係 SE4815、12 上津遺跡、13 長岡京右京二条三坊七町、14 下植野南遺跡、
15 島本町淀川河口、16 長岡京右京八条二坊七町

図3　8～9世紀の須恵器甕　1：16

指摘がなされている（文献40）。しかしながら、このA類、B類のような甕の口縁部形態は、美濃須衛窯をはじめ、陶邑窯、播磨地域、備前地域でも類品がみられるため、産地推定については、実物の観察・実測等を通してさらなる検討を深めていかねばならないと考えている。

　今回研究対象とした奈良市教育委員会所蔵の須恵器甕（図2-2）は口径48.9cmであり、口径ヒストグラムにあてはめると、7群に該当する。口縁部はB類のような形態をしており、産地については、今後の課題である。陶邑窯の縁帯状口縁以外では、このB類の甕口縁部形態が、大甕のなかでも主要な位置を占めているようである。

（3）9～10世紀の須恵器甕

　大阪府三島郡島本町で出土した須恵器大型甕は、口径52.6cm、器高105.0cm、胴部最大径107.8cm（底部から上に65.9cmの地点）、容量523ℓである（図3-15、文献18）。図2の口径ヒストグラムにあてはめると、7群に該当する。口縁部形態は、西大寺の口縁部B類に該当する。頸部は48.2cmと幅広であり、口頸部長が6.5cmと短い。肩部が外に大きく張り出し、尖底に近い丸底を呈する。体部外面には、擬格子のタタキ目が全体にみられ、内面には同心円状のあて具痕跡が明瞭に残る。出土地は淀川河川敷中州で、宇治川と桂川が合流する中州先端部が、渇水により露呈した河床に埋没していたとされる。出土地の上流には山崎津推定地があり、奈良時代から平安時代にかけて港として栄えていたとされている。当時、荷物を集積した船が、大阪湾から淀川を遡り、都城域へと物資が運ばれていたことからも、出土地付近に物資輸送の中継地としての河港が存在したものと推測される。

　向日市の物集女城跡第9次SK0902は、10世紀中頃～後半の遺構とされ、須恵器甕も多数出土している（文献42）。大型甕には、口径59cmの縁帯状口縁をもつ大甕や、口径47cmで西大寺の口縁部A類と類似した甕も出土している。これらは9世紀代の資料が伝世使用された可能性があるが、西大寺食堂院での事例と同様、この2種類の口縁部形態をもつ甕が、大型甕の中では大きな位置を占めていることを示す資料である。

（4）縁帯状口縁の須恵器甕について

甕口縁部の強調的デフォルメ　陶邑窯産の縁帯状口縁の甕は、幅広の縁帯をメルクマールとすることで、他産地との差別化をはかっているようにみえる。甕口縁部形態にみられる、機能性を高めるとはみえにくい、強調的にデフォルメされた形状は、陶邑窯産の「商標」というべきものであり、これは買い手側を意識した結果の産物といえるのではないだろうか。陶邑窯の須恵器生産が、消費者側のニーズを常に意識した平城京内の市場において、他産地に打ち勝つ商品の生産を確立していく段階に至っているのではないかという仮説を導き得る。平城京における生産活動の発展およびそれらを売買する商品経済の発展が、須恵器の型式変化と生産に影響を及ぼしたと評価しておきたい。

縁帯状口縁をもつ甕の機能面での改良　縁帯状口縁の大甕が出現するまでは、須恵器甕のプロポーションは、やや細長いものが主流であったが、縁帯状口縁をもつ甕で完形に復元できるものは、ほとんどがボディを丸く膨らまして、容量を確保しているようにみえる。この点は、これまでもっていた技術を駆使して機能性の改良を試みた結果の型式変化であるといえるだろう。

各産地の競合状態　平城京東堀河の資料からみると、大型甕では陶邑窯が寡占的な位置を占め始めるようにみえる。しかし、陶邑窯において、縁帯状口縁にみられるようなデフォルメ的な型式変化が始まる時期には、他産地と競合状態にあった可能性が高い。平安京では、尾張産の甕は中・小型甕が目立ち、都城への須恵器甕供給という観点からは、尾張は中・小型甕の供給にシフトしていくと推測される。しかし、陶邑窯の須恵器生産は9世紀後半には終焉を迎えることから、それ以降に大型甕の生産を担った産地はどこであったのかという疑問が出てくる。その候補としては、播磨、備前、讃岐があげられよう。尾張における甕生産は、猿投窯から常滑窯へと引き継がれていくとされるが、常滑での甕生産が本格的に開始するのは12世紀のことであり、それまでの間、平安京をはじめとする都市域に大型甕を供給した産地がどこであったのかを解明するのは、別の機会に譲りたい。

Ⅳ　縁帯状口縁をもつ甕を焼成した窯について

陶邑窯の地区　縁帯状口縁をもつ甕を焼成した窯は、現状では陶邑窯以外で確認できていないため、都城

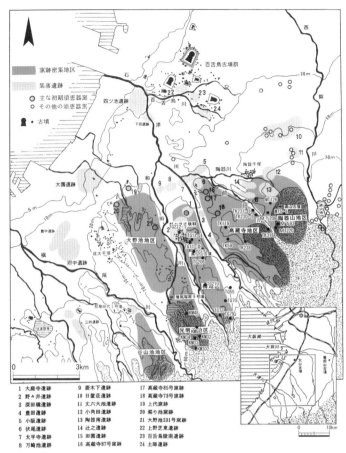

図4 陶邑窯跡群地図

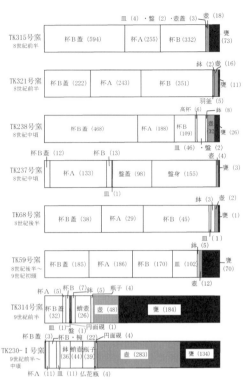

図5 器種組成に占める甕の割合の時期別変遷

表1 平窯における甕の割合

窯名	時期	甕の割合
TK36-I	7世紀後半〜8世紀初頭	—
TK45	8世紀	—
TK53-I	8世紀	—
TK53-II	8世紀	—
TK57-I	8世紀	—
TK57-II	8世紀	—
TK59	8世紀末〜9世紀初頭	8% 垂下形縁帯状口縁の大甕
TK109-I-B	8世紀	4%
TK237	8世紀中頃	2%
TK238	8世紀中頃	3%
TK243	8世紀	—
TK320	8世紀中頃	1%
TK321	8世紀前半	2%
MT21	8世紀前半〜中頃	
MT71	8世紀末〜9世紀初頭	— 垂下形縁帯状口縁の大甕

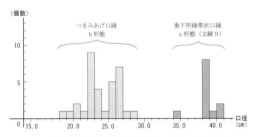

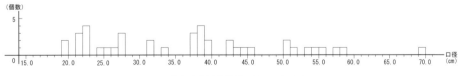

図6 陶邑窯出土の須恵器甕口径ヒストグラム

で出土する縁帯状口縁の甕は、陶邑窯産が主流であったと考えてよい。陶邑窯は、従来指摘されてきたとおり、東側から、陶器山地区（ＭＴ地区）、高蔵寺地区（ＴＫ地区）、栂地区（ＴＧ地区）、大野池地区（ＯＮ地区）、光明池地区（ＫＭ地区）、谷山池地区（ＴＮ地区）に分けられる（図4）。陶邑窯産といえる縁帯状口縁をもつ甕は、主にＭＴ地区・ＴＫ地区で生産されており、ＭＴ地区・ＴＫ地区が、平城京に多くの須恵器を供給したと理解してよいだろう。

縁帯状口縁をもつ甕を焼成した窯　縁帯状口縁をもつ甕を焼成した窯は、平窯ではＭＴ71号窯、ＴＫ59号窯、窖窯ではＭＴ5号窯、ＭＴ26号窯、ＭＴ83号窯、ＭＴ220号窯、ＴＫ230－Ｉ号窯、ＴＫ112号窯、ＫＭ131号窯などがあげられ、ほとんどがＭＴ地区・ＴＫ地区である。ＴＫ230－Ｉ号窯（9世紀前半）、ＭＴ83号窯（9世紀中頃）は陶邑窯の最終段階の窯であると考えられる。器種組成および組成構造をみてみると、主力の製品が壺・甕類といった貯蔵具である（図5）。平安時代前期には、陶邑窯の主力生産品が壺・甕といった貯蔵具に変化し、奈良時代的な供膳具中心の生産の有り様とは一線を画するものであると評価できる。陶邑窯における主力生産品が壺・甕類になり始める時期と、縁帯状口縁の甕が出現し始める時期がほぼ同じ頃である点は大変興味深いといえる。また、陶邑窯で平窯がみられるようになるのもちょうどこの頃であり、大型甕を焼成するために導入したとも評価し得る。陶邑窯において、平窯を導入すること、陶邑産のメルクマールとなるような縁帯状口縁をもつ大型甕を生産し始めること、食器類の生産から壺・甕類の生産中心へとシフトしていくことは、同じ頃に、平城京内における手工業生産が発達し、壺・甕類の需要が高まったと考えられることから、平城京という大消費地における需要に対応するために、陶邑窯が、その生産体制を変革させた可能性を示唆するといえるのではないだろうか。

このように消費地側の需要にすぐに応える形で生産体制を変化させていったのは、陶邑窯が平城京への須恵器供給を一番に念頭に置き、量的に多くの須恵器を平城京に供給する窯であったからと考えることができるだろう。

猿投窯をはじめとする東海地域は、東海地域をはじめ東国を強く意識した製品の供給状況であった点、平城京との距離が遠い点などから、大型甕の都城への供給という点では、陶邑窯に駆逐されていった可能性がある。平安時代初頭以降は東海地域の須恵器甕は小型甕・中型甕を中心に都城域へと供給していたと推測される。長岡京・平安京における須恵器甕の出土状況については今後の検討課題である。

甕の口縁部形態のバリエーション　縁帯状口縁が生産されているＭＴ地区・ＴＫ地区では、8世紀後半以降に縁帯状口縁が出現するまでは、古墳時代以来の頸部が長く、やや古相を呈する個体が目立つ（図7）。8世紀前半における窯1基の中での須恵器甕の口縁部形態のバリエーションを把握する必要があるが、ＴＫ230－Ｉ号窯のような平安時代初頭における窯とは違い、比較的口縁部形態のバリエーションが多いのではないかと考えている。

9世紀前半のＴＫ230－Ｉ号窯出土甕における縁帯幅の発達状況と、9世紀中頃のＭＴ83号窯出土甕の縁帯の発達状況を比較すると、前者はあまり発達していない個体が多く、後者は発達したものが多い印象を受ける。他の窯の資料も網羅する必要があるが、現段階では、時期が下るにしたがって縁帯が幅広になっていくと理解しておきたい。

Ⅴ　陶邑窯から平城京への須恵器運搬ルートについて

生産地から都城への大甕の運搬方法は、西日本、東海ともに水運を利用したと推測でき、陶邑窯や瀬戸内海沿岸地域から藤原京への供給は大和川、長岡京・平安京へは淀川を利用したと考えられる（図1）。平城京への大型甕搬入に関しては、大和川を利用し、南方から平城京へ運搬した可能性と、淀川・木津川を利用し、北方から平城京へ運搬した可能性とが想定できる（文献2）。

陶邑窯内にもいくつかの河川がみられ、各地区は河川を境界としている。ＭＴ地区・ＴＫ地区には陶器川、前田川が南東から北西方向へと流れ、ＴＫ地区とＴＧ地区の間を流れる石津川に合流する。石津川は現在の堺市西区の石津漁港（堺泉北港）で大阪湾に注ぐ。よって大和川の水運を利用した場合、いったん大阪湾に荷出しされた後に再び河内潟に入り、大和川へと搬入されたと考えられる。河内と大和の国境には「亀の瀬」と呼ばれる難所があり、水量が少ないため、荷物はここで一旦陸上げされ再び大和川の舟に積み替えられたと考えられる。平城京の南郊にあた

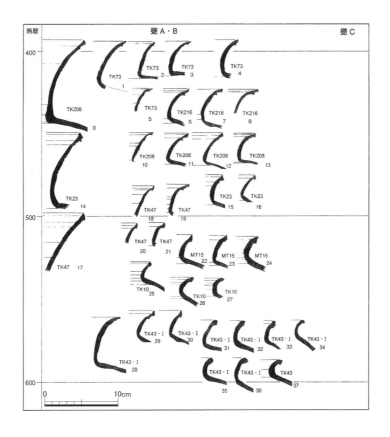
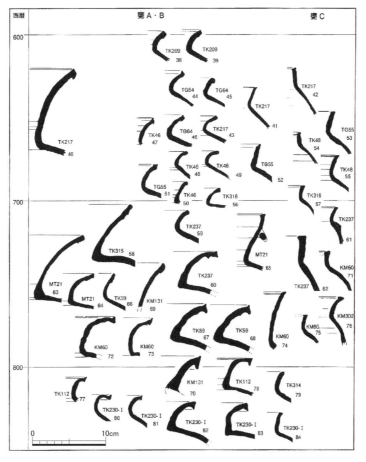

図7　陶邑窯における須恵器甕口縁部の型式変化　1：5

る南六條北ミノ遺跡において、縁帯状口縁をもつ甕が出土しており、断定はできないものの、大和川を経由して運搬された可能性が考えられる（文献3）。

一方、木津川の泉津が、平城京の外港的位置を占めるようにみえることから、河内潟から淀川を遡り、木津川を経て、平城京内へ須恵器甕がもたらされた可能性も十分に考えられる。五反島遺跡は、大阪府吹田市に所在し、神崎川沿岸に位置する遺跡である。検出した旧河川からは多くの須恵器甕が出土している（文献19）。報告書によると7世紀〜9世紀代の須恵器甕とされる。和同開珎・萬年通寶・神功開寶が合わせて55点、隆平永寶、承和昌寶も3点出土していることからも、何らかの商業活動がみられた可能性があり、都城域へ荷物を搬入するための集積地であったのではないかという指摘もなされている。

木津川市の上津遺跡は、平城京の外港「泉津」に設営された官の施設とされる。上津遺跡からも縁帯状口縁をもつ須恵器甕が出土している（図3-12、文献6）。淀川、木津川を経由して、泉津まで運ばれたと考えてよい事例であろう。陶邑窯からの須恵器運搬ルートに関しては、このような集積地や津などから出土した資料を分析することで、より具体像に迫ることができると考える。

Ⅵ　まとめ—大型甕からどのような歴史を読み解くことができるのか—

平城京東堀河出土の須恵器甕の検討から、奈良時代後半から平安時代前半にかけて、小型甕・中型甕に加え、大型甕が一定量を占め、大型甕の中では陶邑窯の縁帯状口縁が目立つことがあきらかとなった。奈良時代前半までは、陶邑窯においても、さまざまな甕の口縁部形態があったが、奈良時代後半から平安時代前半においては、大型甕は縁帯状口縁にほぼ特化して生産しているようにみえる。これは陶邑窯が他産地との差別化をはかるために、口縁部をデフォルメ的に発展させた結果であると考えられ、縁帯状口縁が平城京、長岡京、平安京において売買される際の商標的な役割を果たしたのではないか、という仮説を立てるに至った。

しかし、9世紀後半頃までには陶邑窯の須恵器生産が衰退・解体し（文献11）、西日本における須恵器生産の中心地は播磨・備前・讃岐などの瀬戸内海東部沿岸地域へと移っていく。甕に関しては、播磨・

備前が平安京への主力供給窯であったという見通しをもっているが、現段階では確証を得られていない。陶邑窯の縁帯状口縁をもつ甕にみられるような、容量が300ℓ以上の大甕に関しては、いわゆる東播系須恵器甕ではほとんどみられず、尾張の常滑や西播磨・備前が、平安京への供給を担っている可能性が考えられる（文献4・9）。瀬戸内海沿岸地域の須恵器大甕生産の展開について、今後の検討課題としたい。

謝　辞

図2に掲載した平城京東市跡推定地東堀河出土資料、西大寺食堂院出土資料、平城京右京三条三坊八坪出土資料については、奈良市教育委員会所蔵の資料を観察、計測、実測をさせていただいた。図6の陶邑窯ＴＫ230-Ⅰ号窯出土資料は大阪府教育委員会所蔵の資料、ＭＴ83号窯出土資料は平安学園高校所蔵の資料を計測させていただいた。また、本稿をまとめるにあたり、小森俊寛氏、三好美穂氏をはじめとする土器を読む会メンバーには多くのご教示をいただいた。あわせて感謝申し上げます。

参考文献

1　和泉市教育委員会編『陶器のムラに眠る人々』和泉市いずみの国歴史館、2007。

2　近江俊秀「大和国の河川と交通」『日本古代の運河と水上交通』八木書店、2005。

3　小栗明彦・米井友美「南六條北ミノ遺跡」『奈良県遺跡調査概報』2012年度、奈良県立橿原考古学研究所、2013。

4　上村憲章「容量から見た甕」『瓦衣千年—森郁夫先生還暦記念論文集—』真陽社、1999。

5　亀島重則・三宅正浩・木村理恵「陶邑窯跡群TK230-Ⅰ号窯出土須恵器」『大阪府教育委員会文化財調査事務所年報』12、大阪府教育委員会、2008。

6　木津町教育委員会『木津町埋蔵文化財調査報告書』第3集、1980。

7　鬼頭清明『日本古代都市論序説』法政大学出版局、1977。

8　木村泰彦「甕据え付け穴を持つ建物について」『瓦衣千年—森郁夫先生還暦記念論文集—』真陽社、1999。

9　木村理恵「須恵器大甕からみる古代の窯業生産—近畿地方を中心に—」『古代窯業の基礎研究』真陽社、2010。

10　木村理恵「藤原宮期の須恵器供給体制に関する研究—貯蔵具・甕からのアプローチ」『文化財論叢』Ⅳ、奈良文化財研究所学報第92冊、奈良文化財研究所、

2012。

11 木村理恵「陶邑窯跡群の終焉・解体からみる須恵器生産供給体制の変化」『奈良文化財研究所紀要』2013、奈良文化財研究所、2013。

12 木村理恵「須恵器窯の大型化と甕生産」『岡山県備前市佐山東山窯にかかる須恵器窯の大型化をめぐる地域事例報告および備前焼の窯構造』窯跡研究会第16回研究会追加資料、窯跡研究会、2017。

13 木村理恵「大甕の変遷とその歴史的背景―古墳時代から近代まで―」『待兼山考古学論集』Ⅲ、大阪大学考古学研究室編、2018。

14 (財)京都府埋蔵文化財調査研究センター『下植野南遺跡』1999。

15 櫛木謙周「長屋王家の消費と流通経済―労働力編成と貨幣・物価を中心に―」『国立歴史民俗博物館研究報告』第92集、国立歴史民俗博物館、2002。

16 小森俊寛「出土遺物から見た都城と他地域の交流」『古代交通研究』第6号、古代交通研究会、1997。

17 栄原永遠男「奈良時代の流通経済」『奈良時代流通経済史の研究』塙書房(初出1972年)、1992。

18 島本町教育委員会『島本町立歴史文化資料館館報』第6号、2015。

19 吹田市教育委員会『五反島遺跡発掘調査報告書』2016。

20 竹内理三ほか編『日本歴史地図』原始・古代編〈下〉、柏書房、1982。

21 巽淳一郎編『平城宮・京出土須恵器の分類と産地同定―平成元年～3年度科学研究費補助金(一般研究C)研究成果報告―』奈良国立文化財研究所、1992。

22 巽淳一郎「奈良時代の甅・甀・正・由加―大型貯蔵用須恵器の器名考証―」『文化財論叢』Ⅱ、同朋舎出版、1995。

23 舘野和己「市と交易」『人と物の移動』列島の古代史ひと・もの・こと4、岩波書店、2005。

24 田辺昭三『須恵器大成』角川書店、1981。

25 玉田芳英「平城宮の酒造り」『文化財論叢』Ⅲ、奈良文化財研究所学報第65冊、奈良文化財研究所、2002。

26 寺崎保広「都の流通経済」『平城京の時代』古代の都2、吉川弘文館、2010。

27 長岡京市埋蔵文化財センター『長岡京跡右京第22次・25次調査報告書』1997。

28 長岡京市埋蔵文化財センター『長岡京跡右京第1019次発掘調査報告―長岡京跡右京八条二坊二・六・七町の調査―』2013。

29 奈良国立文化財研究所『平城宮発掘調査報告Ⅵ』奈良国立文化財研究所学報第23冊、1974。

30 奈良国立文化財研究所『平城宮発掘調査報告Ⅶ』奈

良国立文化財研究所学報第26冊、1976。

31 奈良国立文化財研究所編『平城京東堀河 左京九条三坊の発掘調査』1983。

32 奈良市教育委員会「平城京右条三条三坊八坪・菅原東遺跡の調査 第275-1次」『奈良市埋蔵文化財調査概要報告書』平成5年度、1994。

33 奈良国立文化財研究所『平城京左京二条二坊・三条二坊発掘調査報告―長屋王邸・藤原麻呂邸の調査―』奈良国立文化財研究所第54冊、1995。

34 奈良市教育委員会『平城京東市跡推定地の調査Ⅱ 第4次発掘調査概報』1984。

35 奈良市教育委員会「平城京左京六条三坊十坪(東堀河)の調査」『奈良市埋蔵文化財調査報告書』昭和58年度、1985。

36 奈良市教育委員会「付編25 平城京左京六条三坊十坪(東堀河)の調査」『奈良市埋蔵文化財調査報告書』昭和59年度、1986。

37 奈良市教育委員会「平城京左京四条三坊十坪の調査 第314次」『奈良市埋蔵文化財調査概要報告書』平成6年度、1995。

38 奈良市教育委員会『奈良市埋蔵文化財調査概要報告書』平成15年度、2006。

39 奈良市教育委員会「平城京東市跡推定地・東堀河の調査第33・34次」『奈良市埋蔵文化財調査年報』平成18(2006)年度、2009。

40 奈良文化財研究所『西大寺食堂院・右京北辺発掘調査報告』2007。

41 三好美穂「平城京へのモノの移動―都市的消費市場の形成が古代社会の発展を促す―」『都城制研究』(12)、奈良女子大学古代学学術研究センター、2018。

42 向日市埋蔵文化財センター「物集女城跡第9次、中海道遺跡第61次～物集女城跡西外郭、中海道遺跡中央部～発掘調査報告」『長岡京跡ほか』向日市埋蔵文化財調査報告書第63集、2004。

43 吉田孝「奈良時代の交易」『律令国家と古代の社会』岩波書店(初出1965年)、1983。

挿図出典

図1: 文献20をもとに作成。

図2: 筆者作成。

図3: (1・3・4)文献29、(5・10)文献30、(2・6～9)文献33、(12)文献6、(13)文献27、(14)文献14、(15)文献18、(16)文献28をもとに作成。

図4: 文献1をもとに作成。

図5: 文献9より転載。

図6: 筆者作成。

図7: 文献10より転載。

表1: 文献12より転載。

大甕を使う
―文献史料に見える「甕」とその用法―

三舟隆之（東京医療保健大学）

I　はじめに

　貯蔵具としての土器は須恵器が主流で、古代の史料には「甕」・「由加」・「瓺」・「㼴」・「叩戸」・「壺」などの器名が見えるが、これらの用途は水・酒・醬・酢・油・塩などの、主に液体物の貯蔵に用いられたものであろう。『倭名類聚抄』（以下『和名抄』と略）瓦器類〔**史料1**〕には「瓺」を「美加」と読んで「大甕」とし、「㼴」を「佐良介」と読んで「浅甕」とし、「甕」は「毛太非」と読むとあるが、一方「瓶子」を和名では「加米」と呼ぶ、とある[(1)]。

　群馬県高崎市観音塚考古資料館が所蔵する観音塚古墳出土の甕には、出土時液体が入っており、発見当時の分析によれば酒の可能性が高いとされる[(2)]。これが事実ならば甕は貯蔵具であるが、一方で醸造用としての容器の可能性も考えられる。

　そこで本稿では、まず文献史料での「甕」の使用法について言及し、さらに筆者が所属する東京医療保健大学での最近の復元実験例を紹介し、「甕」の使用法について若干の考察をおこないたい。

II　「甕」の器名と容量―『延喜式』主計寮を中心に―（文献2・文献11・文献29）

　奈良・平安時代の土器の名称については、関根真隆氏によれば貯蔵具としての土器は須恵器が主流で、「甕」・「瓮」などと書いて「モタヒ」と読み、後述するように「甕」には大中小のサイズがある。その他には「由加」があり、水を貯蔵する大形の貯蔵具であることが類推されている。さらに「瓺」は「ミカ」と読み、「㼴」は「サラケ」と読むが、その区別はつきにくい。また「叩戸」・「缶」・「壺」などがあるが、これらの用途は、水・酒・醬・酢・油・塩などの主に液体物の醸造や貯蔵などに用いられたものと思われる（文献11）。器名の違いは、大きさや用途によるものと思われるが、詳細はわからない。

　文献と土器の名称の研究をおこなったのは吉田恵二氏で（文献29）、さらに荒井秀規氏は『延喜式』主計式に見える土器の器名考証を綿密におこなっている（文献2）。その他、西田泰民氏・菱田哲郎氏などの論考が多数存在するが（文献22・24など）、本稿では文献に見える土器の器名考証を目的としているのではないので研究史の概略に留めるが、これらの研究史で指摘されているのは、考古学の器名呼称と『延喜式』などの文献史料との土器名称を整合させることの難しさである。

　先述したように、『和名抄』瓦器類では「甕」・「瓺」は大甕と考えられ、『延喜式』主計上畿内国調条〔**史料2**〕では、「陶器」として「池由加」・「瓺」・「㼴」・「缶」・「由加」などの名称が見え[(3)]、同じく諸国輸調条〔**史料3**〕では「陶器」として「池由加」・「瓺」・「㼴」・「小由加」・「缶」の他に「小甕」・「酒壺」・「水瓶」・「大酒瓶」・「平瓶」・「大瓶」などが見られ[(4)]、同じく主計上筑前国条〔**史料4**〕では「大甕」「小甕」の名称が見える[(5)]。これらの名称は甕の大きさや形態によるものと思われ、「㼴」は中甕で『和名抄』瓦器類では「佐良介」と読むとある。同様に「由加」は『和名抄』瓦器類では「游塍」とあり、「甕」で「於保美加」と読んでいる[(6)]。

　これらの甕の大きさは、『延喜式』主計上に記されている容量（1升＝約0.8ℓと仮定）では、「池由加」・「瓺」は「五石」とあることから約400ℓ、「㼴」は「一石二斗」で約96ℓ、「由加」は「一石」で約80ℓ、「缶」は「五斗」で約40ℓである。しかし「法隆寺伽藍縁起并流記資財帳」〔**史料5**〕では「瓺」は「瓺壱伯口〈一口径一尺八寸　深三尺四寸（以下略）〉」とあって径一尺一寸～二尺三寸・深二尺七寸～四尺二寸のものが多く[(7)]、一方「㼴」は「㼴壱拾口〈一口径一尺三寸五分　深二尺二寸（以下略）〉」とあって径一尺一寸～一尺五寸・深一尺五寸～二尺四寸のもが多く、「瓺」と「㼴」のサイズは

『延喜式』とは逆になっている。

これらの用途については後述するが、『延喜式』造酒司新嘗会白黒二酒料条〔史料6〕には「造酒者。米一石。〈令_女丁春_官田稲_〉。以_二斗八升六合_為_蘗。七斗一升四合為_飯。合_水五斗_各等分為_一甕。」とあり[8]、この甕が酒造に用いられていることはあきらかである。また『日本書紀』神代上第八段一書〔史料7〕では、「一書曰、（中略）、素戔鳴尊乃教之曰、汝可_以_衆果_醸_酒八甕_吾当為_汝殺_蛇。二神隨_教設_酒。（中略）。素戔鳴尊勅_蛇曰、汝是可畏之神。敢不_饗乎、乃以_八甕酒、毎_口沃入。其蛇飲_酒而睡。」とあって[9]、八岐大蛇神話に酒の容器としての甕の使用例が見られる。

酒の他には、「水瓶」や「酒瓶」などが『延喜式』に見られ、また「正倉院文書」には酒・酢・醤・末醤の容器となっている例も見られるから、醸造・貯蔵に用いられていることが考えられる。そこで次に、甕の使用例を文献史料から見ていきたい。

Ⅲ 文献史料に見える「甕」と酒・酢

（1）律令官制における醸造組織

律令官制における食品関係官司は、朝廷での饗宴の料理を担当する大膳職と天皇の供御を準備する内膳司があり、その他に諸国から運ばれた米を保管する大炊寮、酒・酢の類を醸造する造酒司がある（文献14）。

「職員令」大膳職条では、「大夫一人〈掌。諸国調雑物。及造_庶膳羞_。醢。菹。醤。豉。未醤。肴。菓。雑餅。食料。率_膳部_以供_其事_〉亮一人。大進一人。少進一人。大属一人。少属一人。主醤二人。〈掌。造_雑醤豉未醤等_事。〉主菓餅二人。〈掌。菓子。造_雑餅等_事。〉膳部一百六十人。〈掌。造_庶食_事。〉使部卅人。直丁二人。駆使丁八十人。雑供戸。」とあって[10]、醢・菹・醤・豉・未醤などの発酵食品を醸造し、同じく造酒司条〔史料8〕では、「正一人。〈掌、醸_酒醴酢_事〉。佑一人、令史一人、酒部六十人〈掌、供_行觴〉。使部十二人、直丁一人、酒戸。」とあって[11]、酒・醴・酢を醸造していた。律令官制では、大膳職で醤・豉・未醤等の発酵食品、造酒司で酒・甘酒・酢を分業して製造している。とくに造酒司では、酒部・酒戸などの専門工人が存在する。

（2）地方における饗宴と甕

①国衙

「儀制令」元日国司条〔史料9〕では、「凡元日。国司皆率_僚属郡司等_。向_庁朝拝。訖長官受_賀。設_宴者聴。〈其食。以_当処官物及正倉_充。所_須多少。従_別式_。〉」とあって[12]、元日朝賀の規定があり、そこで郡司らを集めて饗宴がおこなわれている。実際に以下の例が、『万葉集』〔史料10〕に見える[13]。

・巻18－4136「天平勝宝二年正月二日、於_国庁_給_饗諸郡司等_宴歌一首」
・巻19－4250「（天平勝宝三年八月四日）設_国厨之饌於介内蔵伊美吉縄麻呂館_饌之。于時大伴宿祢家持作歌一首」
・巻20－4516「（天平宝字）三年春正月一日、於_因幡国庁_、賜_饗国郡司等_之宴歌一首」

これらの元日朝賀については、実際諸国正税帳に記録が見え、「淡路国正税帳」（天平10年（738））〔史料11〕では「元日設宴給米弐升、充稲肆把、酒弐升〈拝朝庭参国司長官已下、史生已上合二人々別給米一升、酒一升〉」とあり[14]、その際の支給内容が米と酒であることが知られる。

同様に「薩摩国正税帳」（天平8年（736））〔史料12〕では、「元日拝朝廷刀祢国司以下少毅以上、惣陸拾捌人食稲壱拾参束陸把〈人別二把〉、酒陸斗捌升〈人別一升〉」とあり[15]、また「駿河国正税帳」（天平10年（738））〔史料13①〕でも「元日拝朝刀祢拾壱人〈国司史生已上三口、郡司主帳已上六口、軍毅少毅已上二口〉食稲弐束二把 酒壱斗壱升〈人別稲二把 酒一升〉」とあって[16]、これらの史料から元日朝賀に酒が支給されていたことが知られる。とすれば、これらの国衙では、酒を醸造していたことが想定されよう。

また、「駿河国正税帳」ではこの他に、「酒五斛肆斗、醤玖斛柒斗盛甒伍口〈四口別受二斛一口受一斛七斗〉、末醤弐斛捌斗盛甒弐口〈口別受一斛四斗〉、酢壱斛玖斗盛甒壱口」〔史料13②〕とあって[17]、「甒」が酒・醤・末醤・酢の容器として使われていることが知られる。同様に天平11年（739）の「伊豆国正税帳」〔史料14〕でも、「酒壱拾捌斛柒斗壱升壱合／醸加酒清濁并壱拾斛／合酒弐拾捌斛柒斗壱升壱合／雑用参斛玖斗壱升陸合〈三斗七升、織錦、并神明膏、万病膏等酢分〉／遺弐拾肆斛柒斗玖升伍合〈不動十一斛二斗五升〉／盛甒壱拾壱口〈不動三口〉／醤弐斗弐升伍合 盛壱口／末醤壱斗伍升 盛甁壱口／酢伍斗弐升伍合 盛甁壱口」とあ

り[18]、酒も「酒清濁」とあるところから清酒と濁り酒があり、さらに「神明膏、万病膏等酢分」とあるのは、古い酒を薬用として酢にしていることが知られる。また「甀」は酒・醤・末醤に使用され、酢は「㽄」を使用しているが、ここでは「㽄」の方が「甀」より大きい。

天平元年(729)の「隠岐国正税帳」では、「古酒弐腹〈員九斛五斗五升七合／雑用四斛二斗七升四合〉、遣弐腹〈員五斛二斗八升三合　受五斛一口／受二斗八升三合一口〉」とあって[19]、古酒の五斛と二斗八升三合が入った容器の存在が知られる。またこの他では、醤は「醤捌斛伍斗盛缶壱拾参口〈四各受一斛／九各受五斗〉」とあって、末醤は「末醤弐斛盛缶肆口〈口別受五斗〉」とあって、それぞれ「缶」に貯蔵している[20]。

同様に、天平10年(738)の「周防国正税帳」では、「酒肆拾壱斛伍斗柒升肆合〈甀卅五口〉とあり[21]、天平8年(736)の「薩摩国正税帳」では、「酒肆拾陸斛弐斗捌升」の後に「甕壱拾柒口〈大甕一口　中甕七口　小甕九口〉」とあって、「甕」には大中小のサイズがあったことが知られる[22]。

以上から、国衙では酒・酢・醤・末醤を醸造していた可能性が高い。

②郡　家

次に郡家ではどうであろうか。「豊後国正税帳」(天平9年(737))〔史料15①〕では[23]、まず玖珠郡の条に、「天平八年定正税稲穀壱万柒千弐伯拾斛陸斗捌升弐合弐夕(中略)。酒壱拾玖斛肆合、醤参斛壱斗伍升、酢柒斛伍斗、(中略)、酒壱拾捌斛伍斗捌升捌合、甕肆口〈大甕二口　中甕一口　小甕一口〉、醤参斛壱斗伍升、甕壱口〈小甕〉、酢柒斛伍斗、甕壱口〈小甕〉」とあり、〔史料15②〕では「酒参拾陸斛陸斗壱升弐合〈加今年五斛〉、甕陸口〈大甕二口　中甕一口　小甕二口〉、醤壱拾弐斛伍斗、甕肆口〈小甕〉」とあって[24]、郡レベルでも酒・醤・酢を醸造していた可能性が高い。また「大甕」・「中甕」・「小甕」があり、大中小の甕のサイズが存在していた。さらに「大倭国正税帳」(天平2年(730))平群郡の条〔史料16〕にも「酒陸甕〈々別五斛〉」とあり、その他十市郡では「酒肆甕〈々別五斛〉」、城下郡では「酒伍甕〈々別五斛〉」、山辺郡では「酒陸甕〈々別五斛〉」、添上郡では「酒壱拾参甕〈々別五斛〉」とあって[25]、郡によって量は異なるものの、1甕の容量が「五斛」が標準であることが知られる。

このように郡家でも酒・醤・酢などを醸造してい

たことはあきらかで、「和泉監正税帳」(天平10年(738))〔史料17〕でも「酒陸拾伍斛、盛甀壱拾参口〈々別受五斛〉」とあって[26]、「甀」が酒に用いられ、酒甕は五斛が標準であったことが知られる。「甀」が酒の醸造や貯蔵に用いられていた例は、「周防国正税帳」(天平10年(738))〔史料18①〕では「酒肆拾壱斛伍斗柒升肆合〈甀卅五口〉」とあり[27]、天平7年(735)の「周防国正税帳」〔史料18②〕でも「酒壱拾肆斛壱斗肆升参合〈甀一十三口〉」とある[28]。

一方、「経所見物注文案」(天平宝字4年(760))〔史料19〕では「酢七升〈㽄二口〉」とあり[29]、「㽄」が酢の容器にも使われており、さらに『延喜式』神祇五斎宮条〔史料20〕では、「酒卅甕〈甕別米三石七斗〉。酢五甕〈甕別三石七斗〉。醤六甕〈別大豆三石〉右斎内親王初到之年。国司預割レ可レ納二寮米。大豆。塩等一。造儲供之。若有二甕破壊一令二尾張国供送一。」とあって[30]、甕の生産と供給・流通が尾張国でおこなわれていることが知られる。「尾張国正税帳」では、葉栗郡条に「正価弐拾束」とあって[31]、尾張国内でも須恵器が流通して交易されているが、酒や酢の容器としては厳密な区別はなかったことが想定される。

また天平五年(734)の「隠岐国正税帳」周吉郡の条では「醤弐斛盛缶参口〈一受一斛／二各受五斗〉」とあり[32]、郡家でも醤・末醤が醸造されている。

長元3年(1030)の「上野国交替実録帳」諸郡官舎条の群馬郡には、「酒屋」という酒の醸造・貯蔵に関する建物が雑舎として見える。その他、片岡郡・多胡郡・那波郡・吾妻郡・勢多郡・新田郡・山田郡などでは、厨家の中に「酒屋一宇」とあって、厨家に属している。このように郡家では、厨家の中に「酒屋」の建物が属していたらしい。先述した「豊後国正税帳」や「大和国正税帳」に見える郡家の甕も、このような建物に保管されていた可能性がある。

③寺　院

「上野国交替実録帳」では、「法林寺」の項にも「大衆院」の中に「酒屋一宇」とあり[33]、「甀弐口」とあるが、大風のために酒屋が倒壊して甀も破損していたことから、屋内に保管されていた可能性が高い。同様に「弘輪寺」の項でも「房舎弐宇」の中に、食堂の他に「酒舎」とある[34]。「多度神宮寺資財帳」でも「㽄弐口〈各受一斛〉」とあるが[35]、内容物はわからない。また、置かれた建物も定かでない。

「広隆寺資財帳」では「甀玖口〈各受三石〉、参口本自

所有、陸口後買入、甀参口〈各受一口〉弐口本自所有、壱口後買入、菜甀壱口、缶壱拾口」とあり[36]、甀と甀が存在し、その大きさと買い入れの状況が知られる。また「菜甀」とあるのは、漬物用であろうか。さらに延喜5年(905)の「観世音寺資財帳」でも甕が40口あり、大破や口が欠けているものなど、破損の状態が記録されている[37]。後述するように、西大寺食堂院跡からも80口以上の甕列が発見されているので、寺院での甕の使用状況をうかがう上でも興味深い。

④富豪層

このような酒や酢などの醸造は国衙や郡家だけでなく、富豪層レベルでもおこなわれていた。まず平城京左京三条二坊一・二・七・八坪長屋王邸SD4750出土の長屋王家木簡〔史料21〕では、「御酒□〔醸ヵ〕所充仕丁〈蘇我部道　朝倉小常石／椋部哲　私部小毛人／右四人〉／大甀米三石麹一石水□石　次甀米二石麹一石水二石二斗　次甀米一石麹八斗□甀米　□石＼麹一石水□石二斗　次甀二石麹八斗水二石一斗　少甀米一石麹四斗水一石五升」とあり[38]、「御酒（醸）所」が存在し貴族の邸宅内で酒の醸造がおこなわれていた。また甀のサイズによって、原料・麹の量・比率が異なっている。

このような富豪層による醸造は京内ばかりでなく地方でも同様で、『宇津保物語』吹上上〔史料22〕には、「これは酒殿。十石入るばかりの瓶廿ばかり据ヱて、酒造りたり。酢、醤、漬物皆同じごとしたり。贄殿などもあり」とあり[39]、貴族・富豪層も酒・酢・醤・漬物を酒殿と呼ばれる建物で醸造していたことが知られる。

さらに『令集解』28儀制令春時祭田条〔史料23〕では村落の祭礼で飲酒がおこなわれていたことが知られ[40]、集落内で酒の醸造をおこなっていた可能性がある。このような在地での酒の必要性から、『日本霊異記』では酒が出挙の対象となっていた説話が見える[41]。

『日本霊異記』中巻32縁は、紀伊国名草郡三上村の薬王寺で檀越の岡田村主石人が、薬料のものと称して米を寄進させ、妹の姑女に酒を造らせて出挙し、そしてその酒を借りた男が利息を返済できないまま死んで、牛に生まれ変わって償うという典型的な化牛説話である。また下巻26縁は、讃岐国美貴郡の大領小屋県主宮手の妻である田中真人広虫女が、自らの氏寺である三木寺の寺物を盗用し、さらに出挙の不

正をおこなっていたのに加えて、酒に水を加えて売るという罪まで犯して、地獄に堕ちるという説話である。これらの説話では、寺院を経営する富豪層が酒を造って、さらにそれを出挙して利息を得ている状態がうかがえ、寺院での酒造もおこなわれていた可能性がある。

以上から、「甀」・「甀」などのようないわゆる甕が、酒や酢などの醸造・貯蔵に用いられていたことを文献史料からあげたが、次に甕の使用法について考えてみたい。

Ⅳ　復元実験からわかる「大甕を使う」―漬物と酢の復元実験―

(1) 漬物の復元と甕―漬物の復元実験から「甕」の使用法を考える―

1) 西大寺食堂院跡出土木簡の漬物と甕

酒や酢の醸造以外にも甕を用いていた可能性があるのは、西大寺食堂院跡出土須恵器甕である。西大寺食堂院跡(本書210頁)の発掘調査では食堂・大炊殿・甲双倉が南北に並ぶ建物配置が確認され、「西大寺資財流記帳」の「食堂」を中心に「殿(盛殿)」・「大炊殿」・「厨」・「甲双倉」・「倉代」などに該当することがあきらかになった[42]。注目すべきは、食堂院跡の中心建物の東で東西4基・南北20列の合計80基以上の埋甕列が確認されたことである。

出土遺物は須恵器の大甕の他、土師器・製塩土器等の土器類や、木簡や墨書土器などの文字史料、種実類がある。西大寺食堂院跡出土の木簡〔史料24〕には、「醤漬瓜六斗」、「漬蕪六升／道下米依」、「飯壱斗壱升　蔓菁洗漬並［　　］／上座　寺主「信如」可信」などの漬物類や、「東薗進上瓜伍拾壱果／又木瓜拾丸　大角豆十把／茄子壱斗弐升(以下略)」、「茄子十五石六斗(以下略)」、「四斗五升茄九石　二斗一升知［　　］斗　□〔木ヵ〕瓜一石五斗五升干瓜(以下略)」などの野菜類が見え、さらには「浄酒弐升□□〔政所ヵ〕□料又酒／(以下略)」、「□酒壱升弐合［　　］」などの酒の貯蔵も認められる。また出土した種実類には瓜・蕪菁・茄子などの種実があり、木簡の記載と合致する。これらのことから、酒や酢の醸造の他に製塩土器の存在からも漬物に甕を使用していた可能性にも言及したい。「広隆寺資財帳」では「菜甀壱口」とあり、「菜甀」とあるのは漬物用の「甀」であろう。

さらに「正倉院文書」の天平勝宝2年(750)浄清所

解には「甘漬瓜茄子一叩戸」〔**史料27**①〕とあり[43]、「叩戸」も漬物用に用いていた可能性がある。「叩戸」は土師器もあるが、『延喜式』主計上畿内国調条や同諸国輸調条では「陶器」であるものがあることはあきらかで、同畿内国調条では容量は「三升」とあることから、関根真隆氏は大口の広口土器として、漬物用と考えている（文献11）。

　これらの史料から「瓺」や「叩戸」が野菜類の漬物に使われていたことがうかがわれ、木簡や種実類・製塩土器などの出土から、西大寺食堂院でも漬物が製造されていたことが推測される。

2) 史料に見える漬物

　古代における漬物の復元については、すでに『延喜式』を中心に試みたことがあるが（文献16）、今回は西大寺食堂院跡出土木簡に見える「瓜」を中心としたい。

　古代の瓜の漬物については、『延喜式』内膳司漬年料雑菜条〔**史料25**〕に漬春菜料として「瓜味漬一石〈料塩三斗〉」と見える[44]。また漬秋菜料として、「瓜八石。〈料塩四斗八升。〉糟漬瓜九斗〈料塩一斗九升八合。汁糟一斗九升八合。滓醤二斗七升。醤二斗七升。〉醤漬瓜九斗。〈料塩。醤。滓醤各一斗九升八合。〉」と見え、瓜の他に西大寺食堂院跡出土木簡に見える野菜の漬物として、「醤茄子六斗。〈料塩一斗二升。汁漕。味醤。滓醤各一斗八升。〉糟茄子六斗。〈料塩一斗二升。汁糟一斗八升。〉（中略）荏裹二石六斗。〈料瓜九斗。冬瓜七斗。茄子六斗。菁根四斗。塩一斗二升。醤。未醤。滓醤各一石。〉」と見える。

　『延喜式』では、瓜と茄子の漬け方では塩漬けだけでなく「醤漬」・「糟漬」も見え、さらに荏裹で包むものもある。また「瓜味漬一石〈料塩三斗〉」の「味漬」とは「甘漬け」のことであり、塩分濃度が低いものである。

　内膳司供奉雑菜条〔**史料26**〕には「日別一斗。薤料三升。生瓜卅顆。〈進三升。自五月迄八月所進。〉茄子卅顆〈進二升、六七八九月。〉（以下略）」とあり[45]、瓜や茄子がいわゆる夏野菜であり、季節で旬の野菜を漬けていたことも知られる。

　一方、「正倉院文書」にも漬物の記載が見え、天平勝宝2年（750）「浄清所解」では「甘漬瓜茄子一叩戸」〔**史料27**①〕と見え[46]、天平宝字2年（758）「食物用帳」や「食料下充帳」にはそれぞれ「醤一斗五升〈六升瓜漬料〉」〔**史料27**②〕[47]、「醤漬茄子五升」〔**史料27**③〕

と見えて[48]、瓜や茄子をそれぞれ塩漬けや醤漬けにしており、この漬け方は『延喜式』や西大寺食堂院跡出土木簡と異ならない。そこでこれらの文献史料から、瓜の漬物の復元実験をおこなってみた。

3) 古代の瓜の漬物の復元実験

①準　備

・材料：シロウリ、食塩、蒸留水、たて塩
・調理具：包丁、まな板、ボウル、漬物瓶
・器具（細菌検査用品）：プレート、三角フラスコ、キムワイプ、薬さじ、軍手、試験管、ミキサー、ピペット、チップ、たらい、おもり、電子上皿天秤
・薬品：生理食塩水（0.85%）、標準寒天培地、MRS寒天培地、デソオキシコーレイト培地

②実験方法

　茄子の漬物については、宝亀2年（771）の「奉写一切経所解」〔**史料27**④〕に「（塩）四斗四升茄子十一石漬料〈斗別四合〉」とあるところから[49]、漬物の塩分濃度を4〜5%と推定した[50]。一方瓜の漬物についても、天平宝字2年（758）「食物用帳」〔**史料27**⑤〕に「又塩六升〈瓜漬料〉」とあり[51]、醤漬けの他に塩漬けの例がある。その漬け方であるが、天平11年（739）「写経司解」〔**史料27**⑥〕には「瓜一百果別塩二升」とあるので[52]、まず瓜を縦半分に切り種を除いた。そして瓜465gに対して塩19.2gを使用した[53]。

　古代の1升は現代の0.45升であることと、現代の1升は約1.8ℓであることを用い、1.8×0.45＝0.81、つまり古代の1升は約800㎖である。1カップ（200㎖）に塩は1.2倍の240g入ることから、800×1.2＝960より、古代の1升中に塩は960gと算出した。天平11年「写経司解」では、瓜100個に対して塩2升を使用しているので、実験に使用した瓜1個465gに対する塩の量は19.2gであると算出した。この分量であると、塩分濃度は約4%となる。その上でシロウリの皮を上にして平らになるよう漬物瓶に詰めた。その後落とし蓋をして2kgの重石をのせ、屋外で保存したものも実験した。さらに市販の「ひしお」（森文醸造）を用いて、保存のための実験をおこなった。

③実験結果

　「正倉院文書」の塩分濃度をもとに漬けた瓜塩漬けでは、観察を始めてから3日後にはカビが発生し、重石を用いたものについては、約1週間後にはカビの発生が確認された。このことにより、重石と落とし蓋を

用いることによって、酸素が遮断された空間で漬け汁が出ることの重要性を確認することができた。また微生物検査の結果は、一般細菌が$1.4×10^8$、生酸菌は$4.7×10^6$だったが、大腸菌群は$1.15×10^5$と検出された。一方で醤漬けでは、1週間、2週間後と観察を続けた際に、見た目には大きな変化は見られず、2カ月後もカビの発生は見られなかった。また微生物検査の結果、大腸菌は検出されなかった。

以上の実験結果より、文献史料に見られる瓜と塩の分量では、野菜の長期保存は困難であった。現代の浅漬けのように短期保存としていたか、予備実験で重石をしなかったものはすべて腐敗したので、重石・落とし蓋などの存在が必要であり、さらに天平宝字2年（758）「食料下充帳」〔**史料27⑧**〕には「塩三升〈瓜曝料〉」とあって[54]、漬ける前に水分を抜くなど、漬ける工程において文献には残っていない工夫がなされていたかと考えられる。

また「甘漬瓜茄子一叩戸」〔**史料27①**〕から、甕ではなく広口の叩戸を使用しているのは、落とし蓋が必要であることを示しているのではなかろうか。

一方現在、醤漬けの分析もおこなっており、こちらの方は塩分濃度が約7％程度であったので、比較的長期保存が可能であるかと思われる。夏野菜である瓜や茄子が、正月の『最勝王経』の供養料として見えるのは、醤漬けの塩分濃度が高く、長期保存が可能であったからにほかならない。また漬物の保存には落とし蓋などの使用も重要で、このような用途によって、叩戸や甕Ｃなどの広口の甕が選択されていた可能性は考慮すべきであろう。

（2）酢の復元実験から「甕」の使用法を考える

甕は酒や酢などの液体が貯蔵されていたことが文献史料からもあきらかであるが、では実際にどのように醸造・貯蔵していたか、実際に復元実験をおこなって甕の使用法を考えてみたい。

1）造酒司と酢

日本の酢は米酢で、米から醸造した酒が変質したものが「酢」であるとされている。『和名抄』巻16〔**史料28**〕によれば、酢は「本草云酢酒味酸温無毒〈酢音倉故反字亦作醋和名須酸音索官反〉陶隠居曰俗呼為苦酒〈今案鄙語酢為加良佐介此類也〉」とあって[55]、酢は酸味があり「ス」と読み俗に「加良佐介」と呼ばれていたこと

が判明する。

「職員令」造酒司条〔**史料8**〕には、「造酒司正一人。〈掌。醸_酒醴酢_事。〉」とあり[56]、古代の酢は酒・醴（こさけ＝甘酒）とともに造酒司で製造されていた。これらの酢は「造_酢料六十五斛。右以_庸米_受_民部省_。」とあって[57]、酢の原料となる米は民部省の庸米が用いられていたことが知られる。天平11年（739）の「伊豆国正税帳」〔**史料14**〕には、「合酒弐拾捌斛柒斗壱升壱合、雑用参斛玖斗壱升陸合〈三斗七升、織錦、并神明膏、万病膏等酢分、〉」とあり[58]、古くなった酒を酢として計上している。

奈良時代の酢の製法としては、神護景雲4年（770）の「奉写一切経所告朔解」〔**史料29**〕には、「酢壱甄弐斛捌斗肆升伍合／二斗八升〈七月三日請〉／二斛五斗六升五合〈以同月十二日請甄納米二斛八斗五升〉／得汁〈斛別九斗〉」とあって[59]、「甄」を使って米二斛八斗五升から酢二斛五斗六升を製造しており、米一斛で酢九斗を製造している。この酢の残り滓が「酢滓（糟）」で、神護景雲4年（770）の「奉写一切経所解案」〔**史料30**〕には、「酢糟七斗／七月中請〈二斗三日　五斗十二日〉／用尽／三斗漬茄子一十三斛四斗六升料／二斗自進五百十六人仕丁四百九人并九百廿五人料〈人別二夕〉／二斗依甍不用」とあって[60]、酢糟が漬物や調味料として支給されているほか、「二斗依甍不用」のように腐敗して使用できないものも記されている。このような酢糟では「酢四斛一斗二升〈交糟〉」のように[61]、酢の糟が混じった酢もあり品質では良くない一方、「吉酢」とあるような上等な酢も存在する。

酢は調味料として必需品であり、『万葉集』巻16－3829に「酢、醤、蒜、鯛、水葱を詠む歌」として、「醤酢に蒜搗き合てて鯛願ふわれになみせそ水葱の羹」とあって[62]、鯛の刺身に酢を調味料として用いていたことが知られる。平安時代の大饗料理でも、醤・塩・酒・酢が「四種器」として手元の調味料として用いられており、酢は調味料としては不可欠なものであった。それゆえ奈良時代でも官人の給与としても支給されており、「正倉院文書」には写経生に対しその支給される給食の品目・量を決めたものとして「食法」が見られ[63]、経師や装潢の一日料として「酢五勺」が支給されている。

酢の製法については、『延喜式』造酒司「造_雑給酒及酢_法」条〔**史料31**〕によれば、「酢一石料。米六斗九升。蘗四斗一升。水一石二斗。（中略）酢起_六

月_。各始。醸造。経レ旬為レ醋、並限_四度_。」と
あって(64)、陰暦六月に仕込んで10日ごとに4回に分
けて醸造し、発酵期間が40日間であることが知られ
る。酢は酒とともに醸造され、造酒司のような官司
で製造されていたが、調味料や漬料としても必需品
であったので、貴族や豪族の家でも製造されていた。
『宇津保物語』吹上上〔史料22〕では、紀伊国牟婁郡
の大豪族である神南備種松の屋敷の様子が描かれて
いるが、そこでは「これは酒殿。十石入るばかりの瓶
廿ばかり据ヱて、酒造りたり。酢、醤、漬物、皆同
じごとしたり。贄殿などもあり」とあって(65)、酒殿
で酒・醤・漬物などともに製造されていることが知
られる。

平城宮における造酒司(本書190頁)は、1964年の
発掘調査などによってその遺構があきらかになった。
発掘調査の結果、造酒司跡は内裏東方にあり、南北
約125m・東西約110mの区画を築地塀で囲まれて
おり、南北門や掘立柱建物・井戸などが発見されて
いる。掘立柱建物の内部には甕の据付穴が並び、醸
造・保管に係る施設であり、また井戸は六角形の
周囲を石敷でめぐらせる巨大な井戸である。この他、
区画内には竪穴が掘られており、種麹の保存施設の
可能性がある。遺構からは酒造に関する木簡のほか
に酢に関する木簡も出土しており、「中酢」「臭酢鼠入
在/臭臭臭臭臭」などと書かれた木簡〔史料32①・
②〕も見つかっており、前者は酢の等級を示すもので
あると思われ(66)、後者は酢の中に鼠が入り腐敗して
いる様子を示している(67)。その他須恵器杯の底部外
面に「酢」と書かれた墨書土器も出土しており(文献
18)、あるいはこれらの墨書土器は甕の蓋に使用され
た可能性もあろう。

平城宮造酒司跡ＳＤ3035からは「尾張国中嶋郡石
作郷/酒米五斗九月廿七日」や(68)、「丹後国竹野郡芋
野郷婇部古与曽赤春米五斗」等の木簡〔史料32③・
④〕が出土し(69)、「酒米」「赤米」が酒や酢の原料とな
る米であることが知られる。

また神護景雲4年(770)「奉写一切経所解」〔史料
33①〕によれば「酢壱甕〈五条第九甕且請五斗一升〉と
あり(70)、5列目の9番目に並ぶ甕の酢であることが
わかる。同様に造酒司跡ＳＤ3035からも「二條六甕
三石五斗九升」という木簡〔史料33②〕が出土してい
るので(71)、酢の甕は整然と並べられていたことが想
定される。都城遺跡における甕据付建物遺構は、こ

のような酒や酢の醸造に関係する建物と考えて良い
と思われる。

2)酢ができる原理

酒・酢の醸造については発酵過程が重要になるの
で、酵母・酒母の管理・専門工人の存在が必要で、
それが酒部・酒戸であると考えられる。現代の酢の
製法については、鹿児島県福山酢の黒酢の製法が有
名であるが(72)、一般に酢の醸造の原理としては、米
と麹、水から製造する。まず米と麹に水を加えて発
酵させ、アルコール発酵が起きたら酢酸を加えれば、
酢は完成する(文献27)。そこで次に『延喜式』内膳司
造酒司条に見られる酢の製法で、実際に復元実験を
おこなってみた(73)。

3)古代酢の復元実験

本実験では『延喜式』の分量をもとに、鹿児島県福
山酢の製法を参考に復元実験をおこなった。

実験日　実験1：平成29年4月28日
　　　　実験2：6月22日
　　　　実験3：7月13日
　　　　実験4：8月3日
　　　　実験5：10月13日
　　　　実験6：12月4日
実験場所　東京医療保健大学世田谷キャンパス
　　　　調理学実験室(A106)
実験者　三舟隆之・峰村貴央(当時助手)・小嶋莉
　　　　乃・小牧佳代・小松本里菜・今野里咲
　　　　(当時4年生)

①材　料　精白米(こしひかり茨城県産)、酒米(山田錦兵
庫県産　単一原料米)、みやこ麹(伊勢惣)、蒸留水、ドラ
イイースト(日清製粉)、活性原酒(雪っこ(酔仙酒造株式会
社))を実験材料として使用した。

②分　量　『延喜式』内膳司造酒司条〔史料31〕に
は「酢一石料。米六斗九升。蘖四斗一升。水一石二
斗」とあるので(74)、「酢一石」は100升であるから酢
一升＝0.8ℓを80ℓに換算した。また「米六斗九升」
は69升で、米一升は現在の4.5合にあたり、『日本食
品成分表2015』では米一合は約150ｇであるので(75)、
46.6kgに換算できる。「蘖」は米麹と考えられ、「蘖
四斗一升」は41升であるから、米麹一升は現在の4.5
合になり、米麹一合として約123ｇ、22.6kgに換算し
た。さらに「水一石二斗」は120升で、水一升は0.8ℓ

であるから96ℓに換算できる。

そこで酢80ℓを造るには、米49.6kg・米麹22.6kg・水96ℓが必要であるので、本実験では酢を1ℓ造るとし、米620g、米麹283g、水1.2ℓを用意した。

③実験過程　まず精白米620gをさらしで包んで洗った後、5分間水を切った。さらに精白米を蒸留水で2時間浸漬し、5分間水を切った。次に100℃に設定したスチームコンベクションオーブンで精白米を40分間蒸し、蒸した米を38℃程度まで冷ました。福山酢の製法から、雑菌を防ぐために最後に「振り麹」をおこなうとし、米麹・蒸し米・蒸留水・振り麹の順で甕に入れ、さらしで蓋をした（実験5・6は発酵を促すため、できるだけ毎日かき混ぜた。）

④実験条件　（材料は、全て実験1と同量である。各実験では2個体を作成）

実験1（個体A）は『延喜式』の材料、分量で4月28日に作成（米620g、米麹283g、水1.2ℓ）した。実験2（個体B）は6月22日に作成し、実験後に酢酸菌を添加した。実験3（個体C・D）は、ドライイーストを添加した個体Cと添加しない個体Dを7月13日に作成し、それぞれインキュベーター内で温度管理（28℃に設定）した。実験4（個体E・F）は振り麹100gを80gに変更にして、8月3日に作成した。さらにドライイーストを添加した個体E、添加しない個体Fも作成した。実験5（個体G）は、実験工程を『延喜式』と同様に10月13日から三段仕込みをおこない、実験6（個体H・I）は酒米を使用した上に、活性原酒（180㎖）を添加した個体H、投入しない個体Iを12月4日に作成した。

4）実験結果

酢を醸造する上でもっとも重要なのはアルコール発酵であるが、実験1から4までは発酵が起きずすべて腐敗して失敗した。しかし実験5の三段仕込みや実験6の酒米を使用して活性原酒を投入したものについては発酵が認められたが、その後酢酸菌を投入したにもかかわらず、酢になるときの皮膜や匂いは認められなかった。発酵濃度が約10％と高かったのが、失敗の原因と考えられる。

5）追加実験

実験日　　　平成30年6月28日（木）

実験場所　　東京医療保健大学世田谷キャンパス
　　　　　　調理学実験室（A106）

実験者　　　三舟隆之・西念幸江、佐藤彩乃・佐藤
　　　　　　清香（当時4年生）

実験用具・器具・実験機器・実験工程は、前年度と同じである。

①材　料　精白米（こしひかり茨城県産）、酒米（山田錦兵庫県産　単一原料米）、みやこ麹（伊勢惣）、蒸留水、ドライイースト（白ワイン用酵母：原産国英国）、

②分　量（米620g、米麹283g、水1.2ℓ）　実験1（個体A①②）は、前年と同様に『延喜式』の材料、分量（米620g・米麹283g・水1.2ℓ）で作成した。実験2（個体B①②）は、酒米620g・米麹283g（内、振り麹100g）とし、実験3（個体C①②）は、米620g・米麹283g（内、振り麹100g）にドライイースト（ワイン酵母）15gを添加し、水1.2ℓを入れて撹拌した後振り麹をし、それぞれインキュベーター内で温度管理（28℃に設定）した。

6月28日（木）の仕込み時では、個体A①〜C②まで、温度は22〜28℃で、pHも5.1〜6.6、糖度はA①が20.0％と高かったものの、概ね5.1〜7.7％であった。酒米を使用したもの（個体B①②）はpH6.6、6.5で糖度も5.5％・5.1％、ワイン酵母を用いた個体C①②はpH5.5、5.1で糖度は7.05％・7.7％と高かった。いずれもまだ発酵はしていなかった。

7月11日（水）に発酵を確認するため、発酵濃度を測定したところ、すべてに発酵が認められた。中でもやはり酒米とワイン酵母を用いたものが糖度が高く、pHの値も低下していた。そこで8月1日（水）に酢酸菌を投入したが、それぞれ発酵濃度が約10％前後と高いので、酢酸の発酵に適した濃度（5〜7％）にするため、A②とB②（酒米）に蒸留水500㎖を加水したところ、A①・B②（酒米）の発酵濃度はそれぞれ5.0％、5.5％に低下した。その後酢酸菌50㎖を、A②・B②（酒米）・C②（ワイン酵母）のそれぞれに投入した。

その後、10月4日（木）には個体A②に皮膜が認められ酢の匂いもしたので、11月5日（月）にA②から500g採取し、成分分析をおこなうため味の素食品研究所へ依頼して送った。その後11月22日（木）に分析結果が判明し、発酵濃度が0％になって酢酸が発生していることが認められたため、酢が完成し、『延喜式』に見られる古代の酢の復元に成功した[76]。

以上の実験から、単に『延喜式』の材料だけからでは、酢の製造は難しいと思われる。やはりアルコール発酵の技術を熟練した工人が必要であり、またそれに適した原料や環境が必要であると思われる。造酒

司跡から「酒米」・「赤米」などの木簡が出土しているのは、それらの材料が生産地から運ばれてきていたことを示すとともに、それらが醸造に適したものであることを理解していたに違いない。

V　おわりに

1) 文献史料から

「儀制令」や諸国正税帳から見ると、饗宴や京内での酢の支給や、地方では元日朝賀の宴で米・酒が支給されていることから、造酒司や国衙の厨で酒や酢が醸造され、さらには郡家や富豪層においても、同様な醸造がおこなわれていたと思われる。「伊豆国正税帳」では酒に加え酢・醤も醸造されていたことが示され、酒は甕で醸造・貯蔵されていたことが、「大倭国正税帳」・『延喜式』神祇五斎宮条から判明する。

また富豪層による醸造もおこなわれており、長屋王木簡の「御酒(醸)所」や、『宇津保物語』からその様子がうかがえる。さらに「儀制令」春時祭田条では「郷飲酒礼」と見え、村落における酒が存在していることから、在地の富豪層による酒造もうかがうことができる。

2) 遺跡・遺構から

平城宮造酒司跡は宮都における醸造組織として重要な遺構であるが、そこから出土する木簡や須恵器の甕列の存在から、造酒司で酒や酢などの醸造・貯蔵がおこなわれていたことが想定される。このような甕列は平城宮跡だけでなく長岡京跡などからも検出されており、醸造に関係する組織の存在が想定される。これらの遺跡から整然とした甕列が存在していたことは、酒や酢の醸造や貯蔵においては、発酵の確認や温度管理が重要であるため、酒部などの専門工人が集中して管理する必要があったためであろう。

とくに「酒米」の木簡からは、酒造などの発酵に適した米をすでに使用していた可能性がある。造酒司などの醸造組織では「酒・酢・醤」を一緒に醸造しているが、これも発酵を一元的に管理し、効率よく発酵をおこなうためだと考えられる。

現代でも酒造会社では「蔵付き酵母」による酵母の管理がおこなわれており、福山酢においても甕を使い続けることで発酵を促している。また西大寺食堂院跡出土木簡や須恵器甕列の発見は、寺院でも酒・醤などを醸造していたことを示している。

表1　追加実験結果（8月1日測定）

個体	温度	PH	糖度	発酵濃度
A①	27℃	3.9	5.8%	10.0%
A②	26℃	3.3	5.5%	10.0%
B①（酒米）	26℃	3.6	5.5%	10.0%
B②（酒米）	26℃	3.7	5.1%	9.0%
C①（ワイン酵母）	27℃	4.7	7.0%	8.5%
C②（ワイン酵母）	27℃	4.7	7.7%	10.5%

3) 漬物・酢の復元実験から

西大寺食堂院跡出土木簡には「醤漬瓜六斗」などの漬物に関する木簡が見え、出土した製塩土器や瓜や茄子などの種実類から、西大寺食堂院跡で漬物を製造していた可能性がある。

また『延喜式』内膳司漬年料雑菜条や「正倉院文書」にも漬物の記載は多数見え、それらの文献史料から漬物を復元すると、塩漬けでは塩分濃度が3〜5％であり長期保存は不可能であることが実験から判明し、醤漬けなどが長期保存用に適するものと考えられ、これらの漬物に須恵器甕が用いられていた可能性がある。

実験から判明したのは、漬物の保存には重石・落とし蓋などが必要であり、甕Cや叩戸のような広口の甕が漬物には適すると思われる。甕の使用目的から器形が選択される可能性も、考える必要があるのではなかろうか。

また『延喜式』内膳司造酒司条による酢の復元実験からは、まず酢の製造にはアルコール発酵が不可欠であり、そのため酒と同じ場所で醸造する必要性があろう。

さらに酒造に適した酒米・酵母(酒母)が必要であり、麹・酵母や温度管理の重要性から、酒部・酒戸のような専門工人が不可欠である。酢を醸造するには酢酸菌が必要であるが、酢酸菌は空気中に存在するものの、効率よい酢の醸造をおこなうには、種酢を使用していた可能性も今後考えるべきであろう。

4) 最後に

須恵器の甕が酒や酢の醸造に用いられたとしたら、今後西大寺食堂院跡井戸出土の須恵器大甕内部のリング状のような痕跡には注意が必要であり、現在おこなわれているような土器のコゲ・ススの化学分析の

ような方法で、甕内部の痕跡から内容物を判明できる方法はないか、今後模索していきたい。

註

（1）中田祝夫解説『倭名類聚抄』瓦器類、勉誠社、1978、178・179頁。

（2）『上毛新聞』昭和20年5月23日の記事に、前橋医専岡崎教授の分析で酒であることが証明、とある。

（3）新訂増補国史大系『延喜式』吉川弘文館、1965、主計上畿内国調条、597頁。

（4）新訂増補国史大系『延喜式』主計上諸国輸調条、598頁。

（5）新訂増補国史大系『延喜式』主計上筑前国条、619頁。

（6）前掲註1。

（7）「法隆寺伽藍縁起并流記資財帳」『大日本古文書』2－608～611。

（8）新訂増補国史大系『延喜式』造酒司、887頁。

（9）『日本書紀』巻一　神代上（日本古典文学大系『日本書紀』岩波書店、1967、125頁）。

（10）日本思想大系『律令』岩波書店、1976、職員令大膳職条、179頁。

（11）日本思想大系『律令』職員令造酒司条、182頁。

（12）日本思想大系『律令』儀制令元日国司条、348頁。

（13）新日本古典文学大系『萬葉集』四、岩波書店、2003、256・336・491頁。

（14）『大日本古文書』2－104。

（15）『大日本古文書』2－13。

（16）『大日本古文書』2－117。

（17）『大日本古文書』2－121。

（18）『大日本古文書』2－197。

（19）『大日本古文書』1－389。

（20）『大日本古文書』1－453。

（21）『大日本古文書』2－144。

（22）『大日本古文書』2－17。

（23）『大日本古文書』2－40～42、46。

（24）『大日本古文書』2－52・53。

（25）『大日本古文書』1－396・399・403・406・409・412。

（26）『大日本古文書』2－81。

（27）前掲註21。

（28）『大日本古文書』1－623。

（29）『大日本古文書』14－384。

（30）新訂増補国史大系『延喜式』神祇五斎宮条、122頁。

（31）『大日本古文書』1－616。

（32）『大日本古文書』1－458。

（33）『群馬県史』4、1171頁。

（34）『群馬県史』4、1173頁。

（35）竹内理三編『平安遺文』第1巻、東京堂、1947、14頁。

（36）『平安遺文』第1巻、172頁。

（37）『平安遺文』第1巻、278頁。

（38）『平城宮発掘調査出土木簡概報』23－5奈良文化財研究所。

（39）『宇津保物語』一　日本古典文学大系、岩波書店、341頁。

（40）新訂増補国史大系『令集解』儀制令春時祭田条、722頁。

（41）新潮日本古典集成『日本霊異記』中巻32縁（182～185頁）、下巻26縁（268～271頁）、新潮社、1984。

（42）『西大寺食堂院・右京北辺発掘調査報告』奈良文化財研究所、2007。

（43）『大日本古文書』11－352。

（44）新訂増補国史大系『延喜式』内膳司漬年料雑菜条、874頁。

（45）新訂増補国史大系『延喜式』内膳司供奉雑菜条、873頁。

（46）前掲註43。

（47）『大日本古文書』13－298。

（48）『大日本古文書』14－101。

（49）『大日本古文書』6－233。

（50）『延喜式』の漬物の塩分濃度も大体同じである。文献16、土山他報告参照。

（51）『大日本古文書』13－312。

（52）『大日本古文書』7－273。

（53）詳細な実験方法と結果については、今後報告したい。

（54）『大日本古文書』13－473。

（55）『倭名類聚抄』塩梅類、186頁。

（56）前掲註11。

（57）新訂増補国史大系『延喜式』884頁。

（58）前掲註18。

（59）『大日本古文書』6－93、18－25。

（60）『大日本古文書』18－9～10。

（61）『大日本古文書』6－253。

（62）日本古典文学大系7『萬葉集』四、岩波書店、1962、143頁

（63）『大日本古文書』11－486～488。

（64）新訂増補国史大系『延喜式』885頁。

（65）前掲註39。

（66）『平城宮木簡二解説』2－2323。

（67）『平城宮木簡二解説』2－2390。

（68）『平城宮木簡二解説』2－2251。

（69）『平城宮木簡二解説』2－2258。

（70）『大日本古文書』6－52。

（71）『平城宮木簡二解説』2－2330。

（72）https://www.kurozuya.co.jp/knowledge/product.html、2018年12月7日現在。

（73）実験の詳細は、文献10を参照されたい（大学HPで参照可能）。

(74) 前掲註64。

(75) 文献3による。

(76) その後、B②(酒米)からも皮膜が観察され、酢の匂いが認められた(2019年4月現在)。

参考文献

1 飴山實・大塚滋編『酢の科学』朝倉書店、1990。

2 荒井秀規「延喜主計式の土器について」(上・下)『延喜式研究』第20・21号、延喜式研究会、2004・2005。

3 医歯薬出版編『日本食品成分表』2015年版(七訂)、2016。

4 井山温子「須恵器の古器名」『土師器と須恵器』季刊考古学普及版、雄山閣、2001。

5 エヌ・ティー・エス編『発酵と醸造のいろは』2017。

6 大林潤・渡邊晃宏・今井晃樹・神野恵・小池伸彦「西大寺食堂院の発掘調査」『日本考古学』第24号、日本考古学協会、2007。

7 蟹江松雄『福山の黒酢』農山漁村文化協会、1989。

8 上村憲章「容量から見た甕」『瓦衣千年―森郁夫先生還暦記念論文集』真陽社、1999。

9 木村泰彦「甕据え付け穴を持つ建物について」『瓦衣千年―森郁夫先生還暦記念論文集』真陽社、1999。

10 小嶋莉乃・小牧佳代・峰村貴央・五百藏良・三舟隆之「『延喜式』に見える古代の酢の製法」『東京医療保健大学紀要』13巻1号、東京医療保健大学、2019。

11 関根真隆「奈良時代の厨房用具」『奈良朝食生活の研究』吉川弘文館、1969。

12 舘博監修『図解でよくわかる発酵のきほん』誠文堂新光社、2015。

13 巽淳一郎「奈良時代の甌・甂・㽀・由加」『文化財論叢Ⅱ』同朋舎出版、1995。

14 玉田芳英「平城宮の酒造り」『文化財論叢Ⅲ』奈良文化財研究所学報第65冊、奈良文化財研究所、2002。

15 塚本義則「やさしいお酢のはなし」『Foods & food ingredients journal of Japan』FFIジャーナル編集委員会、2003。

16 土山寛子・峰村貴央・五百藏良・三舟隆之「『延喜式』に見える古代の漬物の復元」『東京医療保健大学紀要』11巻1号、東京医療保健大学、2016(『東京医療保健大学紀要』は大学HPから参照可能)。

17 奈良国立文化財研究所『平城宮発掘調査出土木簡概報』23、1990。

18 奈良国立文化財研究所『平城宮木簡二 解説』奈良国立文化財研究所史料第8冊 別冊、1975。

19 奈良市埋蔵文化財調査センター「西大寺旧境内で発見された埋甕遺構」『奈良市埋蔵文化財速報展示資料』17、奈良市教育委員会、2004。

20 奈良文化財研究所『西大寺食堂院・右京北辺発掘調査報告』2007。

21 奈良文化財研究所『地下の正倉院展―造酒司木簡の世界』平城宮跡資料館平成27年度秋期特別展、2015。

22 西田泰民「土器の器形分類と用途に関する考察」『日本考古学』第14号、日本考古学協会、2002。

23 西弘海「平底の土器・丸底の土器」『土器様式の成立とその背景』真陽社、1986、初出1979。

24 菱田哲郎「土器にみる都と地方」『須恵器の系譜』歴史発掘10、講談社、1996。

25 北陸古代土器研究会編『つぼとかめ』北陸古代土器研究第8号、1999。

26 堀江修二『日本酒の来た道』今井出版、2012。

27 宮尾茂雄「漬物と微生物」『モダンメディア』第61巻第11号、栄研化学株式会社、2015。

28 望月精司「壺・甕」『モノと技術の古代史 陶芸編』吉川弘文館、2017。

29 吉田恵二「『延喜式』所載の土器陶器」『考古学論考 小林行雄博士古稀記念論文集』平凡社、1982。

〔史料一〕『倭名類聚抄』巻十六　瓦器類（中田祝夫解説『倭名類聚抄』一七八・一七九頁）

甀　本朝式云甀　一音伏見唐韻　和名　美加今案音長　同上

甄　本朝式云甄　佐良介今案　和名　辨色立成云浅甕　所出未詳　同上

甕　揚雄方言云自關而東罌謂之甕　鳥貢反字亦作瓵罌音鳥莖　反字亦作罌和名毛太非

（中略）

瓶子　楊氏漢語抄云瓶子　上音薄經反　和名加米

游埛　唐韻云埛　抄云游埛由賀　音剛楊氏漢語　介是辨色立成云於保美加　今案俗人呼大桶為由加乎

II　「甕」の器名と容量 ─『延喜式』主計寮を中心に─

〔史料二〕『延喜式』主計上畿内国調条（新訂増補国史大系『延喜式』五九七頁）
陶器。八丁池由加。甀各一口。受二五二石。二丁甀一口。受二二斗。缶三口。受二五二斗。一丁由加一口。受二二石。

〔史料三〕『延喜式』主計上諸国輸調条（新訂増補国史大系『延喜式』五九八頁）
陶器。三丁池由加。甀各一口。各受二五石二。二丁甀二口。受二二石。小由加四口。受二二石。小甕三口。酒壺六合。缶六口。瓮十二口。爐瓷八口。着乳瓷八口。洗盤。水瓶。大酒瓶。平瓶。有レ蓋無レ柄大瓶。有レ柄大瓶。大壺。大高盤各十二口、叩瓷。麻笥。盤各八口。大盤十二合。負瓶八口。筥瓶。臼各廿四口。鉢卅口。酢瓶下盤。有レ柄酢瓶。小盤。筥杯。樣脚短坏。瓜椀各卅口。

（以下略）

〔史料四〕『延喜式』主計上筑前国条（新訂増補国史大系『延喜式』六一九頁）
大甕九口。小甕百九十五口。瓮一百九十五口。麻笥盤五十六口。水椀三百廿口。

〔史料五〕「法隆寺伽藍縁起并流記資財帳」（『大日古』二─六〇八～六一一）
甀壹伯口　一口径一尺八寸　深三尺四寸　（以下略）
（中略）
甀壹拾口　一口径一尺三寸五分　深二尺二寸　（以下略）

〔史料六〕『延喜式』造酒司新嘗会白黒二酒料条（新訂増補国史大系『延喜式』八八七頁）
造酒者。米一石。令女丁春。以三斗八升六合二為レ飯。合二官稲。七斗一升四合為レ飯。水五斗一各等分為二一甕一。

〔史料七〕『日本書紀』巻一神代上第八段一書第一（日本古典文学大系『日本書紀』一二五頁）
一書曰、（中略）、素戔嗚尊乃教之曰、汝可下以二衆果一醸中酒八甕上。吾当為レ汝殺レ蛇。二神随レ教設レ酒。（中略）。素戔嗚尊勅レ蛇曰、汝是可畏之神。敢不レ饗乎、乃以二八甕酒一、毎レ口沃入。其蛇飲レ酒而睡。

III　文献史料に見える「甕」と酒・酢

1　律令官制における醸造組織

〔史料八〕『養老令』職員令　造酒司条（日本思想大系『律令』一八二頁）
造酒司
正一人。掌。醸二酒醴酢一事。佑一人、令史一人、酒部六十人掌、供二行觴一。使部十二人、直丁一人、酒戸。

2　地方における饗宴と甕

〔史料九〕『養老令』儀制令　十八元日国司条（日本思想大系『律令』三四八頁）
凡元日。国司皆率二僚属郡司等一。向レ庁朝拝。訖長官受レ賀。設レ宴者聴。其食。以二当処官物及正倉一充。所レ須多少。従二別式一。

〔史料十〕『万葉集』巻一八〜二〇　（新日本古典文学大系『萬葉集』四　二五六・
三三六・四九一頁）

①巻十八

（四一三六）天平勝宝二年正月二日、於二国庁一給二饗諸郡司等一宴歌一首

②巻十九

（四二五〇）（天平勝宝三年八月四日）設二国厨之饌於介内蔵伊美吉縄麻呂館一饌之。

于時大伴宿祢家持作歌一首

③巻二十

（四五一六）（天平宝字）三年春正月一日、於二因幡国庁一、賜二饗国郡司等一之宴

歌一首

〔史料十一〕「淡路国正税帳」天平十年（七三八）（『大日古』二―一〇四）

元日設宴給米弐升、充稲肆把、
酒弐升

拝朝廷参国司長官已下、史生已
上合二人、々別給米一升、酒一升、

〔史料十二〕「薩摩国正税帳」天平八年（七三六）（『大日古』二―一三）

元日拝朝廷刀祢国司以下少毅以上、
惣陸拾捌人食稲壱拾参束陸把人別二把　酒陸
斗捌升人別一
升

〔史料十三〕

①「駿河国正税帳」天平十年（七三八）（『大日古』二―一七）

元日拝朝廷刀祢拾壱人国司史生已上三口
郡司主帳已上六口　食稲弐束二把　酒壱斗壱升
軍毅少毅已上二口
人別稲二把　酒一升

②「駿河国正税帳」天平十年（七三八）（『大日古』二―二二）

酒五斛肆斗
醤玖斛柒斗盛甕伍口四口別受二斛一
口受一斛七斗
末醤弐斛捌斗盛甕弐口口別受一斛四斗
酢壱斛玖斗盛甕壱口

〔史料十四〕「伊豆国正税帳」天平十一年（七三九）（『大日古』二―一九七）

酒壱拾捌斛漆斗壱升壱合
醸加酒清濁并壱拾斛
合酒弐拾捌斛柒斗壱升壱合
雑用参斛玖斗壱升陸合三斗七升、織錦、并神明膏、
万病膏等酢分、
遣弐拾肆斛漆斗玖升伍合不動十一斛
二斗五升
醤弐斗弐升伍合　盛甕壱口
末醤壱斗伍升　盛甕壱口
酢弐斗弐升伍合　盛甕壱口

〔史料十五〕

①「豊後国正税帳」天平九年（七三七）（『大日古』二―四〇〜四二、四六）

玖珠郡
天平八年定正税稲穀壱万柒千弐伯弐拾斛陸斗捌升弐合弐夕
（中略）
酒壱拾玖斛肆合
醤参斛壱斗伍升
酢柒斛伍斗
（中略）
酒壱拾捌斛伍斗捌升捌合

甕肆口 大甕二口 中甕一口
醤参斛壱斗伍升
甕壱口 小甕
酢柒斛伍斗
甕壱口 小甕

②「豊後国正税帳」天平九年（七三七）（『大日古』二―五二・五三）
（速見郡ヵ）
酒参拾陸斛陸斗壱升弐合 加今年五斛
甕陸口 大甕二口 中甕一口 小甕二口 （一口不足セリ）
醤壱拾弐斛伍斗
甕肆口 小甕

【史料十六】「大倭国正税帳」天平二年（七三〇）（『大日古』一―三九六～四一二より抜粋）
酒漆拾壱甕 々別五斛
（平群郡）酒陸甕 々別五斛
（十市郡）酒肆甕 々別五斛
（城下郡）酒伍甕 々別五斛
（山辺郡）酒陸甕 々別五斛
（添上郡）酒壱拾参甕 々別五斛

【史料十七】「和泉監正税帳」天平十年（七三八）（『大日古』二―八一）
酒陸拾伍斛
盛甕壱拾参口 々別受五斛

148

【史料十八】「周防国正税帳」
①「周防国正税帳」天平十年（七三八）（『大日古』二―一一四）
酒肆拾壱斛伍斗漆升肆合 甕卅五口

②「周防国正税帳」天平七年（七三五）（『大日古』一―六二二）
酒壱拾肆斛壱斗肆升参合 甕一十二口

【史料十九】「経所見物注文案」天平宝字四年（七六〇）（『大日古』一四―三八四）
酢七升 甕二口

【史料二十】『延喜式』神祇五 斎宮条（新訂増補国史大系『延喜式』一二三頁）
酒卌三甕。甕別米三石七斗。酢五甕。甕別三石七斗。別大豆石七斗。醤六甕。別三石。
右斎内親王初到之年。国司預割可レ納レ寮米。大豆。塩等一。造儲供之。若有一
甕破壊二者。令二尾張国供送一。

【史料二十一】長屋王家木簡（平城京左京三条二坊・一・二・七・八坪長屋王邸SD4750
城二三―五）
　　　　（醸ヵ）
（表）・御酒□所充仕丁　蘇我部道　朝倉小常　右四人
　　　　　椋部皆　私部小毛人
（裏）・「大甕米三石麹一石水□　次甕米一石麹一石水二石二斗　次甕米一石
　　麹一石水□石一斗　次甕二石麹八斗水二石一斗　少甕米一石麹四斗水二石五升
　　　　　　　　　　　　　　　　　　　　　405・42・2　011

【史料二十二】『宇津保物語』吹上上（『宇津保物語』一　日本古典文学大系　三四一頁）
これは、酒殿。十石入るばかりの瓶廿ばかり据ゑて、酒造りたり。酢、醤、漬
物皆同じごとしたり。贄殿などもあり。

【史料二十三】『令集解』「儀制令」二十八春時祭田条（日本思想大系『律令』七二三頁）
凡春時祭田之日。集二郷之老者一。一行二郷飲酒礼一。

（中略）

古記云。春時祭田之日。謂二国郡郷里毎レ村在社神一。人夫集聚祭。若放二祈年祭一
歟也。行二郷飲酒礼一。謂令下二其郷家一備設上也。一云。毎レ村私置二社官一。名
称二社首一。村内之人。出挙取レ利。預造二設酒一。祭田之日。設二備飲食一。或毎レ家量レ
状取二歛料一。縁二公私事一往二来他国一。令レ輸二神幣一。或毎レ家量レ
設食。男女悉集。告二国家法一令レ知詑。即以二歯居レ坐。以二子弟等一充二膳部一。并人別
供二給飲食一。春秋二時祭也。此称二尊長養老之道一也。

IV

（1）復元実験からわかる「大甕を使う」 ―漬物と酢の復元実験―

（1）―1 西大寺食堂院跡出土木簡の漬物と甕

〔史料二十四〕 漬物・酒関係木簡史料… （番号は報告書による）

1
東薗進上瓜伍拾壱果
又木瓜拾丸　　大角豆十把
茄子壱斗弐升
　　　　　別□□□
　　　　　七月廿四日　【当ヵ】
　　　　　　299・37・4　011

8
飯壱斗壱升　　蔓菁洗漬並
上座　　□□「信如」可信
寺主
　　　　　　（180）・41・3　019

14
・漬蕪六升
・道下米依
　　　　　　（66）・25・3　081

15
・茄子十五石六斗　　六石五斗見直充了
「世世世石六斗　　□□□見直充了
「世世世世」　　九石一斗　　直未□九十三文今所給
＝世世世世世」□□
二石九斗「茄子」　四石「麻」一石
□□□□□為為為」□□□卅□
「財平」□
　　　　　　（239）・18・3　019

16
・四斗五升茄九石　二斗一升知□□□斗　□瓜一石五斗五升干瓜
九日升五合　□漬
　　　　　　【木ヵ】
日□升目日五　　「畠浄」□□堺」「昨日」様□□乇□
　　　　　　　　　　　　　　【畠浄】
　　　　　　339・28・4　011

18
・浄酒弐升□□□料又酒
□□□□
【政所ヵ】
　　　　　　（156）・（9）・4　081

19
□酒壱升弐合□
　　　　　　（174）・（10）・3　081

20
・塩壱斗
白米太大合西大寺□
　　　　　　（159）・（17）・1　081

42
醤漬瓜六斗
　　　　　　132・18・2　033

（1）―2 史料に見える漬物

〔史料二十五〕『延喜式』内膳司漬年料雑菜条 （新訂増補国史大系『延喜式』八七四頁）

蕨二石。料鹽一斗。薺蒿（をはぎ）一石五斗。料鹽六升。薊（あざみ）二石四斗。料鹽七升。芹十石。料鹽八斗。蘹二石五斗。
米六升。蘇羅自六斗。升四合。虎杖（いたどり）三斗。升一合。多多良比売花搗三斗。料鹽三斗。龍葵味菹
六斗。料鹽四斗八。瓜味漬一石。三斗。蒜房六斗。料鹽五升。蒜英（のびる）五斗。料鹽三斗。韮搗四斗。料鹽
醤菁黄菜五斗。料鹽三升。粟三升。

右漬二春菜一料

瓜八石。料鹽四斗八升。糟漬瓜九斗。料鹽一斗九升八合。汁糟一斗九升八合。滓醤二斗七升。醤二斗七升。醤漬瓜九斗。料鹽一斗九升八合。醤滓醤各

糟漬冬瓜一石。料鹽二斗二升。汁糟四斗六升。醬漬冬瓜四斗。未醬各一斗六升八合。醬。滓醬。菘菹三石。

料鹽二斗四升。蔓菁須保利六石。料鹽六升。大蔓菁菹十石。料鹽八升。菁根搗五升。榆一斗五升。

三升。菁根須保利一石。米五升。料鹽六升。醬菁根三斗。滓醬二斗五升。糟菁根五斗。料鹽九升。汁糟榆二升。

料鹽一斗五升。蔓菁切菹一石四斗。合榆二升。料鹽二斗。茄子五石。料鹽三斗。醬茄子六斗。

料鹽一斗一升。汁糟味。糟茄子六斗。料鹽一斗二升。汁糟一斗八升。龍葵菹六斗。料鹽六升。榆一升四合。龍葵漬三

斗。料鹽一斗一升。水葱十石。七升。料鹽。糟漬小水葱一石。汁糟五斗。料鹽二升四合。蘭菹三斗。榆一升二合。大

豆六斗。料鹽六升汁八升。山蘭一斗。料鹽。蓼菹四斗。四升。料鹽四升、榆二升。茇一石五斗。鹽一斗五升。米七升五合。襄

荷六斗。料鹽六升。汁糟一斗四升。稚薑三斗。汁糟一斗五升。鬱葪草搗三斗。升五合。料鹽四升。和太太備二斗。

料鹽。舌附一斗。升二合。料鹽。桃子二石。斗二升。料鹽。柿子五升。料鹽三升。梨子六升。升六合。料鹽三升。蜀椒子一

二升。料鹽二升。茘裏二石六斗。四合。料鹽二斗。料鹽二斗一升。茄子六斗。菁根四石。料鹽二斗一升。醬。未醬。滓醬各二石。

右漬秋菜料

【史料二十六】『延喜式』 内膳司供奉雑菜条（新訂増補国史大系『延喜式』八七三頁）

日別一斗。薑料三升。生瓜卅顆。進三升。自五月。迄八月所進。茄子三十顆。七八九月。（以下略）

【史料二十七】『正倉院文書』に見える漬物

①「甘漬瓜茄子一叩戸」（天平勝宝二年浄清所解）『大日古』一一—三五二

②「醬一斗五升 六升瓜漬料」（天平宝字二年食物用帳）『大日古』一三—二九八

③「醬漬茄子五升」（天平宝字二年食料下充帳）『大日古』一四—一〇一

④「（塩）四斗四升茄子十一石漬料斗別四合」（宝亀二年奉写一切経所解）『大日古』六

⑤「又塩六升 瓜漬料」（天平宝字二年食物用帳）『大日古』一三—三二二

⑥「瓜一百果別塩二升」（天平十一年写経司解）『大日古』七—二七三

⑦「（塩）二升 干茄子三斗料」（神護景雲四年奉写一切経所告朔解）『大日古』六—九二・九九

—（二二三）

⑧「塩三升 瓜曝料」（天平宝字二年食料下充帳）『大日古』一三—四七三

（2） 酢の復元実験から「甕」の使用法を考える

1 造酒司と酢…文献に見える酢の製法

【史料二十八】『倭名類聚抄』巻十六 塩梅類（中田祝夫解説『倭名類聚抄』一八六頁）

本草云酢酒味酸温無毒 酢音倉故反字亦作醋
和名須酸音索官反 陶隠居曰俗呼為苦酒 今案鄙語酢為加
良佐介此類也

【史料二十九】神護景雲四年「奉写一切経所告朔解」（『大日古』六—九三）

酢壹廱弐斛捌斗肆升伍合

得汁 斛別九斗

二斛五斗六升五合 以同月十二日請廱納米二斛八斗五升

二斗八升 七月三日請

【史料三十】神護景雲四年「奉写一切経所解案」（『大日古』一八—九～一〇）

酢糟七斗

用盡

七月中請 二斗三日
五斗十二日

二斗自進五百十六人仕丁四百九人并九百二十五人料 人別一夕

三斗漬茄子一十三斛四斗六升料

二斗依晃不用

【史料三十一】『延喜式』造酒司造雑給酒及酢法（新訂増補国史大系『延喜式』八八五頁）

酢一石料。米六斗九升。蘗四斗一升。水一石二斗（中略）。酢起二六月一。各始
醸造。経レ旬為レ醅。並限二四度一。

【史料三十二】平城宮造酒司跡出土木簡…「酒米」「赤米」・「中酢」

① （SD3035 『平城宮』二―二三三）

中酢　　　　　　107・(34)・3　021

② （SD3035 『平城宮』二―二三九〇）

・臭酢鼠入在
・臭臭臭臭臭　　(106)・22・4　081

③ （SD3035 『平城宮』二―二三五一）

・尾張国中嶋郡石作郷
・酒米五斗九月廿七日　140・17・3　011

④ （SD3035 『平城宮』二―二三五八）

丹後国竹野郡芋野郷婇部古与曽赤春米五斗　336・17・4　031

【史料三十三】

① 「奉写一切経所解」神護景雲四年（七七〇）『大日古』六―五二

酢壱甗　五条第九甗且請五斗一升

② SD3035 『平城宮木簡』二―二三三〇

二條六甗三石五斗九升　［囗］　235・41・6　032

Ⅱ 討 議

趣旨説明

【小田】　奈良文化財研究所の小田と申します。本日と明日の２日間、「官衙・集落と大甕」というテーマで研究集会を開催いたしますが、各研究報告の前に、事務局を代表いたしまして趣旨説明をさせていただきたいと思います。

　「官衙・集落と大甕」というテーマ、今回は官衙・集落遺跡から出土する大甕、すなわち大型の貯蔵具を対象として議論したいと考えております。

　古代官衙・集落研究会では2014、2015年に「官衙・集落と土器１・２」と題して、２年連続で土器を扱いました。これは遺跡から普遍的に出土する遺物ということで、土器をテーマに複数回、研究会をおこなおうと考えたわけですけれども、このときは主に食膳具、食器類を中心に検討をおこないました。各食器の様相から官衙的な様相であるとか、集落的な様相、そういうものが抽出できるのかどうか、そして食器から律令国家、律令社会のどのような側面を読み取れるのかということを中心に議論いたしました。そして今回は、食膳具ではなくて、貯蔵具について取り上げたいと考えております。

　貯蔵具は、食膳具とはまた異なった特性をもっております。皆さんも現場から甕が出てくることがよくあると思いますので、共感いただけるのではないかと思いますけれども、甕はまず、ばらばらの破片で出土することが多く、現場からもって帰って組み上げようと思っても、なかなか接合がうまくいかない、全形がわかりにくい。そして、食器に比べて細かな編年が難しい。整理、接合、実測が大変で年代のモノサシにもしづらい、おまけにかさばって保管するのも大変だということで、食器類に比べて人気がないというのが、まず１つ特徴ではないかと考えます。これは私自身の反省も含めてであります。

　しかし、大甕についてよくよく考えてみますと、非常に大型で製作にコストがかかる、運搬するにもコストがかかる、そして食器よりも長期間にわたって使用しているようだということで、食器とは違う特性と資料的な意味合いをもっていることが推測されます。また、甕を観察すると、製作の痕跡も残っているし、使用の痕跡も残っている。さらに、転用硯や井戸の構築材として転用される場合もあって最後の姿や廃棄の状況も観察のポイントになるなど、大甕というの

はさまざまな情報をもっていて、それは食器とは異なる情報を得ることが可能な資料であると考えられます。

　ですので、この大甕の資料的な特性を知り、それを活かすことによって、古代官衙・集落遺跡に対して、異なる視点、側面からアプローチでき、遺跡の性格付けや豊かな古代社会像の復元に繋がるのではないか、と考えました。

　今回の大甕というテーマはこの研究集会が史上初というわけではありません。1999年に北陸古代土器研究会の「須恵器貯蔵具を考える　つぼとかめ」というシンポジウムがおこなわれております。これは1999年、約20年前のシンポジウムでありますが、須恵器貯蔵具についての非常に多くのテーマで議論されています。今回の研究集会では、このシンポジウムの視点を全国に広げて、各地、各テーマを検討していただける方にご報告いただきまして、貯蔵具に関する研究がどのくらい進んでいるのかということ、そして、これから先どのように進めればいいのかということを、皆さんと議論できればと考えております。

　今回のテーマといたしましては、官衙・集落遺跡から出土する大型貯蔵具にはどのような特徴があるのか、これは遺物としての甕、大型貯蔵具そのものと、それに加えてどういう遺構から出てくるのか、どういう状況で使われたと考えられるのかということ、そういうところまで含めて考えていきたいと思っています。そして大甕を通して、出土する遺跡、空間の性格や、律令国家、律令社会とどのように関わっているのかということを深めていきたいと考えております。

　今回の２日間、私も含めまして計６名の報告者の方にお話しいただくことをお願いしております。まず初めに私が宮都の甕について、一応の見通しを出したいと思っております。続きまして、須恵器貯蔵具の研究としては北陸で先駆的な研究が進められておりますので、石川県埋蔵文化財センターの川畑誠さんに、最近の研究成果について、お話しいただきます。また、埼玉県埋蔵文化財調査事業団の田中広明さんは、早くから大甕の重要性に気づいておられまして、関東を中心に研究を進められておりますので、その成果をお話しいただきます。また、長岡京市教育委員会の木村泰彦さんには、長岡京で調査された甕据付建物について、とくに遺構としての甕据付建物と

いう側面から大甕との関係についてお話しいただきます。また、奈良県立橿原考古学研究所の木村理恵さんは、古代だけではなく古墳時代から、近世、近代まで、かなり幅広い時代で大甕の研究を進められておりまして、今回は陶邑窯を中心とした大甕の生産と流通ということで、その成果をお話しいただきたいと思います。そして、最後に古代史から、東京医療保健大学の三舟隆之先生に文献史料を含めまして大甕の使い方についてお話しいただきます。三舟先生は「官衙・集落と土器」の研究集会のときの記憶もまだ新しいかと思いますけれども、給食のおじさんとして調理科学や関連分野の方々と一緒に文献史料にあらわれる古代食を実際に調理実験をおこないながら復元する、という面白い試みをされておりますので、そういう新しい研究の成果もお話しいただけるのではないかと考えております。そして、最後に討論では京都大学の西山良平先生に司会をお願いしまして、大甕について歴史的に考えていきたいと思います。

　今回の発表者の皆さんには、私たち事務局から大きく3つの論点を提示しております。まず1つ目、貯蔵具の組成の違いが遺跡の性格や空間利用の違いを意味するのではないか、という問いかけをしております。ですので、事務局からは容量何ℓ以上を大甕とする、というような定義は出しておらず、中型・小型の貯蔵具も含めた貯蔵具全般の中で大甕を取り上げていただきたいとお願いしております。また2つ目、各地域、各テーマにおいて甕の出土状況や組成比、痕跡の観察などをふまえた上で、官衙遺跡や集落遺跡に特徴的な大甕の様相を抽出できるのか、できる場合はなぜその特徴があらわれるのかについてお話しいただきたいとお願いしております。そして3つ目に各分析結果に即して、官衙遺跡や集落遺跡から出土する貯蔵具に対して、どのような歴史的な背景を読み取ることができるのかについてお話しいただきたい。貯蔵具についてどういう視点で何を観察するのか、そのためにはどういうふうに現場で調査を進めて、報告方法や分析手法も含めて、どのように研究を進めていくのかということについて、研究成果のご披露と問題提起をしていただきたいとお願いしております。

　まとめますと、「官衙・集落と大甕」という今回のテーマでは、大型の甕、須恵器貯蔵具からどのような歴史を読み解くことができるのか、甕から何をどこまで語ることができるのか、そのためには何をすればいいのかということで、研究の現状と問題点を共有して、今後どのように調査、報告、研究を進めればよいのかについて、皆さんと一緒に議論したいと考えております。各遺跡から出土する貯蔵具を通して、官衙遺跡、集落遺跡の性格や位置付け、そして地域社会の新たな側面が見えてくるのではないかと目論んでおります。昨年までの国庁、郡庁、政庁域という官衙研究のど真ん中の研究集会のテーマと比べますと、変化球的なテーマかもしれませんが、改めて貯蔵具に注目することで、新たな遺跡の評価や色鮮やかな歴史の復元に繋がるのではないかと考えています。

　我々事務局としましても、今回はかなり挑戦的なテーマだと自覚しておりますので、皆さんも自分だったらどう考えるだろうか、自分たちが調査した甕についてはどのように見ることができるだろうかと、ご自身の問題としてお考えいただいて、この2日間が終わった後に、帰ったらもう一度甕を見直してみようかなと思っていただければ、今回の研究集会は成功かなと思っております。今日明日の2日間、私たちも含めてたくさん勉強させていただきたいと思っております。これで趣旨説明を終わります。

討　議

【西山】　京都大学の西山でございます。それでは討論を始めたいと思います。最初に、皆様からご提出いただいた質問用紙の中から発言をお願いしたいと思います。

　まずは池澤俊幸さんからのご質問です。これは小田さんと田中さんに対しての質問ですが、甕据付施設で、埋め尽くされるように甕が並ぶものと、片隅に三、四基程度のものとの性格差について、どのようにお考えであるかという質問が参っております。恐れ入りますが、少々説明をつけ加えていただきながらご発言をお願いいたします。

【池澤】　高知県埋蔵文化財センターの池澤でございます。あまりつけ加えることもなく、質問のとおりでありまして、あきらかに差があるので、何かイメージなどがありましたら、お教えいただけたらと思いました。

【西山】　それではまず小田さんから、よろしくお願いいたします。

【小田】　奈良文化財研究所の小田です。ご質問あり

がとうございました。

甕がたくさん並ぶものという、甕が建物内を埋め尽くすようなものと、あとはどこかに偏っているものと、これは甕据付穴建物の配置類型 (堀内明博「長岡京出土の特殊建物遺構に関する2・3の覚え書き」『長岡京古文化論叢Ⅱ』中山修一先生喜寿記念事業会、1992) ということですでに分類されていますけれども、この違い、おそらく甕の機能の違いとして考えられるかと思います。例えば平城宮の造酒司ＳＢ13210 (本書191頁図32) は、甕据付穴が並んでいるわけですけれども、これは玉田芳英さんのご研究で、廂や間仕切がある、これによって機能を変えていたのではないか、例えば、麹室が入っていたのではないかとおっしゃっております (玉田芳英「平城宮の酒造り」『文化財論叢Ⅲ』奈良文化財研究所、2002)。また、前面に関しては、そこにお酒やお酒類でしょうけれども、それらをためるスペースがあって、その横に間仕切なのか廂なのか、そこに別の空間があるということです。

そう考えますと、今度は片隅にあるパターン。例えば右京二条三坊六坪 (本書215頁) ですが、これは小規模な側柱建物の片隅に甕が据わっていて、それ以外の空間に関しては、何らかの作業スペースとして確保されているのだろうと。そこに物を置くのかどうかというのはわかりませんけれども、そういうのがあるだろう。全面的に埋め尽くすわけではないということは、それだけ大量で集中的な貯蔵というか、そういうことが必要なかったということも示しているかとは思います。

【田中】　埼玉県の田中です。

大量に甕が出てくる遺跡とあまり出てこない遺跡は、その中に入っているもの (酒) の使用量の差だと思います。おそらく貴族でも、豪族でも、自家の消費分として使われるボリュームと、国府とか郡家とかで大量に使うところでは、やはり甕の数も違ってくるのではないのかと思うわけです。それがおそらく甕据付建物に反映されていると考えるところです。

それと、春日大社では、酒殿を新築しているようですけれども、春日大社のホームページなどを見ていると、酒殿内に醸造している甕と作業スペースがあり、あとかまどを設けています。1つの建物の中にです。それと酒造りの道具が一緒に置かれています。春日大社でも建物の中全体が、全部使われていないのです。

【西山】　どうもありがとうございます。長岡京の木村泰彦さん、一言お願いいたします。

【木村 (泰)】　私の昨日の発表は、文献に見えているような酒に関する施設と、甕据付建物のあり方の違いがリンクしないだろうかなという意味で発表させていただきました。長岡京内の大規模な邸宅の中で、甕据付穴が建物の隅っこに少しあるようなものは、長屋王邸に見られるような私的な醸造のあり方かなと思ったわけです。貴族の屋敷の中で酒が造られる場合、建物全面を甕が埋め尽くすような形ではなくて、せいぜい自家製、自分の邸宅内で消費する、あるいは余った分を外で売る程度のものじゃないかと考えたわけです。

それとは別に、規模の小さな建物で端っこにちょこっとあるのが、ひょっとすると飲み屋のような、文献に出てくる「酒肆」と呼ばれるものではなかろうかと考えました。また、これとは対照的に、甕が全体を埋め尽くすような建物が複数棟あるようなものは、後に出てくる「酒家」と書かれているようなものではないか、いわゆる醸造を専門にするような施設ではないか、あくまで推測なのですが、そのように違いを考えてみました。

【小田】　今の木村泰彦さんのお話に補足してですけれども、昨日の木村さんのご発表をお聞きしていて少し思ったところがありまして、実は平城京でも、右京二条三坊四坪 (本書214頁) でたくさんの甕据付建物が出てきていて、しかもかなり長大な建物の中に据付穴が全面的にみられます。図82のＳＢ235は、平城宮造酒司の状況に非常によく似ております。すぐ北の右京二条三坊二坪の井戸からは、「酒司」と書かれた墨書土器が出てきておりまして、ここはかなり大々的にお酒を醸造しているような施設であろうと考えられるわけです。右京二条三坊三坪 (本書213頁) にも甕が並んだ建物があるので、この右京二条三坊二坪から四坪あたりというのが、平城京内における醸造に関連するエリアなのかなと思いました。

私が木村さんのご発表を聞いて思ったのは、先ほどに小規模な例として取り上げました右京二条三坊六坪 (本書215頁) は、まばらに甕がありますけれども、先ほど平城京の醸造施設と考えられるといった四坪と三坪、その隣です。これはお酒が造られたすぐ隣に小さい店があるということで、ビール工場でも試飲ができるイメージに近く、もしかすると、昨日木村さん

が長岡京で言われたことが平城京でも同じようなこととして想定できるのかなと、考えた次第であります。

【西山】　どうもありがとうございました。

今のご質問とお答えは、甕ないし甕据付穴と建物との関連という方向で大体話が進んでいるように思いますけれども、さらにご質問はございませんか。

要するに据付穴と建物との関係としては、今の議論は京内ということになっていると思いますけれども、解釈としては醸造場所か、あるいは販売場所という解釈の仕方があるのではないかと思います。さらに何かご質問がございましたら、いかがでしょうか。

【長】　大分市教育委員会の長直信と申します。甕据付の関連ということでお聞きしたかったのは、トイレの可能性というところです。甕が1個か2個の場合はそういったことがないのかなと。例えば、甕の据付穴の深さですと、昨日の長岡京のイメージだったら、かなり浅くてほとんど甕が出ているようなイメージですけれども、トイレだったら地表面より深く埋まっているようなイメージになると思うのですが、そういった遺構の甕据付穴の深さなどから、別の、全く酒ではない可能性という解釈はないかというのが聞きたいところです。

【西山】　どうもありがとうございます。

直接トイレかどうかでご対応していただくということも一案ですが、甕据付穴の構造というか削平ということがございますので、なかなか難しいところがあるかと思いますけれども。

【木村（泰）】　それについて私から少しお答えしたいと思います。実は以前、甕据付建物の復元図を見た方から、甕はもっと深く埋めていたのではないのというご意見をいただきました。中世の埋甕では、体部の下半以上を埋めたり、頸部近くまで埋めたりする例があるので、私も最初はそのイメージでした。ただ、例えば下半以上埋めていたとしたら、柱掘方との絡みがあると思うのです。もし甕が半分以上埋められている建物が削平を受けた上で、甕据付穴があれだけ残っているのだったら、柱掘方のほうがものすごく浅くなるか、場合によったら柱穴が飛んでしまうぐらいの削平がないと、そういう形にはならない気がします。もちろん10cmか20cmの削平はあるかもしれませんけれども、柱掘方との絡みから見ましたら、中世の例のように深く埋めているものではないだろうと。性格が異なるところがあるかもしれないなと思います。

さらに言いますと、甕を深く埋めていないからこそ簡単に抜き取って破片も残らないような状況、おそらく甕をすぽんと抜いたというイメージなのですが、それで別の場所に動かされた。だからこそ破片が少ないのではないか、割れたものが少ないのではないかという気がいたします。

従いまして、深さの話で言えば、先ほどの残存状況と絡めてそんなに深く埋めていないのではないかと考えております。

【西山】　ご質問者の方、いかがでしょうか。どなたかトイレのことでご発言の方おられますか。

【小森】　京都の小森俊寛といいます。便所と埋甕の話で、私も昔から調査していて、貯便式の甕が出てくるのは、堺でも京都でも奈良でも16世紀代ぐらいです。それ以前を見ていると、便所に使った甕というのは確認しきれない。あとは昭和までずっとつながって展開します。最初、奈良の場合は瓦器の大きい甕が便所に使われて、堺は湊焼の甕が便所に使われて、遅れて備前などが使われるのではないか。何かそういう継続性と、もう1つ、便所をためる、し尿をためて使うという行為が、どうも12世紀以降ぐらいの宋の文化が入ってきてからの話のように言われていますので、総合的に言えば古代の便所甕というのは考えにくいと思います。

【西山】　小森さん、ありがとうございます。

たしか、小森さんは宮内庁の桂離宮の調査報告書 (小森俊寛「厠甕調査」『桂離宮茶室等整備記録本文編』宮内庁編、便利堂、1992) の中でそういうことを書かれているということで、よろしいですか。

【小森】　それで結構です。

【西山】　ということですので、甕がトイレの遺構として発見できるのは、16世紀以前には今のところ難しいのではないか、そういうご意見がございました。

【長】　最近、大宰府の調査で、甕の中に白色の物質があったということで科学分析をしている論文 (加藤和歳「大宰府出土須恵器に付着する白色物質の推定」『大宰府の研究』大宰府史跡発掘50周年記念論文集刊行会編、高志書院、2018) がありまして、そこでははっきりトイレに関わるものかは断定されてなかったのですが、そういった事例もあったものですから、質問させていただきました。

【西山】　どうもありがとうございます。今、科学分析というお言葉がございましたけれども、甕についても

う少し先の論点で中身が何かということについて、科学分析とか中身の問題について、また改めて討論してまいりたいと思います。当面は建物と甕との関係ということで議論をしておりますけれども、ほかに何かご発言がございましたらお願いしたいと思います。

【小田】　1つだけ、先ほど木村泰彦さんのお話にあった甕据付穴が浅いという点につきまして、甕据付建物を調べていて思ったのですが、これがお酒だったとした場合に、やはり地中に埋めたほうが温度は安定するのではないかと思いますし、中国の漢代からずっと、肩まで埋まっていて、その上のあたりで作業する画像石などがあったかと思います。でも、それとは違って浅いところに甕を据えている。だから、建物の中で温度を安定的に管理できていたということなのかなと思って、私はそこがおもしろいなと感じました。

【西山】　ありがとうございます。

　ほかにないようでしたら、次の論点に展開したいと思います。

　奈良文化財研究所の神野恵さんから木村泰彦さんにご質問ですが、類例の中で、長岡京の例では甕の破片が出ていないとおっしゃっていましたが、ほかの例では甕の破片は遺物としてたくさん出るものなのでしょうか。破片が残されていないのは、抜かれて別の場所で再利用されたとお考えでしょうか、という質問です。これを少々敷衍いたしますと、甕の再利用についてです。例えば木村泰彦さんご報告の長岡京の例では、50個ほどある甕据付穴に破片もほとんどなく、東側で改めて新しく掘った段階で1点の甕のほぼ全形が復元できるものが発見されたということでございますし、ほかの方のご報告でも甕の使用時期が非常に長きにわたるのではないかということがございました。甕の破片がなぜ出ないのか、あるいは甕がなぜ長く使用されるのかという点まで含めましてお答えを求めてまいりたいと思います。

　最初に木村泰彦さんから、お願いします。

【木村（泰）】　長岡京跡で最初に甕据付建物が見つかった右京第217次調査では、大甕の破片が1つも見つからなかったというお話を昨日させていただきました。また、甕がきれいに抜かれているという話も先ほどさせていただきました。やはり大甕は使い回すというか、そんなに割れずに移動させることが可能ではないかというイメージがあります。昨日ご紹介させてい

ただいた右京第1019次調査で見つかった陶邑産の大甕も、長岡京で新調されたのかもしれませんが、あるいは平城京で使っていたものを同じようにきれいにすぽんと抜いてこっちに持ってきた可能性もありますので、結構長い間使い回すというか、再利用されるのではないかなと思います。つまり、きれいに壊さず抜き取れるから、遺構に残りにくいのではないかと考えております。右京第1019次調査の大甕は、もともと口縁部の接合部付近に亀裂が入っていて、それが原因で移動時に破損してここで投棄されたようです。ですから、ほかの甕は破損することなく移動されたと考えられます。昨日の川畑さんのお話では、数百年使われたものがあると聞いて私もびっくりしました。さすがにそのような例は稀でしょうが、やっぱり何十年かは使い続けるのではないかなというイメージはございます。

【西山】　どうもありがとうございます。

　抜かれた先はどこかという問題がありまして、先ほど2、3人で話をしておりましたが、近くの山崎津の酒屋ではないか、平安京に運ばれたか、などいろいろ言っておりましたが、そのあたりいかがでしょうか。

【木村（泰）】　実際のところどうなのか。平安京での状況を、私はあまり詳しくは知らないのですが、長岡京で抜き取られた甕がどこに運ばれたのかというと、単純に平安京に持って行ったのかなと考えていました。ただ、昨日田中さんもおっしゃっていたかもしれませんが、「酒屋」という醸造施設が平安京の左右京と難波津と山崎津にあったという記述がありますので、ひょっとしたら距離的に近い山崎津に運び込まれたという可能性もあるのかなと思いました。しかし、山崎津推定地付近では今のところ甕据付建物や須恵器甕は見つかっておりませんし、たとえ建物や甕が見つかったとしても長岡京から運ばれたという証明は非常に難しいと思います。ただ平安京だけではなくそういった山崎津なども行き先として考えられるのではないかと、可能性の問題であるかと思います。

【西山】　どうもありがとうございます。

　木村理恵さん、いろんな甕を調査されているところで、この破片の問題というのは何かお考えございませんでしょうか。

【木村（理）】　甕は破片で出てくることが多いので、どこから取っかかりを見つけようかというところだと

思いますが、発表でも言いましたように、口縁部と底部も残っていて全形を捉えられたら一番いいのですが、口径で大きさを把握して、大体この甕をどれぐらいの容量で復元できるかというような、口径を測ってヒストグラムをつくるような、そういう視点で分析されるのがまず第一歩じゃないかなと思います。その上で、大きさによってどういう口縁部をもっているかというのを調べて産地を推定する。産地を推定するということは平城京なら平城京にどうやって運ばれていくのかという視点も生まれてきますし、どの産地でも別に平城とは限らず、それぞれのフィールドできっと須恵器の甕がたくさん出ることもあると思いますので、ぜひ基礎的な口径を計測して資料を蓄積していくという作業、あとは外面のタタキがどういうタタキ目なのかとかいう視点も付加して、全国的に基礎資料をつくっていったらいいかなと考えています。

【西山】 ありがとうございます。

　残存している破片で特徴的な残り方というのは、何かお気づきの点はございませんか。この破片がどうとか、ここは特徴的な破片の残り方だとか。

【木村（理）】 使用状況に合わせてということですか。

【西山】 そうです。ご自由にご発言いただいて構いません。

【木村（理）】 なかなか難しいですが、一般的な集落で出る甕は先ほどお話ししたような小型の甕が多くて、大型甕が出てくるということ自体、普通の一般集落ではなくて、特別な用途、お酒もそうですし手工業生産に使われていた可能性がありますが、どういう破片が残されていたからどういう使用状況であったかを断定するのは難しいと感じます。残存するのが口縁部の破片だけとか、体部片が大抵で遺構の年代を決めるのに須恵器の甕はあまり役に立たないから捨てておこうとか、そういう傾向にあると思います。とくに大きい甕が出てくるのであれば、ぜひそれも生かして破片の割れ方であるとか、そういうところまで廃棄状況を読み取っていけるように資料を蓄積していければと考えています。

【西山】 どうもありがとうございます。

　木村理恵さんから、全国の調査をされる方に希望が出ておりますので、今後はぜひともそういう点も十分注意をお払いいただくと大変助かるかと思います。

　長岡京の場合はほとんど甕が残っていなかったということですけれども、西大寺の食堂院はかなりよく残っていたということで、そのあたりのことについて、小田さん、お願いします。

【小田】 西大寺食堂院（本書210・211頁）のお話ということで、ここはかなり状況がわかってきています。甕据付穴が出てきておりまして、この図は奈良市の調査分です（図72）。これを見たらここに甕が据わっていたのだな、というのがよくわかるのですが、私も甕据付建物をいろいろ集成していくと、実は西大寺のこれだけ残っている事例というのはすごくレアケースだというのがわかってまいりまして、基本的には木村泰彦さんがおっしゃったようにやはり据付穴なのです。というより抜取穴というか。もともとはそこに甕が据わっていたけれども、それが抜かれている抜け殻の部分。それが甕据付建物と私たちが認識をしている遺構群になるということで、基本は抜き取られているということがポイントだろうと考えております。

　また、西大寺食堂院の甕、こういう感じで底部が残っていたわけで、口縁部が底部のところに落ち込んでいたので、肩というか、胴部あたりがないという欠点もあるのですが、上と下とで大体わかるだろうということで、据付穴に据えられていた甕の全形をある程度推測できるかと思います。

　そして西大寺の食堂院では、甕の底部が残っているところから一緒に土器も出ておりまして、大体10世紀ぐらいにこの甕据付穴自体が埋まっている、廃絶しているということがわかるわけです。では10世紀までどうなっていたか。なぜこれはほかの事例と違って抜かれなかったかという歴史的な位置付けにつきましては、馬場さん、お願いいたします。

【西山】 ご指名がございましたので、馬場さん、お願いします。

【馬場】 奈文研の馬場基でございます。

　まず、こちらの場所は巨大な井戸（ＳＥ950）が出ていまして、その井戸を埋めた埋土の中から延暦11年（792）の年末が最後という木簡が出てきています。ですから、おそらく延暦12年の頭にはこの地域の活動が停止していると考えられます。ちょうど平安遷都のタイミングですので、おそらく西大寺の機能の多くは西寺に移ったと考えられます。

　そうしますと、そこから10世紀まで100年以上の時間差がありますので、普通に考えますと100年間放置されていた。この界隈はどんどんどんどん放置されて、建物が砕けていくというのが『七大寺巡礼私記』

そのほかの記録で出てきますので、おそらくそのままほったらかしで潰れていったのだろうと思われます。

なぜ持っていかなかったかですが、1つは、先ほどの長岡京の場合はご近所さんでした。比較的近所だったということで運びやすかったのが、西寺になりますと遠いというのが1つあるのかなと。もう1つは、こちらにお寺ができ上がったのが七百五、六十年ごろですから、実働期間が20年から30年程度で引っ越ししています。その中で甕がどうだったのか。例えば昨日川畑さんのご報告にあった非常に長い期間使われる甕に比べて、何か違ったのか。今日の三舟先生のご報告でいえば、甕付き酵母があるということになると、非常にいい酵母がくっついていなかったのかなと、幾つか想像できるのですが、正確なところはわからないです。正確なところはわかりませんが、逆に言うとこれは非常にレアケースなので、なぜ運ばれなかったのかというところに歴史的な特性があるのではないかと。西大寺の食堂院は一気に活動停止していますので、その辺の事情もあるのかなとは思います。

【西山】　ありがとうございます。

どうも残さないのが普通だということで、そうするとかえってこれは移して使っている、伝世ということになるかと思いますけれども、田中さんからご発言、その後川畑さんからも昨日の事例で補足や、改めて強調などしていただけたらと思いますので、よろしくお願いいたします。

【田中】　私からお話しさせていただきたいのは、自分で調査した中堀遺跡の例なのですが、昨日お話しさせていただいたように、9世紀の末に大きな火災があって建物が焼けたのです。なので、甕が据付穴に入ったままの状態で出てきました。これも西大寺と同じように本当にレアなケースだと思います。

せっかく全国から皆さんいらっしゃっているので、どうでしょうか、ほかの県で事例があるのかどうか。私が、関東地方の例を探しましたが、なかなか見つかりませんでした。こういう例は、非常にレアなのかと思っていますが、どうでしょうか。

【西山】　それでは、それを先にということで、何かこういう事例があるということでお気づきの方おられましたら、ご発言をお願いしたいと思います。

・・・発言がないというのはやっぱりレアだということになるのでしょうか。

【小森】　1つだけフォローします。京都の場合、甕据付というのは中世になって、13世紀ぐらいからたくさん出てきます。京城内では西大寺の例よりもたくさん並んでいるケースが出てきています。木村泰彦さんがおっしゃったのと少し違う考え方ですが、浅く埋めているというのは同意しますが、底だけが残って上があまり落ち込んでないケースの埋まり方が多くて、それともう1つ、槍の石突か何かでぽんと穴をあけていて、それが埋まっているという。それは北野麹座とのトラブルで、潰せというのかどうかわかりませんが、甕蔵を潰しに入るという話があるので、そういうところがぴったり合います。その例が5つぐらい、だから中世に下げるとたくさんあるし、古代と本当に言えるかは難しい。だから、私が見ている限りでは、古代の中でああいう例は確かにレアです。ただ、甕そのものの理解を、本来的には中世まで幅を広げて考えられたほうがいいと思い発言しました。

【西山】　どうもありがとうございます。

今の小森さんのご指摘に関連して、お手元に遺構集成があると思いますけれども、本書285頁以下に京都市内中世埋甕遺構という、参考資料が収録されております。おっしゃったように、1カ所で300から400ぐらい出ている例があったと思うのですが、私の記憶でも大体小森さんのおっしゃっているとおりではないかと思います。破片が底に残っている例が幾つかあったような気はいたしますが、それが果たして古代と中世の違いなのか、京都の特殊性なのか、それはよくわかりませんので、そういう事例があるということは1つおもしろい論点ではないかと思います。

田中さん、どうぞ。

【田中】　今の話は中堀遺跡のような少しレアなケースについてという話で、私が少し質問の仕方を間違えました。そうではなくて甕据付穴のある古代の建物が、ほかの地域にあるのかどうかという、まずそこについてお聞きできればと思います。

【西山】　すみません。甕の据付穴もしくは甕が残されていても、破片が残っていてもいいと思いますが、そういうことをご存じの方がおられましたらぜひともご発言をお願いしたいと思います。いかがでしょうか。

【高橋】　宮城県多賀城跡調査研究所の高橋透です。

多賀城の東側を出てすぐに西沢遺跡（多賀城市埋蔵文化財調査センター「西沢遺跡第30次調査」『多賀城市文化財調

査報告書第139集』2019）というところがあります。昨年度、多賀城市で発掘しまして、そこでは長大な長方形の竪穴建物の中から甕が10点近く出ています。そういった遺構が多賀城のまわりにはあります。

【西山】　どうもありがとうございます。では次の方、お願いいたします。

【平野】　帝京大学文化財研究所の平野修と申します。

　私のフィールドは主に山梨でございまして、甲斐国の４つある郡の中の巨摩郡という非常に渡来的要素の強い郡なのですが、巨摩郡家の手工業に関わった集落の１つ、宮ノ前第５遺跡（韮崎市教育委員会『宮ノ前第５遺跡』1997）という遺跡は、主に鍛冶工房の竪穴遺構が出ておりまして、時代は９世紀前葉です。そこで竪穴建物の１棟の中の東かまどの脇に、いわゆる貯蔵穴的な浅いくぼみがありまして、それとは少し離れたところで、高さが１メートルぐらいの大甕が１点、ばらばらの破片の状態で出ております。

　もう１つ、それに付随するほぼ同時期の、２間３間ぐらいの普通の側柱建物ですけども、その中央部分にやはり浅いくぼ地があり、周辺から同じような大甕の破片が散らばって出ています。漆紙文書も出ておりまして、そういった郡家に関わるような遺跡から出ているという事例があります。

【西山】　どうもありがとうございます。

　ほかにお気づきの点はございませんでしょうか。

【吉田】　鈴鹿市考古博物館の吉田真由美と申します。

　平田遺跡（鈴鹿市考古博物館「平田遺跡（第９次）」『鈴鹿市考古博物館年報８』2006）という遺跡で、大型の甕が５、６個体分ぐらいですが、粉々になった状態で１カ所に廃棄されていたのが確認できています。調査を担当したのは自分なのですが、まだ報告書も出していないような状態で、戻ってから据付穴があるかどうか再確認致します。中途半端な報告で申しわけないですが、今までそういう目で見たことがございませんでした。もしかしたら居宅か廐か、一般的な集落ではない公的な性格をもっていそうな雰囲気の遺跡なのですが、出ているので、何か廃棄する、移動するのではなくて片づけをした行為の結果そういう状況になっているのかなと。浅い穴の土坑があったかどうか、15、６年ぐらい前の調査なので思い出せなくてわからないですが、とりあえずそのような事例がありますということだけ発言させていただきます。

【西山】　どうもありがとうございます。

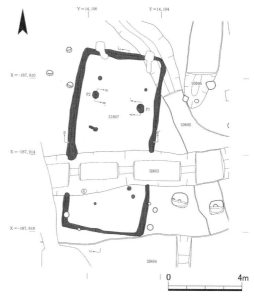

図１　西沢遺跡　ＳＩ607　1：200
（多賀城市埋蔵文化財調査センター、2019）

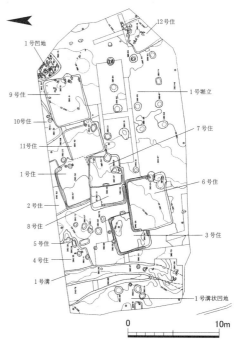

図２　宮ノ前第５遺跡　遺構図　1：400
（韮崎市教育委員会、1997）

　ほかにお気づきの点、この際ぜひともお願いしたいと思います。

【池澤】　高知県埋蔵文化財センターの池澤です。あまりないようなので、類例についてなのですが、長岡京の左京六条三坊四町（本書232頁図27）、ＳＢ237という片廂の建物の片隅に４つ並んであります。ちょうどこれにあたるような位置に、丸い穴ではなく、これを布掘りしたかのような長方形の浅い、今覚えている

感覚で言うと深さが10cmぐらいでしょうか、そういう建物が出ております。ただしその建物は桁行が7間ありまして、16m前後の長さがございます。そして片廂です（SB 20）。これは下ノ坪遺跡（本書281頁）と言いまして、国府の近くを流れる物部川という川の河口、クリークに面していたと思われる遺跡で、先ほど言いました建物が実は遺跡の中で最大の面積なのですが、そのほかにもそれに近いような建物と、L字形なりコの字形で中に広場を有するような遺構が出ている事例がございます。時期は8世紀の早い段階からおそらくそういう状況が出現して、平安初期には急激に衰退していきます。緑釉陶器が少し出て終わりという感じの遺跡であります。実はこのことは先ほど木村さんにご質問申し上げて、長岡京のSB 237の配置図を見たらこの4つの据付穴を囲むように何かの線が入っております。これがそういうのだったらおもしろいねというふうに先ほど個人的にお教えいただいたところでございます。

ちなみに、本書111頁図5に八稜鏡がありますが、今申し上げました下ノ坪遺跡の建物SB 20から、四仙騎獣八稜鏡と同紋の鏡で4分の1ほどに欠いた破片が隅柱から2番目の柱から出土しております。

ちなみに、下ノ坪遺跡の調査当時はあまりそういう意識はなかったのですが、それ以外にも、建物とどう関わるかというのは今回を踏まえてきちんと確認したいと思うのですが、少なくとも甕据付穴があと2カ所ございます。1カ所は建物と絡んでいませんが、中型の甕が、流路に近いようなところで2点べしゃっと潰れたような状態で検出されています。それから、もう1カ所は甕の底部が残っておりまして、これは今回、おそらく超大型とおっしゃっている甕になるようなものの底部だけ残っておったという事例があります。先ほど、陶邑や長岡京などのスライドでみたように焼成時に底を何か丸い支え具で支えたような痕が似た感じでついておりました。以上、高知県の下ノ坪遺跡の事例でした。

【西山】　どうもありがとうございました。大変参考になる事例を教えていただき、ありがたく存じます。

では宿題のように残っておりますが、川畑さん、昨日の事例からさらに敷衍していただくこと、改めて強調していただくとかいかがでしょうか。甕を長く使っている事例です。

【川畑】　昨日もお話しさせていただきましたが、須恵器甕、施釉陶器、須恵器杯、それぞれに見合った使

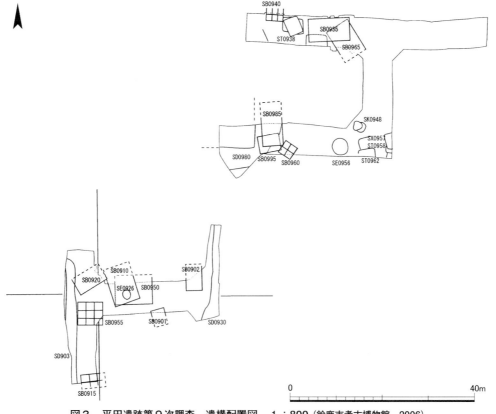

図3　平田遺跡第9次調査　遺構配置図　1：800（鈴鹿市考古博物館、2006）

用期間があると思います。それが見えるか見えないかという中で、古い時代から長く使われた須恵器甕が目立って見えてくると考えています。この素材、器種ごとの使用期間の差は、おそらく縄文時代に土器を使い始めてから、石器も含めてですが、ずっとあり続ける姿ではないかと考えております。

【西山】　どうもありがとうございました。

　今、甕が移動していくか甕の破片がどう残されているかという議論が出ておりますけれども、それでは甕の中身をどう考えるかに論点を移してまいりたいと思います。奈良女子大学の上野邦一さん、おられますか。

【上野】　今の議論と関わるかどうか、それから非常に素人の疑問ですけれども、一番初めに聞いていて疑問に思ったのが、これだけたくさん並べるのだから、底が平らな容器を並べればいいのになぜ丸底の容器を使うのかという単純な疑問です。実はもう答えをいただいたのですが、こういう場で誰かが答えてくれたほうが共有できるかなと思います。

【西山】　どうもありがとうございます。一応質問用紙で出ておりますので、読ませていただくともう少しご趣旨がおわかりいただけると思います。

　複数個を並べて置く甕なのに、なぜ底を平らにせず丸底なのか。平らな底であればそのまま置くことができるのに、丸底にし、穴を掘って据えるのはなぜか。平らな底をつくるほうが難しい、大型の壺をつくるのが難しい、なぜ丸底であるのか、なぜ置きやすい平底ではないのか、というご趣旨です。なぜこういう形にしているか、ということを敷衍させていただきますと、どういうふうに使っているかということになってくるのではと考えまして、そのあたりも含め考えてまいります。

【西山】　では、川畑さん、丸底、平底につきまして、ご説明をお願いします。

【川畑】　小森さん、坂井さんを前にして荷が重いのですが。ずっと古い時代から丸底と平底の土器があり、機能とデザインのどちらを重視するのかという中で、丸底になったり平底になったりします。須恵器の甕は、まず平底でつくり、最後に底部を丸く成形します。その理由は、いろんな物を入れることや、対流とか、底部と胴部の境に角があったら不都合だから丸くするという機能が考えられます。また、土器を据えるときに、丸底は据えづらいと言われます。水平

な板間では丸底は据えづらいのです。逆に土間では、平底を水平に据えつけるのが難しいのです。丸底で、土間を少しくぼめて3点で支えたほうが水平をつくりやすい。そういう機能の要素があろうかと思います。

　もう1つは、木村理恵さんもおっしゃっていますが、おそらくデザインとしてです。須恵器甕は「こういうものだよ」ということで、機能も含めて丸底にしたと思います。機能とは関係のないデザイン、例えば口縁部とか。こういうところに少しずつ地域性が出てくるのも、おそらくデザインの部分なのかなと考えています。

【西山】　奈良大学の坂井秀弥さん、おられましたらご発言お願いできませんでしょうか。

【坂井】　奈良大学の坂井です。奈良時代で古代の甕でいうとたしか猿投では平底があったと思います。東海の技法を受けた関東では平底の甕が、茨城などにあったと思います。ですから技術系譜として平底をつくるところと、やっぱり丸底にこだわっているところがあります。当時の土間ということを考えて、液体を大量に入れる、水平をとるということからすると、丸底にして穴を少し掘って据えたほうが合理的だというように川畑さんの説明を聞いて思った次第です。田中さんの資料にある程度平底の資料がありましたかね、関東。あれはやはり技法の系譜上の問題で、水平とはあんまり関係ないですか。

【田中】　平底もあるのですが、極度に小さく平底にしていますよね。大きく平底にするというのは、小型のものは当然あるのですが、大型の甕については極度に底部を小さくしようとする意識はありますので、丸くつくろうというのはあるかなと思います。

【西山】　どうもありがとうございます。では玉田芳英さん、お願いします。

【玉田】　奈文研の玉田でございます。

　先ほど上野さんにお伝えしたのは実は私でして、フィールドの点で川畑さんが話しておられる話とは少し違うお答えをいたしました。私も趣味が高じて平城宮の酒造りの論文を書いたので、全国に飲み友達がいるのですが、以前滋賀県で酒造りの講演を依頼されて、実際に酒造りの体験をしてきました。それで酒蔵に行って米を蒸したり冷やしたりという工程中で、酒を混ぜるという工程があります。酒にしろ、味噌にしろ、醸造するものは、1日何回か混ぜなければいけません。それで実際機能的に考えると、平底に

は角があります。だから混ぜるのは不便です。逆に丸底だったらあたらないので均一に混ぜることができる。そういう面で丸底になっているのではないかと思いまして、上野さんにはそう言いました。据わっている丸底の甕というのは貯蔵というのはもちろんあるでしょうけれども、やっぱり醸造に関わるものが結構多いのではないかと考えています。昨日、木村泰彦さんから長岡京の例で、飯場の酒屋ではないかという話がありました。私も非常に魅力的な話だと思うのですけれども、丸底というものを考えると、飯場の人たちに職業を与えていたわけですから、そこで味噌などもつくっていた可能性もあるかと思います。

【西山】 どうもありがとうございます。底の形が内部の機能と関連するのではないかというご指摘です。混ぜやすいか、対流させやすいか、発酵させやすいのではないかというご指摘だと思います。

では小田さん、後ろにも並べてありますけれども、甕の内側に薄い線がついているという事例が果たして何なのか、これは三舟さんからもお願いしたいと思うのですが、そのあたりご説明をお願いしたいと思います。

【小田】 中身の痕跡の話ですけれども、今講堂の後ろにさまざまな甕を並べております。今日の三舟さんのお話の中でありましたのが、甕内面に何か汚れのような痕跡がある（図4・5）。私は、最初三舟先生が西大寺食堂院の甕を見に来られて、「小田さん、これ何ですか」と言われるまでは単なる汚れとしか認識していなかったものでした。実際にまだ汚れの可能性というのは残るとは思うのですが、埋没中に泥が水平に付着する汚れというのはよくあるかと思うのですが、あの甕に関してはバラバラの破片で出てきていて、その破片を接合してもともとの形ができたときに水平の痕跡が残って、それが何層かある。ということで、もしかするとこれは埋蔵環境以外の理由でついた痕跡で、使用に関わる痕跡かもしれないなと考えたところです。言われるまで汚れとしか思ってなかったものですので、再度、自分の目でもっと観察していかないといけないと思いますし、出土状況、取り上げ状況によっては、何かあやしいなと思ったものに対して洗いの段階で洗い方を変えるとか、そういう方法が必要なのかなと思います。やはり再度物に戻って、使用の痕跡が残っているのかどうかを見てみることによって中身の話に近づいていくのかなと考えました。

【西山】 三舟さん、この件、実際つくられてみた感じで何かございませんでしょうか。

【三舟】 今日は雲をつかむような報告をさせていただきましたけど、きっかけはやっぱり小田さんのところに行って、甕をのぞいてみたら中にリング状の、しかも水平の痕跡が3条ついていましたのを見つけたことです。そのときには古代食の復元を始めていましたので、これは何ですかと聞いてみたら、そういう見方をしたことがないということで、ではこれを調べたらおもしろいだろうな、ということがスタートだったのです。

今日、講堂の後ろにもっと良好な資料がありましたから、そういう痕跡を見て、内面の痕跡がどうやってつくのかということには関心があります。とくに、水平につく痕跡が、上のところだけつくものはないか。

図4　平城京出土須恵器甕
（奈良文化財研究所撮影）

図5　平城京出土須恵器甕内面のリング状痕跡
（奈良文化財研究所撮影）

今日お話ししましたように酢を造ってその分析のために酢を汲み出したときに、やはり上に痕跡がついているということを考えると、これも何か器壁にしみ込んだ成分の痕跡だとするならば、何か必要な情報がそこから取り出すことができるのではないかという視点をもっていました。

ただ、いかんせん甕の勉強というのを全然していなかったものですから、問題提起という形で、そういう事例があったらまた今後教えてください。明確な答えを示すことはできないのですが、甕の中身はいったい何なのか、土器の上にのっているものは何なのかという、古代食の復元をテーマに考えていますので、今日はそのように報告させていただきました。

【西山】　どうもありがとうございます。

先ほどお昼に打ち合わせをしているときには、中世は平底だけど実は内部はアール形で少し丸みを帯びているというご指摘もございましたので、川畑さん、そのあたり、お願いします。

【川畑】　土器の中に何を入れるかという話で、固体、液体、大きく言えば2つあります。液体が入っているときであれば、底部と体部の境に角がついていてもあまり問題はありません。逆に固体が入っているときは、角の部分の内容物が取りにくい。土器の強度もありますが、平底の甕、小田さんのいう甕Cは、平底に見えますが、内部は少しアールがついてやや丸くなっています。

【西山】　どうもありがとうございます。

丸底か平底かということが中身をどのように使っているかに関連するのではないかと議論が展開しておりますけれども、先ほど出ておりました内面の痕跡を分析できないだろうかという話については、実際つい最近そういうことが注意に上ってきた段階でございますので、今後は大きな甕に汚れのような薄い線や、そういうものがあれば科学的な分析をする対象として考えるということも必要ではないかと、先ほど議論が出ておりました。

小田さん、さらにおっしゃることはございますか。

【小田】　やはりまずは甕そのものを見て、その上でどういう使い方をするのかをイメージして、最後どういう痕跡がつくだろうか、何かついていないかという視点かと。ただの汚れとして切り捨てるのではなくて、純粋に物を見て、これは何だろうかという視点で見ていく必要があると思います。

中身の痕跡について科学分析をかけるときに、分析で何を狙うのかということが必要になってくると思いますので、三舟先生がいろいろ調べられている文献の中で甕の使い方や中身、それらをまず取っかかりにして、調べていくべきかと思っております。

先ほど川畑さんからご紹介いただきましたように、私は宮都では甕Cが大切だと言いましたけれども、この甕Cは由加、一番大きなサイズに関しては池由加と呼ばれておりまして、中に水を入れているということがわかりました。由加に関しては水のほかに油なども入っていただろうと思います。大甋という甕ＡＡの大きなものと思いますが、これはお酒が入っていた容器として名前が出てきますので、そういうところから出発するのもありかなと考えております。

【西山】　どうもありがとうございます。

中身の問題で何かご発言ございませんか。

私、京都では遺跡をよく見せてもらっております。中世の甕の遺構がたくさん出てきまして、あれは多分酒屋だろうと言われているのですが、実際、北野社の文書で酒屋の所在地がはっきりしておりますので、それに合うものと合わないものがあるのですが、多分酒屋だろうと言っております。中身の判定は、推定はできても決め込むのは難しいという状態かと思います。

小森さん、何かございますか。では一言。

【小森】　今は機能性の問題のような話になっていて、玉田さんが最後のほうでおっしゃいましたが、甕の平底の問題で、単純に甕Cがなぜ平底を主に採用するかと考えられたら、使う場所のような気がしています。要するに地面の、土間で使う可能性がすごく大きいだろうと思っています。そのことに対する認識をもった上で、玉田さんがおっしゃったような中身を混ぜるというのは次の段階の話になると思います。どうも陶邑あたりの甕を見ていますと、ずっと伝統的な丸か尖り気味のままです。それが播磨の甕を見ていると、同じく伝統を受け継いでそのまま丸でいきますが、平底も交じってくる時代が確実にある。外見的な、なぜ丸底を採用するか、平底を採用するか、その上に中身の機能性みたいな問題を考えたほうがよいのではないか。付着物については、これも便所のことを研究していたら江戸時代のものにはたくさん付着物がつきます。古代のものを見ていると、おっしゃっているような痕跡を破片の中で見いだすことはすごく少ないと思います。ただ私も科学的分析という

現代的な手段でそのことをあきらかにしていただきたいなと思っています。

【西山】　どうもありがとうございます。

　小田さん、何かありますか。

【小田】　今、甕Ｃのお話をいただきまして、昨日の私の話の中で取り上げました平城宮の東院地区は甕Ｃが多い場所というのは、間違いないと思っています。昨日の破片数計測だと甕ＡＡやＡＢも若干出てきて、掘っているときの感覚とうまくあわなかったのですが、もしかすると今小森さんがおっしゃったように、使う場所、東院では大きな平底の貯蔵具を使うという目的があって、甕Ｃが選択されてここに持ち込まれているのかなと思っております。私は一応水甕と考えているのですけども、それ以外の液体が入っていてもいいと思います。大型の甕ＡＡというのは東院の中ではそんなには出てこないのですが、東院のすぐ北側に造酒司がありまして、甕ＡＡ、いわゆるお酒などが入ったものはここにあるし、そこからお酒をもってくる。東院の厨では水などを貯めて使うということで、それで組成が違ってくるのかな、という印象は持っています。ただ、まだ造酒司の甕の整理ができていなくて、再整理することによってもう少し空間の性格と甕の組成との対応関係について考えていきたいと思っております。

【西山】　小森さん、いかがですか。

【小森】　坂井先生がおっしゃったように、東では平底がみられるというのは、確かに須恵器の甕にもあります。ただ、都城の須恵器の甕などを見ていると、かなり使用場面を意識したつくり方をしているような気はしています。それがとくに垂下形の口縁をもつ、縁帯をもつ甕は、どういう場面でどういうふうに使うかということをつくる側が意識してつくっている気はしています。それをどうすれば解明できるかと思っております。

【西山】　どうもありがとうございます。

　質問票を手がかりに、甕もしくは甕据付穴と建物、それから甕の破片等、甕の移動、甕そのもの、甕の丸底・平底や、甕の内容物の問題というように論点を移してまいりました。どの論点とは限定はいたしませんので、何かご発言がございましたら、いかがでしょうか。

　それでは次に、断言はできないけれども甕の中身として酒の可能性が高いということで、酒と甕ないし

は、甕据付建物と建物を含む一定の地域ということで考えてまいります。お酒のことに関して、では小田さん。

【小田】　研究集会の討論はご参加いただいている皆さん全員でもり立てていこうという主旨ですので、皆さんのご協力をお願いいたします。

　今までの話の中で甕を据えた遺構であるとか甕そのものの観察、そして中身がどうかと話が進んできたわけですけれども、今回の皆さんのご発表の中でキーワードになっていたのは「お酒」ではないかと思います。そのお酒をどういうふうにつくっていたのか、そのための容器をどうしていたのかということで話が展開してきているかと思います。では今度は甕も貯蔵具としていろいろな使い方があるけれども、ここにお酒が入っていると考えたときの甕のあり方について考えていかねばならないと思っています。

　それで誰が口火を切るかということで、私が切りましょう。宮都における甕およびそこから考えられるお酒との関係について、平城宮の造酒司や、右京二条三坊の「酒司」と言われるような醸造施設が多くあるところでは、甕据付穴が大量にある甕据付建物でお酒がつくられていたようです。しかも、三舟先生のお話によると多分そこで甕付き酵母というのがあるかもしれないということで、どうやら長い時間、大切な甕として使われていて、そういう意味があるから、甕が抜き取られていると考えています。ですので、甕の中に酒が入ると考えたときには、遺構として甕据付建物はお酒との関わりが考えられる。しかも、玉田さんによりますと、奈良時代後半、時代が下るごとにどんどん醸造量が上がっているという研究成果がありますので、宮都の中では必ず必要なものとして存在していたと思います。

【西山】　都城では、例えば写経所でお酒を水増しして出すという事例がありますし、文献史料では貴族も宴会をよくやっておりますので、そういうところで使われたり、酒を飲んで政争に巻き込まれるのを避けた光仁天皇の話が出てきます（光仁天王即位前紀）。ですので、かなり広範に酒が流通、取引されていたことは間違いないと思います。

　木村泰彦さんがおっしゃるように、１つの建物の中に並べてあるという状態ではなく、ごく一部が今でいう飲み屋さんのような可能性があるのは１つの線だと思います。もう１つ、集落の中でどの程度、甕据付

穴があるのかということと、それが1つの地域の中でどの程度の比重をもっているか、ということが集落や地域の中では問題になってくると思うのですが、そのあたり田中さんや川畑さんから何かご意見ございませんか。

行事の話や郷飲酒礼の話を引いていただいておりますが、遺構に関しては、なかなか北陸では建物に付随するものが出てこないようですので、その場合、酒はどういう物流をしていたと考えることができるのかという問題が出てまいります。何かご意見がございましたらご発言をお願いいたします。

【川畑】　北陸では、酒がどのようにつくられていたかを示す調査事例はありません。レジュメにも書いたとおり、酒造りはずっと昔からあり、古代になって新たに始まったということではなく、連綿と地元で酒をつくっていたはずです。都城で見るような大量につくるような場面というのはおそらく多くなかったと思います。

また、北陸の西南部の加賀、越前では、6世紀代から須恵器の中型甕、大甕がかなり普遍的に存在しております。甕がたくさん出土することから、酒造りだけに限定できず、ほかのいろいろな用途に中型甕、大甕を使うのが自然な姿ではないかと考えております。昨日、田中さんとお話しをさせていただいて、関東はあまり須恵器甕が出ないとうかがって、少しびっくりした次第です。

【西山】　どうもありがとうございます。

遺構と遺物から考えるのが筋でございますので、遺構が出てこないところから酒はどうだろうという質問は大変無理をお聞きしておりますが、田中さんはいかがでしょうか。

【田中】　昨日も少しお話しさせていただいたのですが、やっぱり甕が集中して出土するのは特定の遺跡に限られます。一般の集落といいますか、竪穴建物ばかりのような集落ではなかなか出土しないというのが現状です。ただ、破片は出るのですが、大甕に復元していけるぐらいの破片数もそれほど出土しない。

少し質問の趣旨とは違うかもしれませんが、先ほどの話に戻りまして、「上野国交替実録帳」を見ますと、各郡の厨の中の建物が書かれています。その中に「酒屋」といいますか、「酒屋」が登場するわけです。ほかの建物は釜屋とか納屋とかないのですが、酒屋、酒屋だけは抜き出されています。三舟さんのお話に

もありましたが、やっぱり菌が住み着いているというか、建物そのものはほかの建物、釜屋だとか納屋だとか厨はありますが、それとは別の施設、建物として登場してくるのです。

それから、「上野国交替実録帳」にあるように、やはりお寺が、地方の寺院でもお寺がお酒を持って、あるいは大甕を持っていることがよくわかりました。地方の豪族もお寺と非常に大きく関わりますので、『日本霊異記』の話とかです。その辺を考えていく上でこれから地方の寺院を、寺院が持っている酒屋を拾い上げていくことも大切と思っています。

もう1つ、関東地方は9世紀に入ってから須恵器大甕を保有する遺跡の事例が多くなっていきます。やはり8世紀と9世紀では、大きな違いがあるという印象があります。

【西山】　どうもありがとうございます。

『日本霊異記』のことが出ましたが、ご専門の三舟さん、ご発言ございませんか。

【三舟】　やっと自分の専門のお寺の話が出てきました。今、田中さんがおっしゃったのは『日本霊異記』の中巻の32縁です。紀伊国名草郡、岡田村主の石人という人が物部麿という人に、石人というのは薬王寺というお寺の檀越なのですが、付近から米を「知識」と称して寄進させて、そして自分の妹の姑女のところにその米を集めて薬と称してお酒をつくります。そのお酒を要するに出挙している。その出挙したお酒、借りて飲んだ物部麿という人が死んでしまったために返さなくて、牛に生まれ変わって使われて返済したという話になるのですけど、その背景からすれば、先ほど田中さんのお話と関連して、お寺でつくったお酒は、おそらく出挙という形で地域に貸して、そこから収益を上げているということもあるのだと思います。木村泰彦さんの長屋王家の話にあった、「酒肆」というお酒の店があるのではないかという都城のあり方と地方のあり方というのは、やはり違うのではないか。今日の先ほどの報告ではないですが、発酵して酒をつくるということは技術が必要であり、その技術をもっている人間が酒をつくり、それで出挙で高利貸しをやって、利益を上げていくという、支配体制の手段にも酒というのは使っているのではないか。そうすると酒造技術を握っておく必要があるのではないかということで、少し考えています。参考になるでしょうか。

【西山】　では、田中さん、どうぞ。

【田中】　昨日お話しさせていただいた黒熊中西遺跡の南側には吉井窯跡群という9世紀、10世紀の須恵器の窯跡があります。それを背景にしてお寺が急成長するような遺跡です。『日本霊異記』の讃岐国の田中広虫女、私の名前に少し似ているのですが、私は強欲ではないので。そこもたしか、そう遠くないところに大きな窯跡群があるはずです。そういうところもやはり手工業生産と、お寺がリンクしてくる。それに地域の豪族が関わってくる。そういうあり方をやはり考古学は、そういうところからチェックしていくべきと思っております。

　もう1つは長岡京の中であった、酒屋さんの話ですけれども、あれと少し似ている話が『万葉集』の中に大伴家持が能登郡を巡ったときに、熊来というところで酒屋、酒屋が出てきます。その熊来の酒屋には酒造りに関わった「奴」という男が登場して、それがものすごくののしられていたので、酒屋に連れていこうかという歌が出ています。そういう人物、知的水準の低い男が酒造りに関わっている。今日のお話からするというと、まったく逆で、酒なり酢なりをつくるのは相当大変な事業と言われて、一方でこういう人物もいるというのは、とてもおもしろいことだと思います。

【三舟】　少しいいですか。

【西山】　どうぞ。

【三舟】　田中さんに1つ、お聞きしたいのですが、黒熊中西遺跡はたしか藤岡吉井窯跡群が近いですよね。やはりそういうところで須恵器の大甕を焼いているということはあるのでしょうか。

【田中】　こちらの窯跡群でも焼かれております。7世紀代からずっと須恵器の中甕が出ておりますので、ただ9世紀、10世紀になると相当広範囲に消費が広がっていきます。

【三舟】　そうしますと、例えば黒熊中西遺跡の場合は大型の須恵器の甕というのは、要するにもうそこの檀越というか、寺をつくる勢力と、そこと何らかの関係がある窯跡と一緒になって、甕も自前でつくっていて、もしそれが酒だとすれば酒屋と一体の関係があると考えてよろしいでしょうか。

【田中】　同じ資料をそれぞれ突き詰めているわけではないので、一概に言いにくいところはありますが、プロポーションとか成形の仕方からすると近いのではないかと考えています。

【三舟】　ありがとうございました。

【西山】　どうもありがとうございました。

　酒というのが地域というか村落、民衆の世界の中では支配と従属というものと非常に密接なのではないかということで、地域とか支配を解く1つの鍵になるということが今後問題になってくるだろうと思いますけれども、都城の場合はどうなのでしょうか。どういう社会的位置付けになるのか、名前を指名させていただいて恐縮ですが、馬場さん、都城における文献から見た酒と都城ということで、何かご発言をお願いできませんでしょうか。

【馬場】　ちょっとそれはサケたかったのですが。奈文研の馬場でございます。

　都城の場合、都城というか都市として捉えたときには、多々研究がありますように奈良時代の後半から急激に平城京の都市化が進んでいると思います。それがやはりいろいろな要素が出てくる。例えば酒の醸造量とか、あとはそのほか、都市などと結びついていると思います。そういう意味では都市の潤滑油として非常に重要な役割を果たしていたことも確かだと思います。都市の、とくに平城京の時代の場合は地縁的な関係がないと言われていますので、例えば地域社会での祭りにおいて酒を振る舞うこと、それによって人を集める、あるいは労働の対価といったものに直接は結びついていないだろうというのは現在の見通しで、むしろ都市における商業的活動という側面のほうが、あるいは商業的活動を通じて、物資がたくさん集まってそれを消費する。酒というのはぜいたくな消費ですので、そういった消費活動、商業活動、資本の蓄積といった側面を都城では捉えられるかなと。資本まで言ってしまうと前近代にそこまであるのかという、難しいですが。例えば、長屋王が酒を売っていたというのはやはり長屋王という貴族が富を集約することに成功して、そして新しい富を生み出しているということだと思いますので、そういった地域社会での地縁性や支配という表現よりは、より商業的側面を強く考えるべきかもしれません。都の中ではもう少し、そういった旧来的な、天皇から杯を賜るとか、あるいは神事であるとかで非常に重要な要素をもちますけれども、都城の中で考えると少し違う側面が見えるかと思います。

【西山】　どうもありがとうございました。

　次に木村理恵さんにご発言をお願いしたいと思う

のですが、先ほど大きな甕の商標ということを提起されたわけですけれども、内部で打ち合わせしておりましたときに、なぜ口縁に商標みたいなものを残すのかという意見が出ておりました。そのあたりのところを、改めて自説の展開をお願いできませんでしょうか。

【木村（理）】　口縁部になぜ商標を残すのか、というのは、まず目立つ。全形を見たときに口縁部に目がいって、縁帯が目立つというのと、ほかのところにそういうデザイン性をどうやってつけるか、ということ。古墳時代からずっと甕をつくってきていますが、口縁部の形というのは工人の癖も出やすい傾向にあるかと思うのですけれども、それがこの時期になってデザイン性が商標みたいになったと考えています。しかし、なぜ口縁かというのは難しい。実態として口縁になっているなと。それで口縁にそういうデザインが残っていたというふうに考えています。

　あと、私が大学に所属しているときに、平安京近郊の篠窯跡群での発掘に参加していたのですが、篠の鉢というのは玉縁状の鉢と言われていまして、平安時代、9世紀の終わりぐらいから10世紀代にかけて全国各地で出土しまして、それが都ぶりのような感じで。何というか、デザイン性、これを持っていたら都ぽくっておしゃれ？　おしゃれかどうかわからないですけれども、そういうデザインですよね、機能というより。そういう例もありますので、今回の甕に関しましても、それより大分早い時期になるのですが、篠窯の鉢に見られるような商標というか、メルクマールというか、うちの産地のものです、都ではこれがはやっていますといった、そういうものが見られたのが篠の鉢も口縁部でありました。口縁部には工人の癖もそうですし、デザイン性も表現しやすいかなとは思っていますが、なぜ口縁かというのは難しいです。

【西山】　どうもありがとうございました。

　何かこれに関連しましてご質問とかございませんでしょうか。

　では小森さん、どうぞ。

【小森】　木村理恵さんがおっしゃるように、私も同じブランドマークと思っているのですが、逆方向で考えるという手に出たときに、口縁部分が垂下して何か機能性がアップするかということはほとんど考えられないです。甕の中の物を出したり入れたりするときを含めて。口縁部ということにこだわっているわけではな

いですけども、なぜそういう機能性のない部分が発達するのかということを考えると、客と売る側の接点で、例えば極端に産地と言わなくても、そういう共通認識をもてるような形のマーク化のようなことは十分に考えられる。それは中世の焼締陶器で、木村さんは篠の鉢の例を出されましたが、もっとわかりやすい例を出すとN字状口縁と言われた常滑の甕や、玉縁の備前の甕。三角に発達する備前のすり鉢。すべてそういう共通認識をもてる一番の接点のようなので、口縁部というのはどうもありそうな気はします。それを古代において口縁端部が垂下する甕というのはすごく大きい意味をもってくるのではないかと思っています。だから機能性のない部分がなぜあんな形で発達するのかというのが1つの引っかかりとして考えて、マーク化という意味で理解しています。

【西山】　どうもありがとうございました。

　では亀岡の篠窯のことが出ましたので、大阪大学の高橋照彦さん、何かご発言はありませんでしょうか。

【高橋】　大阪大学の高橋と申します。

　今、口縁部が商標というかブランドになるというお話で木村理恵さんが提案されたのですけれども、鉢も確かに今言われていたように篠の鉢は玉縁状になるというので、特殊な形態をとります。ただ、その形態をとり始めたのはおそらく9世紀の終わりか10世紀ぐらいになってからで、陶邑の甕のブランド化とは少し時期が違ってくることから、同一視していいのかはある程度考えないといけないと思います。ただ、それならもう少し古い時期に何かないかというと、むしろ篠と陶邑というのは同じような製品を焼いているように見えるのですけれども、壺Aとか小型の壺があるのですが、陶邑のものは口縁部が真っすぐになるタイプのものが一般的で、篠の製品などはどちらかというとそこが少し上下に拡張するような、つまみ上げたもののほうが多いかもしれませんが、そういう口縁部の特徴が出てきます。ですから、陶邑と篠も少し色合いが違うようなものが平安に入るかその前後ぐらいから目立つという意味では、甕の新たな変化というものと何か対応するようなことがあるのかもしれない。今までであればむしろ平城京なり、もっと古く藤原京のころであれば、同じような土器をつくることが1つのステータスになり有効であるという時代から少し変わって、独自の色合いを出すこと自体が意味をもつよ

うな、そんな時代変化が奈良から平安にかけての時期にあるのかなという気は個人的にもしています。

それからもう1つ、せっかくなので言っておきますと、篠窯でいうと、今、陶邑産の垂下形口縁と言われていたものですが、それに似たものが篠でも実は出てなくはないです。それは9世紀の終わりぐらいの話です。それがどこから来ているのかわからないですが、陶邑は壺を焼いたり甕を焼いたりと商業的というのか、篠ではそれとは違うような製品を焼き出すのが9世紀以降だと思うのですけれども、その時期に京都の篠のほうではあんまり甕を焼かなくなるのです。本当なら平安京に近いので、酒造りをして甕をどんどんつくっていけば、陶邑からもっていくよりもはるかに近い。そもそも篠というのは平安京から少し山を越えた内丹波になるので、地理的には非常に近いところになります。ですから、平安京に供給するにあたって、須恵器の生産地としては立地的には陶邑よりもはるかに有利にも関わらず、あんまり甕を焼かないというのは少し妙なことであるので、それが何か、むしろほかにお考えがあったら聞きたいように思います。何か伝統的な生産としての甕というのがずっと陶邑では意味をもち続けて、それこそ丸底であることもですが、先ほど機能の話がありましたが、機能ではない伝統というのもあるのではないかという気はしています。ともかくそういう機能があるのか、あるいは伝統だろうかよくわからないのですが、陶邑で甕づくりが続くということになる。

ところが、9世紀終わりに陶邑でそもそも生産が衰退するころになると、篠で甕を少しつくるようになります。それが陶邑と似たような口縁部のものをつくっていますので、あるいは陶邑により供給できなくなった段階で篠でも一部は焼き出す可能性もありますし、そのころになるともっと大生産地としては播磨や備前といった地域が興隆していくという大きな流れがあるという気はいたしておりました。

【西山】　どうもありがとうございました。

今、高橋さんのご発言でも歴史性のようなものが出てまいりましたが、地域ごとの違い、それから歴史性の問題ということでそれぞれ報告者の方にご発言をいただいて、今回の研究集会の意義、問題提起と最終的にどこまで到達できたかということも含めて、まとめていきたいと思います。

それでは最初に小田さんから。趣旨説明等がござ

いましたけれども、それを踏まえて今回それにどこまで到達できたのか、残された課題はどういうところにあるのか、あるいは地域ごとの違いや時代というものについて、どういうふうに考えるかについてご発言をお願いしたいと思います。

【小田】　研究集会の趣旨説明では、甕を見ることによって何がわかるのか、ということを今回のテーマとして挙げまして、その中で各報告者の皆様に甕の組成の違いだとか、それが遺跡の性格であるとか空間の違いについてどうあらわれてくるのかということ、そして、官衙や集落遺跡から出土する甕に官衙的な様相や、集落的な様相が読み取れるのか、背景をどういうふうに考えるのか、ということを提起しました。

私自身は今回の皆様の報告を聞き、自分自身でも宮都の甕を見ておりましたけれども、貯蔵容器というのはもともと須恵器が出てきた古墳時代からずっとあるわけで、宮都が成立して展開していく中で、藤原京段階ではあまり違いは見えづらいという話をしました。平城京の中で、場所によって甕の組成が違うということ、しかも今回中身に何が入っているのかということも含めて考えますと、それぞれの甕がもつ機能と用途が場の性格というのをどうやらあらわしていそうだと。平城宮東院地区では水甕のような平底の甕Ｃというのがたくさんあって、選ばれていそうだということ。また、お酒をつくるところでは大きな甕ＡＡがあって、据付穴をたくさんもつ建物が並んでいる状況が見られるということがわかってきました。しかもそれは、木村理恵さんのお話とも関わってくると思うのですけども、どうやら平城京の中で少し時間がたって、都市的な様相を強めてきたときに、お酒をたくさんつくるようになり、甕の生産地でも何かが変わってきているのだということを学びました。これは都城の中での変質が、甕の生産地の様相を変えたのかもしれませんし、最終的には流通も変えたのかなという気もします。それが宮都の中で起きた変化なのかと思いました。それが、今度は地方ではどういうふうに、地域差があるのかということに関してもっと知りたいと私は思いました。

【西山】　どうもありがとうございました。

今、都城から見た今回の集会の意義についてご発言がございましたけれども、昨日、今日と報告を聞かれた上で、木村泰彦さん、今後どういう方向に研究を進めていけばよいか、何かサジェスチョンがござい

ましたらお願いいたします。

【木村（泰）】 まず最初の感想なのですが、昨日私が発表しました規模の小さな甕据付建物について、文献で「酒肆」とあるものが居酒屋のようなものではないか、という意見を述べさせていただきました。これまでの皆さんのご意見をうかがっておりますと、意外に賛同を得られているのかな、という感触です。これは皆さんの中に発掘調査をやられている方々が多いこと、現場などで体を動かしている経験をおもちの方が多いことによるのかもしれません。古代においてもそういう人たちが酒を欲するであろうというところで賛同を得られたのではないかという気がしておりまして、その意味でうれしい気持ちがございました。

次に、何か科学的に酒造りを証明できないかなという思いがございます。右京第1019次調査で大甕が見つかったとき、酒造りを証明するために分析してはどうかという意見をいただきました。ただ、何をどう分析していいのかがよくわからない。意見を言ったその人もわからない。実際に酒の成分などが甕の内部に残るのか、私はそういう分野には全く素人ですけれども、将来何らかの分析方法によって酒造りが証明できればいいのではないかという気がしております。

もう1つ今日思ったのですが、文献などからも酒造りは全国に普及しているようですけれども、都城周辺以外の地域では大甕や甕据付建物が見えにくいというお話がありまして、これも意外に感じました。ひょっとしたら大甕とは異なった容器が使われた可能性もある。そこで少し話がずれるかもしれないですが、別の視点から酒造りが考えられないだろうかということで、ご紹介しておきたいのが右京八条二坊七町の事例 (本書115頁図7) です。これは昨日紹介しましたほぼ完全に復元できた須恵器の大甕と一緒に出てきた土器を並べたものです。この図の右段左上に小皿が12枚並んでおります (249〜264)。奈文研の分類で皿Cとされるもので、ほとんどが灯明皿として使われた痕跡が残っておりました。これらは溝内からまとまって出土していて、一括して投棄されたようです。昨日、甕据付建物の復元図 (本書108頁図2) について、最初は窓を描いたものを、その後醸造施設にふさわしく窓をふさいだ薄暗い空間の絵に描き換えたことをご紹介しました。ひょっとしたらこういう薄暗い空間の中での作業をするために灯明皿を使ったのではないか。こういう灯明の皿の分析も1つ

ヒントにならないだろうかと思います。

あと、同じ溝から出土した、細長い甕 (図7・312) があります。これが非常に変わった甕でして、昨日、小田さんが分類されていた中にもおさまらないもので、体部が細長く、口が異常に小さくて短い。これはあきらかに蓋をもつ形態の甕です。長岡京でもこのような甕は類例がありませんので、ひょっとしたらこれも酒造りに関係ないかなと思っていました。麹を入れたものかなと思っていたのですが、木簡の内容から麹も大量に使っているようなので、この甕ではとてもじゃないけど納まらない。今日のお話を聞いていますと、酒造りには「酒母」というものが必要とのことでしたので、ひょっとしたらそれを保管したものではなかろうかと勝手に思っていました。ですので、もし大甕や甕据付建物がなかった場合でも、醸造に関連するような土器のあり方から、アプローチできないだろうかと思った次第でございます。

【西山】 どうもありがとうございました。

それでは川畑さんと田中さん、それぞれのご報告をお互い、北陸と関東という地域でどのようにお感じになったかということ、あるいは都城の状況をご覧になって感想などございましたら、それぞれまとめという形でご発言をお願いいたします。

【川畑】 今、木村さんからお話のあった口の狭い甕は、北陸では東北部に特徴的に出てくる甕Aです。感想ですが、北陸は須恵器をかなり使う地域です。須恵器の大甕が、もし仮に酒造りに限定ということであれば、若狭から加賀にかけての北陸西南部は、北陸東北部の2倍から3倍の酒を飲む地域になってしまいます。先ほど申しましたように多様なあり方、多様な使い方が、須恵器の貯蔵具に求められたと考えられます。

都城との比較では、平安京以降の貯蔵具は、どうなるのだろうという話に興味があります。長岡京までたくさんあった甕据付建物が、その後はどうなるのか。今日、小森さんがお話しされました中世にどうつながっていくのだろうか。9世紀以降の貯蔵具は各地域でかなり使われ方に差があるようですので、まだまだわからないことが多いと感じました。

【田中】 関東地方ですけれども、須恵器をつくる国とつくらない国が確かにあります。そういうところがどういう大甕をもっているのか。例えば相模では7世紀、8世紀の甕が長く使い続けられたのかどうかです。

それから、都城と比べてやはり大型の掘立柱建物の中にこういった類いの甕据付穴などが見られないというのは、今後国府や郡家をチェックしていく必要があると考えるところです。とくに、報告書の中で建物と土坑をばらばらに報告するということが、ままあります。そうすると、建物の中に付帯する穴を全部別にして報告している。そういうところから、もう1回チェックし直す必要があると思います。

　もう1つ、甕据付建物の仮にこれを酒屋だとすると、どのくらいの高さなのか非常に興味があります。木村泰彦さんの復元画の中で屋根裏まで描かれていましたけれども、「上野国交替実録帳」の法林寺という定額寺では酒舎という名称で酒屋が出てきますが、その高さが書かれています。食堂の高さが4.5m、酒舎は高さが2.27m、食堂の半分ぐらいです。土間でしょうから、床は張ってないので意外と天井というか屋根裏が低く、空間が結構狭いと思います。話しそびれましたので、ご参考にしていただければと思います。

【西山】　どうもありがとうございました。

　木村理恵さんと三舟さん、2日通してご報告を聞かれて、今後どういう課題が残されているか、何かご発言ございませんでしょうか。

【木村（理）】　課題は、今まで皆さんのお話を聞いて内容物の問題、付着物等をもう一度観察して科学的な手法で分析していくという視点も大事だということを再認識しました。また、破片を接合して全体を見ることも大事ですけれども、口縁部の破片だけでも記録、基礎資料として報告をして、基礎データを蓄積していくのも大事だと思いました。

　それから、これは自分の今後の課題なのですが、陶邑の窯というのが9世紀後半にはもう衰退してしまって、なくなってしまうのですが、その後も大甕というのは平安京に供給しないといけないと思います。そこで、どこの産地の甕がもってこられるのかということです。先ほど高橋先生のお話で丹波の篠窯でも陶邑衰退後に甕が焼かれているという話が出ましたけれども、丹波もそうですし、播磨と備前、備前はずっと備前焼に展開するまで焼き続けますし、西播磨もとくに注目していきたいなと思っています。東播磨も甕の生産をずっと続けていって東播系須恵器というのが11世紀の後半に成立していくと思うのですが、東播系の甕を見たときに小型、中型みたいなも

のが多く、容量が300ℓとか500ℓとかそういうような大甕というのはほとんどありません。ですので、酒造りなどに使われていた縁帯状口縁の甕を引き継ぐというのは、東播系の甕ではなくほかの産地のもの、西播磨、あとは備前、それから常滑もそうですし、そういったものが平安京に入っていくのではないかということを考古資料を使って具体的に見ていきたいと考えています。

【三舟】　先ほどはありがとうございました。私は本当に甕の素人でございまして、自分のおこなった実験のことで何かご参考になればいいや、というぐらいのことでお話しさせてもらいましたが、やはり改めて今日聞いて、丸底、平底の問題ですとか流通の問題ですとか、そういうところでもう一度甕を勉強し直さなければいけないと感じました。まさか甕の中身は何だというのが話題に上がるとは全く思っておりませんでしたので、やっぱり実験した甲斐があったなということを思っております。

　分析の話ですが、今現在、私たちがやっているのは焦げの分析、土師器の甕の痕跡です。方法としては、焦げをつくって、サンプルをつくって、それから土器の焦げと比較しながらという、スタンダードサンプルをつくりながら蛍光X線分析などそういう分析をいろいろやっている先生がいるのですが、その先生と今度水溶液はどうやって分析するかということを、課題としてもって帰りたいと思っています。甕の中身は何だということを非常に多く聞かれましたので、今、私は科研費をとって、いろいろこういう分析など研究させてもらっています。もう間もなくその科研は終わろうとしていますので、次の科研費申請のときに、今度は甕の中身はどういうものであるか分析を続けていく必要があるということを全国の発掘担当者からも要請がある、という一言を申請書に入れさせてもらいます。そういうことで、今後の課題をいただきました。どうもありがとうございました。

【西山】　どうもありがとうございました。

　それでは、一応これで終わりとさせていただきます。なかなか討論するのが難しいものだということを改めて感じましたけれども、参加者の皆さんのご協力で予定時間まで滞りなく討論をおこなうことができました。ご報告の方をはじめ、ご発言された方、どうもありがとうございました。(拍手)

研究集会参加者（五十音順）

赤川正秀	朝田公年	渥美賢吾	雨森智美	安間拓巳	家原圭太	猪狩みち子
池澤俊幸	石口和男	石毛彩子	磯久容子	稲本悠一	井上 翔	上田 真
上野邦一	海野 聡	大澤正吾	大橋泰夫	大村浩司	小川真理子	押井正行
小田裕樹	尾野善裕	春日宇光	加藤江莉	川畑 誠	神所尚輝	岸本一郎
木村泰彦	木村理恵	久保穰二朗	久保直子	栗田一生	黒済玉恵	郷堀英司
小森俊寛	齋藤春太郎	西念幸恵	佐伯英樹	酒井清治	坂井秀弥	坂井田端志郎
佐藤敏幸	鹿野 塁	下木千佳	下平博行	白石 聡	神野 恵	神保公久
菅原祥夫	杉本悠樹	鈴木一議	清野陽一	大洞真白	田尾誠敏	高井佳弘
高岡桃子	高橋 香	高橋千晶	高橋照彦	高橋 透	田中秀弥	田中広明
田中弘樹	田中弘志	玉田芳英	長 直信	辻尾榮市	辻川哲朗	筒井崇史
出越茂和	中川 猛	中島和彦	永野智子	中原彰久	中村信幸	西村匡広
西山良平	新田 剛	新田宏子	丹羽崇史	白谷朋世	馬場 基	林 正憲
林 正之	平田博幸	平田政彦	廣瀬智子	平野 修	深澤みどり	福井優希
藤村 俊	堀内和宏	堀沢祐一	松永悦枝	松葉竜司	松本太郎	眞鍋昭文
丸杉俊一郎	道上祥武	箕田拓郎	南 孝雄	三舟隆之	宮畑勇希	宮原文隆
三好清超	三好美穂	室伏 徹	目黒新悟	森岡秀人	山藤正敏	山本輝雄
山元瞭平	吉田真由美	若杉智宏	渡部敦寛			

資料編

遺 跡 目 次

I 宮 都

飛鳥京跡 (大和国) ……………………………… 181

藤原宮跡 (大和国) ……………………………… 182

藤原京 (大和国) ………………………………… 183

平城宮跡 (大和国) ……………………………… 184

　　第一次大極殿院地区 ……………………… 186

　　左馬寮 ……………………………………… 186

　　官衙区画Ｈ (内裏東外郭北官衙) ………… 187

　　官衙区画Ｉ (磚積官衙北区画) …………… 187

　　大膳職 ……………………………………… 188

　　内膳司 ……………………………………… 189

　　造酒司 ……………………………………… 190

松林苑 (大和国) ………………………………… 192

平城京 (大和国) ………………………………… 193

　　左京二条二坊十坪 ………………………… 194

　　左京二条四坊二坪 ………………………… 195

　　左京二条四坊七坪 ………………………… 195

　　左京三条一坊七坪 ………………………… 196

　　左京三条一坊十坪 ………………………… 197

　　左京三条一坊十四坪 ……………………… 197

　　左京三条二坊四坪 ………………………… 198

　　左京三条二坊六坪 ………………………… 198

　　左京三条二坊一・二・七・八坪 (長屋王邸) …199

　　左京三条二坊十六坪 ……………………… 200

　　左京三条四坊十三坪 ……………………… 200

　　左京四条四坊十三坪 ……………………… 201

　　左京四条四坊十四坪 ……………………… 202

　　左京五条一坊十六坪 ……………………… 203

　　左京五条四坊十坪 ………………………… 204

　　左京五条四坊十五坪 ……………………… 205

　　左京五条四坊十六坪 ……………………… 206

　　左京五条五坊十坪 ………………………… 207

　　左京七条四坊十五坪 ……………………… 207

　　左京八条三坊十一坪 (東市) ……………… 207

　　左京七条一坊十六坪 ……………………… 208

　　右京北辺四坊六坪 ………………………… 209

　　右京一条三坊八坪 (西大寺食堂院) ……… 210

　　右京二条三坊・右京三条二坊・右京三条三坊 …212

　　右京二条三坊三坪 ………………………… 213

右京二条三坊四坪 ……………………………… 214

右京二条三坊六坪 ……………………………… 215

右京二条三坊十一坪 …………………………… 216

右京二条三坊十二坪 …………………………… 216

右京三条二坊十五坪 …………………………… 217

右京三条三坊一坪 ……………………………… 218

右京三条三坊二坪 ……………………………… 219

右京三条三坊三坪 ……………………………… 220

右京三条三坊五坪 ……………………………… 221

右京三条三坊八坪 ……………………………… 222

右京四条一坊八坪 ……………………………… 223

右京八条一坊十三坪 …………………………… 224

右京八条一坊十四坪 …………………………… 224

長岡宮・京 (山城国) …………………………… 225

　　長岡宮跡 (北方官衙) ……………………… 226

　　左京北一条三坊二町 ……………………… 227

　　左京一条三坊四町 ………………………… 228

　　左京三条二坊三町 ………………………… 228

　　左京二条三坊十五町 ……………………… 229

　　左京三条二坊十三町 ……………………… 230

　　左京五条二坊十町 ………………………… 230

　　左京五条三坊一町 ………………………… 231

　　左京五条四坊八町 ………………………… 231

　　左京六条二坊三町 ………………………… 231

　　左京六条三坊四町 ………………………… 232

　　左京七条二坊七町 ………………………… 232

　　右京二条三坊八町 ………………………… 233

　　右京二条三坊九町 ………………………… 234

　　右京三条二坊十五町 ……………………… 235

　　右京四条二坊八町 ………………………… 236

　　右京六条二坊一町 ………………………… 237

　　右京六条二坊三町 ………………………… 238

　　右京六条二坊六町 ………………………… 239

　　右京六条二坊十一町 ……………………… 239

　　右京七条二坊七町 ………………………… 240

　　右京八条二坊七町 ………………………… 240

　　右京八条三坊十六町 ……………………… 242

平安京 (山城国) ………………………………… 243

　　左京七条三坊三町 ………………………… 244

　　右京二条三坊八町 ………………………… 245

右京二条三坊十五町	246	八幡太神南遺跡 (武蔵国)	264
右京三条二坊十五町	247	上総国分寺跡 (上総国)	265
右京四条三坊十一町	247	武蔵国分寺跡 (武蔵国)	266
右京六条一坊五町	248	受地だいやま遺跡 (武蔵国)	268
右京六条一坊十二町	249	宮久保遺跡 (相模国)	269
右京六条二坊十町	249	緒立C遺跡 (越後国)	270
右京六条三坊四町	250	的場遺跡 (越後国)	271

Ⅱ 官衙・集落・その他

		子安遺跡 (越後国)	272
陸奥国分尼寺跡 (陸奥国)	252	下神遺跡 (信濃国)	273
市川橋遺跡 (陸奥国)	253	北方遺跡 (信濃国)	274
伊治城跡 (陸奥国)	254	青木下遺跡Ⅱ (信濃国)	275
思川遺跡 (常陸国)	255	大原野松本遺跡 (山城国)	276
馬門南遺跡 (下野国)	256	池尻遺跡 (丹波国)	277
金山遺跡 (下野国)	257	畑ヶ田遺跡 (河内国)	278
多功南原遺跡 (下野国)	258	北岡遺跡 (河内国)	279
寺平遺跡 (下野国)	259	芝原遺跡 (出雲国)	280
那須官衙遺跡 (下野国)	260	下ノ坪遺跡 (土佐国)	281
将監塚・古井戸遺跡 (武蔵国)	261	加原遺跡 (豊後国)	282
宮町遺跡 (武蔵国)	262		
中堀遺跡 (武蔵国)	263	【参考資料】慶州・城乾洞遺跡	284
		【参考資料】京都市内中世理甕遺構	285

凡　例

1　資料の収集にあたっては、玉田芳英「平城宮の酒造り」『奈良文化財研究所創立50周年記念論文集　文化財論叢Ⅲ』奈良文化財研究所学報第65冊、2002および、丸川義広「第2回土倉と酒屋の遺跡」『遺跡が語る戦国時代の京都』第252回京都市考古資料館文化財講座、2014を参考にした。

2　資料編の宮都以外の遺跡の配列は、市町村コード順を原則とした。

3　資料編各遺跡の冒頭に付した地図は、国土地理院の電子地形図 (タイル) を使用したものである。縮尺は1：25,000に統一し、地図の掲載頁はⅢの「表3　掲載図出典一覧」307頁にまとめて明示した。

4　資料編の掲載図に関しては各報告書から転載したが、原典の図に一部改変を加えたものがある。また、表中の各遺構に関する情報についても各報告書から引用し、遺構番号は原則として引用元の報告書に準じた。なお、各図等の出典は、「表3　掲載図出典一覧」に、各遺構に関する情報の出典は「表2　文献一覧」に一括して掲載した。

5　資料編の作成にあたり、下記の各氏からご高配を賜った。記して感謝申し上げる (五十音順)。
　　田中広明、西山良平、山本雅和

I　宮　都

飛鳥京跡（大和国）

所在地：奈良県高市郡明日香村岡

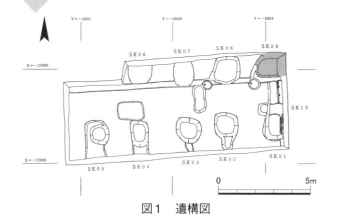

図1　遺構図

図2　遺構配置図

藤原宮跡（大和国）

所在地：奈良県橿原市高殿町ほか

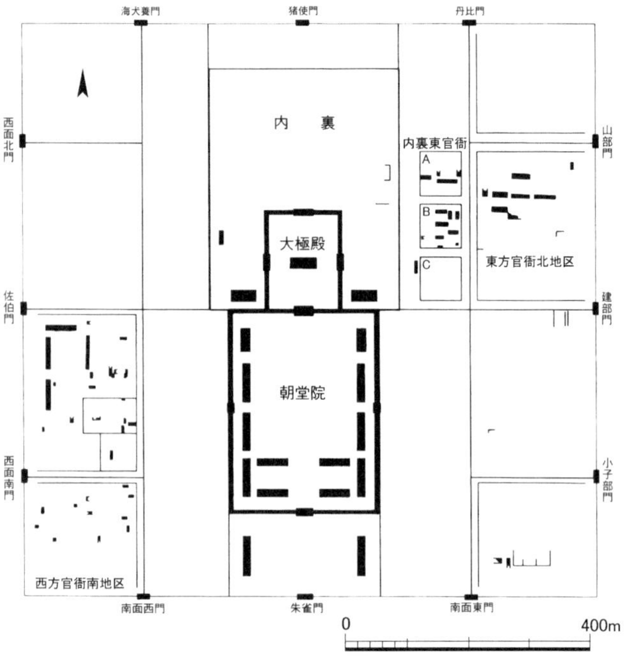

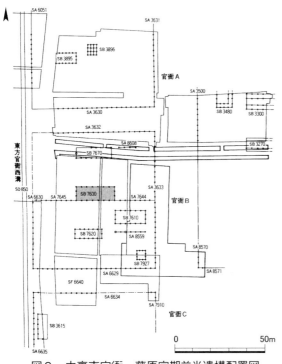

図1　藤原宮全体図

図2　内裏東官衙　藤原宮期前半遺構配置図

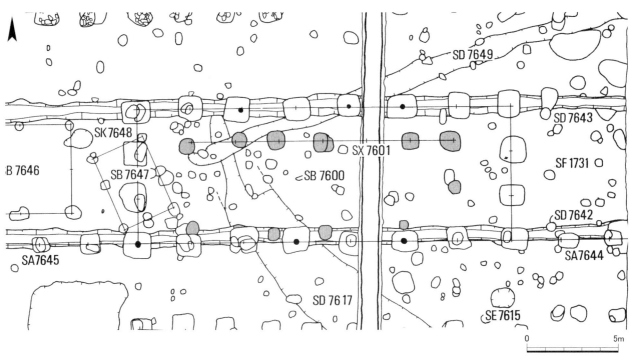

図3　SB7600

藤原京（大和国）

右京十一条一坊西南坪

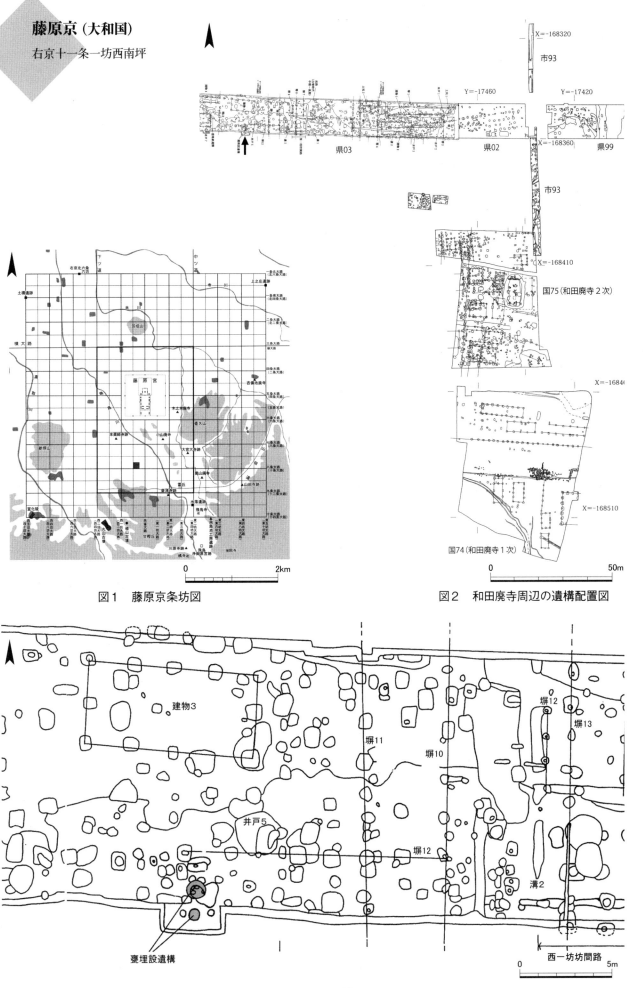

図1　藤原京条坊図

図2　和田廃寺周辺の遺構配置図

図3　甕据付遺構図

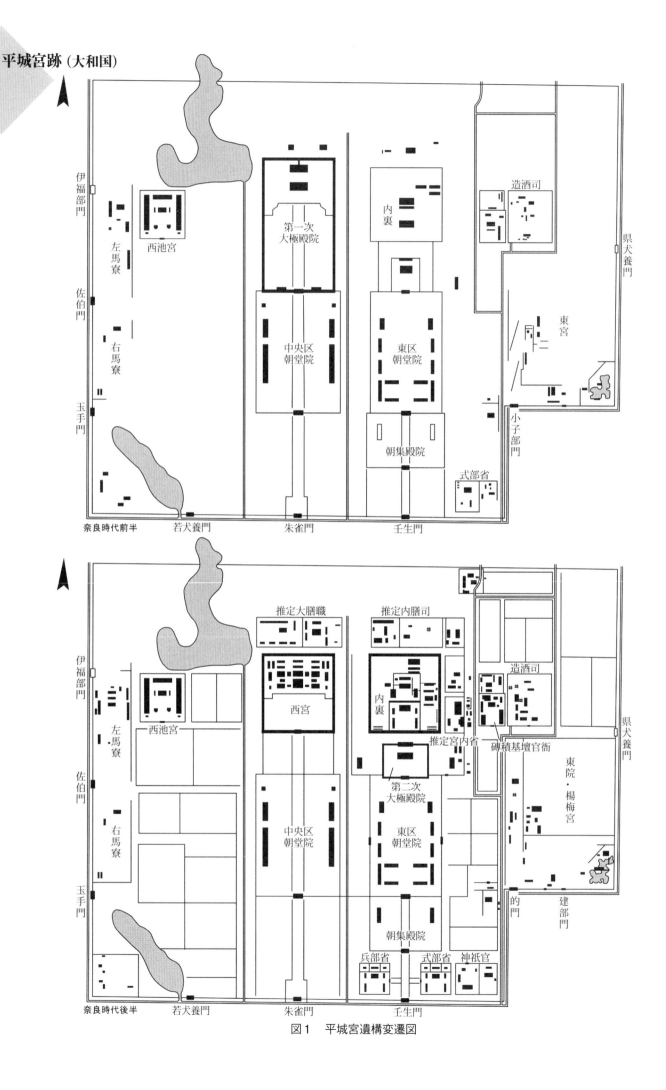

図1　平城宮遺構変遷図

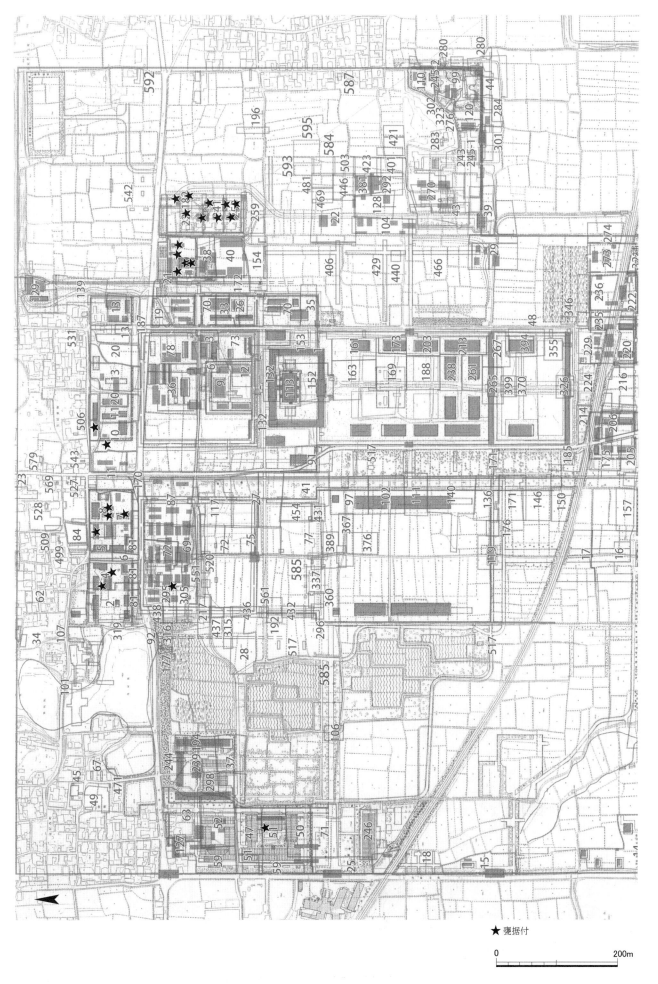

図2　平城宮発掘遺構配置図

第一次大極殿院地区
左馬寮

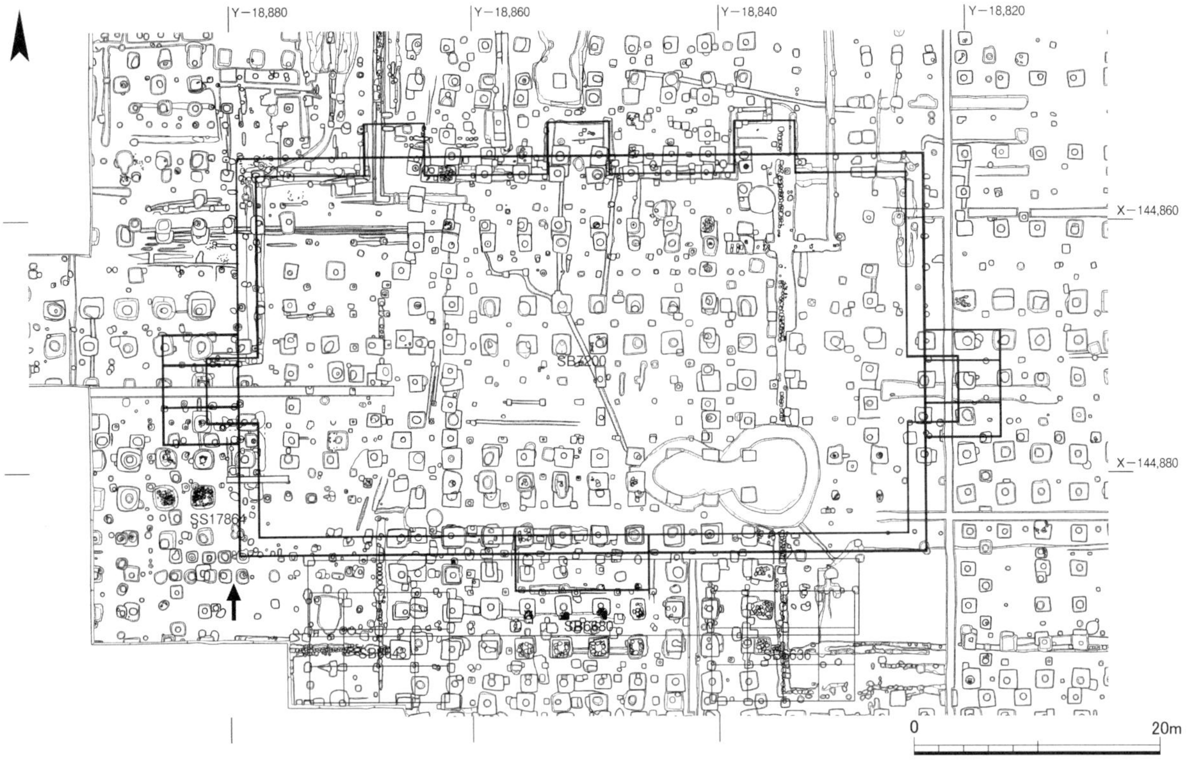

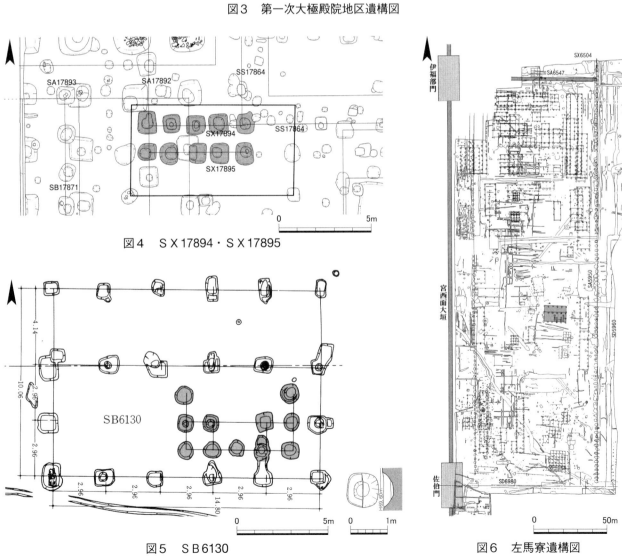

図3　第一次大極殿院地区遺構図

図4　SX17894・SX17895

図5　SB6130

図6　左馬寮遺構図

官衙区画H（内裏東外郭北官衙）
官衙区画I（磚積官衙北区画）

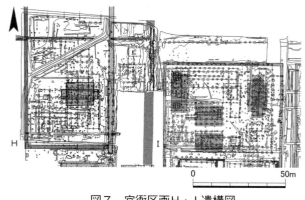

図7 官衙区画H・I遺構図

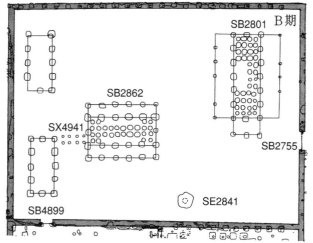

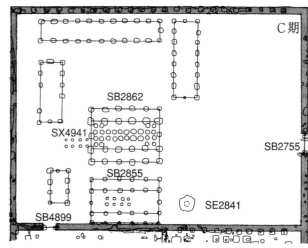

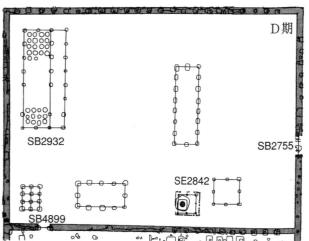

図8 官衙区画I遺構変遷図

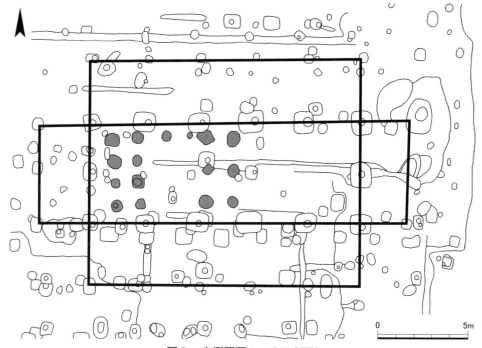

図9 官衙区画H・SB2578

大膳職

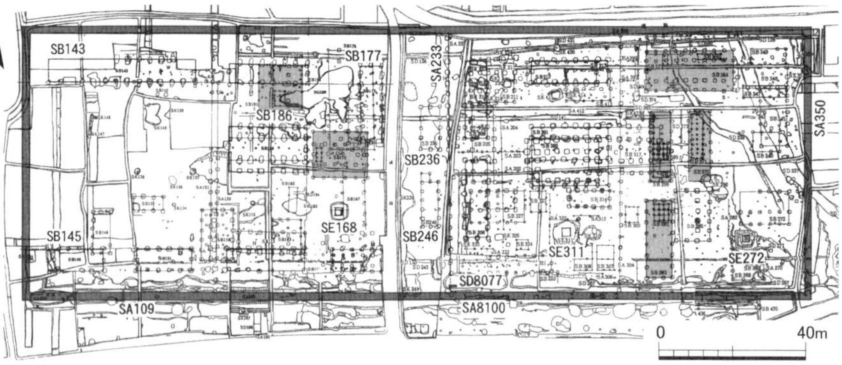

図10 大膳職遺構図

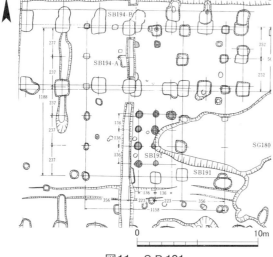

図11 SB191

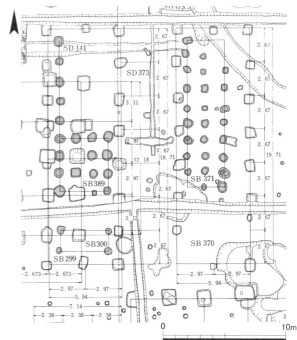

図14 SB299 SB370

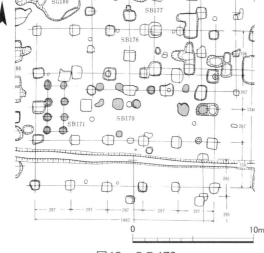

図12 SB170

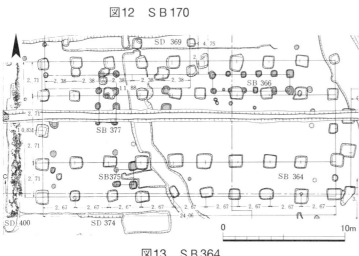

図13 SB364

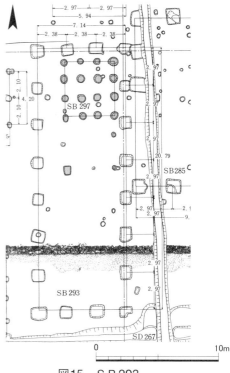

図15 SB293

内膳司

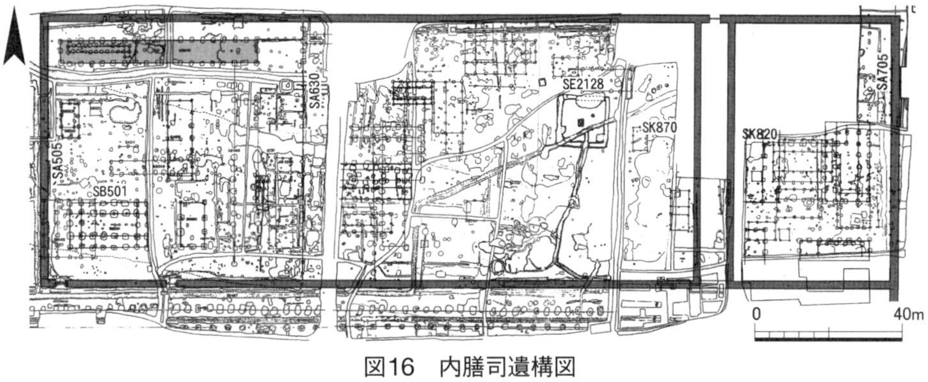

図16　内膳司遺構図

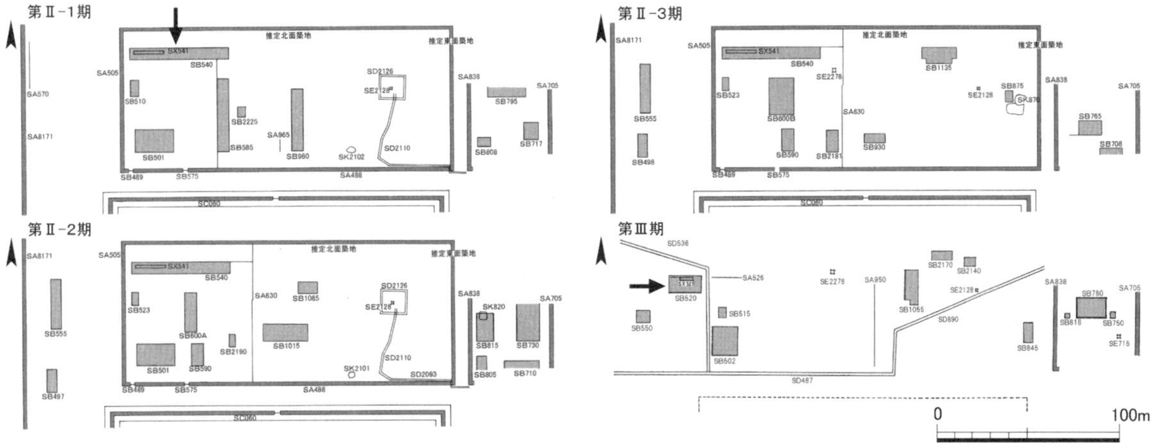

第Ⅱ-1期　　　　　　　　第Ⅱ-3期

第Ⅱ-2期　　　　　　　　第Ⅲ期

図17　内膳司遺構変遷図

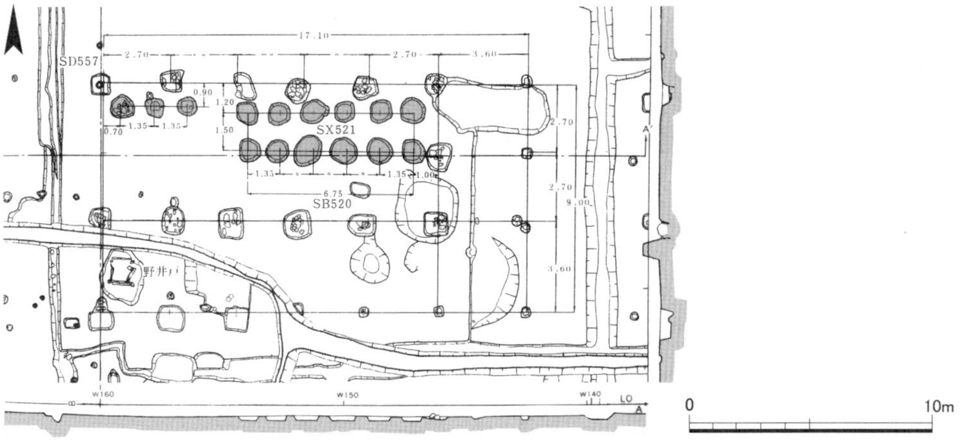

図18　ＳＢ520

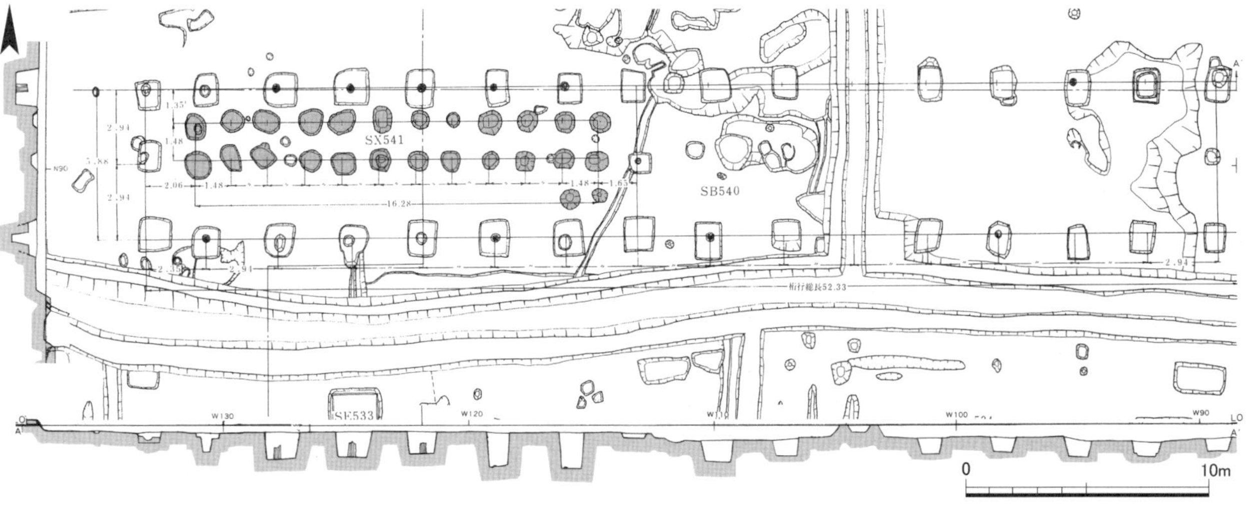

図19　ＳＢ540

造酒司

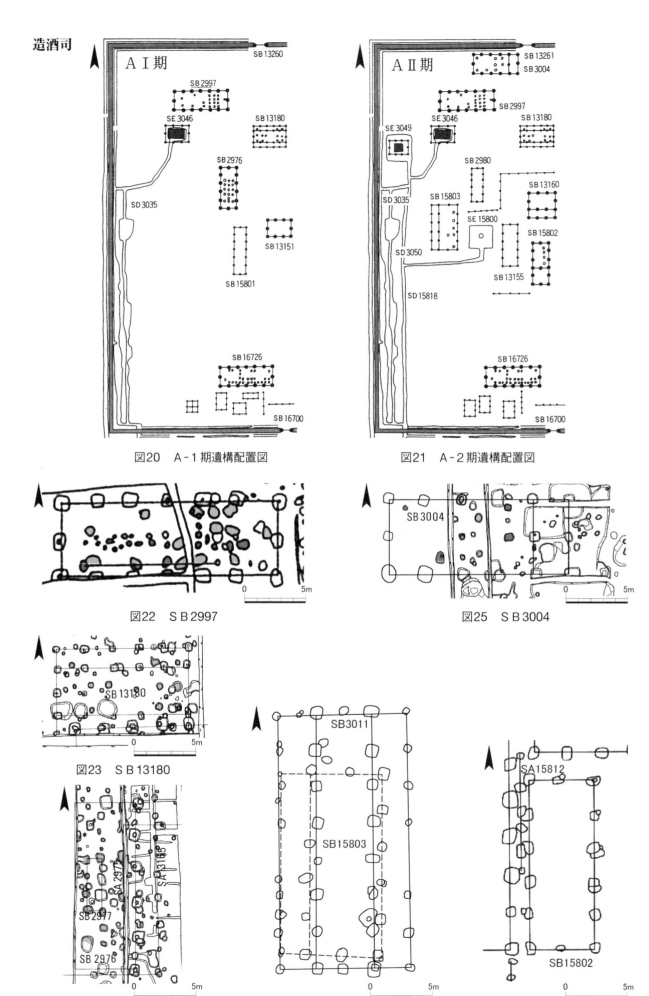

図20　A-1期遺構配置図
図21　A-2期遺構配置図
図22　SB2997
図23　SB13180
図24　SB2976
図25　SB3004
図26　SB15803　SB3011
図27　SB15802

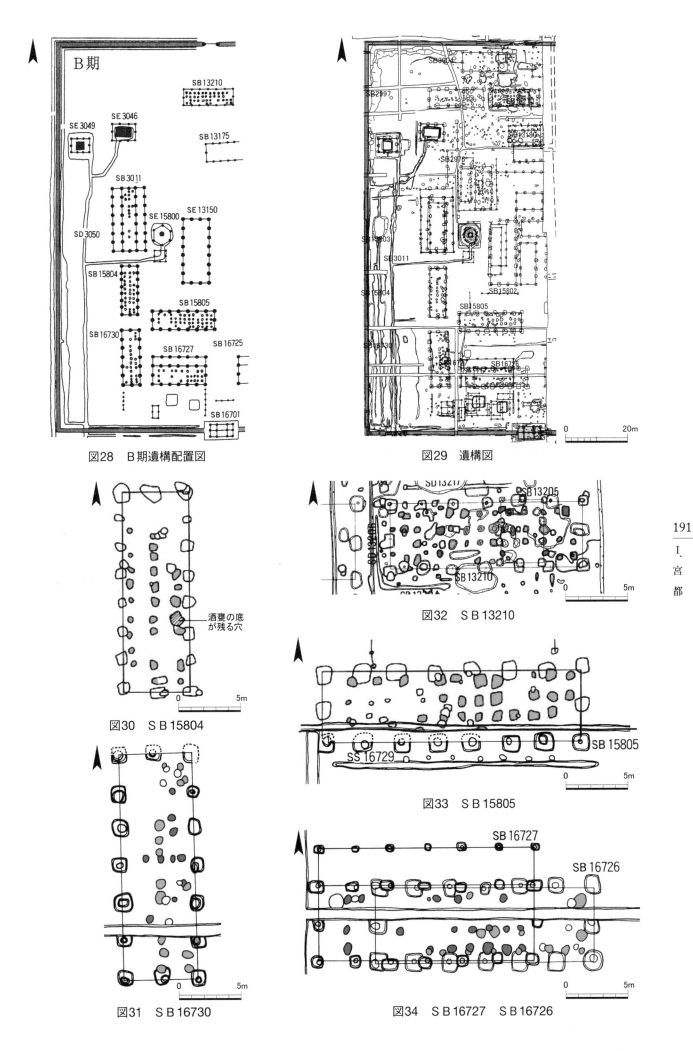

図28 B期遺構配置図
図29 遺構図
図30 SB15804
酒甕の底が残る穴
図31 SB16730
図32 SB13210
図33 SB15805
図34 SB16727 SB16726

松林苑 (大和国)

所在地：奈良県奈良市歌姫町字中ノ切・佐保町

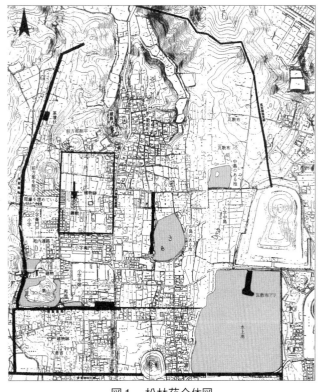

図1　松林苑全体図

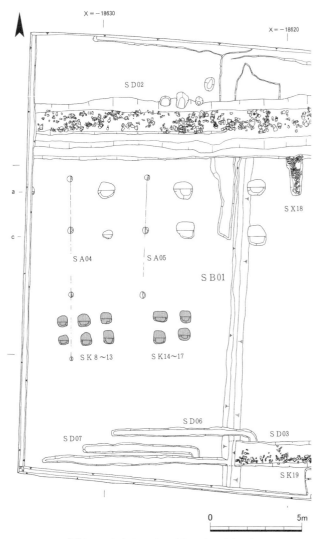

図2　59次ＳＸ8～13　ＳＸ14～17

平城京（大和国）

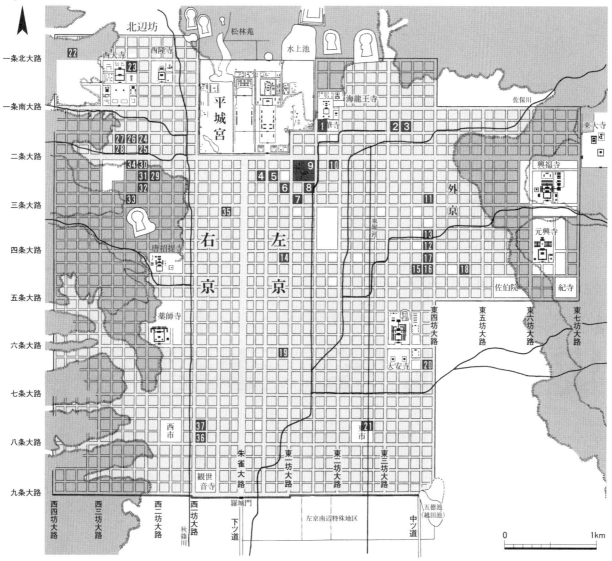

図1　平城京条坊図

1	図2～4	16	図52～54	31	図74・106・107
2	図5～7	17	図55～58	32	図74・108～110
3	図5・8・9	18	図59・60	33	図111～113
4	図10～16	19	図64～66	34	図74・114～116
5	図17・19	20	図61	35	図117～119
6	図18・20・21	21	図62・63	36	図120・121・124
7	図25・26	22	図67～69	37	図120～123
8	図22～24	23	図70～73		
9	図27～30	24	図74～79		
10	図31～34	25	図74・80～87		
11	図35・36	26	図74・88～95		
12	図37～40	27	図74・96・97		
13	図41～44	28	図74・98・99		
14	図45～48	29	図74・100～102		
15	図49～51	30	図74・103～105		

左京二条二坊十坪

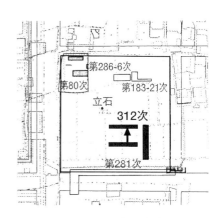

図2 左京二条二坊十坪

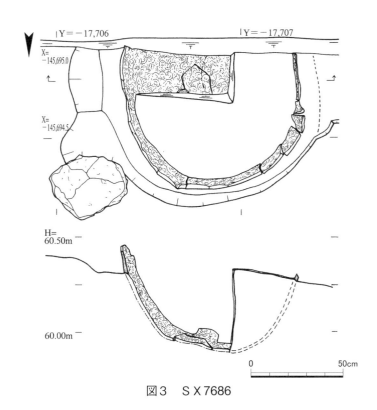

図3 SX7686

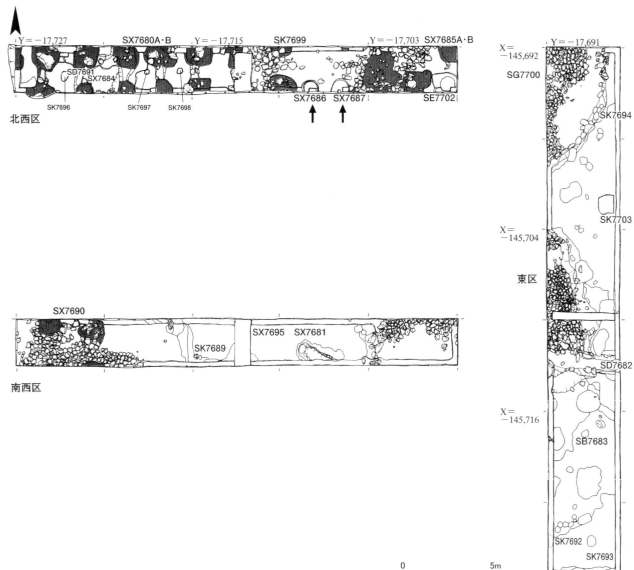

図4 左京二条二坊十坪 遺構図

左京二条四坊二坪
左京二条四坊七坪

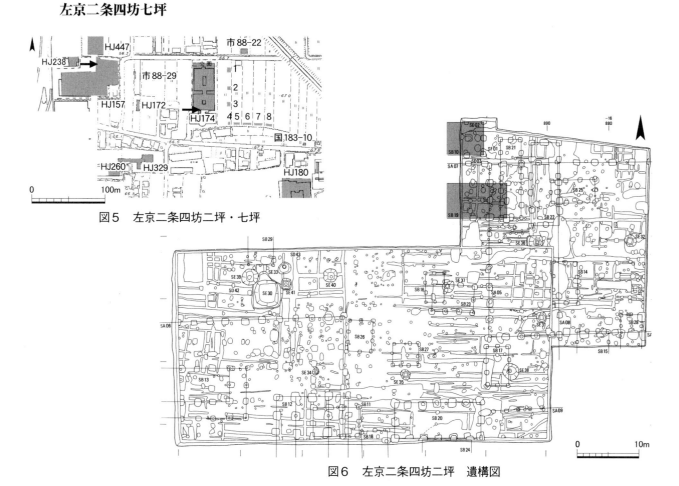

図5　左京二条四坊二坪・七坪

図6　左京二条四坊二坪　遺構図

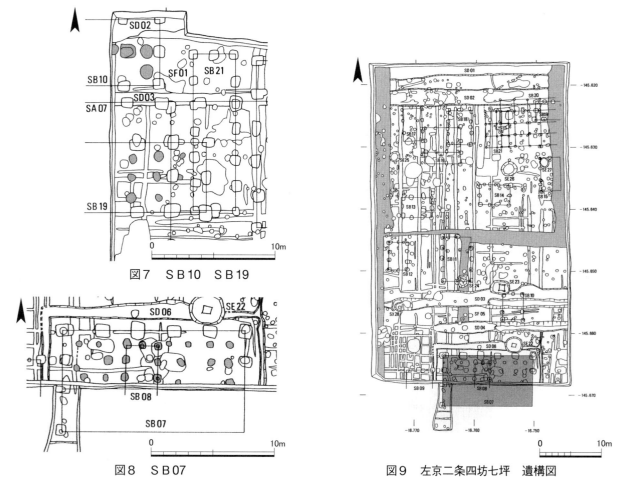

図7　SB10　SB19

図8　SB07

図9　左京二条四坊七坪　遺構図

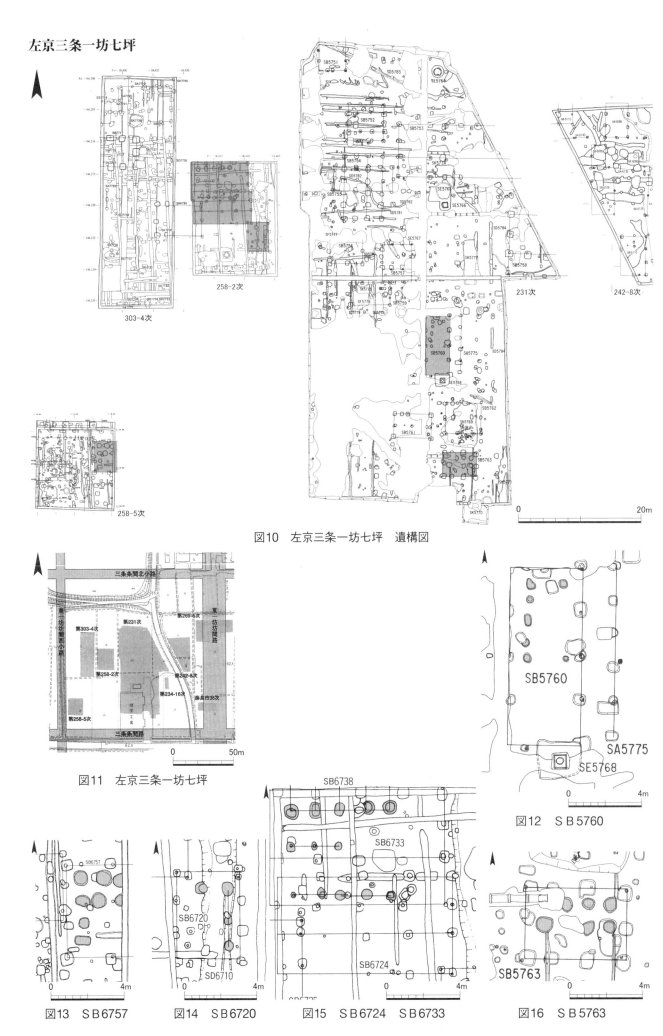

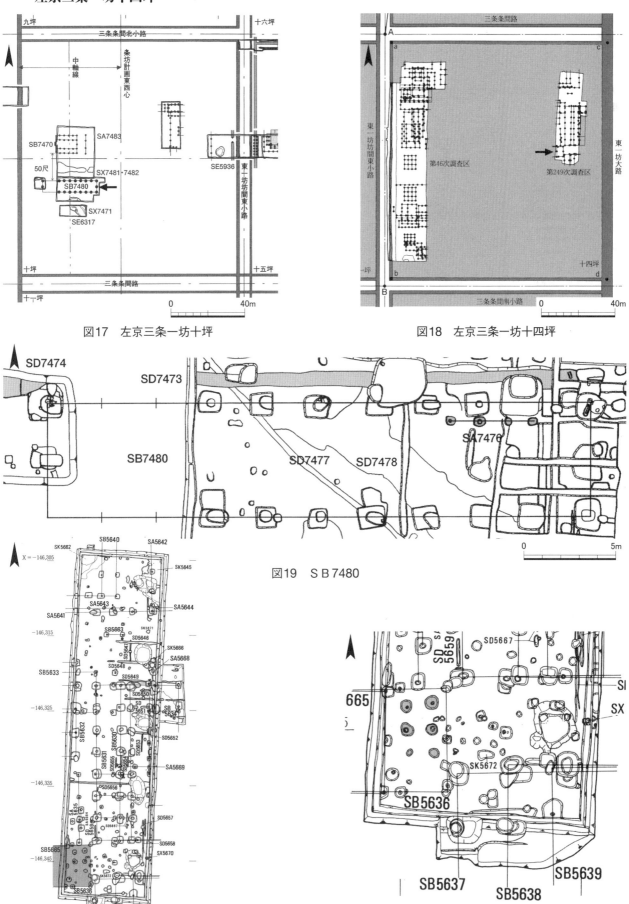

図17　左京三条一坊十坪

図18　左京三条一坊十四坪

図19　SB7480

図20　左京三条一坊十四坪　遺構図

図21　SB5636

左京三条二坊四坪
左京三条二坊六坪

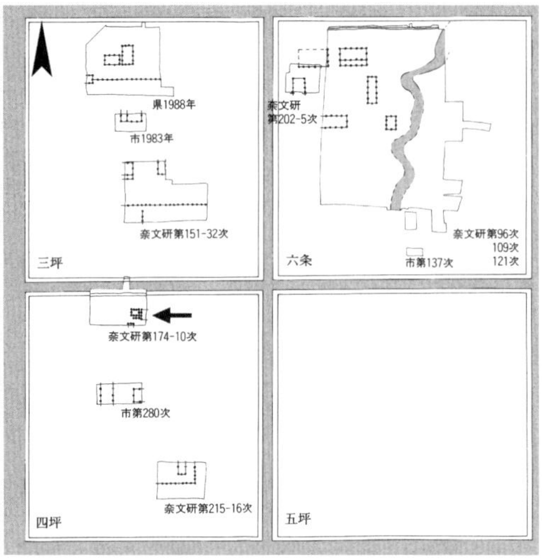

図22　左京三条二坊三坪〜六坪

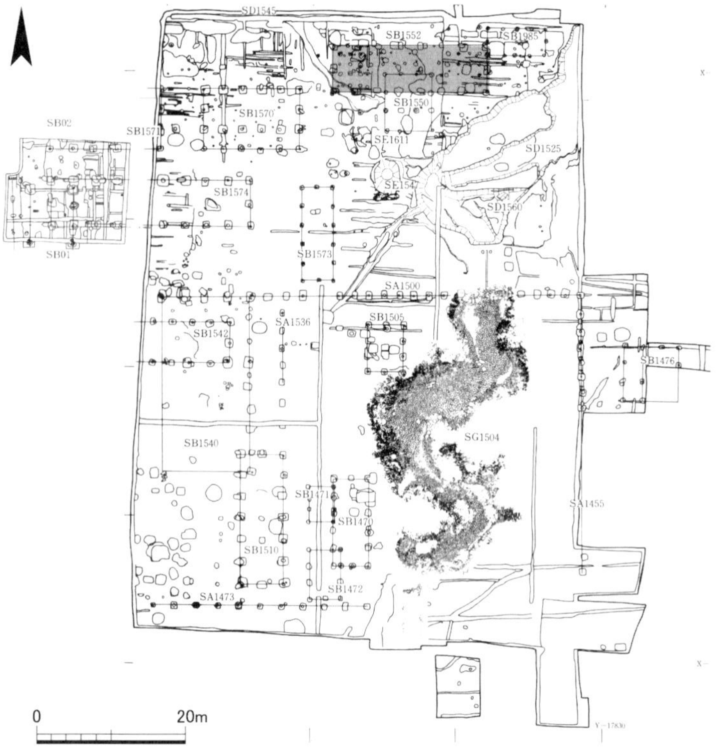

図23　左京三条二坊六坪　遺構図

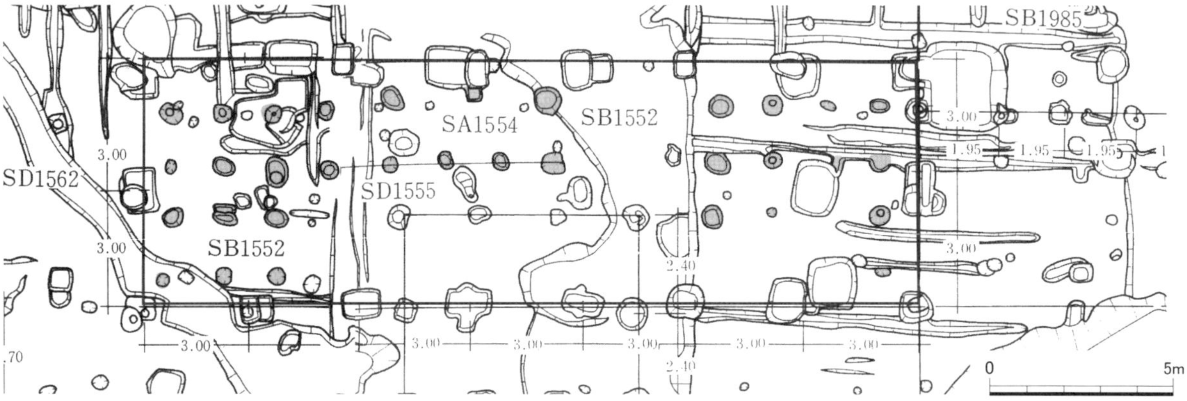

図24　SB1552

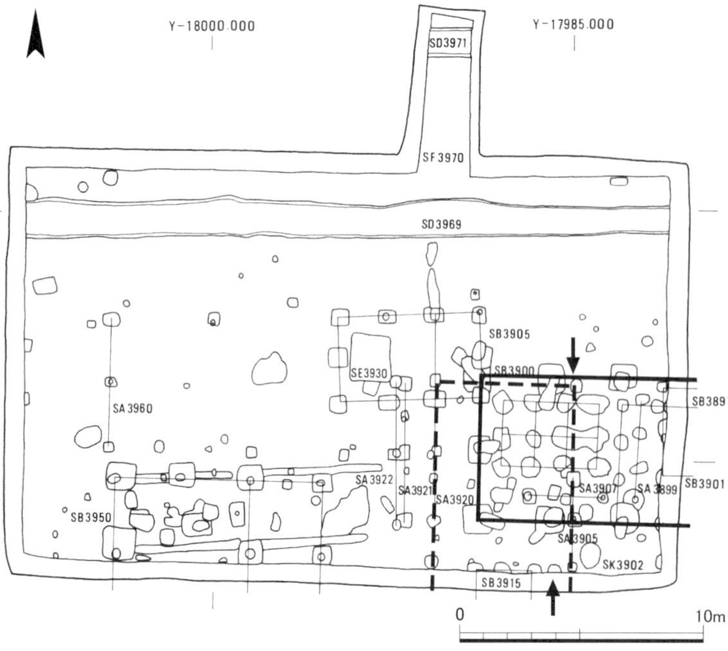

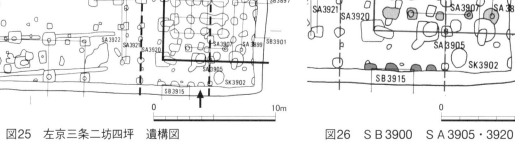

図25　左京三条二坊四坪　遺構図

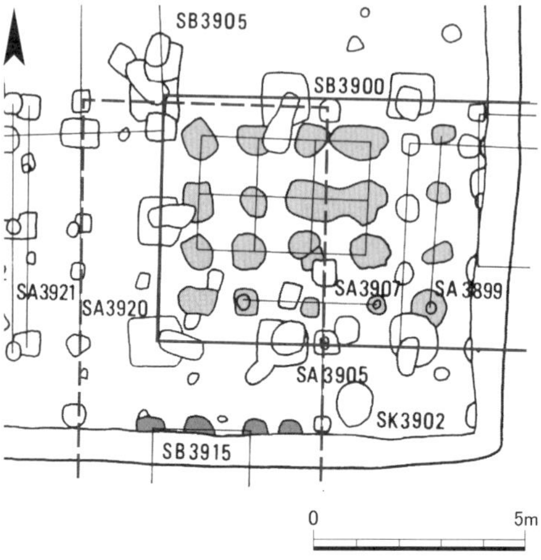

図26　SB3900　SA3905・3920

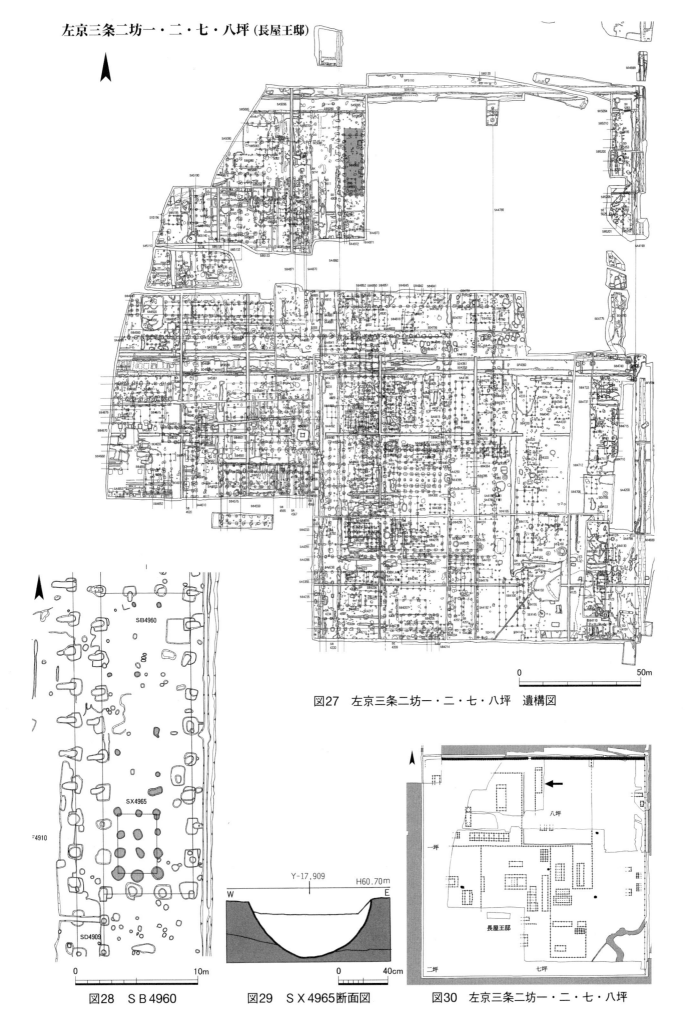

図27 左京三条二坊一・二・七・八坪 遺構図

図28 SB4960　図29 SX4965断面図　図30 左京三条二坊一・二・七・八坪

左京三条二坊十六坪
左京三条四坊十三坪

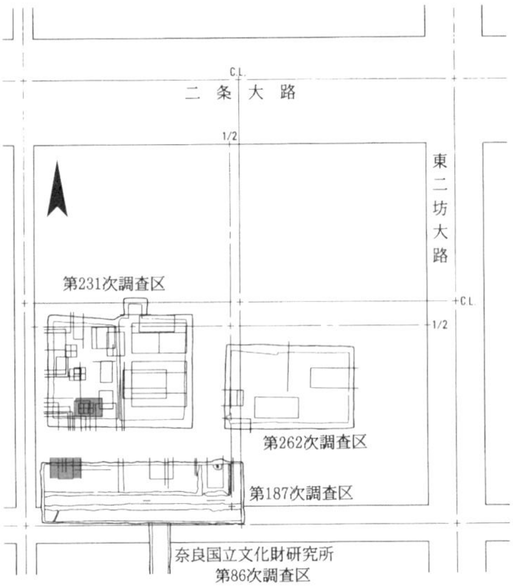

図31　左京三条二坊十六坪

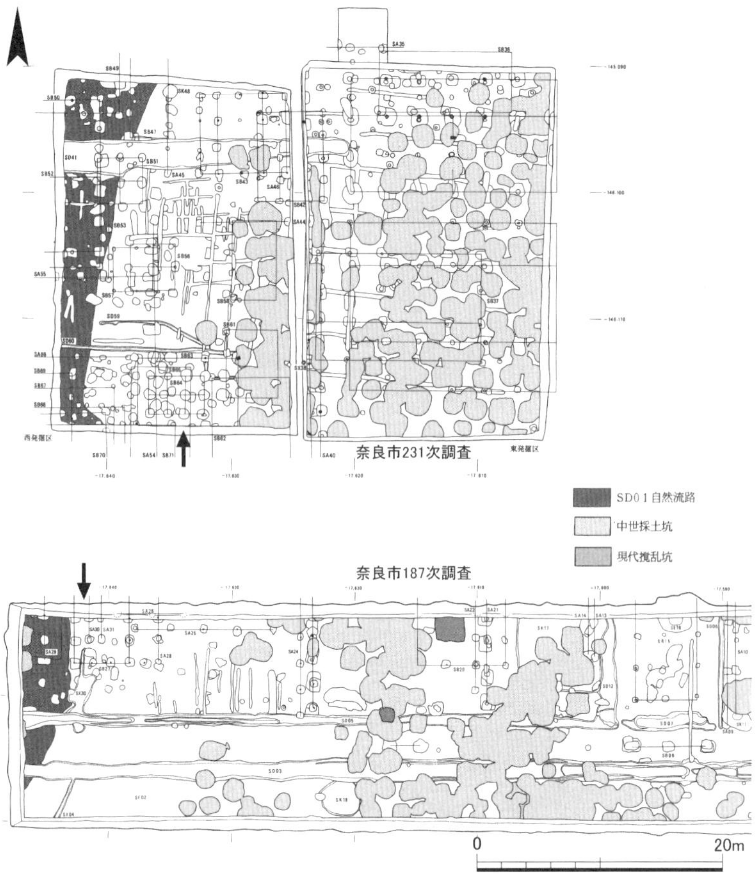

図32　左京三条二坊十六坪　遺構図

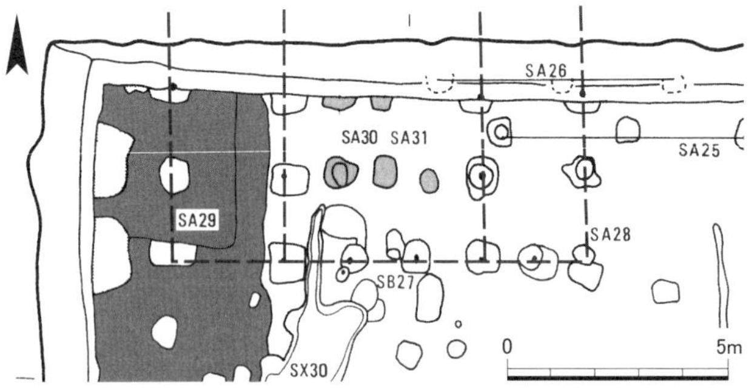

図33　ＳＢ27

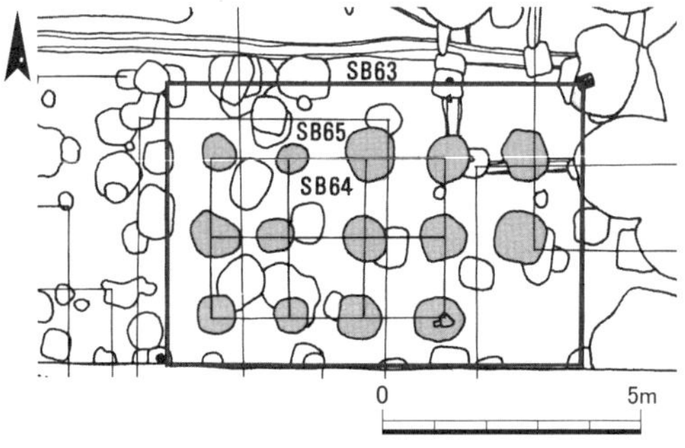

図34　ＳＢ63

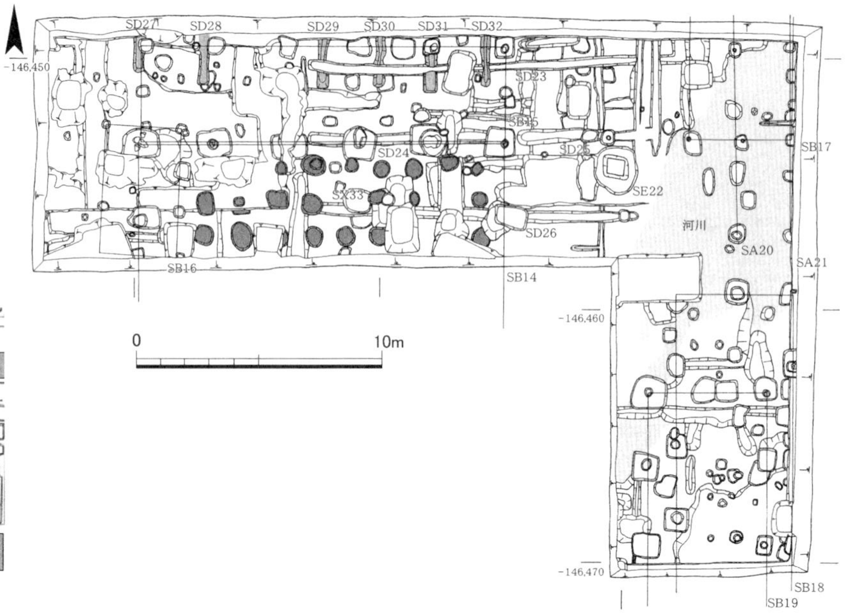

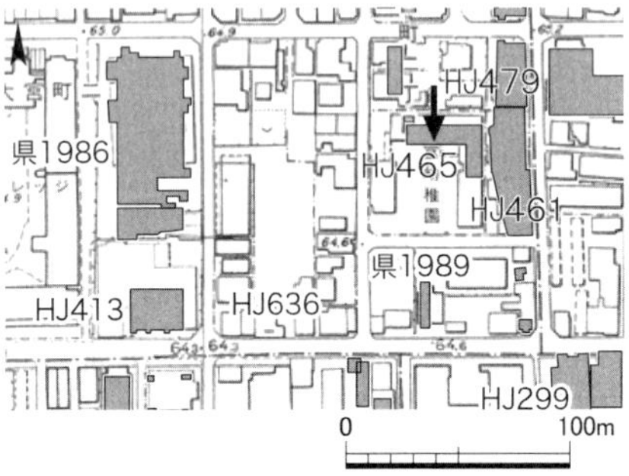

図35　左京三条四坊十三坪

図36　左京三条四坊十三坪　ＳＢ14

左京四条四坊十三坪

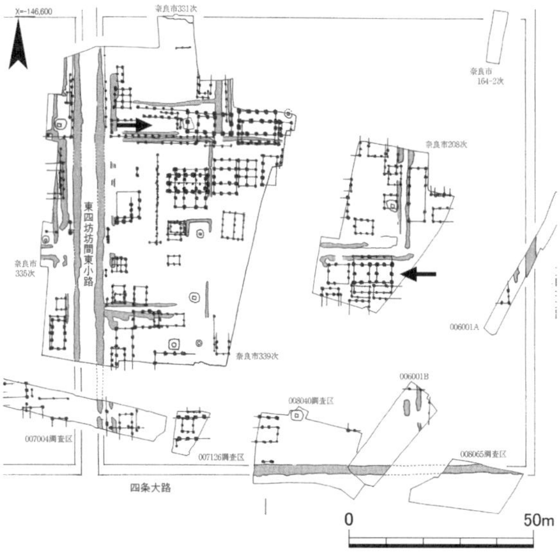

図37　左京四条四坊十三坪

弥生時代土坑

図38　左京四条四坊十三坪　遺構図

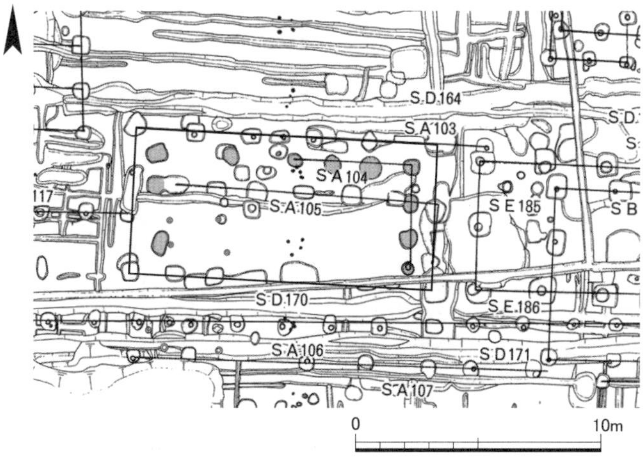

図39　SA103

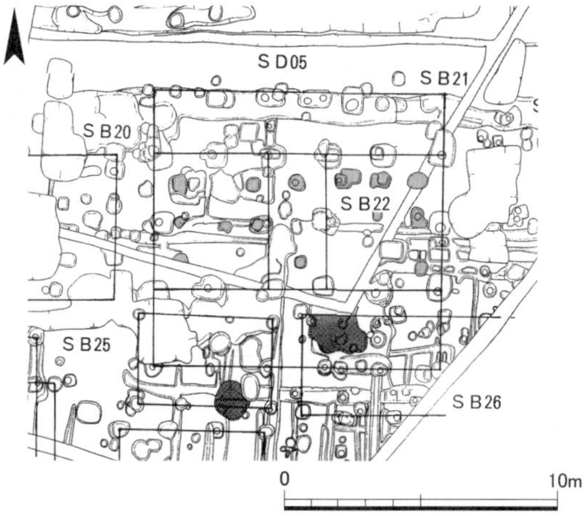

図40　SB21

左京四条四坊十四坪

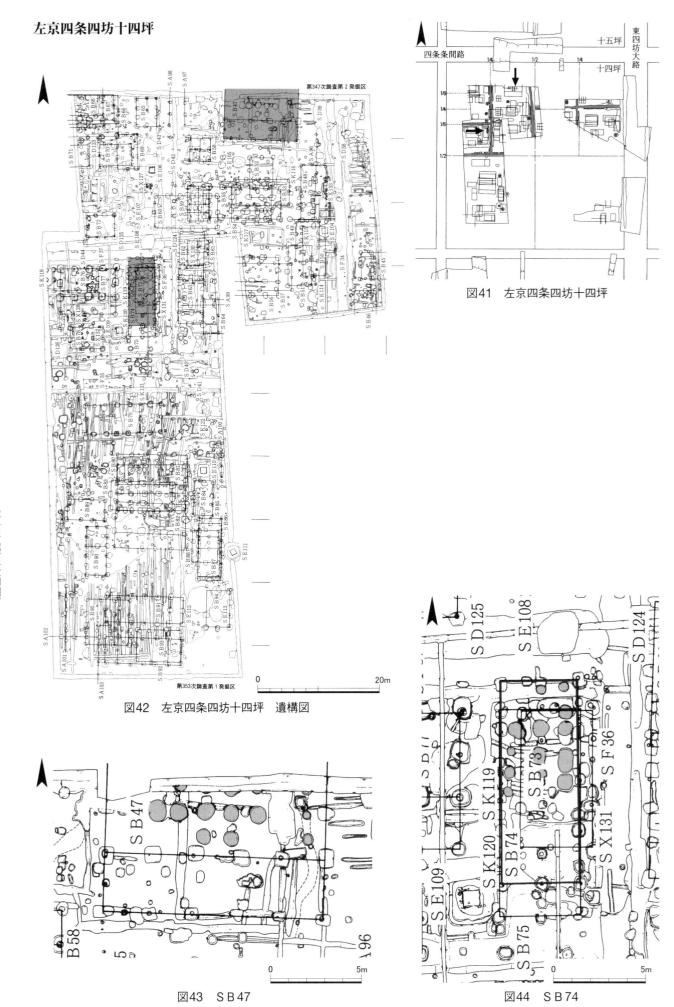

図41 左京四条四坊十四坪

図42 左京四条四坊十四坪 遺構図

図43 SB47

図44 SB74

左京五条一坊十六坪

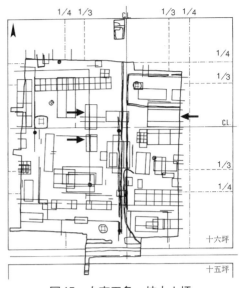

図45　左京五条一坊十六坪

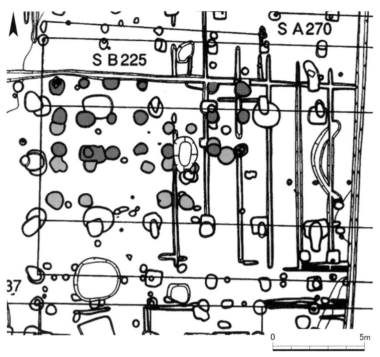

図47　ＳＢ225

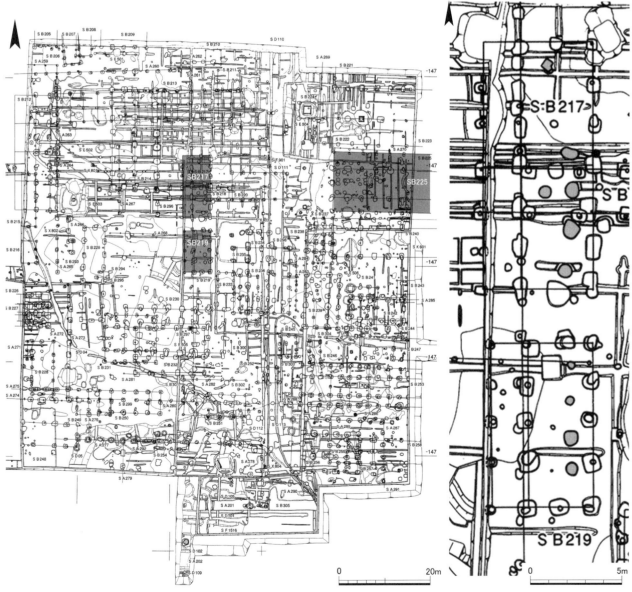

図46　左京五条一坊十六坪　遺構図

図48　ＳＢ217　ＳＢ219

左京五条四坊十坪

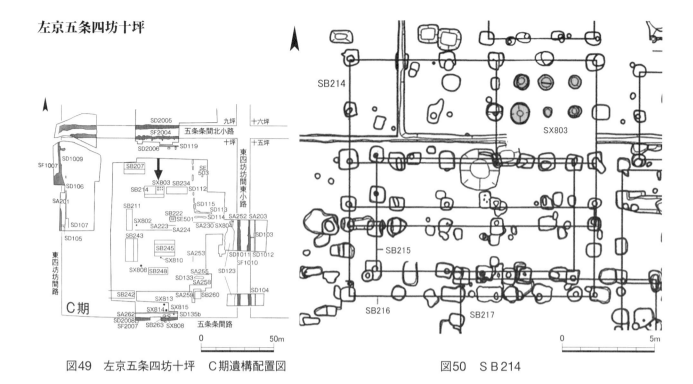

図49　左京五条四坊十坪　C期遺構配置図

図50　SB214

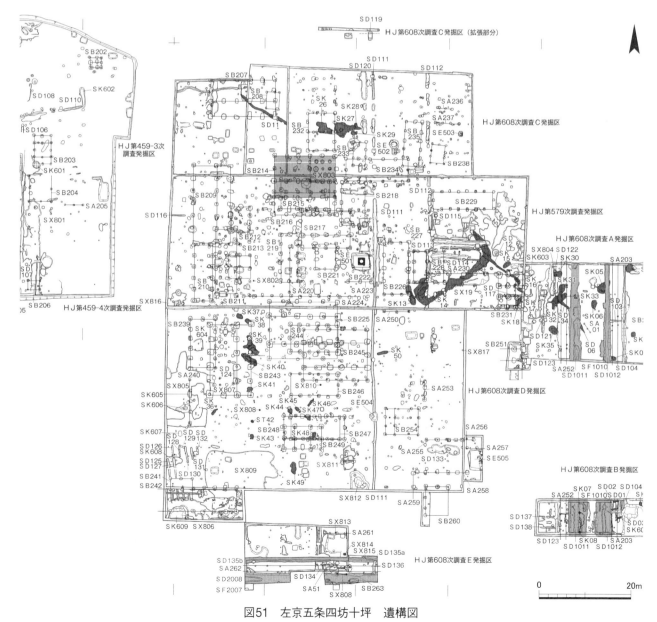

図51　左京五条四坊十坪　遺構図

左京五条四坊十五坪

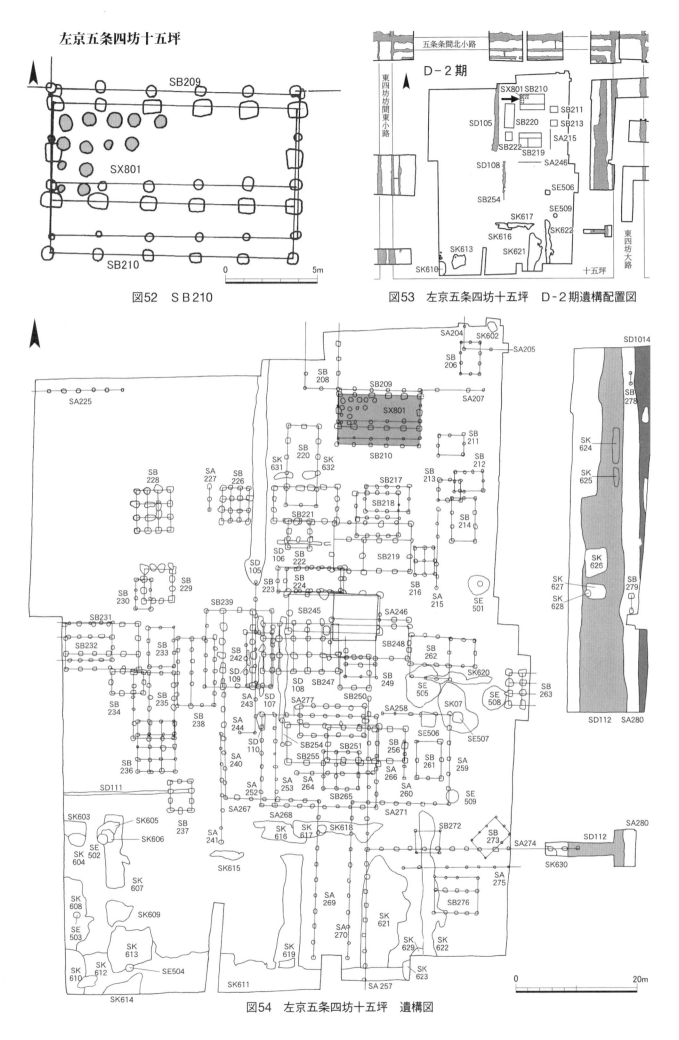

図52　SB210

図53　左京五条四坊十五坪　D-2期遺構配置図

図54　左京五条四坊十五坪　遺構図

左京五条四坊十六坪

図55 左京五条四坊十六坪 遺構図

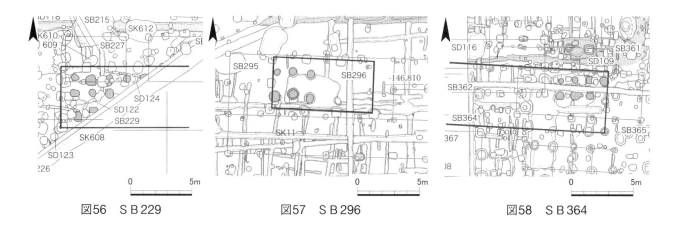

図56 SB229　　図57 SB296　　図58 SB364

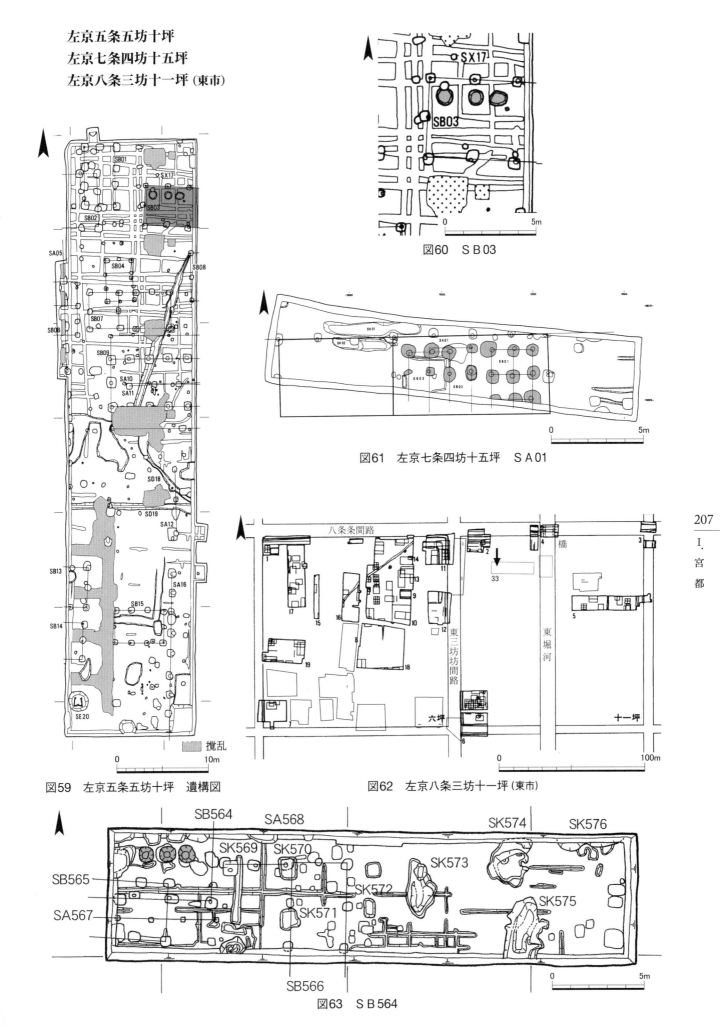

左京七条一坊十六坪

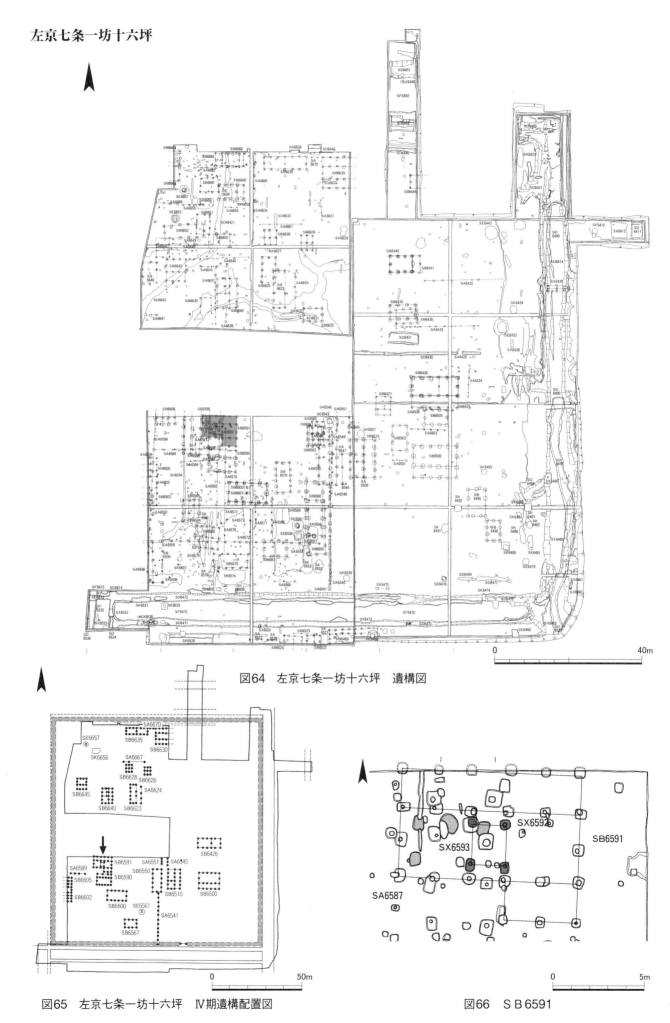

図64 左京七条一坊十六坪 遺構図

図65 左京七条一坊十六坪 Ⅳ期遺構配置図

図66 ＳＢ6591

右京北辺四坊六坪

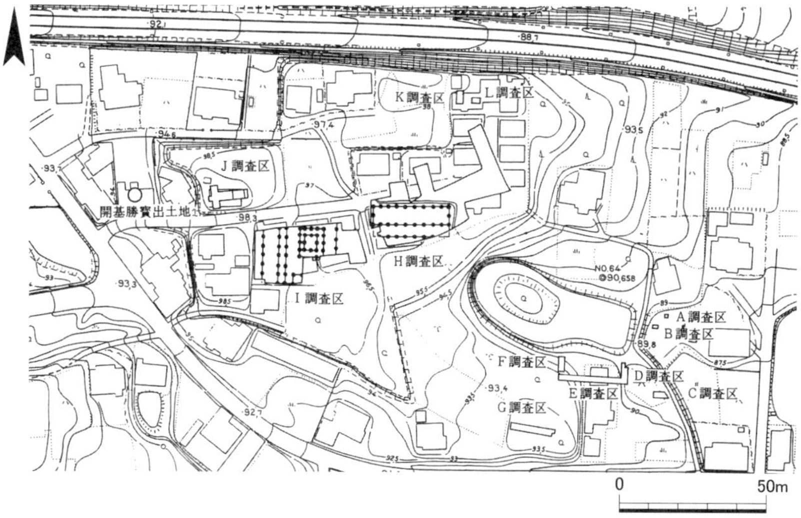

図67　右京北辺四坊六坪

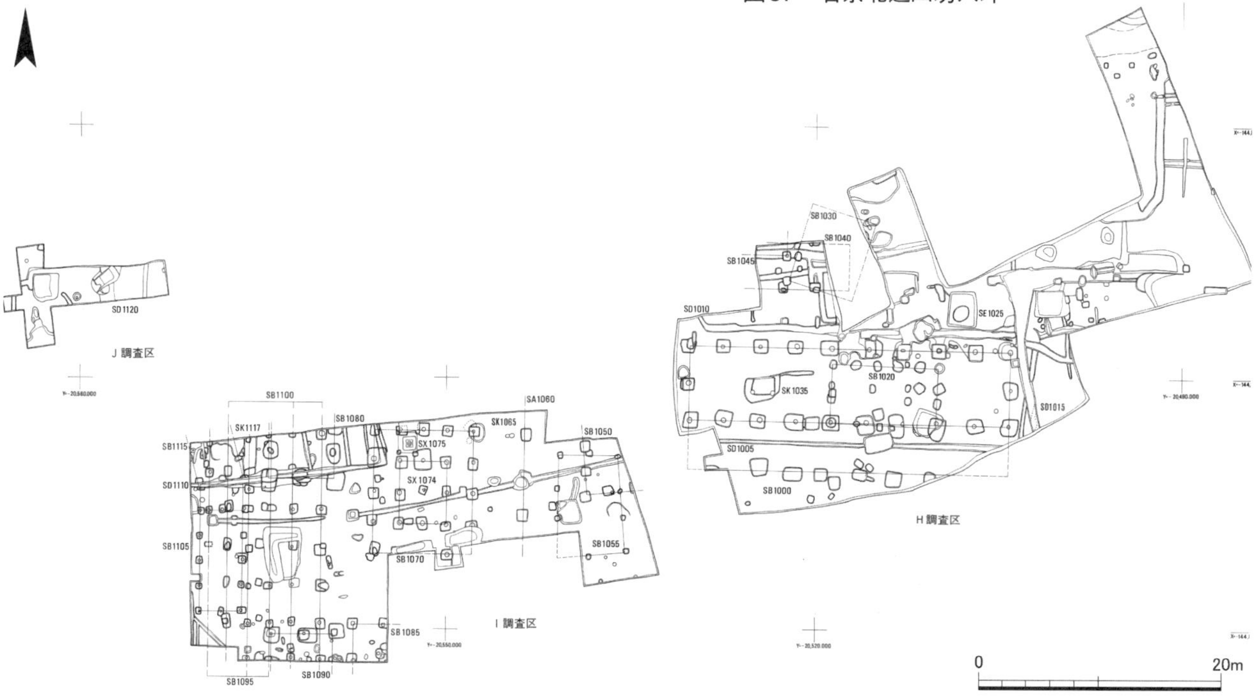

図68　右京北辺四坊六坪　遺構図

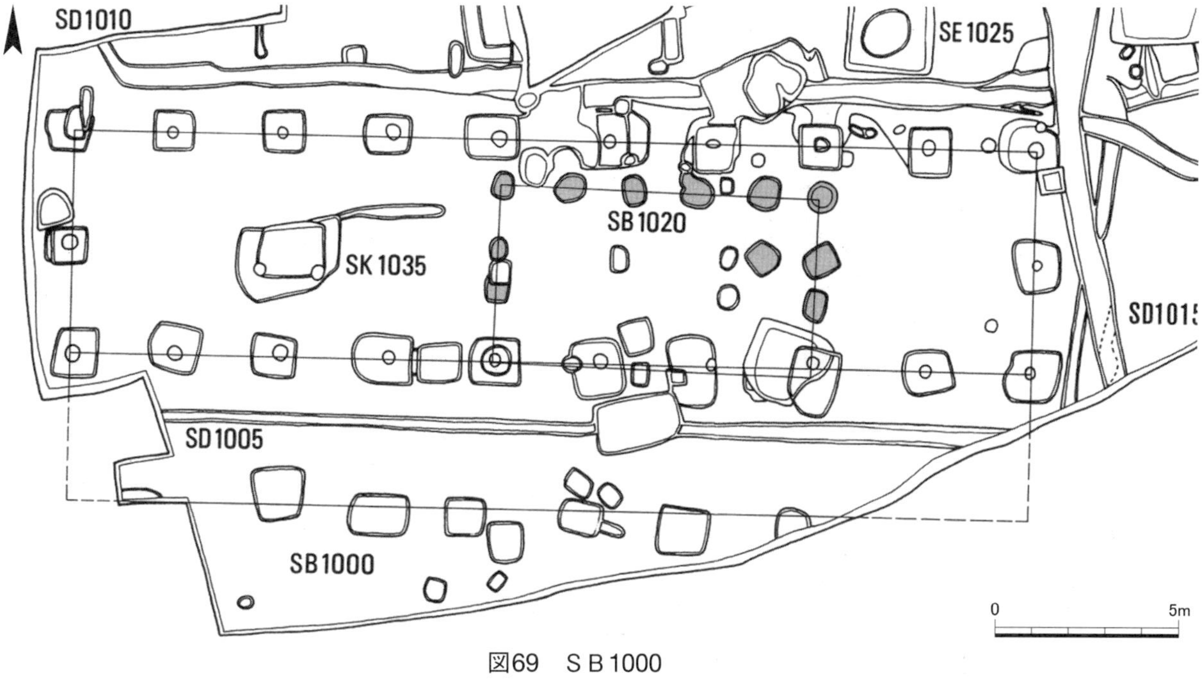

209

Ⅰ.
宮
都

図69　ＳＢ1000

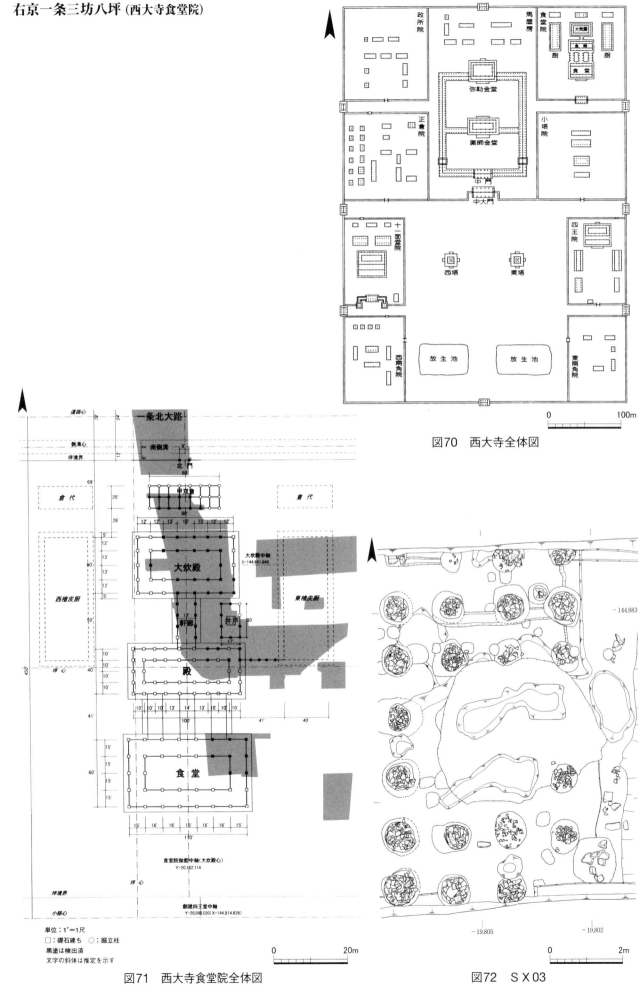

図70 西大寺全体図

図71 西大寺食堂院全体図

図72 SX03

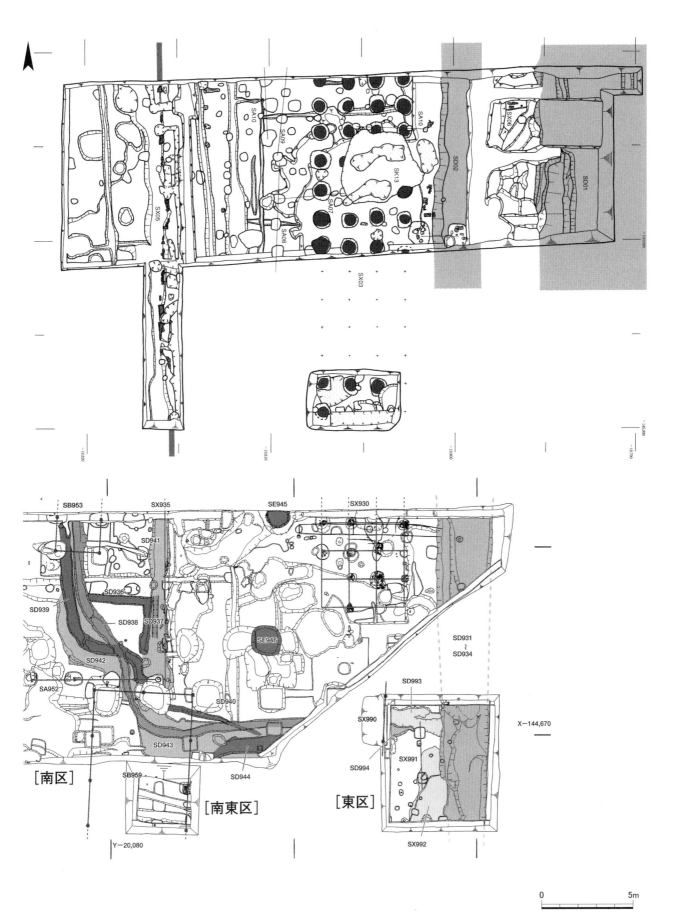

図73　SX930・SX03

右京二条三坊
右京三条二坊
右京三条三坊

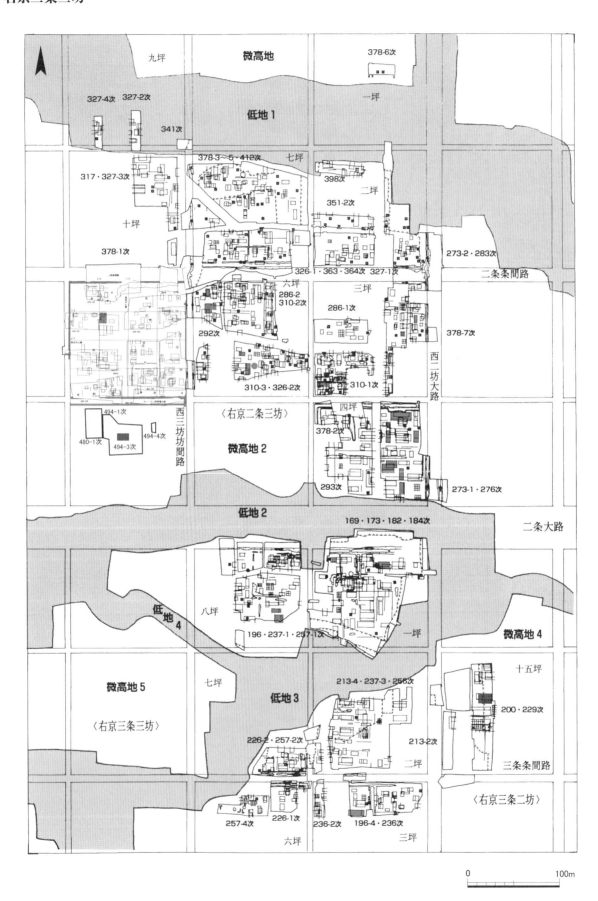

図74　遺構配置図

右京二条三坊三坪

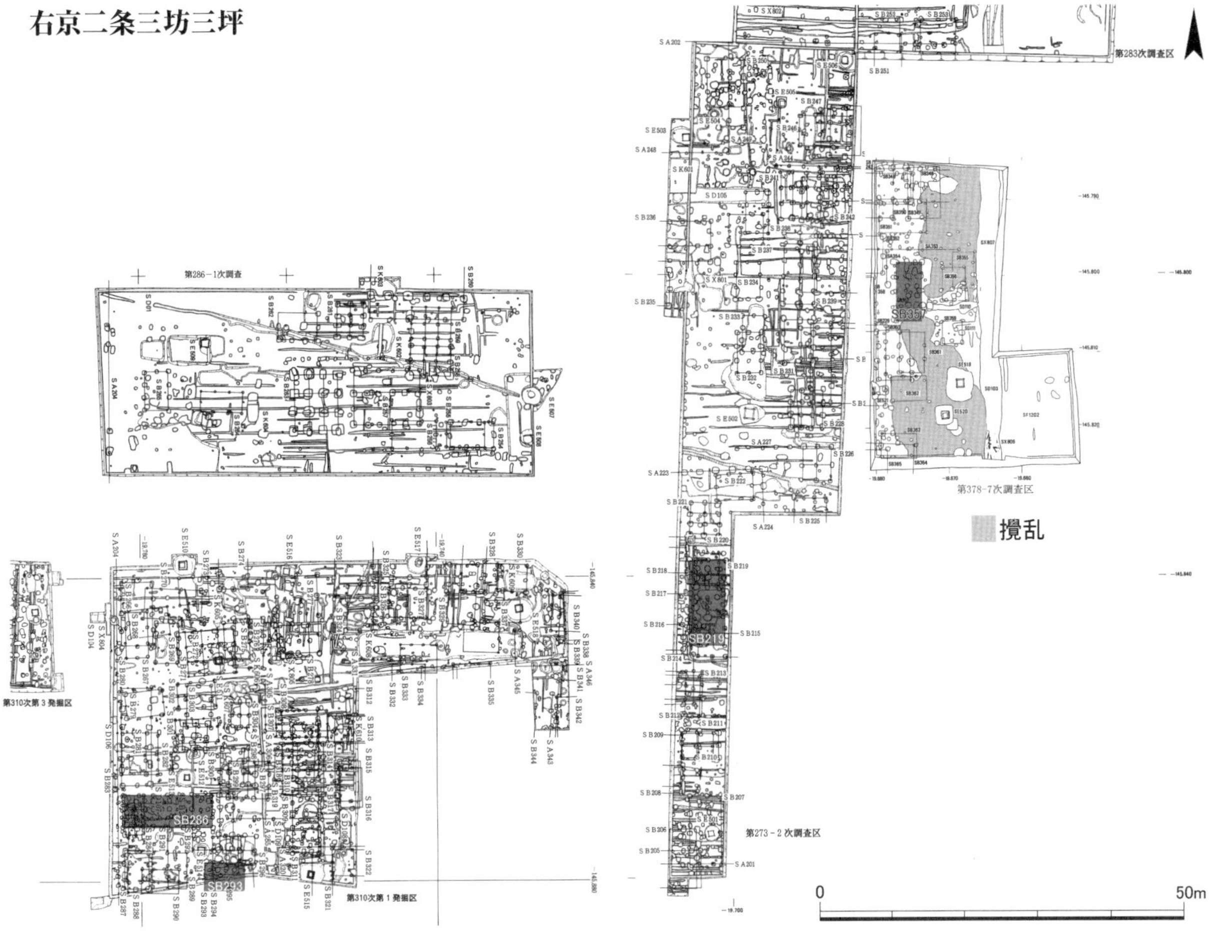

図75　右京二条三坊三坪　遺構図

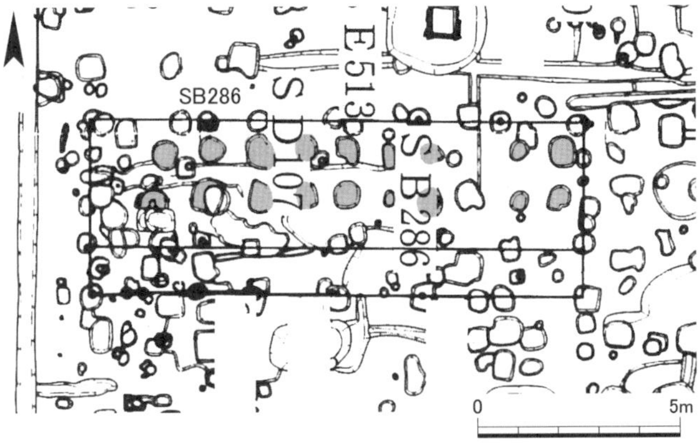

攪乱

0　　　　　　　　　　　　50m

213

I.宮都

図76　ＳＢ286

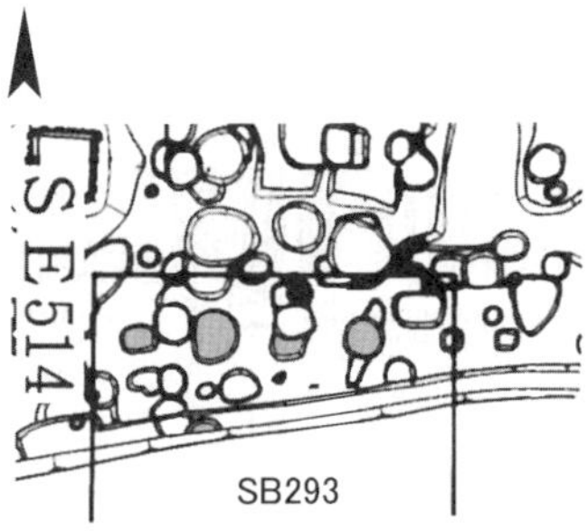

図77　ＳＢ293

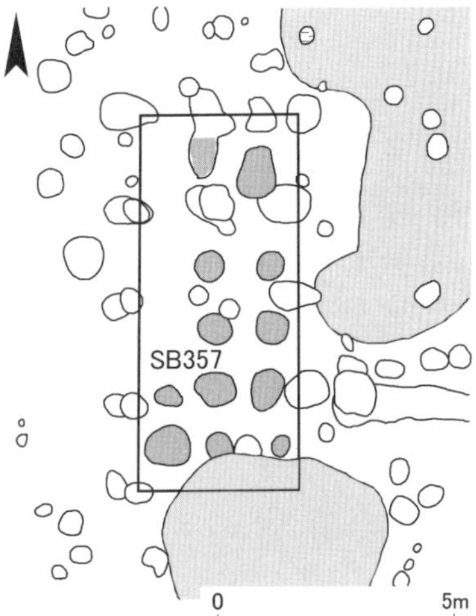

図78　ＳＢ357

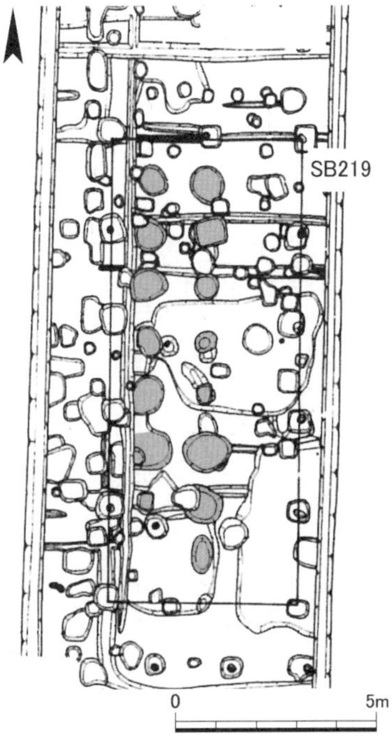

図79　ＳＢ219

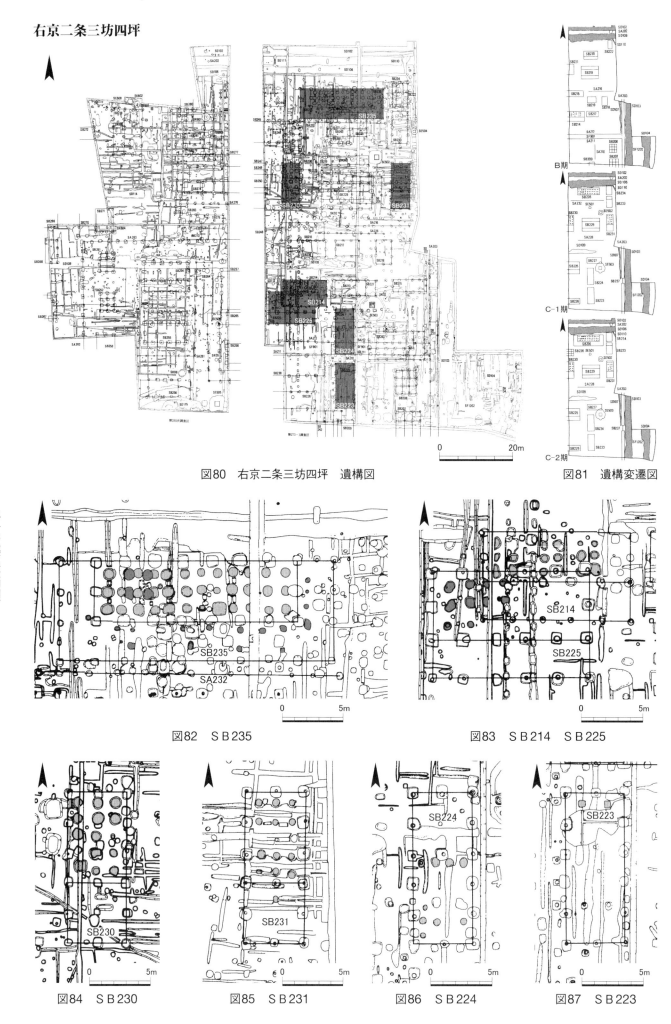

図80 右京二条三坊四坪 遺構図

図81 遺構変遷図

図82 SB235

図83 SB214 SB225

図84 SB230

図85 SB231

図86 SB224

図87 SB223

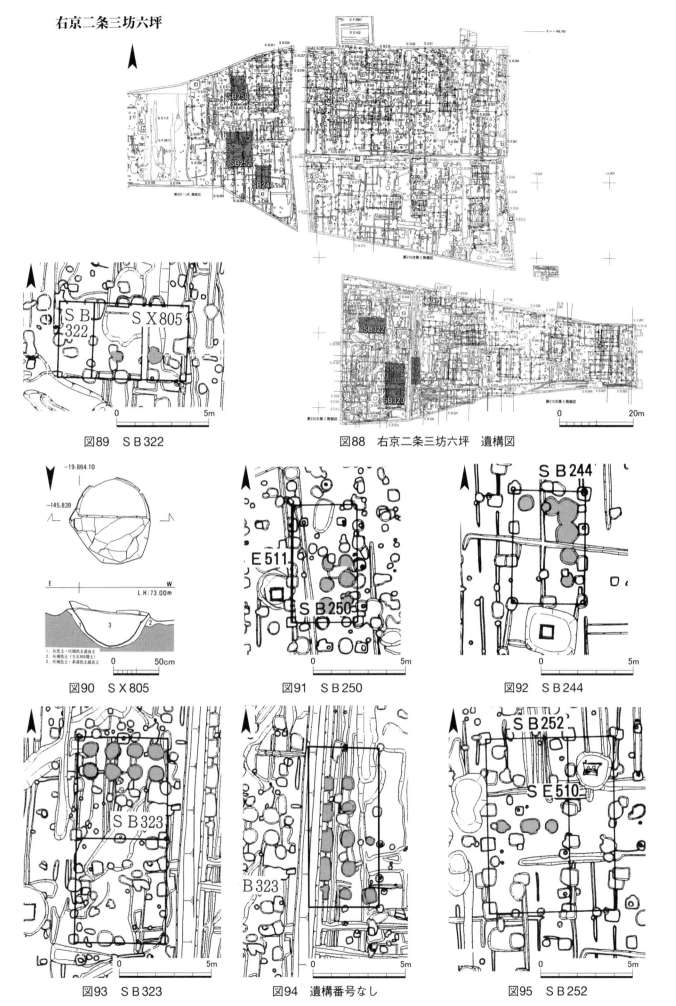

右京二条三坊十一坪
右京二条三坊十二坪

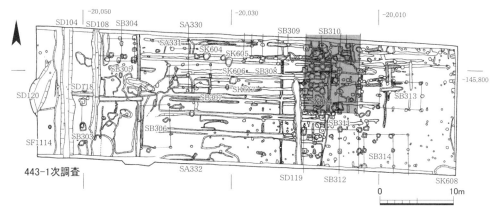

図96　右京二条三坊十一坪　遺構図

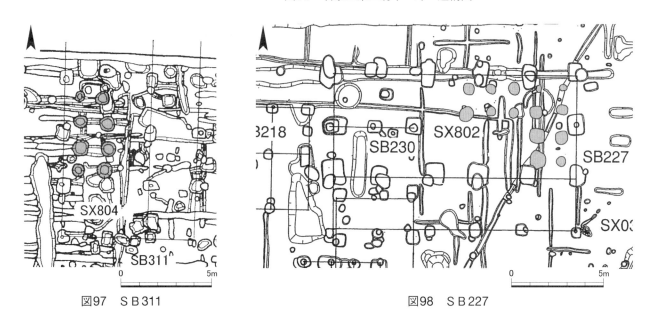

図97　SB311　　　　　　　　　　　　　図98　SB227

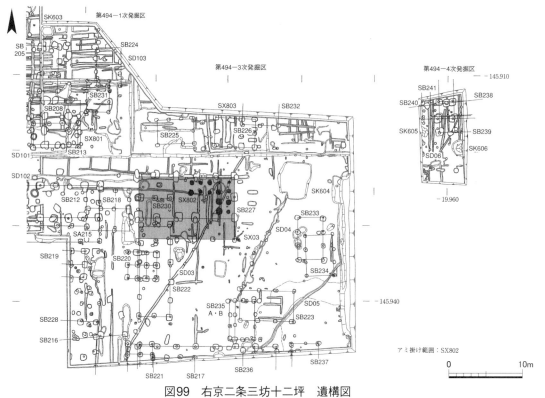

図99　右京二条三坊十二坪　遺構図

右京三条二坊十五坪

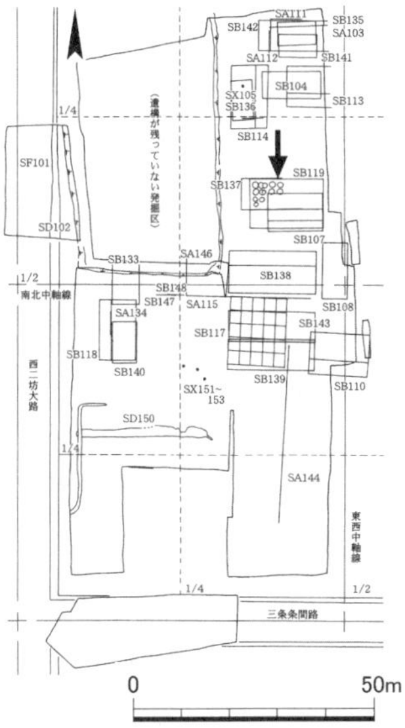

図100　右京三条二坊十五坪

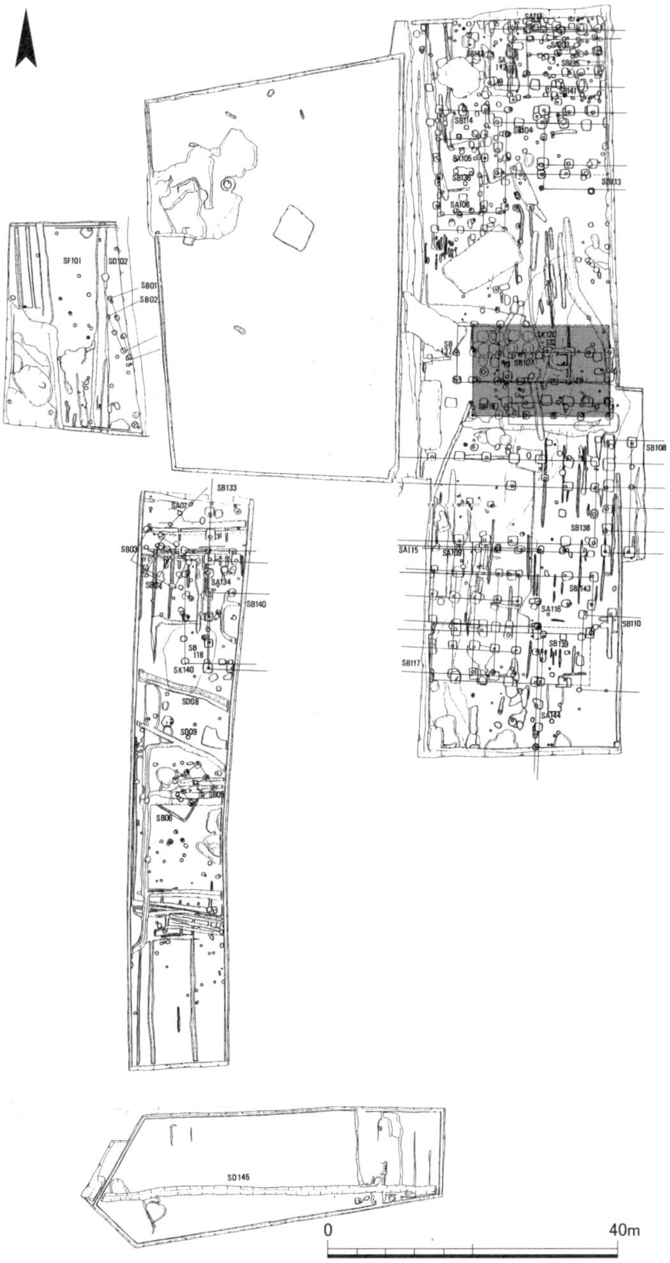

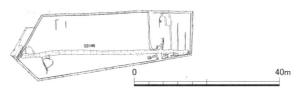

図101　右京三条二坊十五坪　遺構図

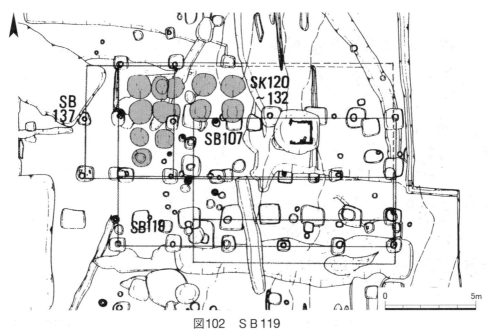

図102　ＳＢ119

右京三条三坊一坪

図103　右京三条三坊一坪　遺構図

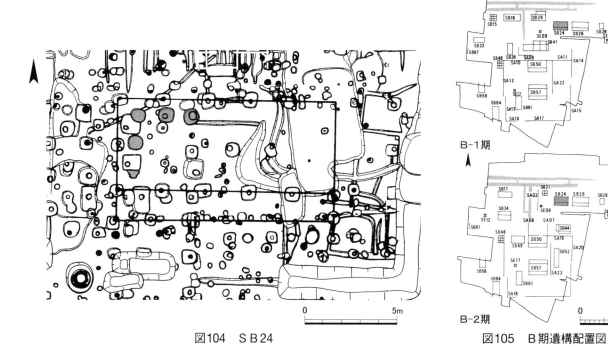

図104　ＳＢ24

図105　Ｂ期遺構配置図

右京三条三坊二坪

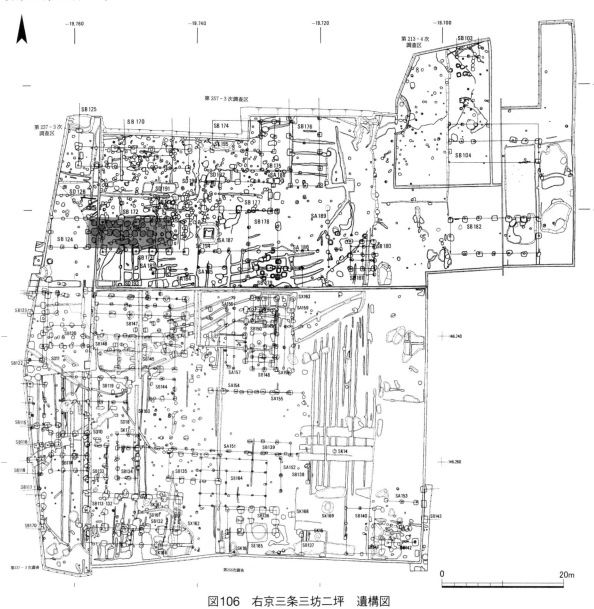

図106 右京三条三坊二坪 遺構図

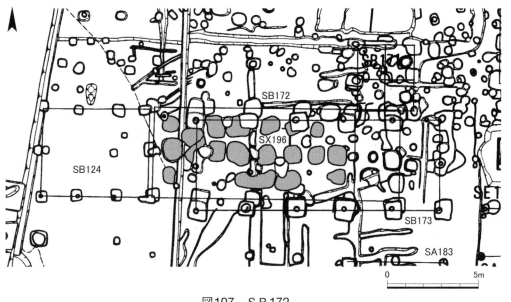

図107 SB172

右京三条三坊三坪

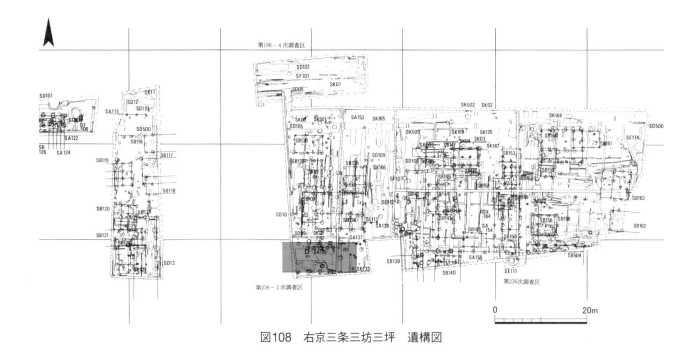

図108　右京三条三坊三坪　遺構図

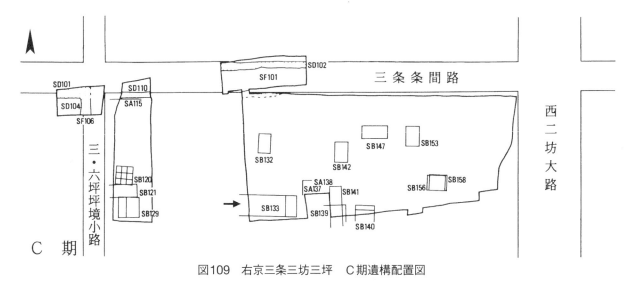

図109　右京三条三坊三坪　C期遺構配置図

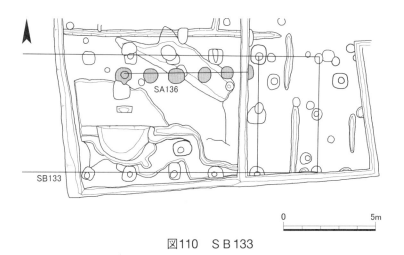

図110　SB133

右京三条三坊五坪

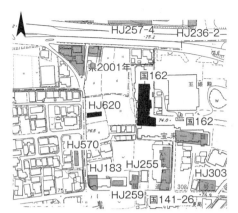

図111 右京三条三坊五坪 調査区配置図

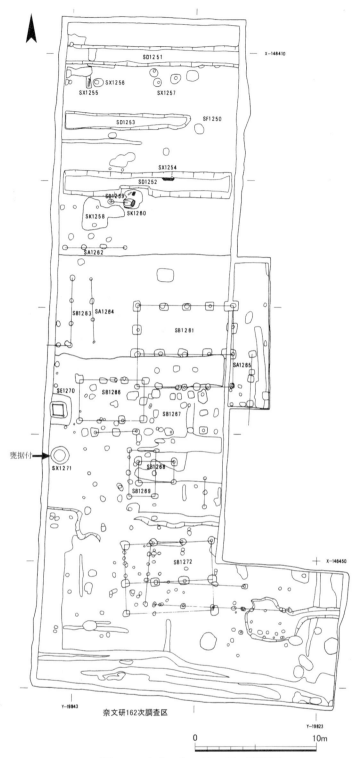

図112 右京三条三坊五坪 遺構図

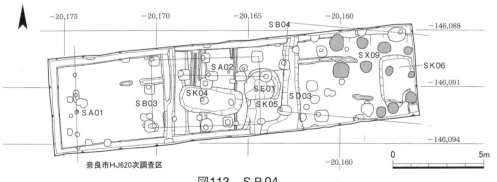

図113 SB04

右京三条三坊八坪

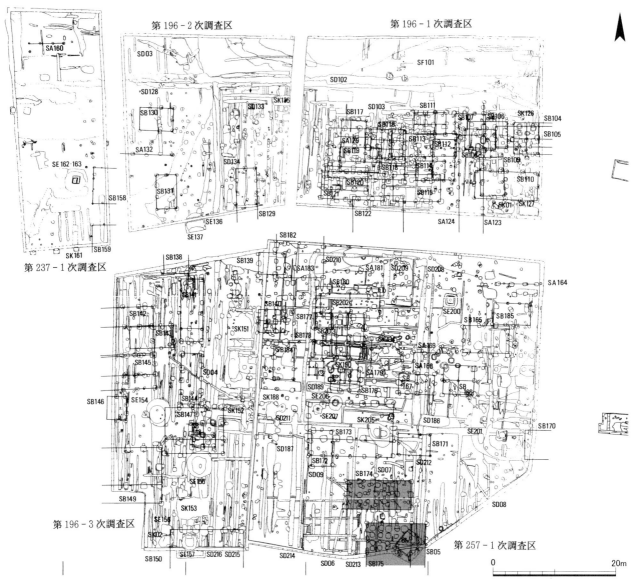

図114　右京三条三坊八坪　遺構図

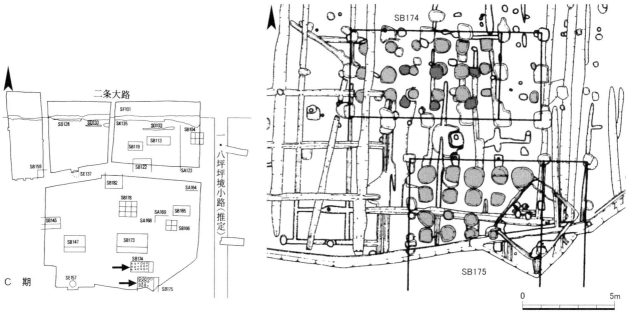

図115　右京三条三坊八坪　C期遺構配置図

図116　SB174　SB175

右京四条一坊八坪

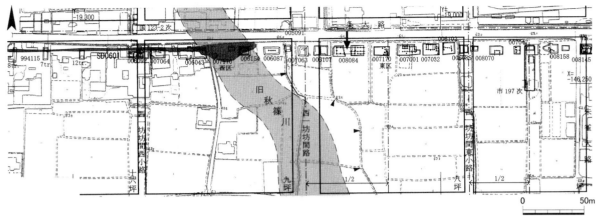

図117　右京四条一坊

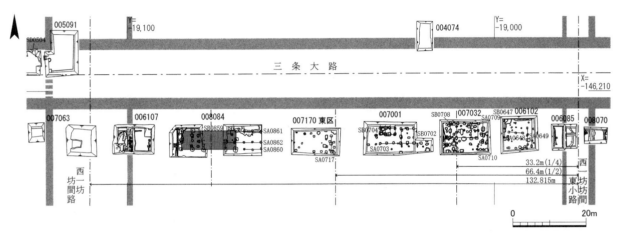

図118　右京四条一坊八坪

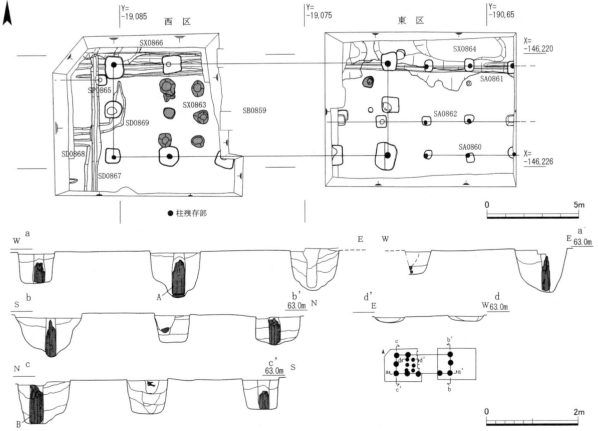

図119　SB0859

右京八条一坊十三坪
右京八条一坊十四坪

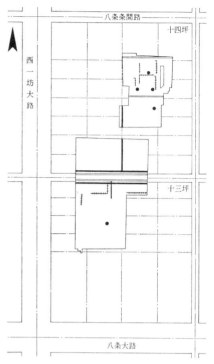

図120　右京八条一坊十三・十四坪

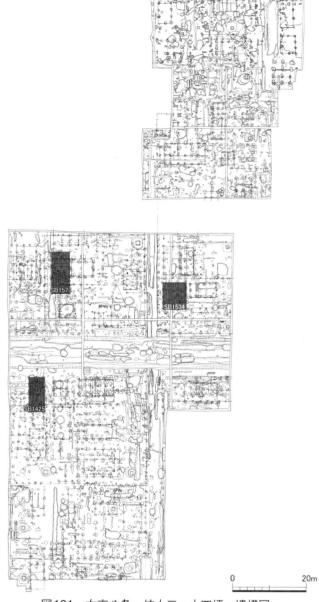

図121　右京八条一坊十三・十四坪　遺構図

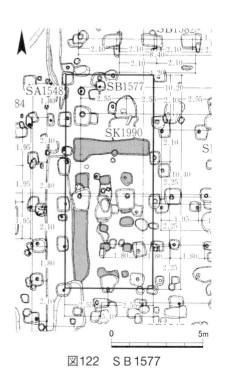

図122　SB1577

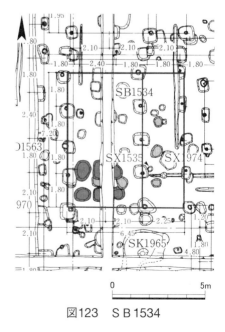

図123　SB1534

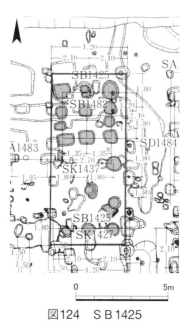

図124　SB1425

長岡宮・京 (山城国)

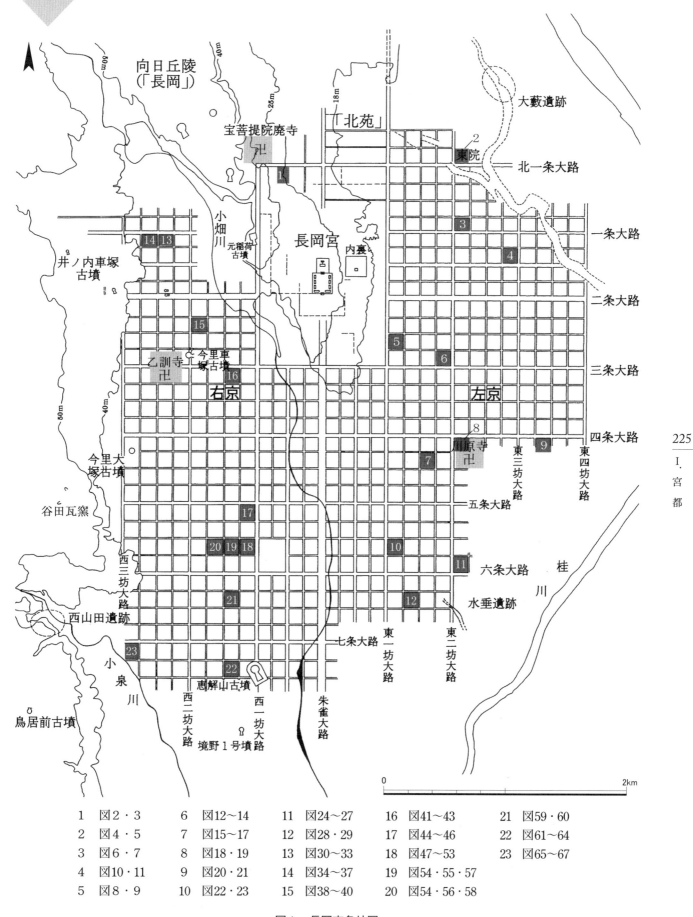

1	図2・3	6	図12〜14	11	図24〜27	16	図41〜43	21	図59・60
2	図4・5	7	図15〜17	12	図28・29	17	図44〜46	22	図61〜64
3	図6・7	8	図18・19	13	図30〜33	18	図47〜53	23	図65〜67
4	図10・11	9	図20・21	14	図34〜37	19	図54・55・57		
5	図8・9	10	図22・23	15	図38〜40	20	図54・56・58		

図1　長岡京条坊図

長岡宮跡（北方官衙）

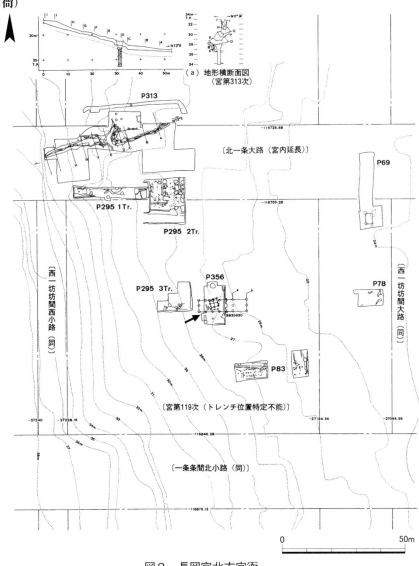

図2　長岡宮北方官衙

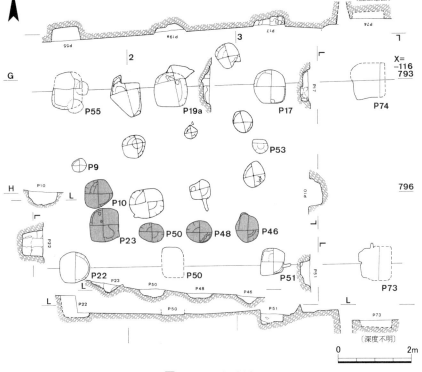

図3　SB35620

左京北一条三坊二町

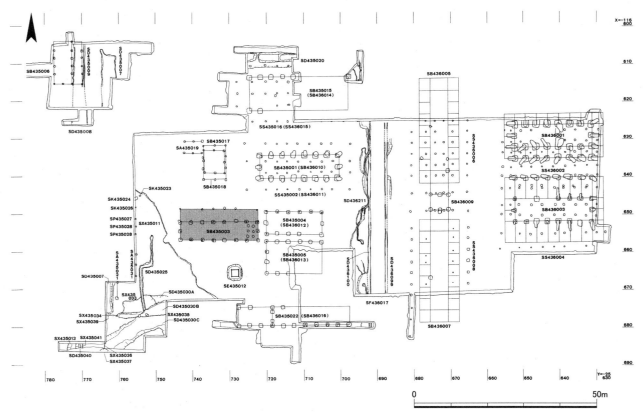

図4　左京北一条三坊二町　遺構図

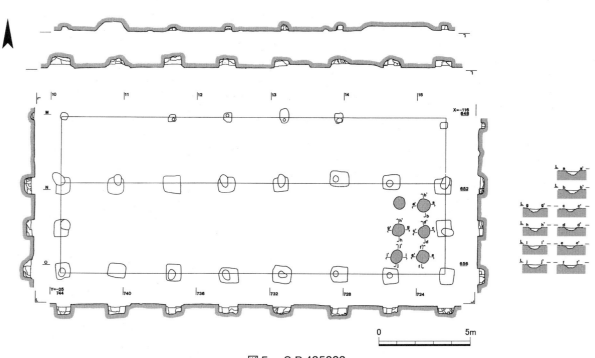

図5　ＳＢ435003

左京一条三坊四町
左京三条二坊三町

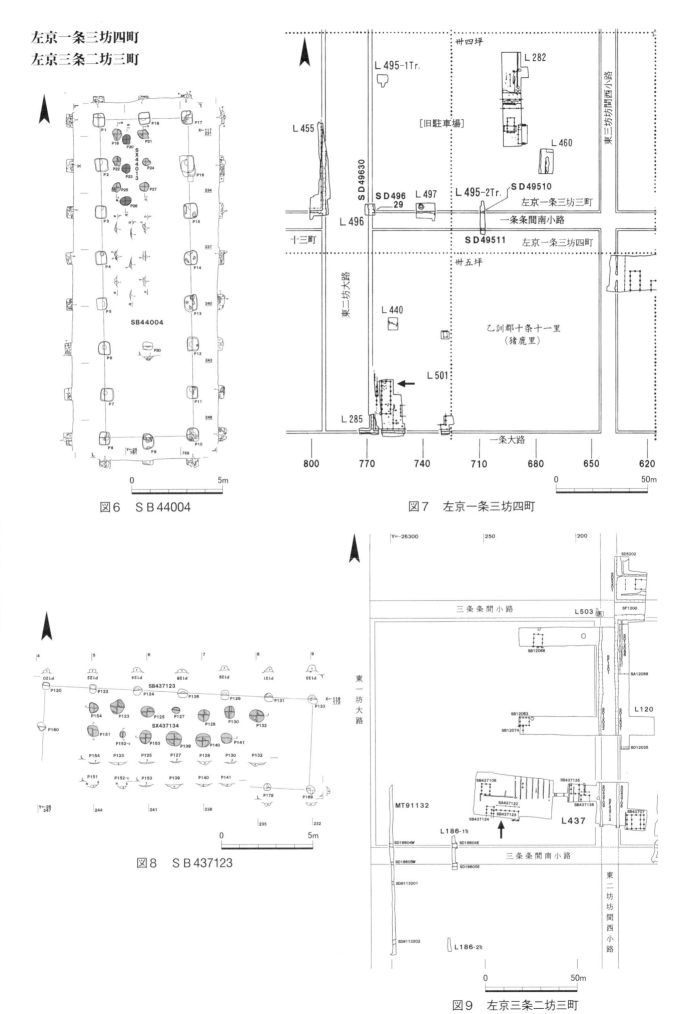

図6　SB44004

図7　左京一条三坊四町

図8　SB437123

図9　左京三条二坊三町

左京二条三坊十五町

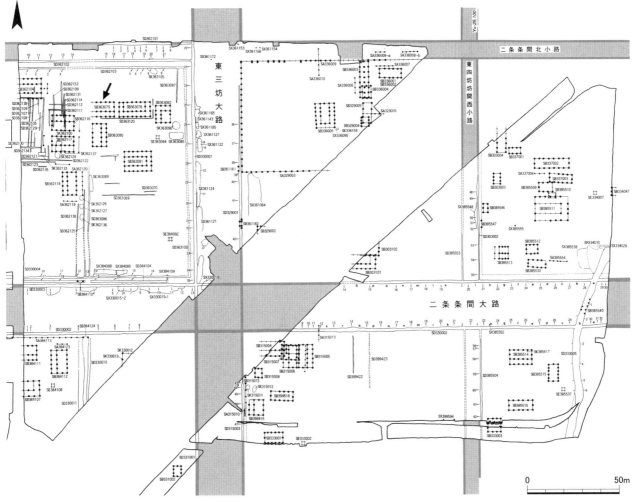

図10　左京二条三坊十五町周辺

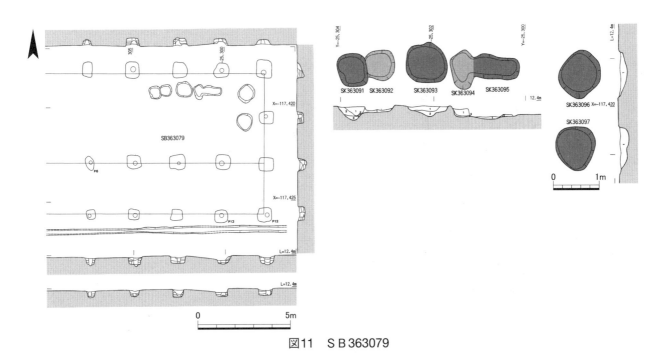

図11　ＳＢ363079

左京三条二坊十三町
左京五条二坊十町

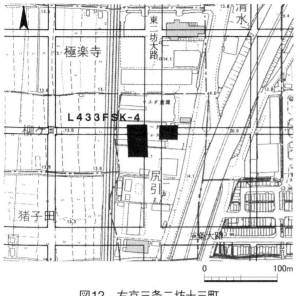

図12　左京三条二坊十三町

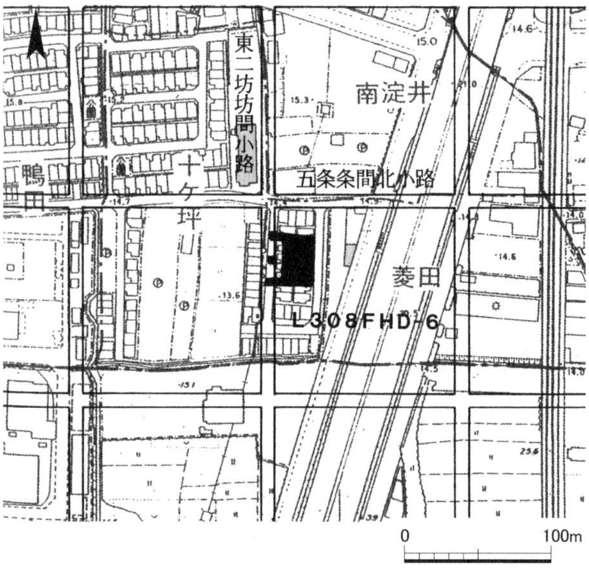

図15　左京五条二坊十町

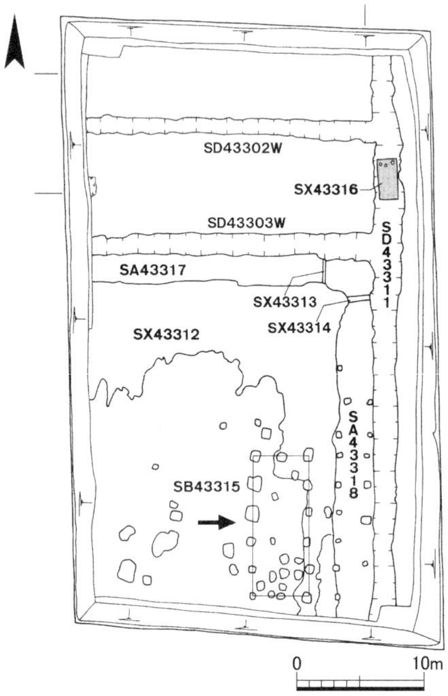

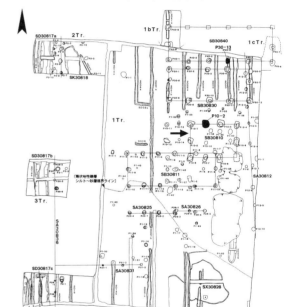

図13　左京三条二坊十三町　遺構図

図16　左京五条二坊十町　遺構図

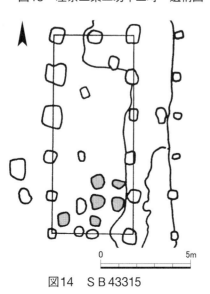

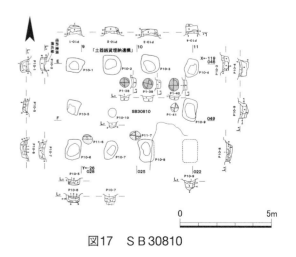

図14　ＳＢ43315

図17　ＳＢ30810

左京五条三坊一町
左京五条四坊八町
左京六条二坊三町

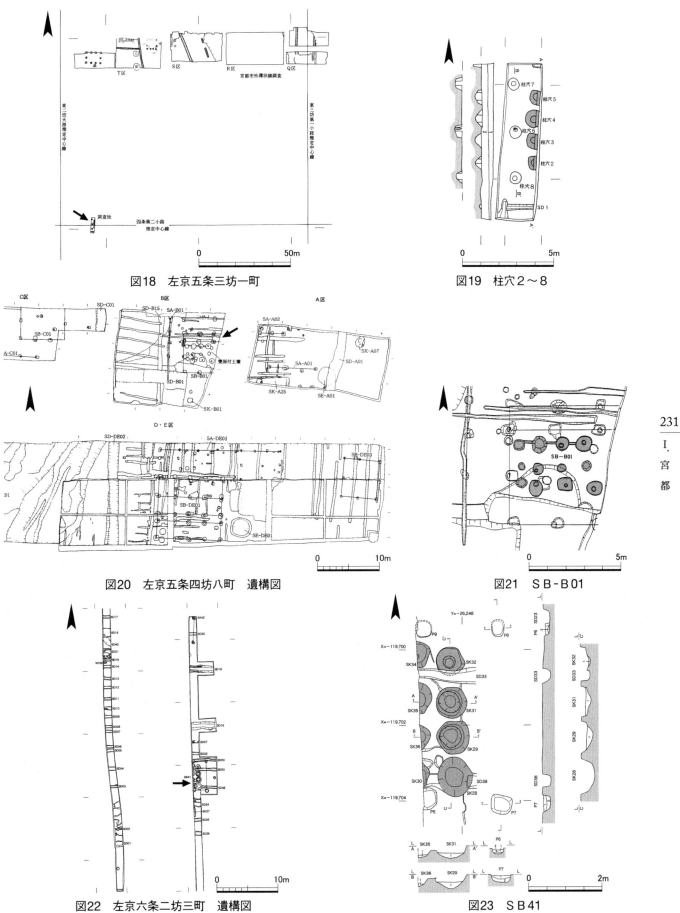

図18　左京五条三坊一町

図19　柱穴2〜8

図20　左京五条四坊八町　遺構図

図21　SB-B01

図22　左京六条二坊三町　遺構図

図23　SB41

左京六条三坊四町
左京七条二坊七町

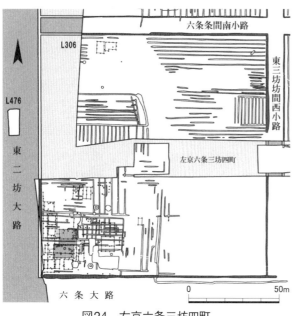

図24　左京六条三坊四町

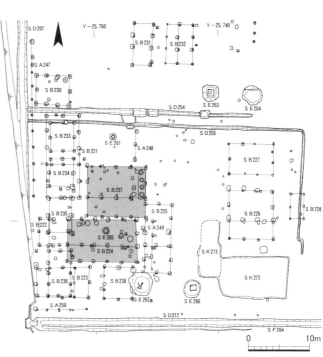

図25　左京六条三坊四町　遺構図

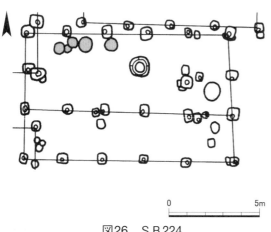

図26　ＳＢ224

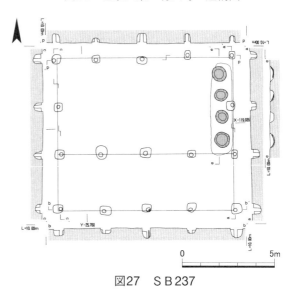

図27　ＳＢ237

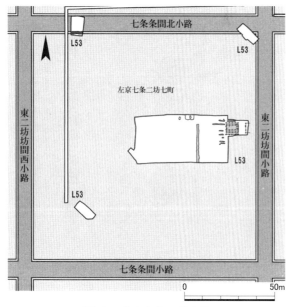

図28　左京七条二坊七町

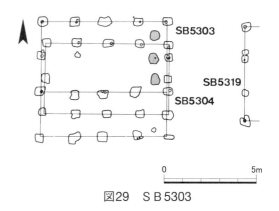

図29　ＳＢ5303

右京二条三坊八町

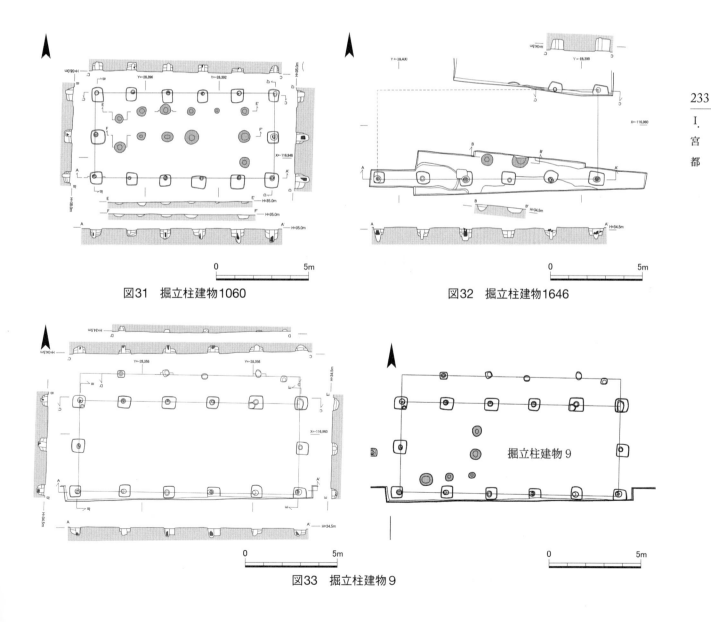

図30　右京二条三坊八町　遺構図

図31　掘立柱建物1060

図32　掘立柱建物1646

図33　掘立柱建物9

Ⅰ. 宮都

右京二条三坊九町

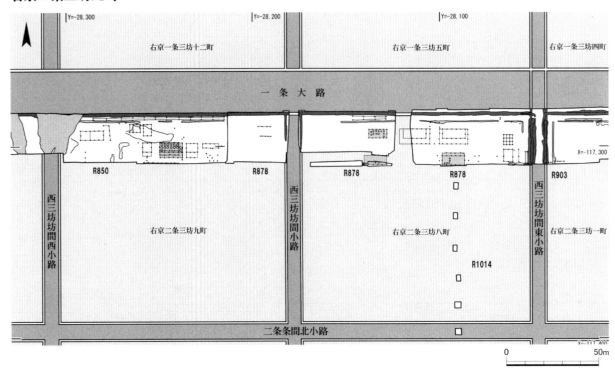

図34 右京二条三坊八・九町

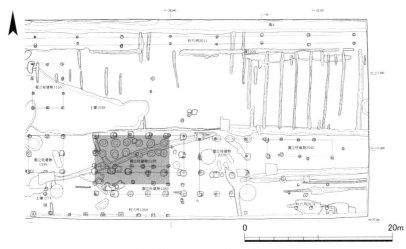

図35 右京二条三坊九町（R850次） 遺構図

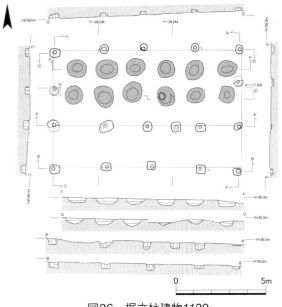

図36 掘立柱建物1139

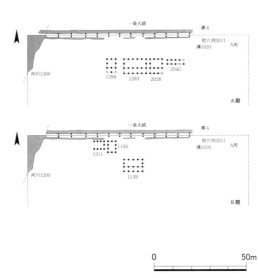

図37 右京二条三坊九町 遺構変遷図

右京三条二坊十五町

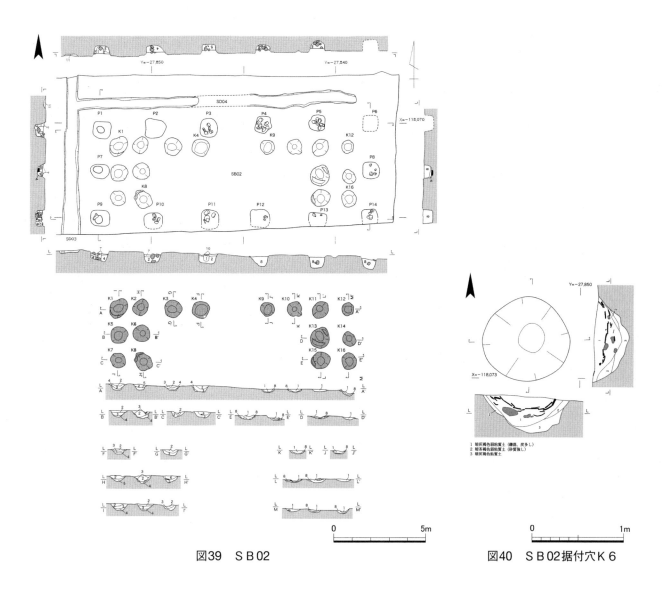

図38　右京三条二坊十五町　遺構図

図39　SB02

図40　SB02据付穴K6

右京四条二坊八町

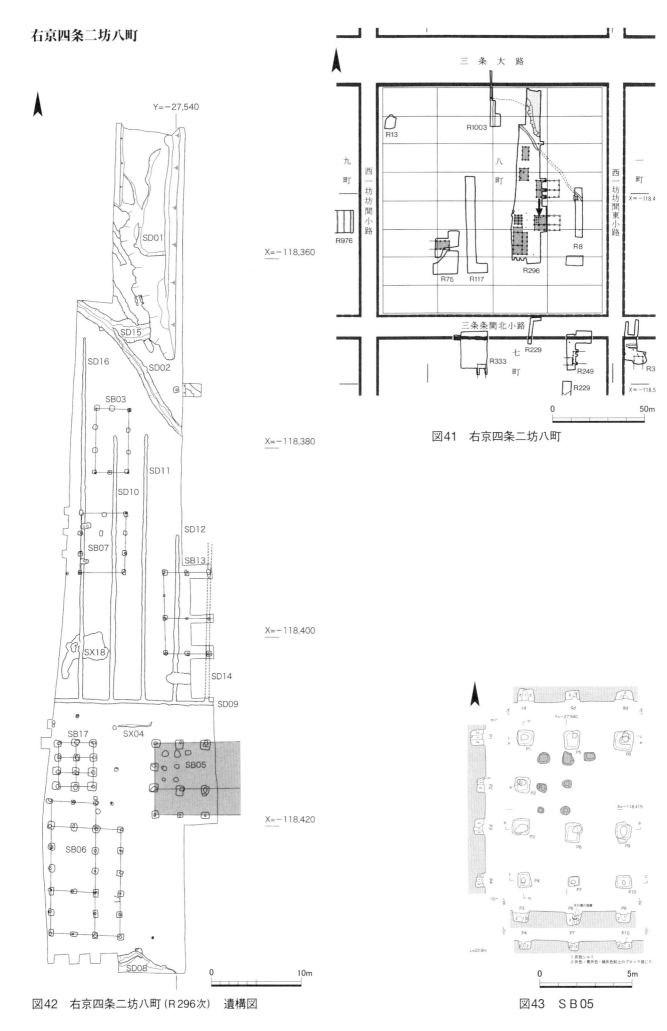

図41 右京四条二坊八町

図42 右京四条二坊八町（R296次）遺構図

図43 SB05

右京六条二坊一町

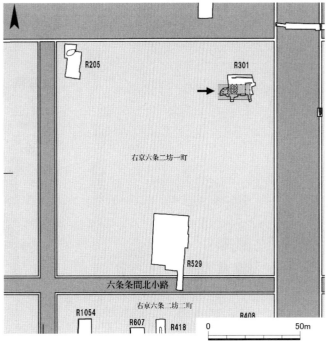

図44 右京六条二坊一町

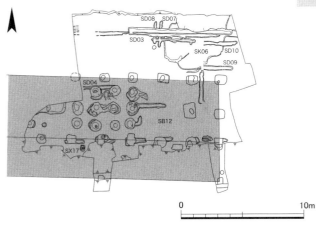

図45 右京六条二坊一町（R301次） 遺構図

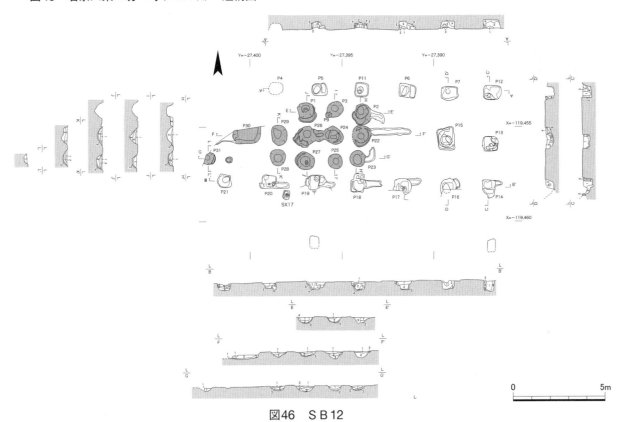

図46 SB12

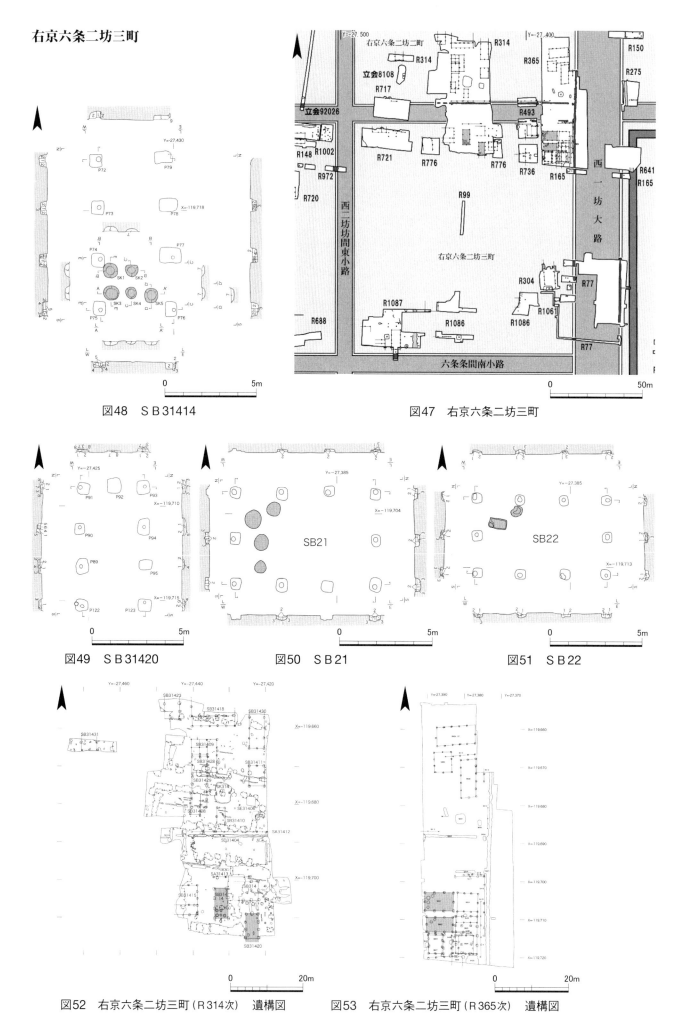

右京六条二坊六町
右京六条二坊十一町

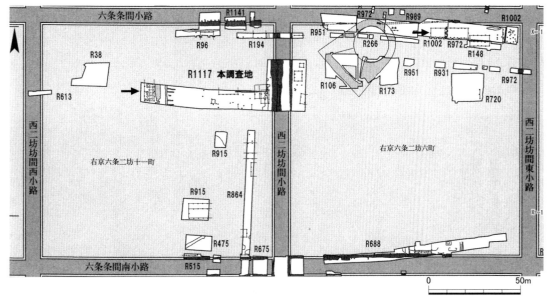

図54　右京六条二坊六町・十一町

図55　右京六条二坊六町（R1002次）　遺構図

図56　右京六条二坊十一町　SB29

図57　右京六条二坊六町　SB01

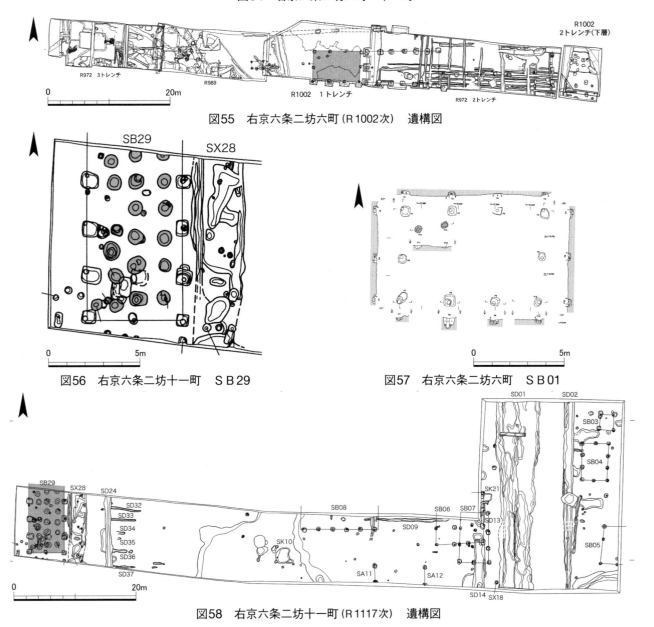

図58　右京六条二坊十一町（R1117次）　遺構図

右京七条二坊七町
右京八条二坊七町

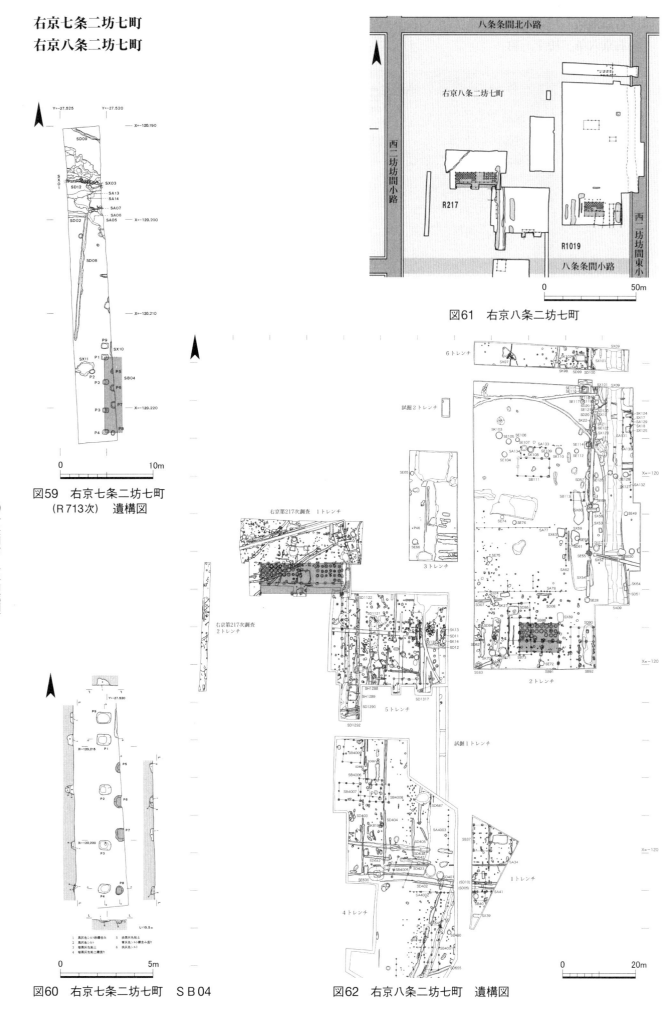

図59　右京七条二坊七町（R713次）遺構図

図60　右京七条二坊七町　SB04

図61　右京八条二坊七町

図62　右京八条二坊七町　遺構図

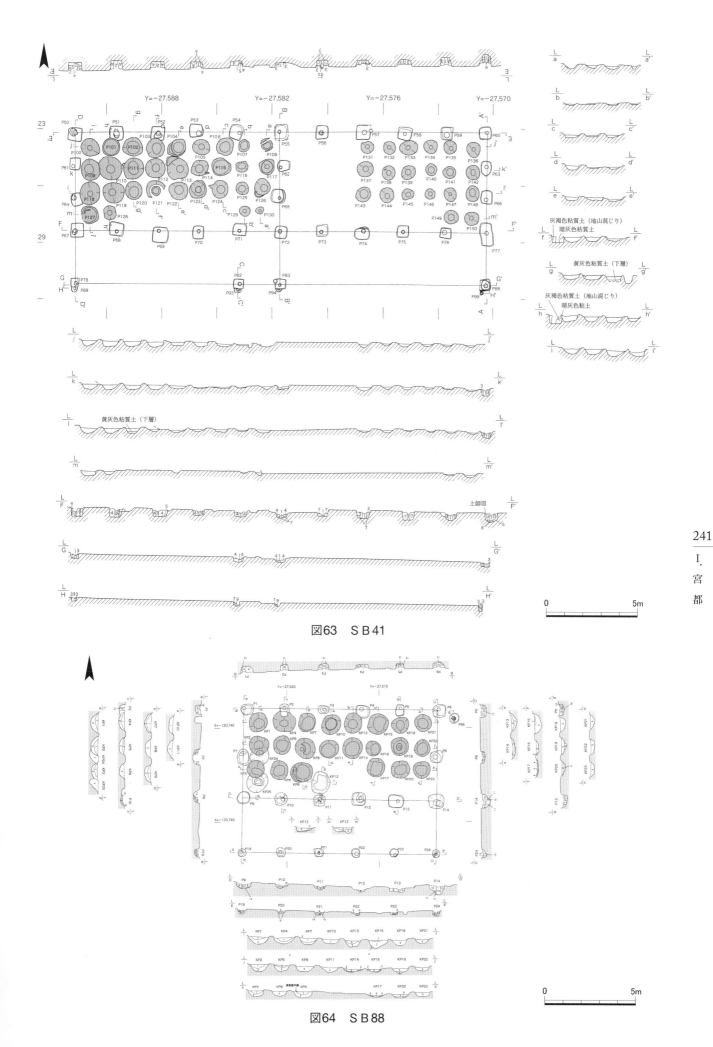

図63　SB41

図64　SB88

右京八条三坊十六町

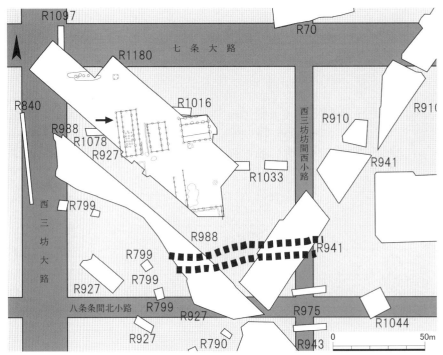

図65　右京八条三坊十六町

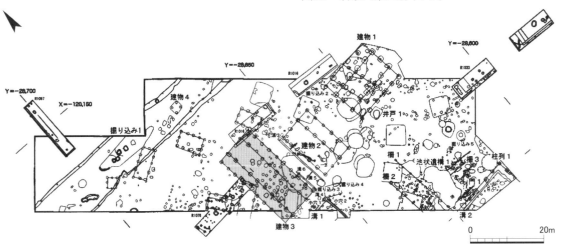

図66　右京八条三坊十六町（R1180次）　遺構図

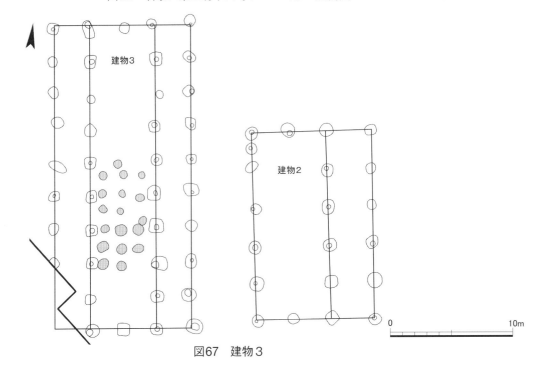

図67　建物3

平安京（山城国）

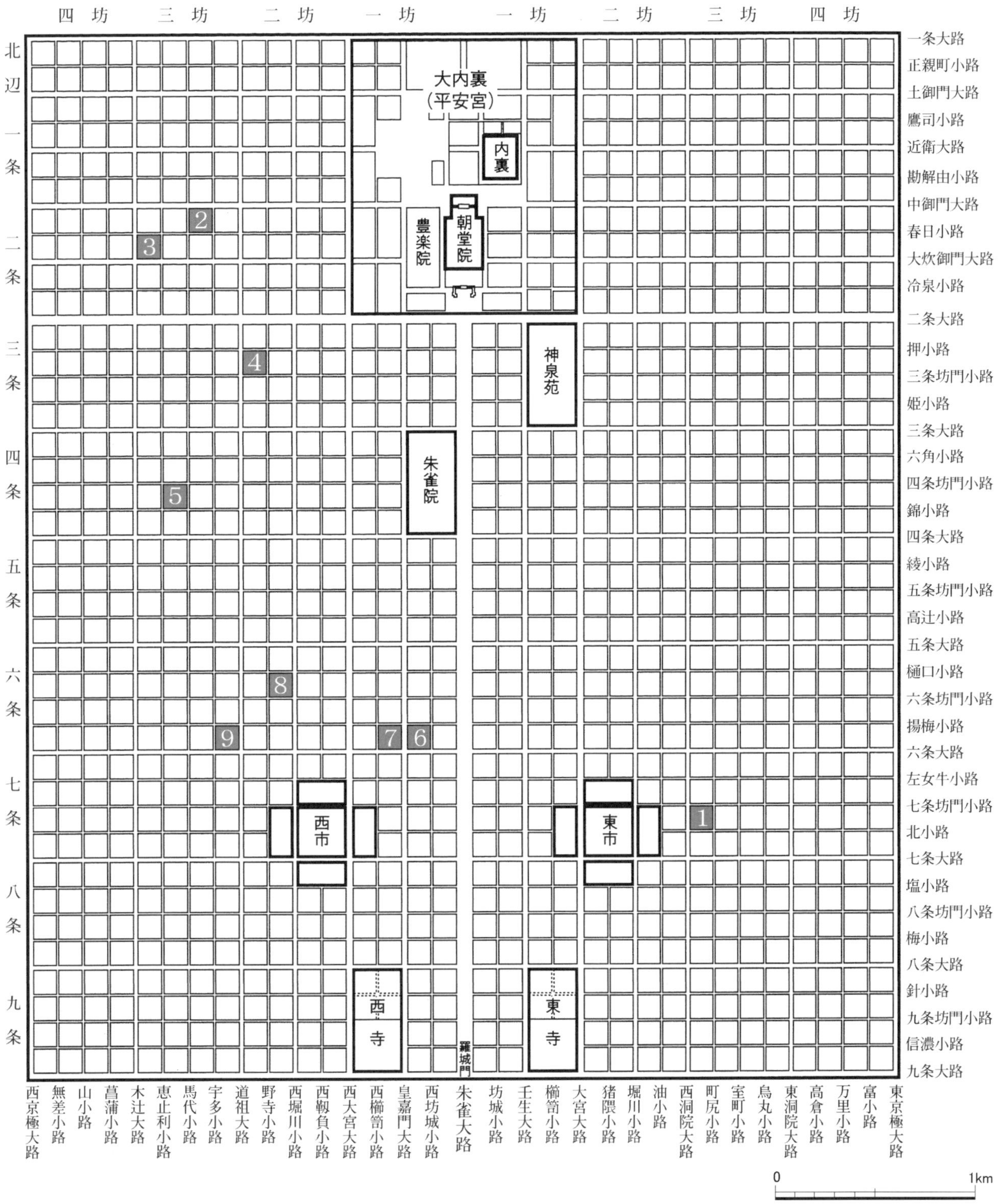

四坊　三坊　二坊　一坊　一坊　二坊　三坊　四坊

大内裏（平安宮）
内裏
朝堂院
豊楽院
神泉苑
朱雀院
西市
東市
羅城門
西寺
東寺

左側（縦）：北辺　一条　二条　三条　四条　五条　六条　七条　八条　九条

右側（縦）：
一条大路
正親町小路
土御門大路
鷹司小路
近衛大路
勘解由小路
中御門大路
春日小路
大炊御門大路
冷泉小路
二条大路
押小路
三条坊門小路
姫小路
三条大路
六角小路
四条坊門小路
錦小路
四条大路
綾小路
五条坊門小路
高辻小路
五条大路
樋口小路
六条坊門小路
揚梅小路
六条大路
左女牛小路
七条坊門小路
北小路
七条大路
塩小路
八条坊門小路
梅小路
八条大路
針小路
九条坊門小路
信濃小路
九条大路

下側（縦）：
西京極大路
無差小路
山小路
菖蒲小路
木辻大路
恵止利小路
馬代小路
宇多小路
道祖大路
野寺小路
西堀川小路
西靭負小路
西大宮大路
西櫛笥小路
皇嘉門大路
西坊城小路
朱雀大路
坊城小路
壬生大路
櫛笥小路
大宮大路
猪隈小路
堀川小路
油小路
西洞院大路
町尻小路
宝町小路
烏丸小路
東洞院大路
高倉小路
万里小路
富小路
東京極大路

0　　　　　　1km

1	図2〜4	6	図16〜18
2	図5〜7	7	図19・21
3	図8〜10	8	図20・22
4	図11・12	9	図23〜26
5	図13〜15		

図1　平安京条坊図

左京七条三坊三町

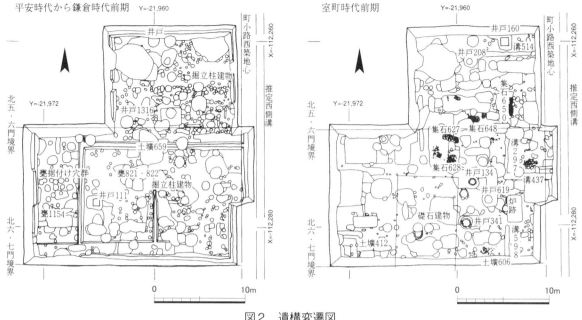

図2　遺構変遷図

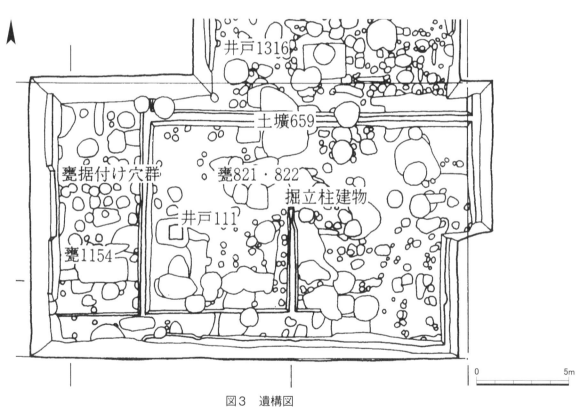

図3　遺構図

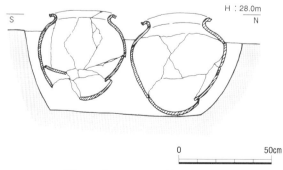

図4　甕821・822断面図

右京二条三坊八町

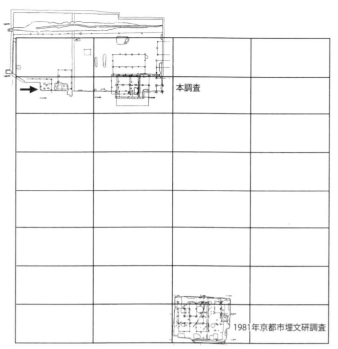

図5　右京二条三坊八町

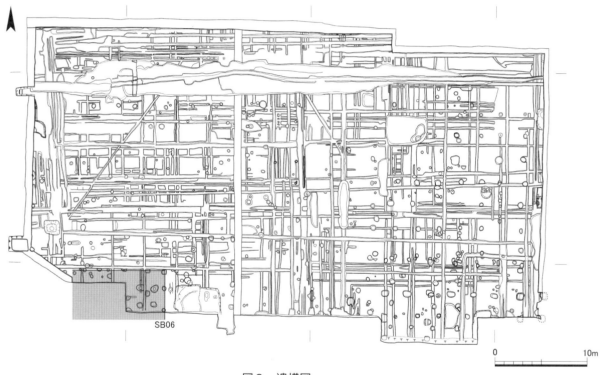

図6　遺構図

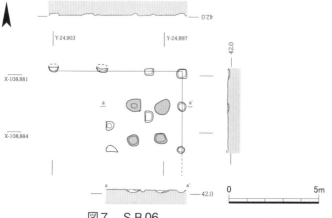

図7　SB06

右京二条三坊十五町

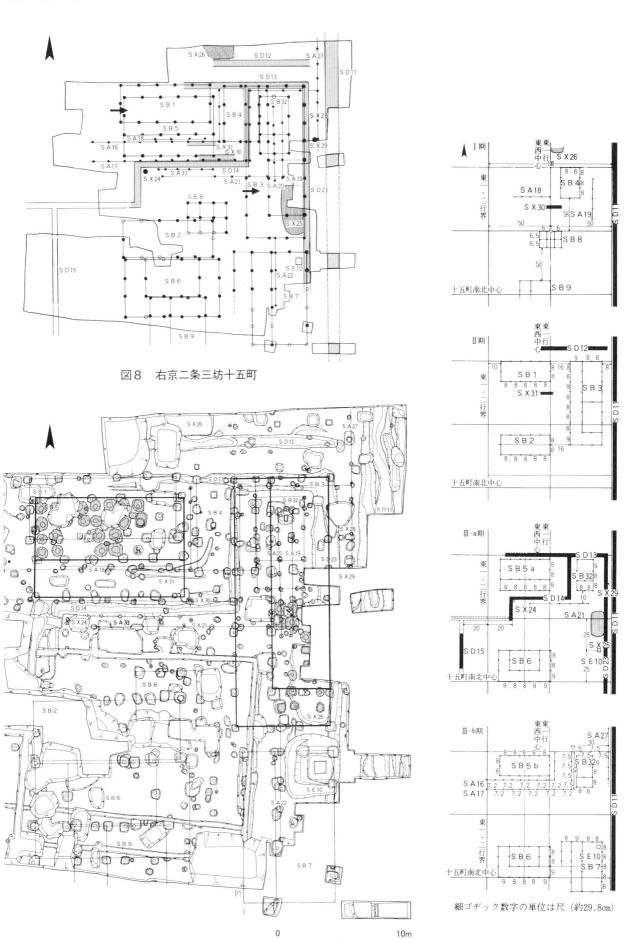

図8　右京二条三坊十五町

図9　SB3・SB5

図10　遺構変遷図

246　平安京（山城国）

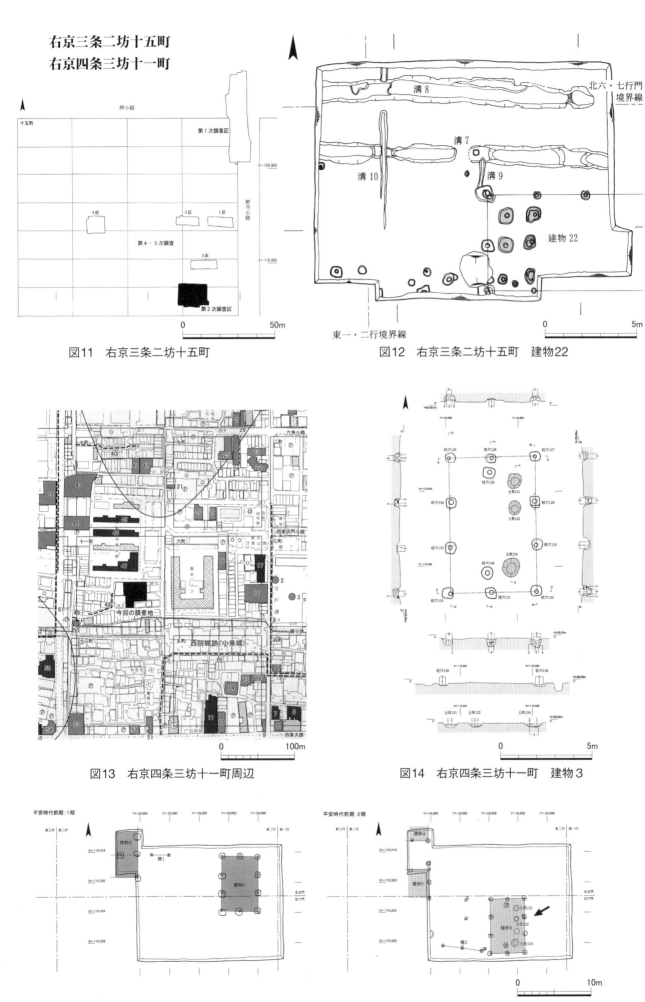

図11　右京三条二坊十五町

図12　右京三条二坊十五町　建物22

図13　右京四条三坊十一町周辺

図14　右京四条三坊十一町　建物3

図15　右京四条三坊十一町　遺構変遷図

右京六条一坊五町

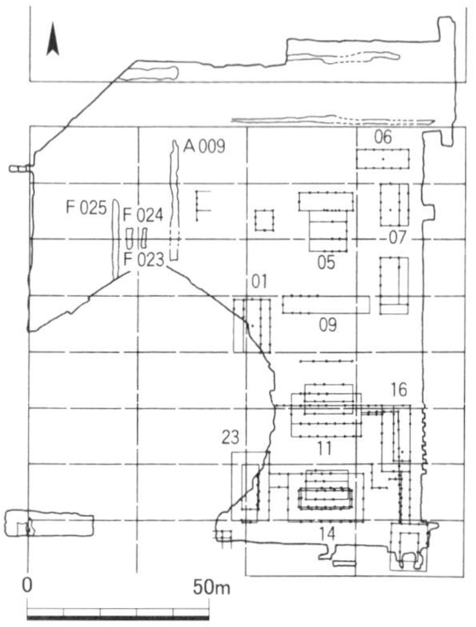

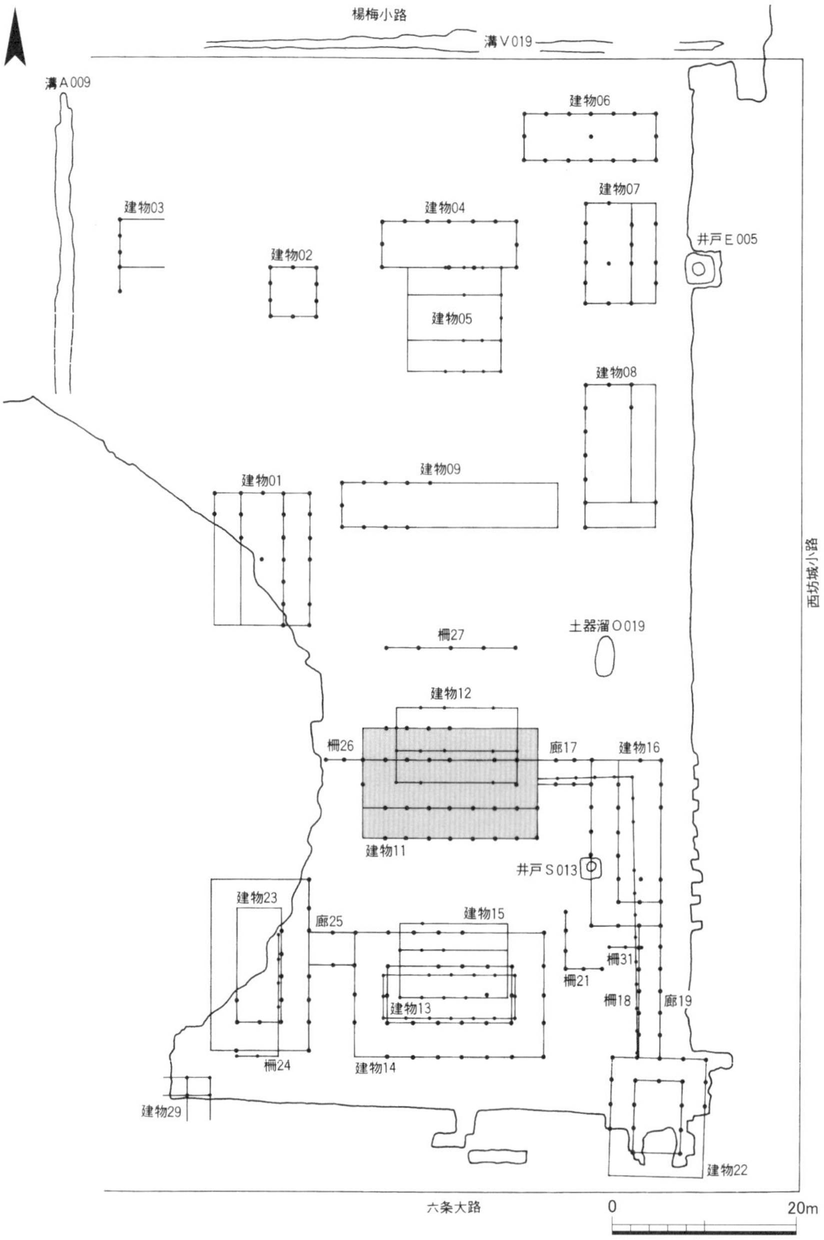

楊梅小路

溝Ｖ019

溝Ａ009

建物06

建物03

建物04

建物02

建物07

井戸Ｅ005

建物05

建物08

建物01

建物09

248

平安京（山城国）

Ａ009

F025 F024

F023

06

05

-07

01

09

16

23

11

14

0   50m

図16　右京六条一坊五町

柵27

土器溜Ｏ019

建物12

柵26

廊17

建物16

建物11

井戸Ｓ013

建物23

廊25

建物15

柵21

柵31

柵18

柵24

廊19

建物13

建物29

建物14

建物22

六条大路

西坊城小路

0   20m

図17　遺構配置図

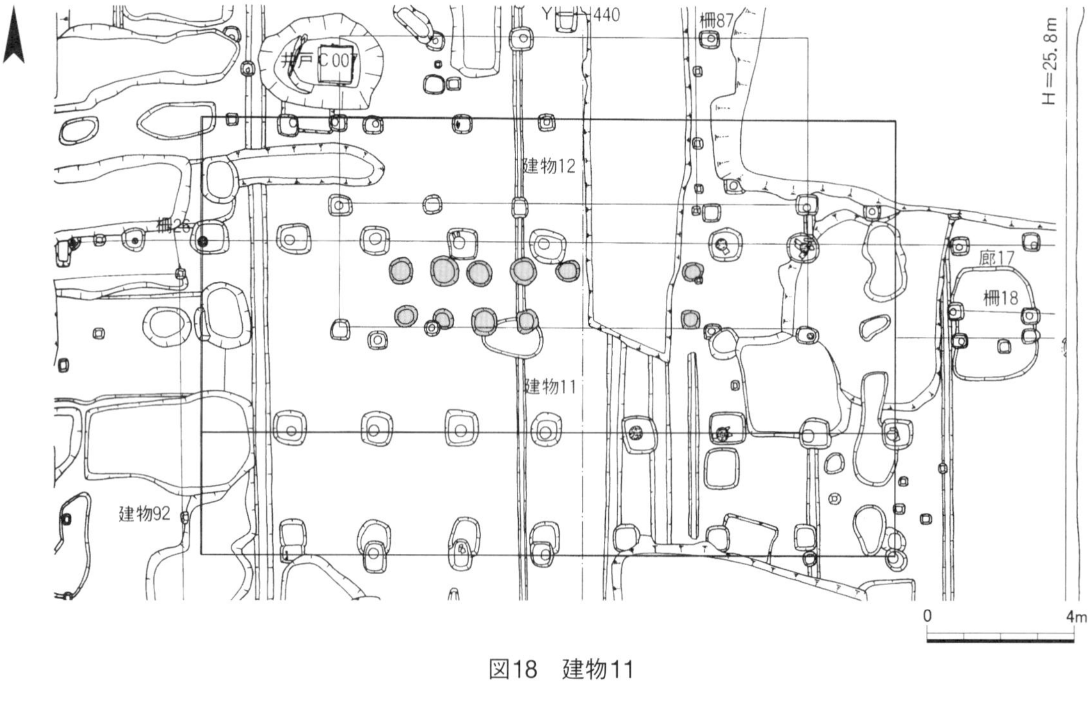

井戸Ｃ007

Ｙ＝440

柵87

Ｈ＝25.8m

建物12

柵26

廊17

柵18

建物11

建物92

0   4m

図18　建物11

右京六条一坊十二町
右京六条二坊十町

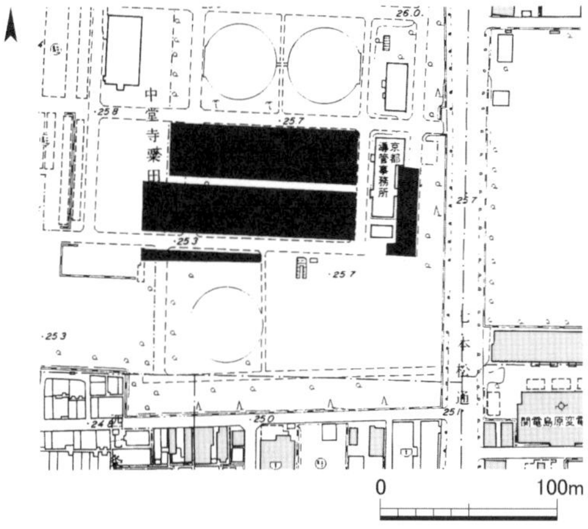

図19　右京六条一坊十二町

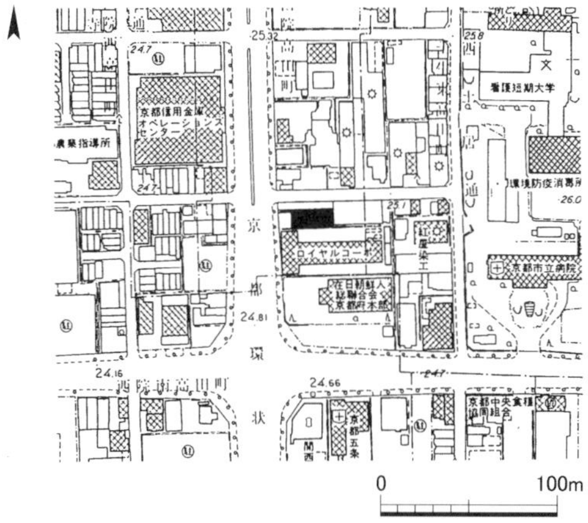

図20　右京六条二坊十町

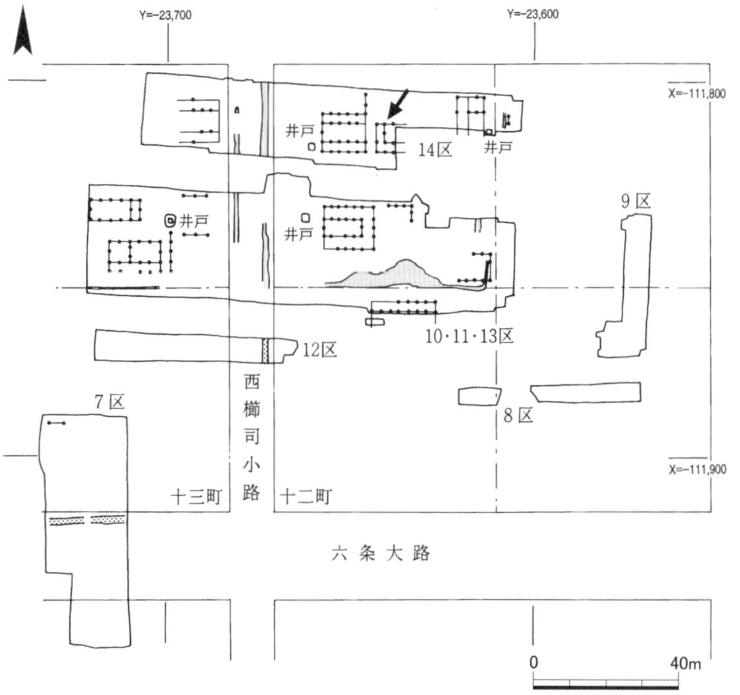

図21　右京六条一坊十二町　遺構配置図

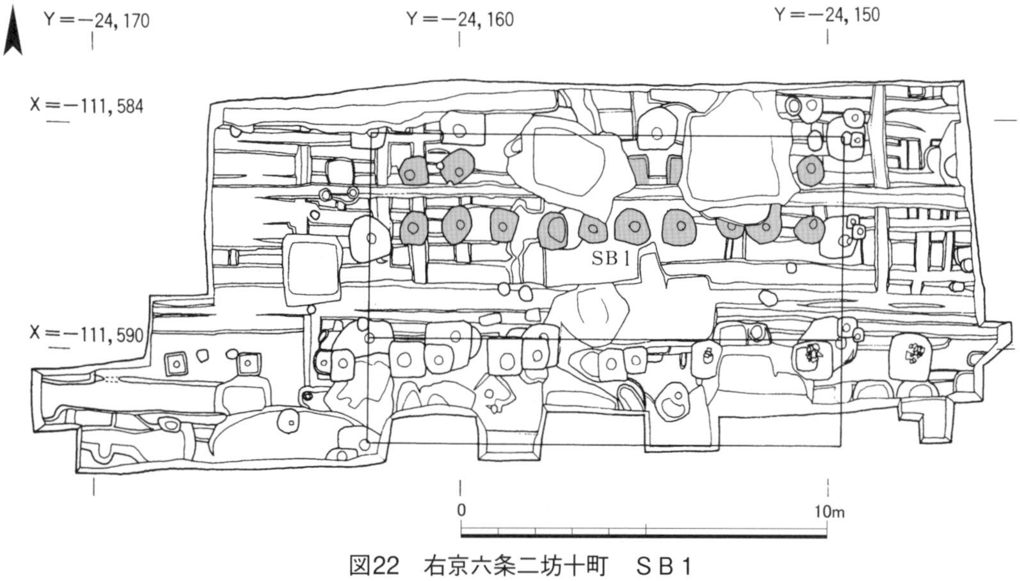

図22　右京六条二坊十町　ＳＢ１

右京六条三坊四町

Ⅰ期　Ⅱ期

図23　遺構変遷図

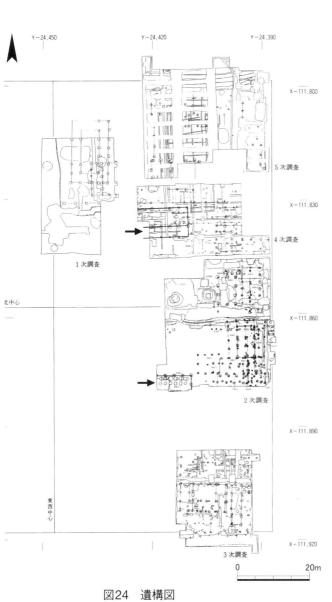

図24　遺構図

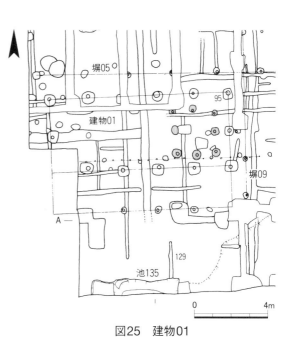

図25　建物01

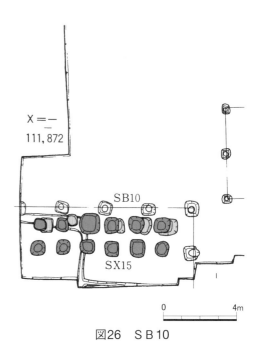

図26　SB10

Ⅱ　官衙・集落・その他

陸奥国分尼寺跡 (陸奥国)

所在地：宮城県仙台市宮城野区宮千代・仙台市若林区白萩町

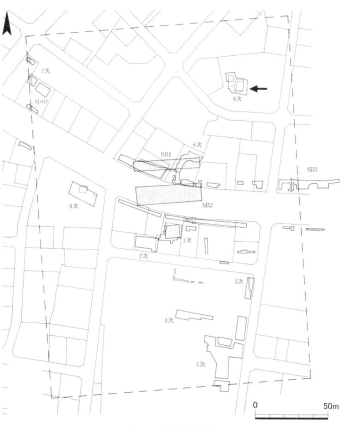

図1　遺構配置図

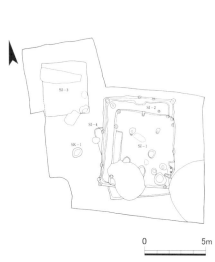

図2　8次調査遺構図

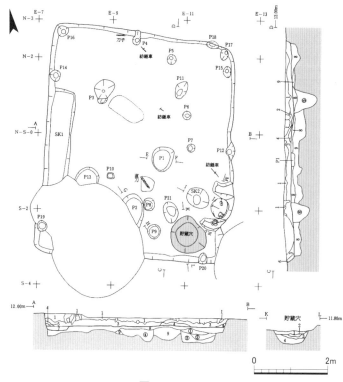

図3　SⅠ-1

市川橋遺跡（陸奥国）

所在地：宮城県多賀城市浮島・高崎・市川

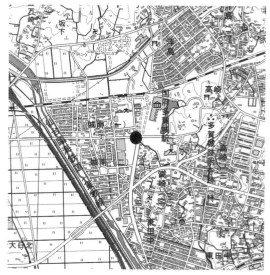

図1　79区遺構図

図2　遺跡周辺図

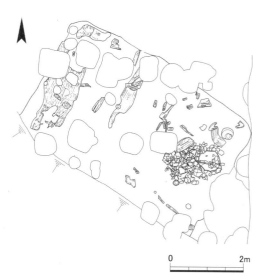

図3　SI-1488

伊治城跡 (陸奥国)

所在地：宮城県栗原市築館字城生野ほか

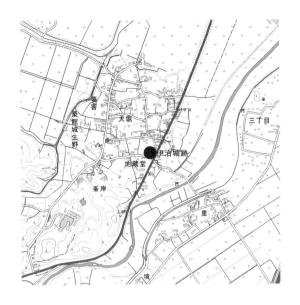

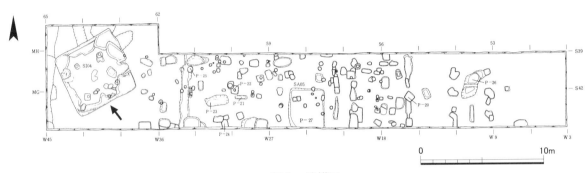

図1　遺構図

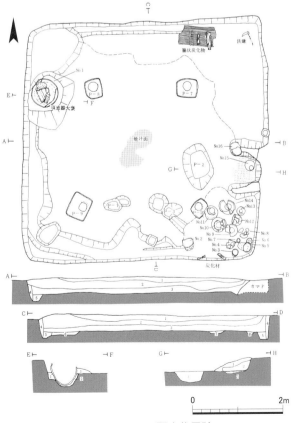

図2　SI04竪穴住居跡

図3　遺跡周辺図

思川遺跡 (常陸国)

所在地：茨城県稲敷市江戸崎町

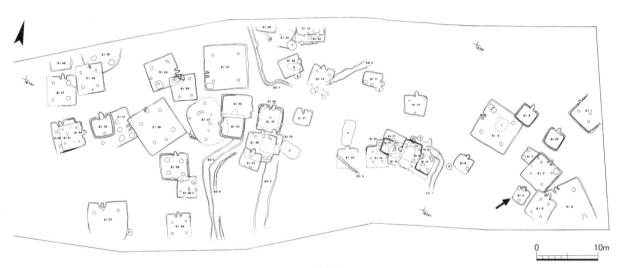

図1　遺構図

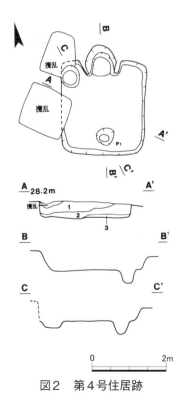

図2　第4号住居跡

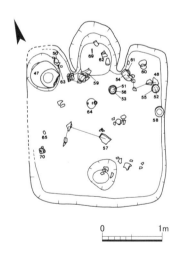

図3　第4号住居跡遺物出土状況図

馬門南遺跡（下野国）

所在地：栃木県佐野市馬門町

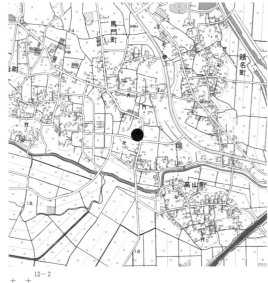

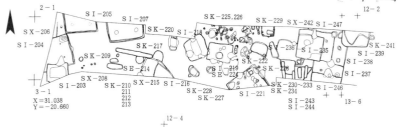

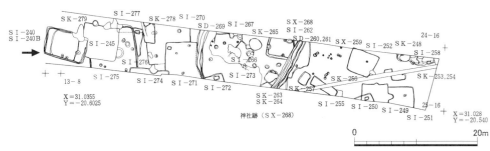

図1　遺構図

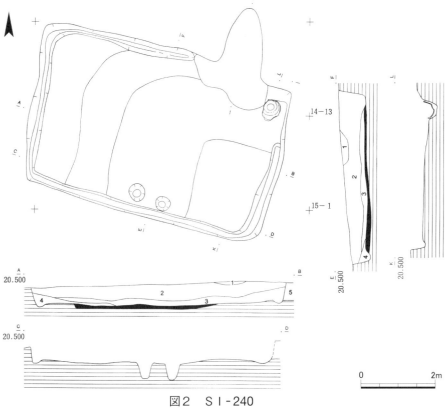

図2　SI-240

金山遺跡（下野国）

所在地：栃木県小山市東野田字金山・大門前

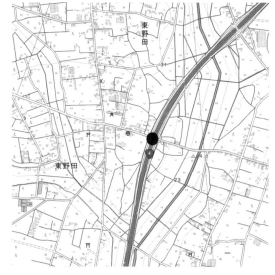

図1　Ⅴ区遺構図

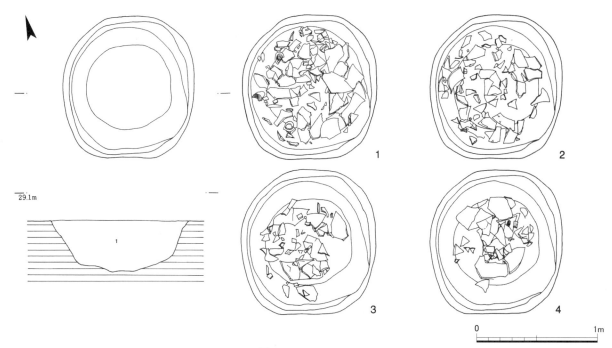

図2　SK-228

多功南原遺跡（下野国）

所在地：栃木県河内郡上三川町多功字南原

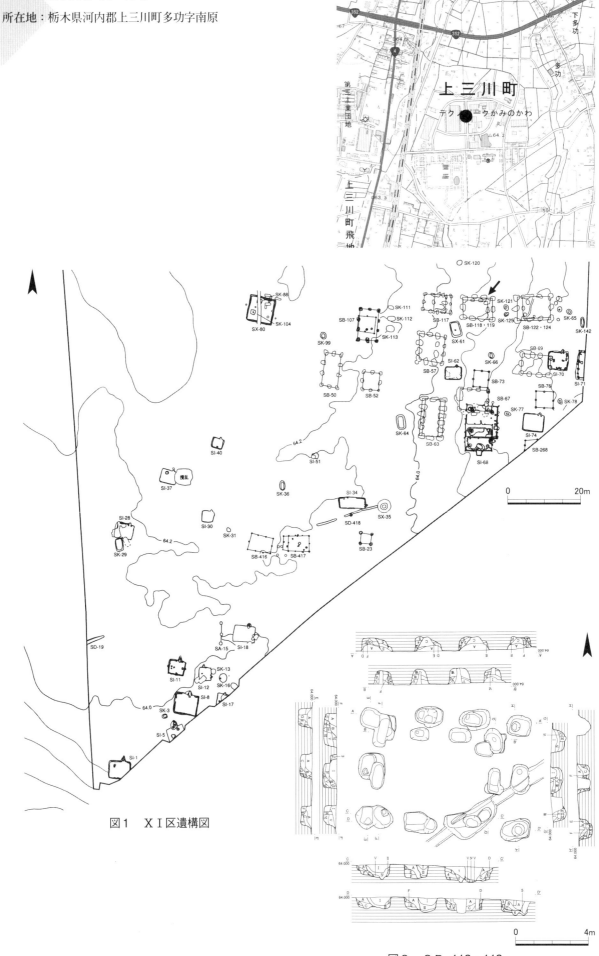

図1　XI区遺構図

図2　SB-118・119

寺平遺跡（下野国）

所在地：栃木県芳賀郡市貝町市塙

図1　奈良・平安時代遺構図

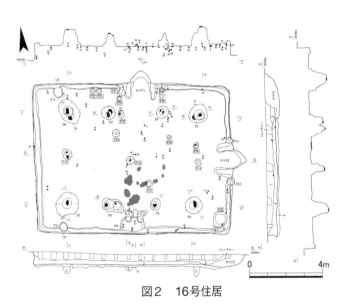

図2　16号住居

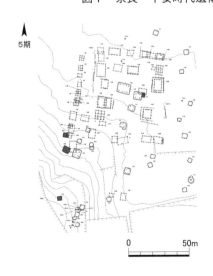

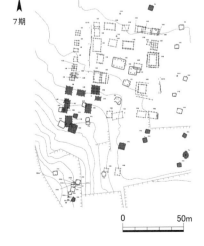

図3　遺構変遷図

那須官衙遺跡（下野国）

所在地：栃木県那須郡那珂川町梅曽・小川

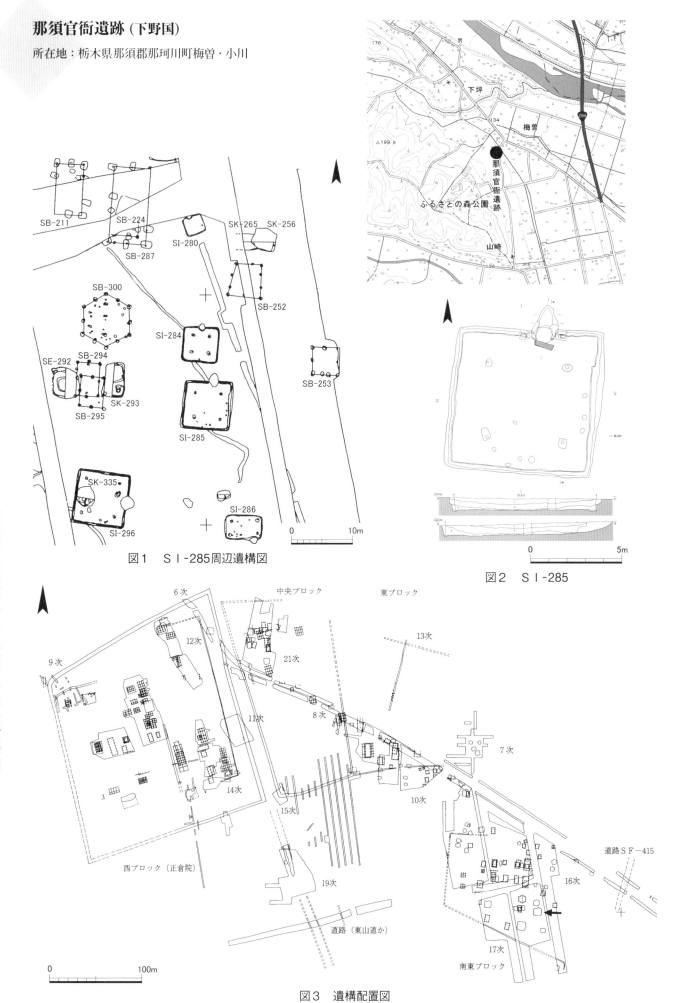

図1　SI-285周辺遺構図

図2　SI-285

図3　遺構配置図

将監塚・古井戸遺跡 (武蔵国)

所在地：埼玉県本庄市共栄字北共和・南共和

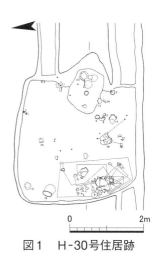

図1　H-30号住居跡

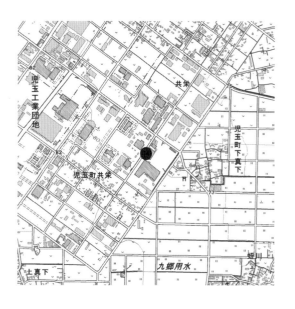

図2　遺構配置図

宮町遺跡（武蔵国）

所在地：埼玉県坂戸市大字青木字堀ノ内

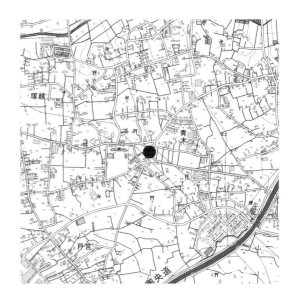

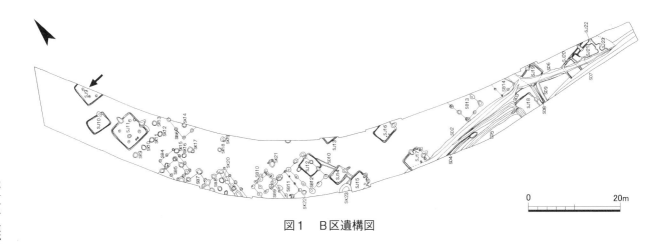

図1　B区遺構図

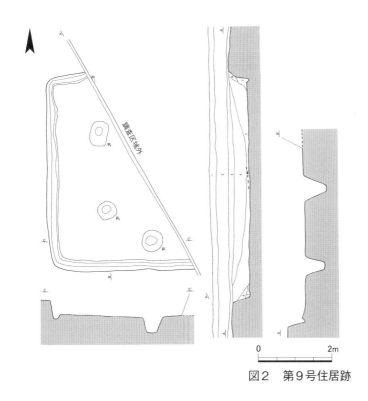

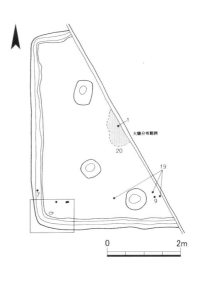

図2　第9号住居跡

中堀遺跡（武蔵国）

所在地：埼玉県児玉郡上里町堤字中堀南

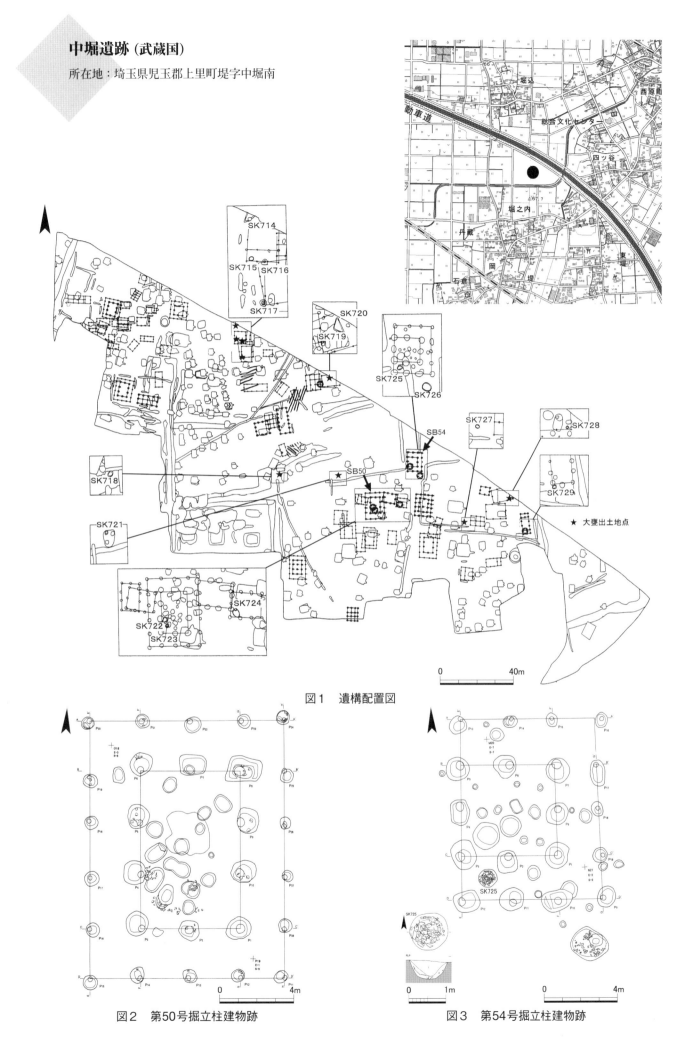

図1　遺構配置図

図2　第50号掘立柱建物跡

図3　第54号掘立柱建物跡

八幡太神南遺跡（武蔵国）

所在地：埼玉県児玉郡上里町大字嘉美

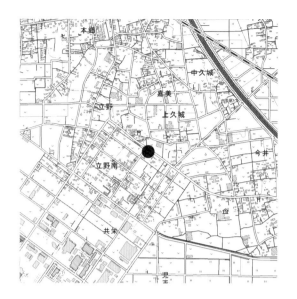

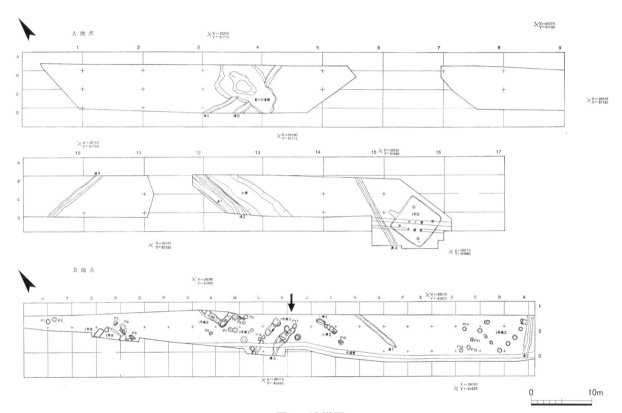

図1　遺構図

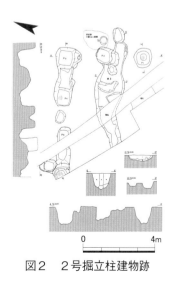

図2　2号掘立柱建物跡

図3　2号掘立柱建物跡　甕出土状況図

上総国分寺跡（上総国）

所在地：千葉県市原市惣社

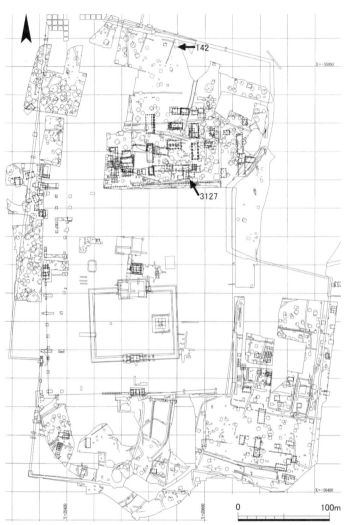

図1　遺構配置図

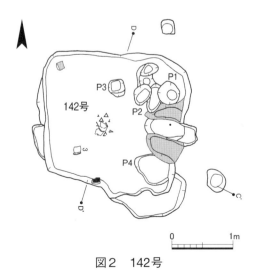

図2　142号

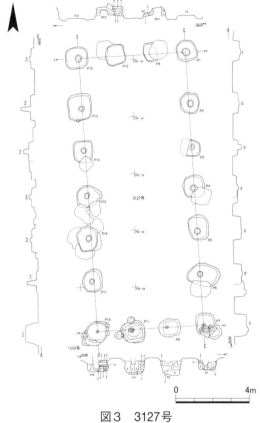

図3　3127号

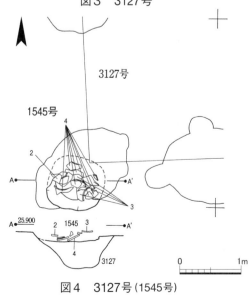

図4　3127号（1545号）

武蔵国分寺跡（武蔵国）

所在地：東京都国分寺市西元町

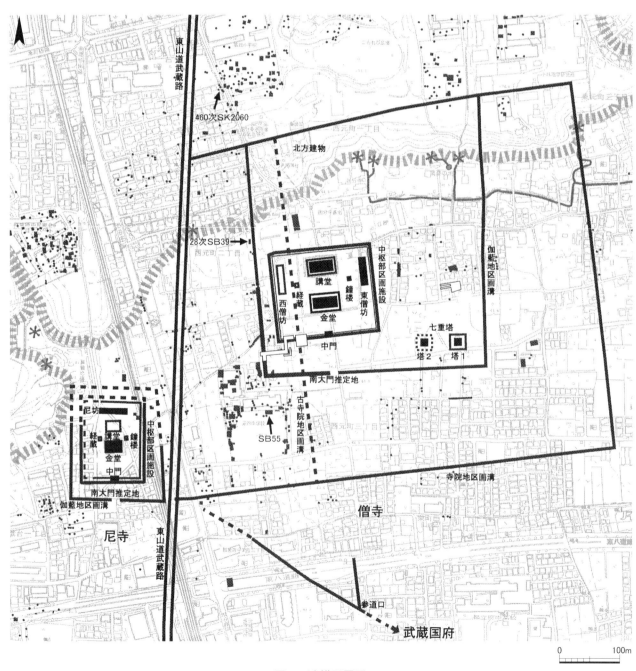

図1　遺構配置図

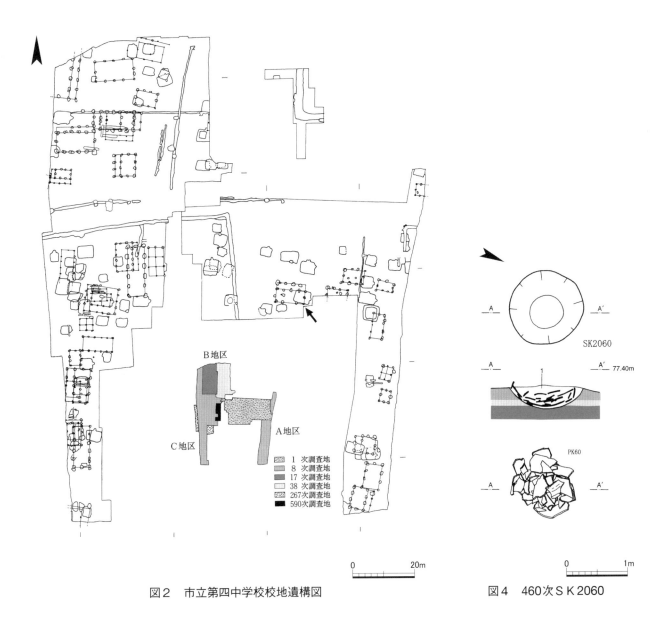

図2 市立第四中学校校地遺構図

図4 460次SK2060

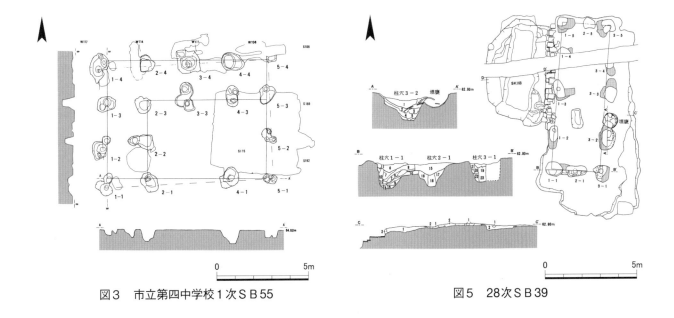

図3 市立第四中学校1次SB55

図5 28次SB39

Ⅱ. 官衙・集落・その他

受地だいやま遺跡 (武蔵国)

所在地：神奈川県横浜市青葉区奈良町

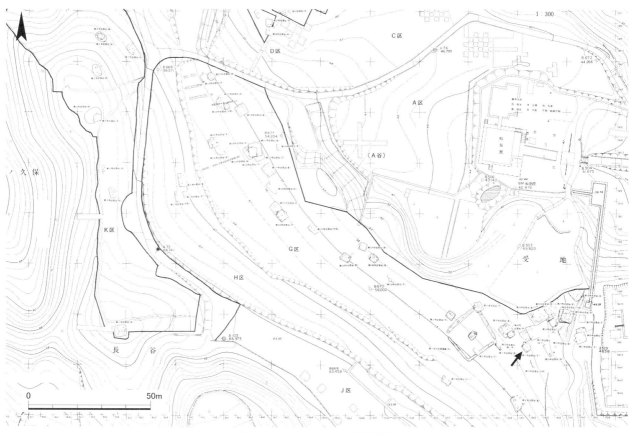

図1　D・G・H・J区遺構図

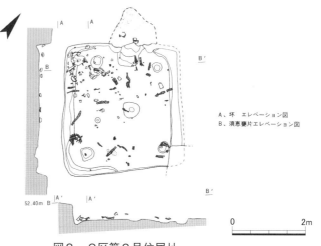

図2　G区第2号住居址

宮久保遺跡（相模国）

所在地：神奈川県綾瀬市早川字新堀淵

図1　遺構図　　　　　　　　　図2　SI 122

緒立C遺跡（越後国）

所在地：新潟県新潟市西区緒立流通一丁目

図1　遺構図

図2　SX601

的場遺跡 (越後国)

所在地：新潟県新潟市西区的場流通一丁目

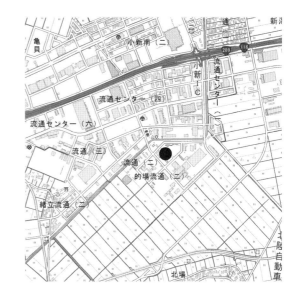

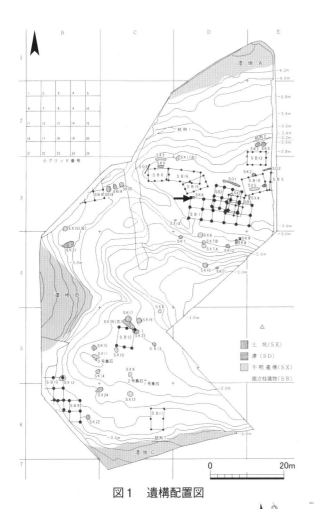

図1　遺構配置図

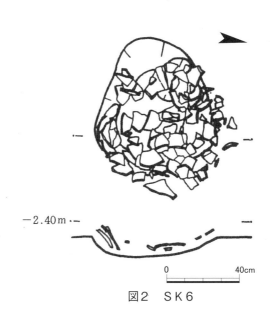

図2　SK6

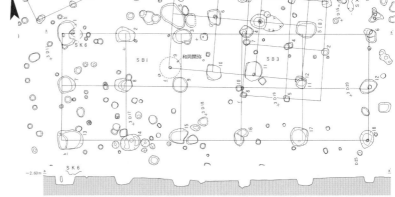

図3　SB1

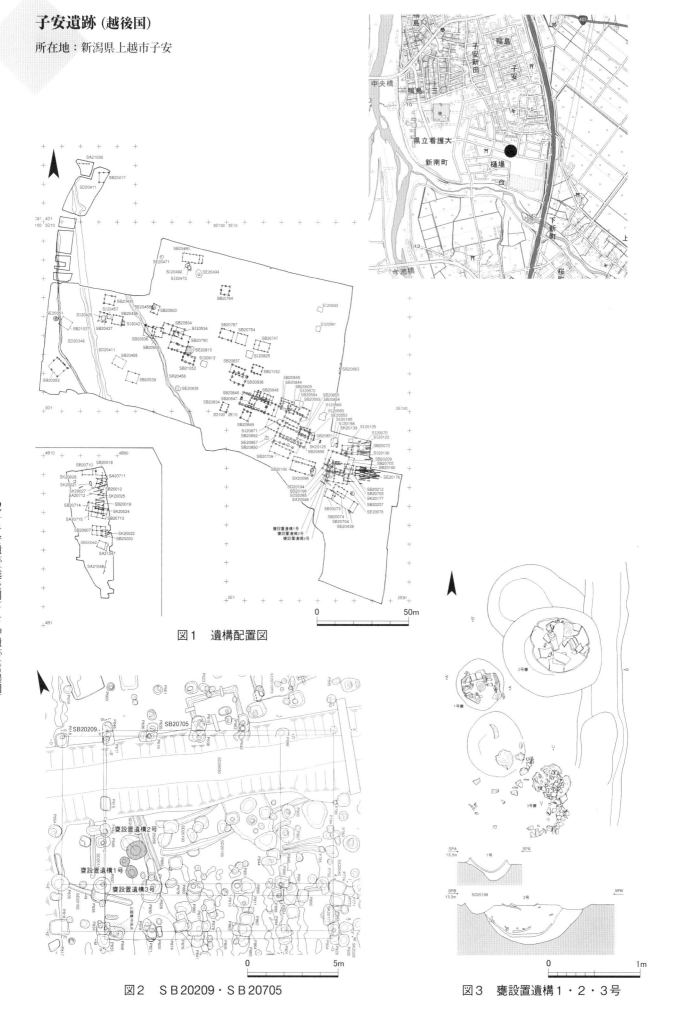

下神遺跡（信濃国）

所在地：長野県松本市大字神林字大畑

図1　G区周辺遺構図

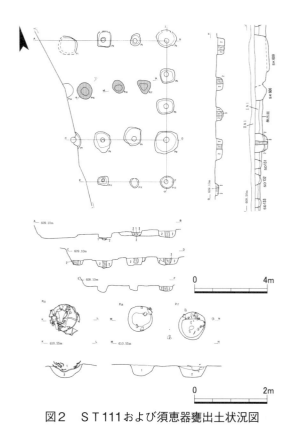

図2　ST111および須恵器甕出土状況図

北方遺跡（信濃国）

所在地：長野県松本市島内

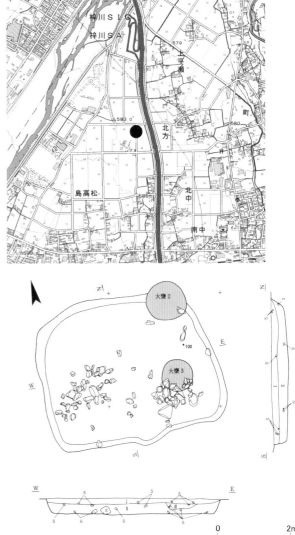

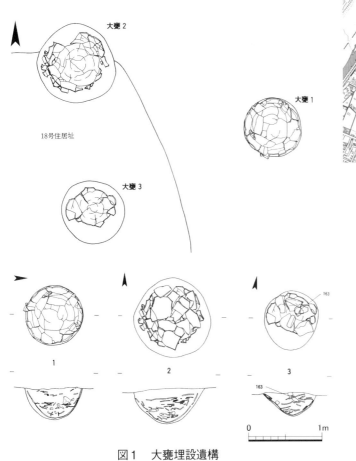

図1　大甕埋設遺構

図2　第18号住居址

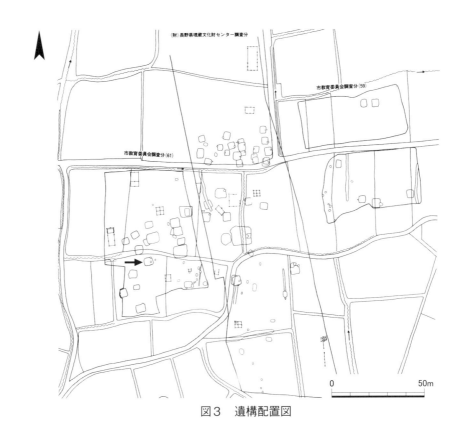

図3　遺構配置図

青木下遺跡Ⅱ（信濃国）

所在地：長野県埴科郡坂城町南条

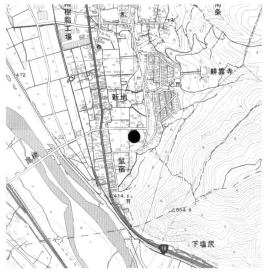

図1　中心部遺構配置図

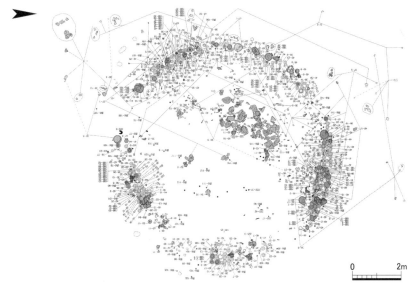

図2　Ut5号土器集積址

大原野松本遺跡（山城国）

所在地：京都府京都市西京区大原野南春日町

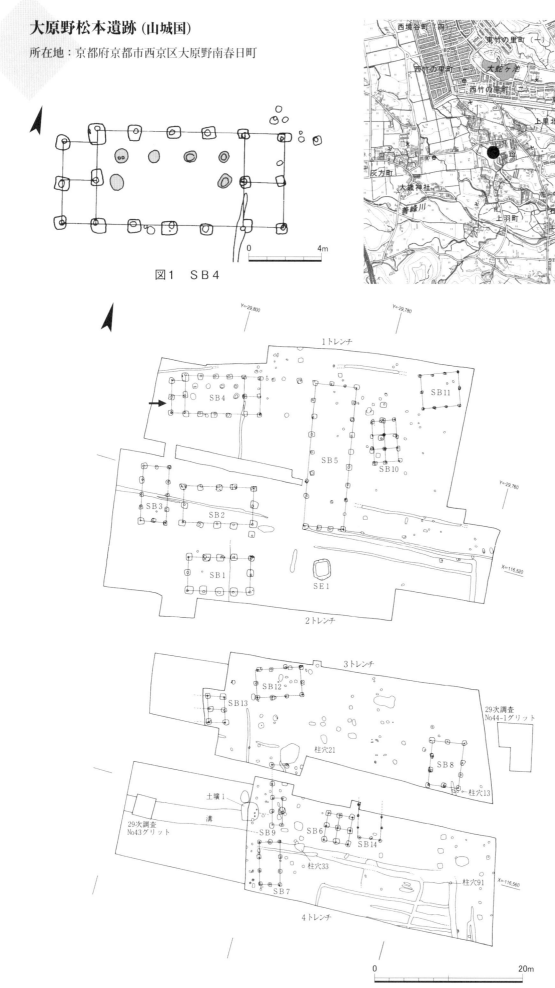

図1　SB4

図2　遺構配置図

池尻遺跡 (丹波国)

所在地：京都府亀岡市馬路町

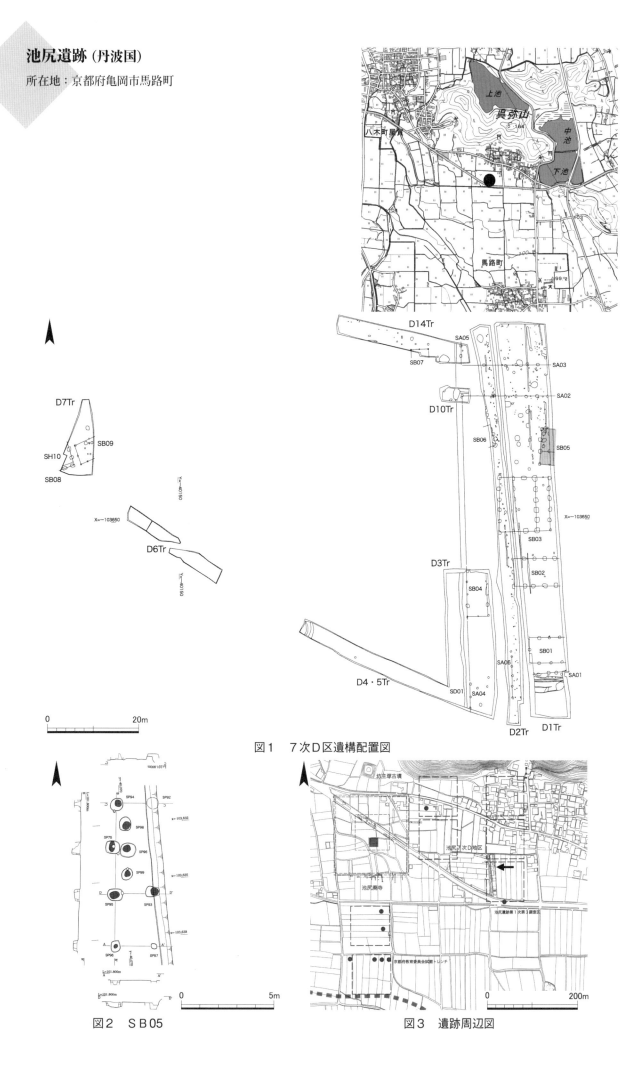

図1　7次D区遺構配置図

図2　SB05

図3　遺跡周辺図

畑ヶ田遺跡 (河内国)

所在地：大阪府富田林市若松町一丁目

図1　遺構図

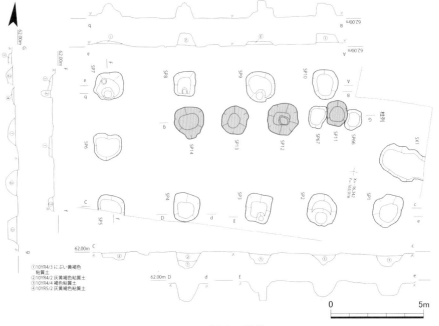

図2　建物1

北岡遺跡（河内国）

所在地：大阪府藤井寺市北岡ほか

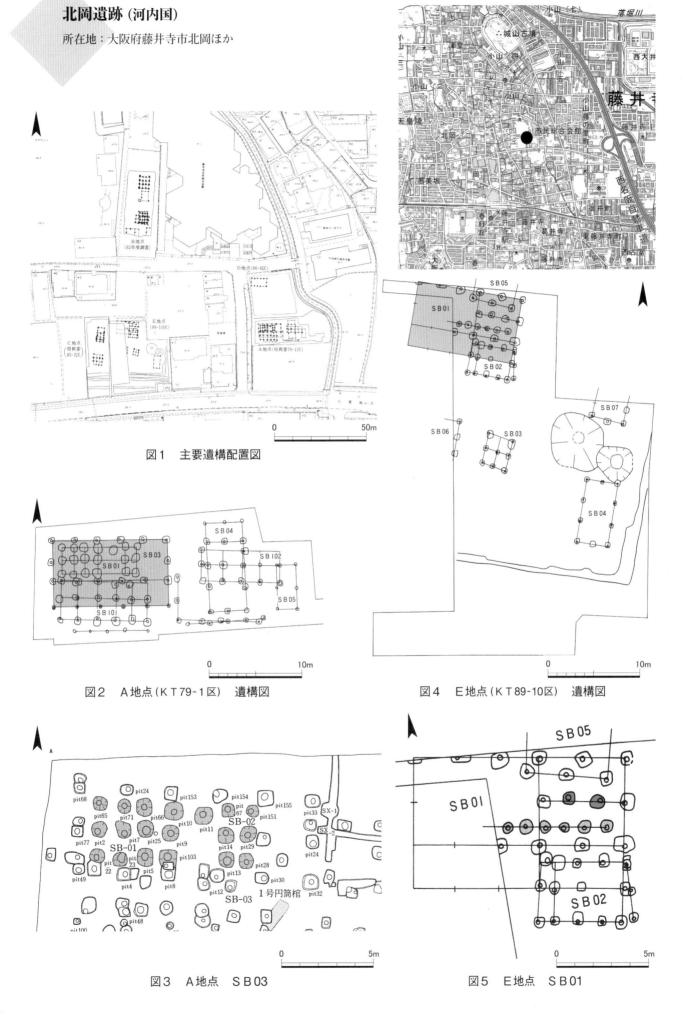

図1　主要遺構配置図

図2　A地点（KT79-1区）遺構図

図3　A地点　SB03

図4　E地点（KT89-10区）遺構図

図5　E地点　SB01

芝原遺跡 (出雲国)

所在地：島根県松江市福原町芝原

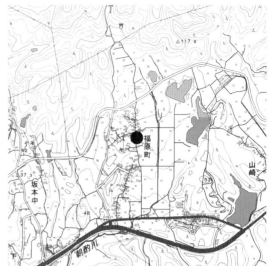

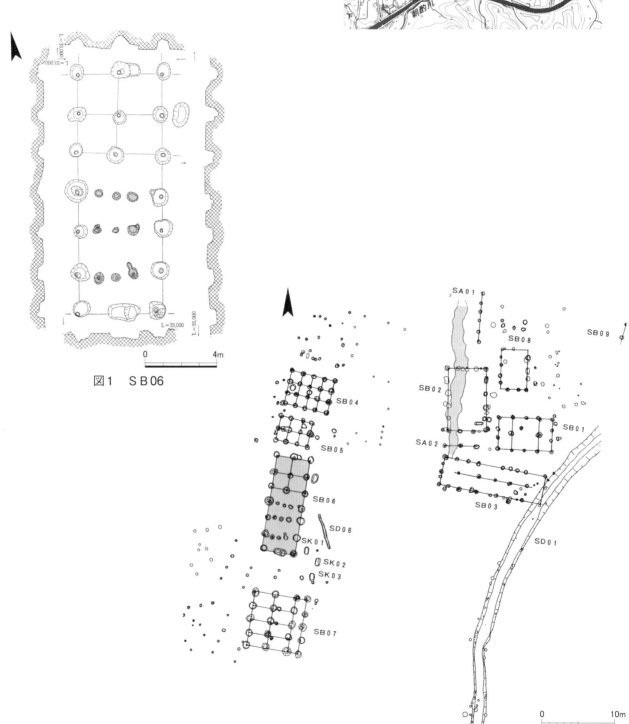

図1　SB06

図2　主要遺構図

下ノ坪遺跡 (土佐国)

所在地：高知県香南市野市町上岡字下ノ坪

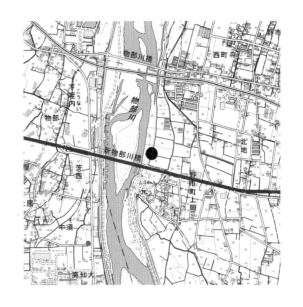

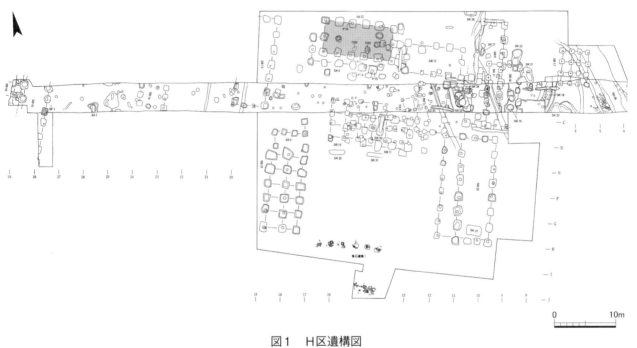

図1　H区遺構図

図2　SB22

加原遺跡（豊後国）

所在地：大分県豊後大野市大野町桑原字加原

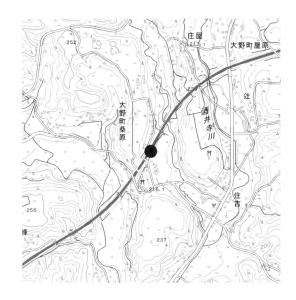

加原遺跡（豊後国）

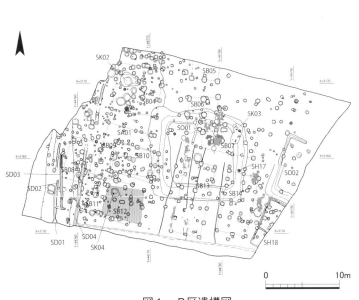

図1　B区遺構図

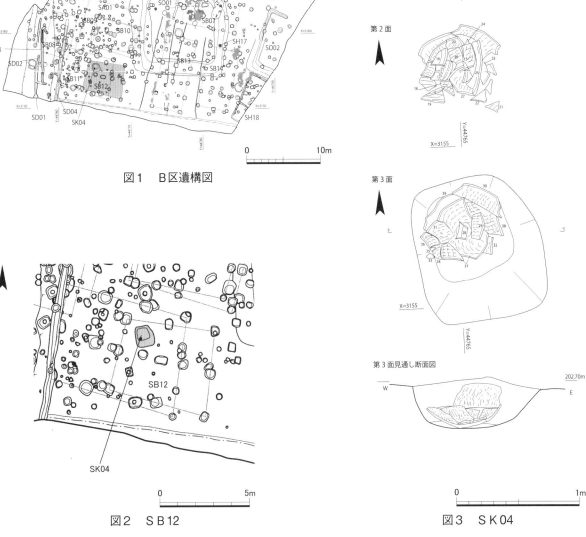

図2　SB12

図3　SK04

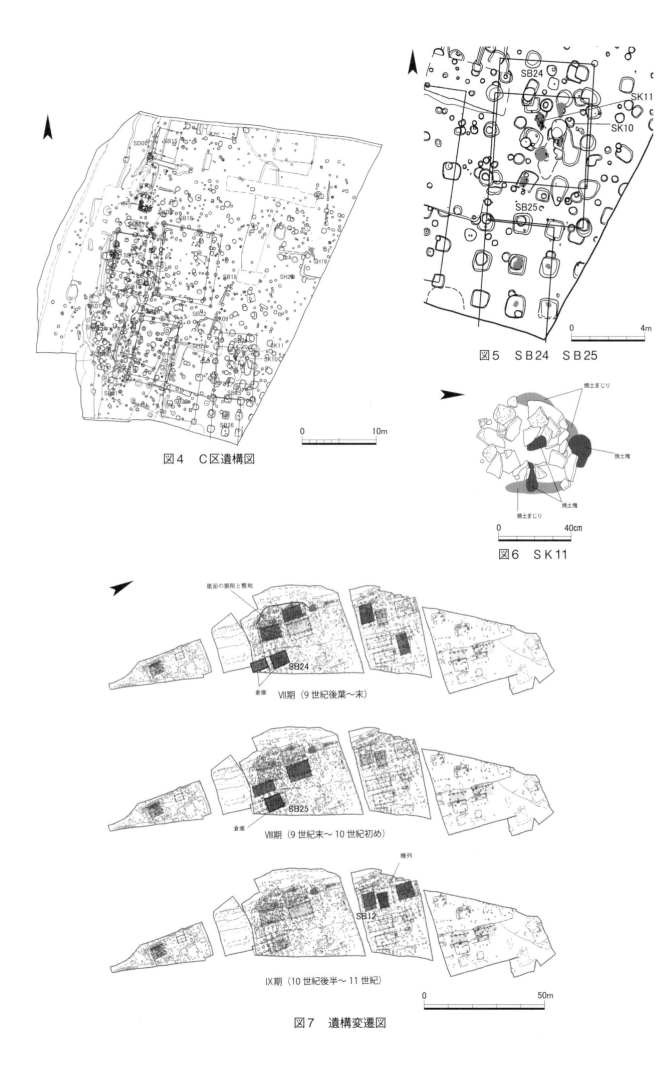

図4　C区遺構図

図5　SB24・SB25

図6　SK11

図7　遺構変遷図

【参考資料】慶州・城乾洞遺跡

所在地：大韓民国慶尚北道慶州市

図1　遺構図

【参考資料】京都市内中世埋甕遺構

表1　埋甕遺構一覧表

	調査地点	遺構	時期	図版番号	文献番号
1	平安京左京北辺二坊六町	東端で甕据付穴が東西4列、南北4列程あり、7基は底部が残存する。甕は常滑焼、北に石室が接する。	室町時代	図1・3	参1
2	平安京左京三条二坊十町	遺構面5、西南部に甕据付穴が南北7列、東西6列程確認できる。	中世か？	図2・4	参2
3	平安京左京四条三坊四町	室町時代の面、北端に甕据付穴が東西に5列以上、南北3列以上並ぶ。南側に地下室、底部に礎石めぐる。	室町時代	図5〜7	参3
4	平安京左京四条三坊五町	A区4面、南半に甕据付穴が東西2列以上、南北8列程ある。その北側でも3基ある。B区1面でも甕据付穴が東西4列、南北4列ある。	鎌倉時代〜室町時代	図8〜11	参4
5	平安京左京四条四坊二町	1区3面、北東寄りで甕据付穴が東西3列、南北3列ある。甕は残存しない。西側に地下室がある。	鎌倉時代末〜室町時代初頭	図12〜14	参5
6	平安京左京五条三坊九町	中央部で埋甕群、東西6列、南北6列あり、甕は常滑産、穿孔がある。西側に礎石列が接する。埋甕抜取土坑群は東西2列以上、南北6列、東側に礎石列が接する。東側に地下式倉庫が接するが、礎石列の下となる。東側にも地下式倉庫がある。地下式倉庫370から麹菌が微量検出される。麹室ｶ。	埋甕群は鎌倉時代末〜室町時代初頭、抜取土坑群は戦国期初頭	図15〜17	参6
7	平安京左京六条三坊五町	甕群1は甕据付穴が東西約16列、南北19列以上で304基、重複するため364基。甕は常滑産で底部が残存するもの12基。底部に穿孔がある。上部構造は1間2.8mの礎石列を検出。甕群2は東西4〜5列、南北6列、常滑と備前が残存。他にA〜Cに甕据付穴が集中する。	鎌倉時代末〜室町時代前半	図18〜23	参7
8	平安京左京八条二坊十四・十五町	調査区東北部に甕据付穴が東西4列、南北4列集中する。	鎌倉時代後半〜室町時代	図24・25	参8
9	平安京左京八条三坊三町	甕据付穴の集中する箇所が5ブロックある。北東より、Aは東西6列で南北4列、Bは東西3列？で南北3列、Cは東西5列南北4列、Dは東西3列で南北3列、Eは東西3列？で南北3列？ある。甕は常滑産。	鎌倉時代〜室町時代前半、中頃	図26・27	参9
10	平安京左京八条三坊十四町	埋甕が2基接し、間に縦板を入れる。備前産。	鎌倉時代後半〜室町時代前半	図28・29	参10
11	四条道場跡・寺町旧域	西端で埋甕4基検出。埋甕3・4は南北に並ぶ。埋甕2は室町時代初頭。	鎌倉時代〜室町時代	図30〜32	参11
12	山科本願寺跡（1997年調査）	ＳＢ3の北側に東西3列、南北3列の甕が据え付けられる。甕は備前甕。「二入」「三石入」「土」の線刻文字がある。	室町時代後期（戦国期）	図33〜35	参12

丸川義広「土倉と酒屋の遺跡」『第252回京都市考古資料館文化財講座　連続講座「遺跡が語る戦国時代の京都」第2回』2014より改変。

参1：（財）京都市埋蔵文化財研究所「平安京左京北辺二坊六町」『昭和53年度　京都市埋蔵文化財調査概要』2011。
参2：原山充志・小森俊寛「平安京左京三条二坊2」『昭和60年度　京都市埋蔵文化財調査概要』（財）京都市埋蔵文化財研究所、1988。
参3：株式会社日開調査設計コンサルタント『平安京左京四条三坊四町・烏丸綾小路遺跡』2007。
参4：古代文化調査会『平安京左京四条三坊五町－菊水鉾の調査－』2008。
参5：（財）京都市埋蔵文化財研究所『平安京左京四条四坊二町跡』京都市埋蔵文化財研究所発掘調査報告2008-12、2009。
参6：（財）京都市埋蔵文化財研究所『平安京左京五条三坊九町跡・烏丸綾小路遺跡』京都市埋蔵文化財研究所発掘調査報告2008-10、2008。
参7：（財）京都市埋蔵文化財研究所『平安京左京六条三坊五町跡』京都市埋蔵文化財研究所発掘調査報告2005-8、2005。
参8：鈴木廣司「平安京左京八条二坊2」『平成9年度　京都市埋蔵文化財調査概要』（財）京都市埋蔵文化財研究所、1999。
参9：上村憲章「平安京左京八条三坊1」『平成9年度　京都市埋蔵文化財調査概要』（財）京都市埋蔵文化財研究所、1999。
参10：上村和直ほか「平安京左京八条三坊2」『平成8年度　京都市埋蔵文化財調査概要』（財）京都市埋蔵文化財研究所、1998。
参11：近藤章子ほか「四条道場跡・寺町旧域」『京都市内遺跡詳細分布調査報告』平成21年度、京都市文化市民局、2010。
参12：永田宗秀・近藤知子「山科本願寺跡1」『平成9年度　京都市埋蔵文化財調査概要』（財）京都市埋蔵文化財研究所、1999。

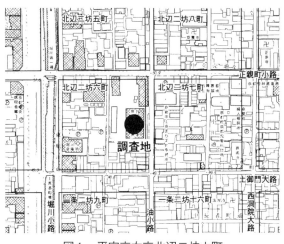

図1　平安京左京北辺二坊六町

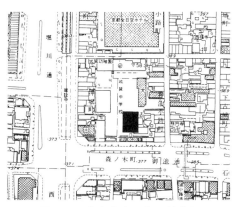

図2　平安京左京三条二坊十町

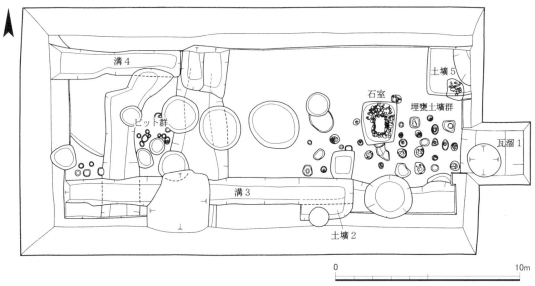

図3　平安京左京北辺二坊六町　遺構図

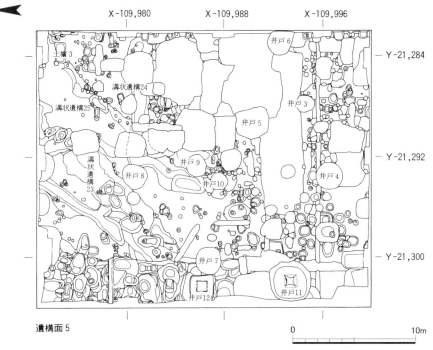

図4　平安京左京三条二坊十町　遺構図

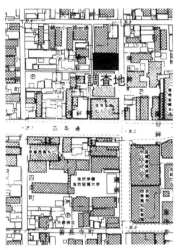

図5　平安京左京四条三坊四町

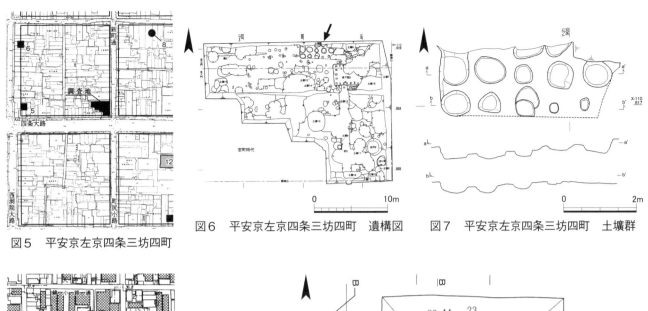

図6　平安京左京四条三坊四町　遺構図

図7　平安京左京四条三坊四町　土壙群

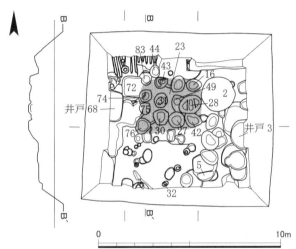

図8　平安京左京四条三坊五町

図9　平安京左京四条三坊五町　B区第1面遺構図

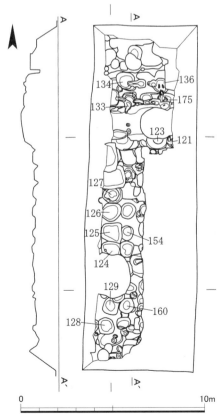

図10　平安京左京四条三坊五町　A区第4面遺構図

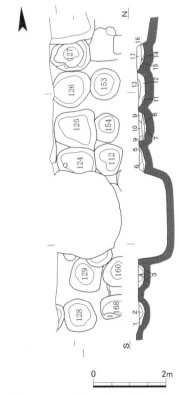

図11　平安京左京四条三坊五町　A区土壙

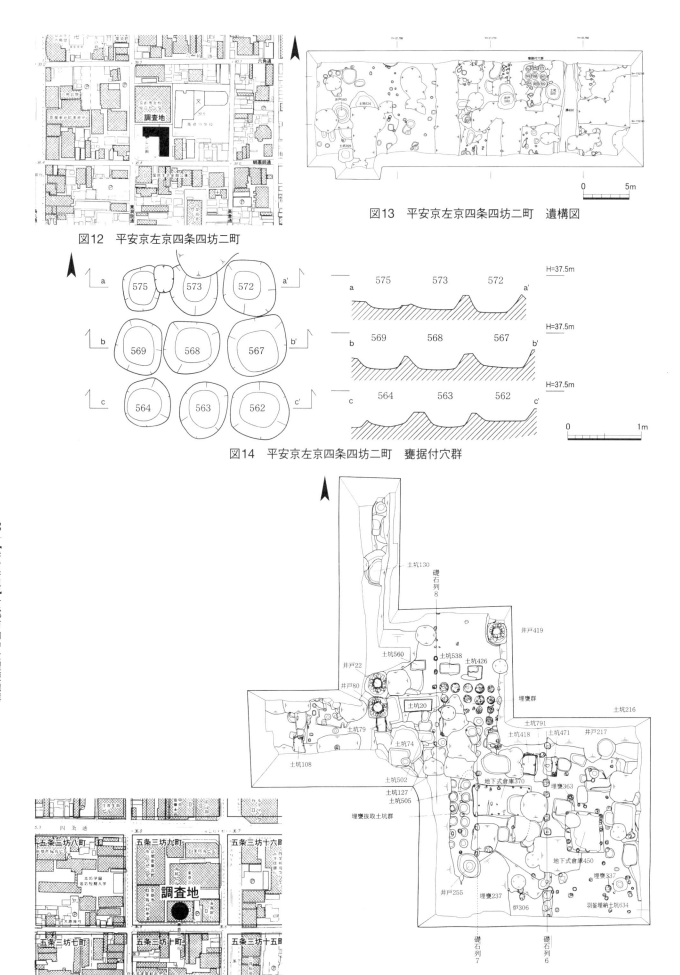

図12 平安京左京四条四坊二町
図13 平安京左京四条四坊二町　遺構図
図14 平安京左京四条四坊二町　甕据付穴群
図15 平安京左京五条三坊九町
図16 平安京左京五条三坊九町　遺構図

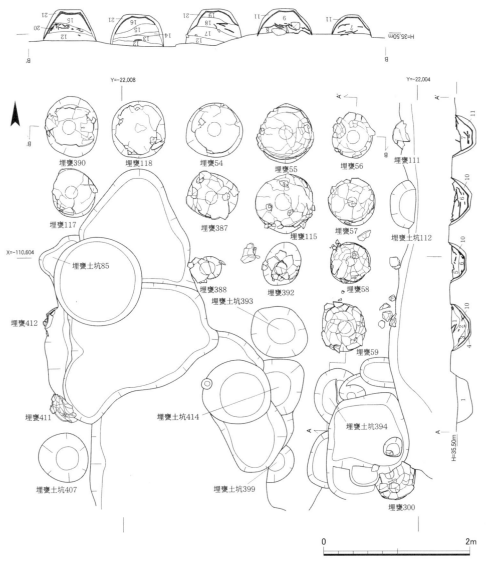

図17 平安京左京五条三坊九町 埋甕群

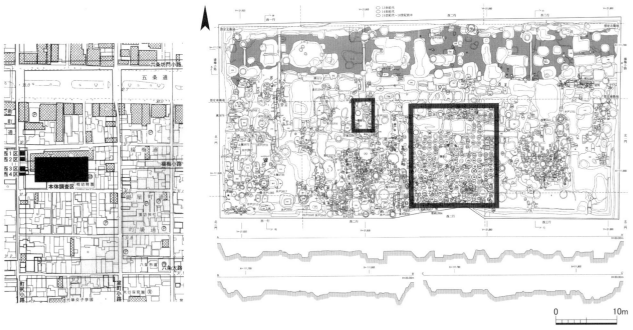

図18 平安京左京六条三坊五町

図19 平安京左京六条三坊五町 第4面遺構図

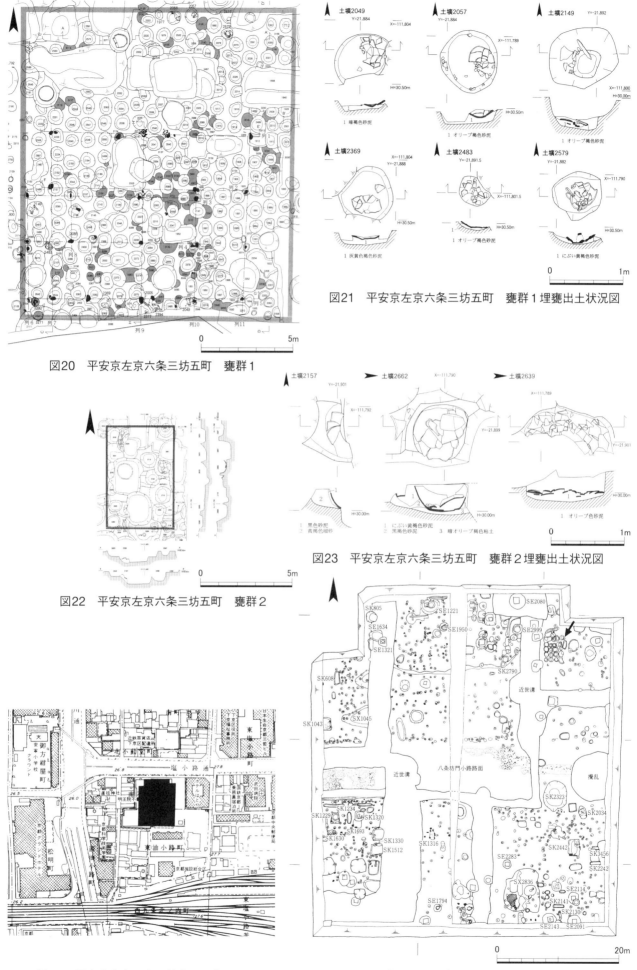

図20　平安京左京六条三坊五町　甕群1

図21　平安京左京六条三坊五町　甕群1埋甕出土状況図

図22　平安京左京六条三坊五町　甕群2

図23　平安京左京六条三坊五町　甕群2埋甕出土状況図

図24　平安京左京八条二坊十四・十五町

図25　平安京左京八条二坊十四・十五町　遺構図

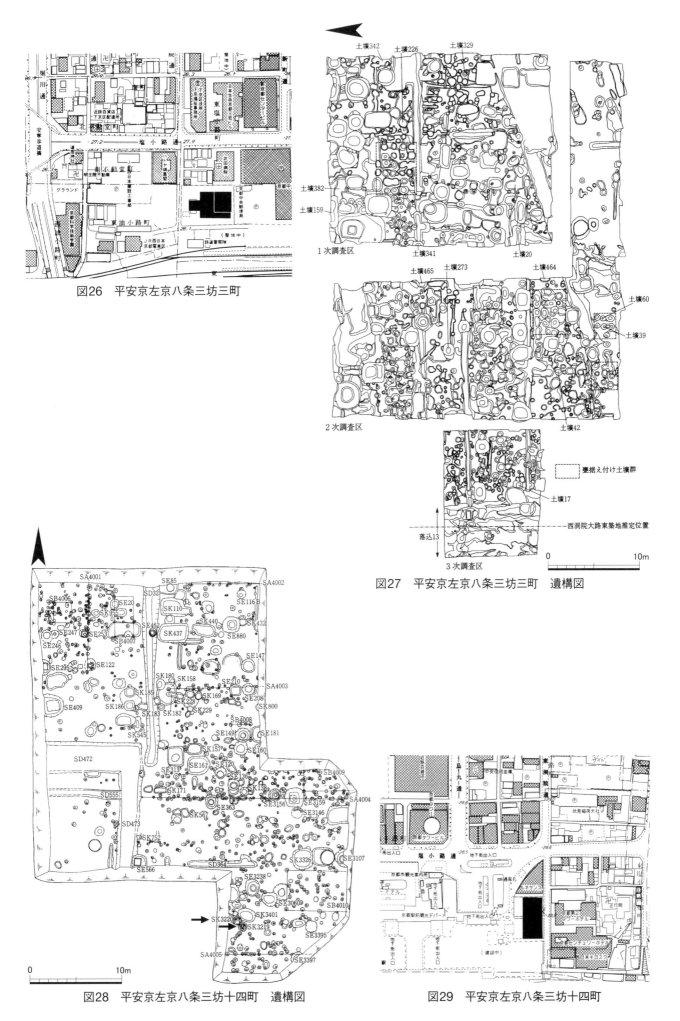

図26 平安京左京八条三坊三町

図27 平安京左京八条三坊三町 遺構図

図28 平安京左京八条三坊十四町 遺構図

図29 平安京左京八条三坊十四町

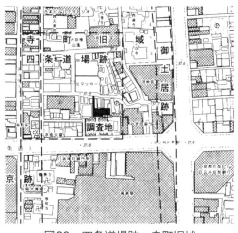

図30　四条道場跡・寺町旧域

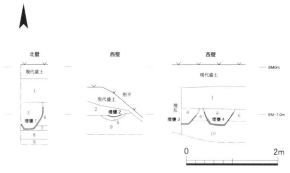

図31　四条道場跡・寺町旧域　遺構配置図

図33　山科本願寺跡

図32　四条道場跡・寺町旧域　埋甕1～4

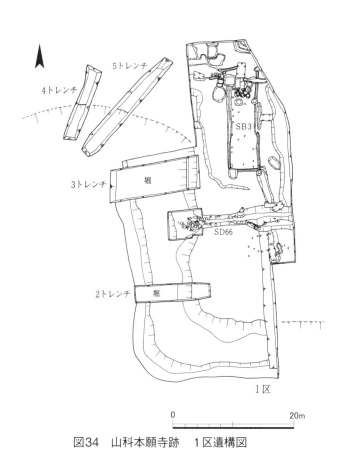

図34　山科本願寺跡　1区遺構図

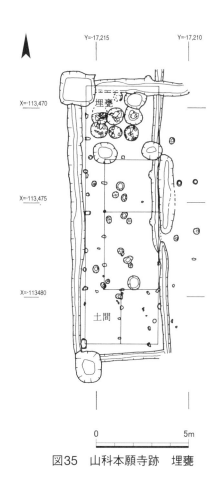

図35　山科本願寺跡　埋甕

Ⅲ　表

表1　遺構一覧
【宮都】

No.	頁・図	遺跡名	官衙・条坊	遺構番号／甕据付遺構番号	基部構造	時期	規模	桁行総長	梁行総長	甕穴数	備　考	文献番号
1	181頁図1	飛鳥京跡		／SK09		7C第4四半期～藤原宮期				1	漆精製関連遺構か	001
2	182頁図3	藤原宮	東方官衙B	SB7600／SX7601	掘立	藤原宮期	7×3	21.0	7.2	12	宮衙中心建物	002
3	183頁図3	藤原京	右11-1西南坪	甕埋設遺構		藤原宮期				2	塀12が掘立柱建物の場合甕据付建物か	003
4	186頁図4	平城宮	第一次大極殿院地区	／SX17894・17895	掘立	平安初頭	4×2	9.0	5.0	10	建物は周囲の穴を拾う	013
5	186頁図5	平城宮	左馬寮	SB6130／SX6155	掘立	平安初頭	5×3	15.0	10.2	11		009
6	187頁図9	平城宮	内裏東外郭北官衙	SB2578／	掘立	平安初頭	5×3	15.0	8.7	16	西3間仕切	005
7	187頁図7	平城宮	磚積官衙北地区西	SB2802／	掘立	奈良初頭	11×1	24.2	4.0	4		005
8	187頁図8	平城宮	磚積官衙北地区西	SB2801／	掘立	奈良前半	7×2	21.0	6.0	39		007
9	187頁図8	平城宮	磚積官衙北地区西	SB2862／	掘立	奈良前半～中	5×4	15.0	11.0	28		007
10	187頁図8	平城宮	磚積官衙北地区西	SB2855／	掘立	奈良中頃	5×4	15.0	9.3	21		007
11	187頁図8	平城宮	磚積官衙北地区西	SB2932／	掘立	奈良後半	7×3	21.0	9.0	30	西南も付く可能性あり	007
12	188頁図12	平城宮	大膳職	SB170／SB171	掘立	奈良前半	5×4	14.85	12.46	19		004
13	188頁図14	平城宮	大膳職	SB299／SB300・SB389	掘立	奈良後半	7×2	18.71	5.94	23		006
14	188頁図14	平城宮	大膳職	SB370／SB371	掘立	奈良後半	7×2	18.71	5.94	27		006
15	188頁図13	平城宮	大膳職	SB364／SB366・SB375・SB377	掘立	奈良後半	9×4	24.06	10.83	31		006
16	188頁図15	平城宮	大膳職	SB293／SB297	掘立	奈良後半	7×3	20.80	7.13	27		006
17	188頁図11	平城宮	大膳職	SB191／SB192	掘立	平安初頭	5×4	11.87	11.58	11		004
18	189頁図18	平城宮	内膳司	SB520／SX521	掘立→礎石	平安初頭	6×3	17.1	9.0	15		008
19	189頁図19	平城宮	内膳司	SB540／SX541	掘立	奈良前半～末	18×2	52.33	5.88	26	西7間仕切	008
20	190頁図24	平城宮	造酒司	SB2976／SB2977・SA2975	掘立	奈良前半	5×2	13.5	5.4	16		010
21	190頁図22	平城宮	造酒司	SB2997／	掘立	奈良前半	6×2	18.0	6.0	15→16		005
22	190頁図23	平城宮	造酒司	SB13180／	掘立	奈良前半	5×4	10.65	6.9	11		010
23	191頁図34	平城宮	造酒司	SB16726／	掘立	奈良前半	6×2	18.0	6.0	21→21		012
24	190頁図25	平城宮	造酒司	SB3004／	掘立	奈良中頃	5×2	15.0	6.0	9→8	西4間仕切	010
25	190頁図26	平城宮	造酒司	SB15803／	掘立	奈良中頃	5×3	15.0	8.4	5	西3間仕切	011
26	190頁図27	平城宮	造酒司	SB15802／	掘立	奈良中頃	5×2	13.5	5.1	4	北3間仕切	011
27	191頁図32	平城宮	造酒司	SB13210／SX13125	掘立	奈良中頃	6×2	16.0	5.1	11→36	雨落溝がめぐる	010
28	190頁図26	平城宮	造酒司	SB3011／	掘立	奈良後半	7×4	20.0	11.1	14		011

No.	頁・図	遺跡名	官衙・条坊	遺構番号／甕据付遺構番号	基部構造	時期	規模	桁行総長	梁行総長	甕穴数	備考	文献番号
29	191頁図30	平城宮	造酒司	SB15804／	掘立	奈良後半	7×2	15.75	5.4	28		011
30	191頁図31	平城宮	造酒司	SB16730／	掘立	奈良後半	6×2	18.0	6.0	13→25		012
31	191頁図33	平城宮	造酒司	SB15805／	掘立	奈良後半	7×2	21.0	6.0	39		011·012
32	191頁図34	平城宮	造酒司	SB16727／	掘立	奈良後半	6×3	18.0	9.0	22		012
33	192頁図2	松林苑		／SK8～13・14～17		奈良以降				10	3基×2列・2基×2列に配置	014
34	194頁図3・4	平城京	左2-2-10	／SX7686·7687		奈良後半				2	阿弥陀浄土院・園池内に埋甕	037
35	195頁図7	平城京	左2-4-2	SB10／	掘立	奈良前半	1以上×2	3.0以上	5.4	4	4町占地	019
36	195頁図7	平城京	左2-4-2	SB19／	掘立	奈良中頃	2以上×2	5.4以上	5.4	8	4町占地	019
37	195頁図8	平城京	左2-4-7	SB07／SB08ほか	掘立	奈良	5×3	15.0	8.2	22		021
38	196頁図12	平城京	左3-1-7	SB5760／	掘立	奈良後半	4×2	9.4	4.0	7	推定大学寮	024
39	196頁図16	平城京	左3-1-7	SB5763／	掘立	奈良後半	3×2	5.5	4.0	6	推定大学寮	024
40	196頁図14	平城京	左3-1-7	SB6720／	掘立	奈良後半	3×2	4.6	3.6	4	推定大学寮	030·31
41	196頁図15	平城京	左3-1-7	SB6724／	掘立	奈良後半	4×3	9.4	5.1	5	推定大学寮	030·31
42	196頁図15	平城京	左3-1-7	SB6733／SB6738ほか	掘立	奈良後半	4×3	9.2	6.0	8	推定大学寮	030·31
43	196頁図13	平城京	左3-1-7	SB6757／	掘立	奈良	1以上×2	2.4以上	4.8	8	推定大学寮	030·31
44	197頁図19	平城京	左3-1-10	SB7480／SA7476	掘立	奈良	10×2	30.0	6.0	4		037
45	197頁図21	平城京	左3-1-14	SB5636／	掘立	奈良末～平安初	1以上×2	2.4以上	5.4	6		027
46	198頁図26	平城京	左3-2-4	SB3900／SB3910・SA3907・SA3899	掘立	奈良中～後	2以上×2	6.0以上	6.0	20		018
47	198頁図26	平城京	左3-2-4	SA3905·3920／SB3915	掘立	奈良末～平安初	4以上×2	7以上	6.0	4	建物は周囲の穴を拾う	018
48	198頁図24	平城京	左3-2-6	SB1552／	掘立	奈良後半	7×2	21.0	6.0	33	宮跡庭園	017
49	199頁図28·29	平城京	左3-2-8	SB4960／SX4965	掘立	奈良前半	10×3	26.7	7.3	12～20	4町占地・長屋王邸	028
50	200頁図33	平城京	左3-2-16	SB27／SA30·31	掘立	奈良	2以上×5ヵ	3.6以上	9.3	5	SA28·29はSB27の廂の可能性あり	021
51	200頁図34	平城京	左3-2-16	SB63／SB64ほか	掘立	奈良後半	3×2	8.1	5.4	14		023
52	200頁図36	平城京	左3-4-13	SB14／SX33	掘立	奈良	5×2以上	15.0	6以上	推定27		039
53	201頁図40	平城京	左4-4-13	SB21／	掘立	奈良	5×4	12.0	8.4	15	東2間仕切	033
54	201頁図39	平城京	左4-4-13	SA103／SA104	掘立	奈良	5×2	12.3	5.7	11	建物は周囲の穴を拾う	033
55	202頁図43	平城京	左4-4-14	SB47／	掘立	奈良後半ヵ	5×2以上	12.0	5.4以上	推定16		033
56	202頁図44	平城京	左4-4-14	SB74／	掘立	奈良後半～末	4×2	10.8	4.2	13		033
57	203頁図47	平城京	左5-1-16	SB225／	掘立	奈良	5以上×4	14.8以上	12.4	14→19		036
58	203頁図48	平城京	左5-1-16	SB217／	掘立	奈良後半ヵ	6×3	13.0	6.0	5		036
59	203頁図48	平城京	左5-1-16	SB219／	掘立	奈良後半ヵ	4×3	8.6	5.6	4		036
60	204頁図50	平城京	左5-4-10	SB214／SX803	掘立	奈良	5×3	13.5	8.7	6	東2間仕切	045

表1　遺構一覧

No.	頁・図	遺跡名	官衙・条坊	遺構番号／竈据付遺構番号	基部構造	時期	規模	桁行総長	梁行総長	甕穴数	備考	文献番号
61	205頁図52	平城京	左5-4-15	SB210／SX801	掘立	奈良	5×3	13.2	7.8	13		044
62	206頁図58	平城京	左5-4-16	SB364／	掘立	8C後～末	5以上×2	10.5以上	4.8	8		048
63	206頁図56	平城京	左5-4-16	SB229／	掘立	8C末	4以上×2以上	8.4以上	4.8以上	10以上		048
64	206頁図57	平城京	左5-4-16	SB296／	掘立	8C末～9C初	3×2	8.1	4.2	6		048
65	207頁図60	平城京	左5-5-10	SB03／	掘立	奈良	2以上×2	4.8以上	4.2	3		019
66	208頁図66	平城京	左7-1-16	SB6591／SX6593	掘立	奈良末～平安初	5×4	9.7	7.8	4	南廂は東2間	034
67	207頁図61	平城京	左7-4-15	SA01／SB01・02・03	掘立	奈良末～平安初	7×1以上	14.0	2.0以上	17	建物は周囲の柱穴を拾う。東4間仕切	019
68	207頁図63	平城京	左8-3-11	SB564／	掘立	奈良	2以上×1以上	5.1以上	2.1以上	3	東市跡推定地	043
69	209頁図69	平城京	右北辺4-6	SB1000／SB1020	掘立	奈良後～末	9×3	26.5	10.1	11	称徳山荘推定地	015
70	210頁図72 211頁図73	平城京	右1-3-8	／SX930(SX03)		10C				推定80	両大寺食堂院・埋甕遺構	040・042
71	213頁図76	平城京	右2-3-3	SB286／	掘立	奈良	6×3	12.3	4.2	18		032
72	213頁図77	平城京	右2-3-3	SB293／	掘立	奈良	3×1以上	5.4	1.8以上	5		032
73	213頁図79	平城京	右2-3-3	SB219／	掘立	奈良中～後	5×2	11.25	4.8	15		026
74	213頁図78	平城京	右2-3-3	SB357／	掘立	奈良	4×2	7.6	4.5	12		035
75	214頁図83	平城京	右2-3-4	SB214／	掘立	奈良後半	5×3	12.0	7.2	推定18		026・029
76	214頁図83	平城京	右2-3-4	SB225／	掘立	奈良末	5×3	12.75	8.4	10		026・029
77	214頁図87	平城京	右2-3-4	SB223／	掘立	奈良末	5×2	12.0	4.8	2		026
78	214頁図86	平城京	右2-3-4	SB224／	掘立	奈良末	5×2	12.0	4.8	9		026
79	214頁図82	平城京	右2-3-4	SB235／	掘立	奈良末	9×3	22.8	7.8	36→53	C-2期に廂付加	026
80	214頁図84	平城京	右2-3-4	SB230／	掘立	奈良末	5×2	12.0	4.8	17	北3間仕切	026・029
81	214頁図85	平城京	右2-3-4	SB231／	掘立	奈良末	5×2	12.0	4.8	15	北3間仕切	026
82	215頁図92	平城京	右2-3-6	SB244／	掘立	奈良	3×2	6.3	4.2	6		029
83	215頁図91	平城京	右2-3-6	SB250／	掘立	奈良	3×2	6.3	3.6	6		029
84	215頁図95	平城京	右2-3-6	SB252／	掘立	奈良	5×3	9.3	6.9	3		029
85	215頁図93	平城京	右2-3-6	SB323／	掘立	奈良	4×2	10.8	5.1	8	中央間仕切	032
86	215頁図94	平城京	右2-3-6	番号なし	掘立	奈良	5×2	8.9	4.2	12	建物は周囲の穴を拾う	032
87	215頁図89-90	平城京	右2-3-6	SB322／SX805	掘立	奈良	4×2	7.2	3.6	2	東3間仕切	032
88	216頁図97	平城京	右2-3-11	SB311／SX804	掘立	奈良～平安	4以上×3	10.8以上	7.2	8		038
89	216頁図98	平城京	右2-3-12	SB227／SX802	掘立	平安前半	5×3	13.0	8.1	14		041
90	217頁図102	平城京	右3-2-15	SB119／SK120～132	掘立	奈良中頃	5×3	15.0	9.6	(5)→11	東半攪乱	022

No	頁・図	遺跡名	官衙・条坊	遺構番号／甕据付遺構番号	基部構造	時期	規模	桁行総長	梁行総長	甕穴数	備考	文献番号
91	218頁図104	平城京	右3-3-1	SB24／	掘立	奈良	5×3	12.0	7.2	4		021
92	219頁図107	平城京	右3-3-2	SB172／SX196	掘立	奈良中頃ヵ	5×2	13.5	4.8	20	西4間仕切	026
93	220頁図110	平城京	右3-3-3	SB133／SA136	掘立	奈良後半	5以上×2	12.6以上	6.0	6		025
94	221頁図113	平城京	右3-3-5	SB04／SX09	掘立	奈良	3以上×2	6.3以上	4.8	11		047
95	221頁図112	平城京	右3-3-5	／SX1271						1		016
96	222頁図116	平城京	右3-3-8	SB174／	掘立	奈良後半	5×2	10.2	4.5	20→6	西4間仕切	026
97	222頁図116	平城京	右3-3-8	SB175／	掘立	奈良後半	4×2以上	9.6	4.8以上	16	西3間仕切	026
98	223頁図119	平城京	右4-1-8	SB0859／SX0863	掘立	奈良	5×2	15.0	4.9	7以上		046
99	224頁図124	平城京	右8-1-13	SB1425／SB1482・SK1437	掘立	奈良後半	5×2	9.0	4.2	18	一部布掘	020
100	224頁図122	平城京	右8-1-14	SB1577／	掘立	奈良後半	5×2	10.4	5.1	推定18		020
101	224頁図123	平城京	右8-1-14	SB1534／SX1535	掘立	奈良後半	4×3	7.2	6.45	6→5	胞衣壷出土	020
102	226頁図3	長岡宮	北辺官衙	SB35620／P10・23・46・48・50	掘立	長岡京期	3以上×2	8.1以上	4.79	5	桁行5か7間ヵ	049
103	227頁図5	長岡京	左北1-3-2	SB435003／	掘立	長岡京期	7×3	21.0	8.1	6	2町以上占地、東院ヵ	054
104	228頁図6	長岡京	左1-3-4	SB44004／SX44013	掘立	長岡京期	7×2	16.8	4.8	6→3		059
105	229頁図11	長岡京	左2-3-15	SB363079／SK363091～363097	掘立	長岡京期	4以上×3	9.6以上	7.4	2→5	桁行5間ヵ	053
106	228頁図8	長岡京	左3-2-3	SB437123／SX437134	掘立	長岡京期	6×2	14.6	4.8	14		059
107	230頁図14	長岡京	左3-2-13	SB43315／	掘立	長岡京期	5×2	10.5	4.2	6		056
108	230頁図17	長岡京	左5-2-10	SB30810／P1-38～40	掘立	長岡京期	3×2	6.3	4.2	3		060
109	231頁図19	長岡京	左5-3-1	柱穴6～8／柱穴2～5	掘立	長岡京期	不明			4	一部検出、桁間8尺。柱穴にはすべて炭化した木片が残る	051
110	231頁図21	長岡京	左5-4-8	SB-B01	掘立	長岡京期	2以上×3	4.8以上	6.2	12ヵ		062
111	231頁図23	長岡京	左6-2-3	SB41／SK29～32・34～36	掘立	長岡京期	1以上×2	2.1以上	4.8	8		064
112	232頁図26	長岡京	左6-3-4	SB224／	掘立	長岡京期	5×3	11.5	6.7	5ヵ		052
113	232頁図27	長岡京	左6-3-4	SB237／	掘立	長岡京期	4×3	9.7	8.0	6	一部布掘	052
114	232頁図29	長岡京	左7-2-7	SB5303／	掘立	長岡京期	4×3	7.1	6.0	3		050
115	233頁図31	長岡京	右2-3-8	掘立柱建物1060／	掘立	長岡京期	5×2	10.15	4.45	12		058
116	233頁図32	長岡京	右2-3-8	掘立柱建物1646／	掘立	長岡京期	5×2	11.97	4.7	2		058
117	233頁図33	長岡京	右2-3-8	掘立柱建物9／	掘立	長岡京期	5×2	12.0	5.0	5		058
118	234頁図36	長岡京	右2-3-9	掘立柱建物1139／	掘立	長岡京期	4×3	10.3	6.2	12		057
119	235頁図39・40	長岡京	右3-2-15	SB02(SB40702)／K1～16	掘立	平安	5×3	12.0	8.2	16		067・070
120	236頁図43	長岡京	右4-2-8	SB05(SB29605)／	掘立	長岡京期	2以上×3	5.4以上	7.5	7		065
121	237頁図46	長岡京	右6-2-1	SB12(SB30112)／P1～3・22～31	掘立	長岡京期	6以上×3	14.4以上	7.9	14		068

表1　遺構一覧

No.	頁・図	遺跡名	官衙・条坊	遺構番号／甕据付遺構番号	基部構造	時期	規模	桁行総長	梁行総長	甕穴数	備考	文献番号
122	238頁図48	長岡京	右6-2-3	ＳＢ31414／ＳＫ1～5	掘立	長岡京期	3×1	8.0	4.0	5		063
123	238頁図49	長岡京	右6-2-3	ＳＢ31420／	掘立	長岡京期	3以上×2	6.2以上	3.5	1		063
124	238頁図50	長岡京	右6-2-3	ＳＢ21／	掘立	長岡京期	3×2	7.8	5.0	4		065
125	238頁図51	長岡京	右6-2-3	ＳＢ22／	掘立	長岡京期	3×2	7.2	4.0	2		065
126	239頁図57	長岡京	右6-2-6	ＳＢ01／Ｐ11·12	掘立	長岡京期	3×2	7.7	4.9	2		061
127	239頁図56	長岡京	右6-2-11	ＳＢ29／	掘立	長岡京期	3以上×2	7.2以上	5.2	19		070
128	240頁図60	長岡京	右7-2-7	ＳＢ04／Ｐ5～8	掘立	長岡京期	3×不明	7.8		4		055
129	241頁図63	長岡京	右8-2-7	ＳＢ41(ＳＢ21741)／Ｐ100～150	掘立	長岡京期	10×4	22.3	8.1	51	中央間仕切	069
130	241頁図64	長岡京	右8-2-7	ＳＢ88／ＫＰ1～11·13～23	掘立	長岡京期	5×3	10.5	7.7	22		066
131	242頁図67	長岡京	右8-3-16	建物3／	掘立	奈良～長岡京期	9×4	24.3	11.4	18		071
132	244頁図3・4	平安京	左7-3-3	建物不詳／	掘立	平安後半				10以上	甕2個(821・822)残る	077
133	245頁図7	平安京	右2-3-8	ＳＢ06／	掘立	平安	3以上×2以上	7.0以上	3.9以上	7		080
134	246頁図9	平安京	右2-3-15	ＳＢ3／	掘立	9Ｃ後半	8×3	19.8	7.8	14	北4間仕切	072
135	246頁図9	平安京	右2-3-15	ＳＢ5／	掘立	9Ｃ末～10Ｃ中	5×3	12.0	7.8	21		072
136	247頁図12	平安京	右3-2-15	建物22／	掘立	平安	2以上×2	5.4以上	5.1	6以上	建物は周囲の穴を拾う	079
137	247頁図14	平安京	右4-3-11	建物3／土壙121·122·124	掘立	平安	3×2	7.2	4.8	3		081
138	248頁図18	平安京	右6-1-5	建物11／	掘立	9Ｃ末～10Ｃ中	8×4	19.0	11.7	11	寝殿造、床束ヵ	075
139	249頁図21	平安京	右6-1-12	番号不明／	掘立	平安前半	2以上×3			6		076
140	249頁図22	平安京	右6-2-10	ＳＢ1／	掘立	平安前半～中	5×3	12.8	8.1	15		074
141	250頁図26	平安京	右6-3-4	ＳＢ10／ＳＸ15	掘立	9Ｃ	4以上×1以上	9.5以上	2.7以上	5→12		073
142	250頁図25	平安京	右6-3-4	建物01／	掘立	9Ｃ初頭	5×3	12.0	7.5	8	1/2町占地	078

【官衙・集落・その他】

No.	頁・図	遺跡名	所在地	遺構番号／甕据付遺構番号	基部構造	時期	規模	桁行総長	梁行総長	甕穴数	備考	文献番号
143	252頁図3	陸奥国分尼寺	宮城県仙台市宮城野区宮千代・仙台市若林区白萩町	ＳＩ-1／	竪穴	平安				1	貯蔵穴より須恵器甕	082
144	253頁図3	市川橋	宮城県多賀城市浮島・高崎・市川	ＳＩ-1488／	竪穴	8C後葉				1	北東隅より須恵器大甕	083
145	254頁図2	伊治城	宮城県栗原市築館字城生野ほか	ＳＩ04竪穴住居跡／	竪穴	8C末～9C中頃				1	西に大甕据付	084
146	255頁図2・3	恩川	茨城県稲敷市江戸崎町	第4号住居跡／	竪穴	9C後半				1	西北隅に大甕据付	085
147	256頁図2	馬門南	栃木県佐野市馬門町	ＳＩ-240／	竪穴					1	東北隅に大甕据付	086
148	257頁図2	金山	栃木県小山市東野田字金山・大門前	／ＳＫ-228		9C中頃～後半				1	土坑（114×106×80cm）	087
149	258頁図2	多功南原	栃木県河内郡上三川町多功字南原	ＳＢ-118・119／	掘立						山中章史「地方豪族居宅の建物構造と空間構成」『古代豪族居宅の構造と機能』2007	088
150	259頁図2	寺平	栃木県芳賀郡市貝町市塙	16号住居／	竪穴	8C後葉～9C前葉					南壁際に穴があり粘土が充填（津野仁「古代須恵器大甕入り」『研究紀要』第25号、（公財）とちぎ未来づくり財団埋蔵文化財センター、2017）	089
151	260頁図2	那須官衙	栃木県那須郡那珂川町梅曽・小川	ＳＩ285／	竪穴						大甕出土はＳＩ285。ＳＢ253酒屋ヵ（津野仁「古代須恵器大甕の前く」）	090
152	261頁図1	将監塚・古井戸	埼玉県本庄市共栄字北共和・南共和	Ｈ-30号住居跡／	竪穴	9C					炭化した住居の建築材や屋根材の下から須恵器大甕出土	091
153	262頁図2	宮町	埼玉県坂戸市大字青木字堀ノ内	第9号住居／	竪穴	8C前～9C後半				1	中央部床面上に大甕	092
154	263頁図2	中堀	埼玉県児玉郡上里町堤字中堀南	第50号掘立柱建物跡／	掘立	9C第3～4四半期	5×4	13.59	10.52	4	建物内外土坑	093
155	263頁図3	中堀	埼玉県児玉郡上里町堤字中堀南	第54号掘立柱建物跡／ＳＫ725	掘立	9C第4四半期～10C第2四半期	4×3	9.27	7.19	2	建物内外土坑	093
156	264頁図2・3	八幡太神南	埼玉県児玉郡上里町大字嘉美	2号掘立柱建物跡／	掘立	奈良～平安	3以上×2	6.4以上	4.4	1	建物東側に須恵器大甕	094
157	265頁図2	上総国分寺	千葉県市原市惣社	142号／	竪穴	760～810年				1	二枚貝を主体とした薄い貝層の上に甕を置く。墨書土器［油菜所］出土竪穴建物（143遺構）の隣。一時期新しい	095
158	265頁図3・4	上総国分寺	千葉県市原市惣社	3127号／1545号	掘立	8C後半	6×3	14.48	5.82	1	建物西北隅ピットに一括埋置	095
159	267頁図2・3	武蔵国分寺	東京都国分寺市西元町	市立第四中学校1次ＳＢ55／	掘立	9C後半	4×3	8.6	6.2	不詳	出土した穴が不明確	096
160	267頁図5	武蔵国分寺	東京都国分寺市西元町	28次ＳＢ39／埋甕	掘立	9C後半	4×2	7.8	2.8	1	柱に接して埋置	097

表1　遺構一覧／表2　文献一覧

No.	頁・図	遺跡名	所在地	遺構番号／甕据付遺構番号	基部構造	時期	規模	桁行総長	梁行総長	甕穴数	備考	文献番号
161	267頁図4	武蔵国分寺	東京都国分寺市西元町	460次SK2060／		9C後半カ				1	単独の土坑に埋められる（胴径72.5cm、高さ71.5cm）	098
162	268頁図2	愛地だいやま	神奈川県横浜市青葉区奈良町	G区第2号住居址／西隅ピット	竪穴	平安時代中頃				1	須恵器大甕底部欠失	099
163	269頁図2	宮久保	神奈川県綾瀬市早川字新堀淵	SI122／	竪穴	890～920年					土坑（110×100×10cm）	100
164	270頁図2	緒立C	新潟県新潟市西区緒立流通一丁目	／SX601		9C中頃				1	掘込は確認されず平坦部にとまる	101
165	271頁図2・3	的場	新潟県新潟市西区的場流通一丁目	SB1／SK6	掘立		5×2	16.8	5.7	1	建物西北隅柱穴に重複する土坑（径60～70cm）	102
166	272頁図2・3	子安	新潟県上越市子安	SB20209／甕埋設遺構1・3号	掘立	9C後半～10C前半	6×4	15.1	10.3	2	据付穴1（56×52×20cm）、据付穴3（径34cm、深さ40cm）	103
167	272頁図2・3	子安	新潟県上越市子安	SB20705／甕埋設遺構2号	掘立	9C後半～10C前半	5×4	12.7	11.0	1	据付穴2（106×92×40cm）	103
168	273頁図2	下神	長野県松本市大字神林字大畑	ST111／P15～17	掘立	9C前～後半	3以上×4	5.0	7.4	3		104
169	274頁図1・2	北方	長野県松本市島内	第18号住居址／大甕1・2・3	竪穴	平安中頃				3	建物内に2基、東に1基	105
170	275頁図2	青木下II	長野県埴科郡坂城町南条	Ut5号土器集積址／		6C初～7C前半				1	望月精司「三：童・甕」「モノと技術の古代史陶芸編」吉川弘文館、2017	106
171	276頁図1	大原野松本（南春日町）	京都府京都市西京区大原野南春日町	SB4／	掘立	奈良	6×2	12.0	5.0	6		107
172	277頁図2	池尻	京都府亀岡市馬路町	7次SB05／	掘立	奈良	1以上×3	2.0以上	7.4	3		108
173	278頁図2	畑ヶ田	大阪府富田林市苔松町一丁目	建物1／柱列(SP11～14)	掘立	奈良	4以上×2	15.0	6.6	4		109
174	279頁図2・3	北岡	大阪府藤井寺市北岡ほか	SB03／	掘立	奈良前半	5×3	12.60	6.85	19	KT79-1区、志紀郡衙ヵ	110
175	279頁図4・5	北岡	大阪府藤井寺市北岡ほか	SB01／SA01	掘立	奈良前半	5×3	11.6	6.9	(6)→2	KT89-10区、志紀郡衙ヵ	111
176	280頁図1	芝原	島根県松江市福原町芝原	SB06／	掘立	8C後半～9C後半	6×2	12.70	4.58	9	側柱・総柱併用建物	112
177	281頁図2	下ノ坪	高知県香南市野市町上岡字下ノ坪	SB22／1029・1030	掘立	8C～9C前半	5×2	11.0	5.2	2	建物南側中央部で2基	113
178	282頁図2・3	加原	大分県豊後大野市大野町桑原字加原	SB12／SK04	掘立	9C	2×2	5.2	4.0	1		114
179	283頁図5・6	加原	大分県豊後大野市大野町桑原字加原	SB24・25／SK11	掘立	9C	3×3	5.8	5.4	1		114
180	284頁図1	慶州・城乾洞	大韓民国慶尚北道慶州市	3号建物跡／	礎石					55		115

表2　文献一覧

遺跡名	文献番号	書　名
飛鳥京跡	001	明日香村教育委員会「1998-31次　飛鳥京跡の調査」『明日香村遺跡調査概報』平成10年度、2000。
藤原宮	002	奈良国立文化財研究所「藤原宮の調査」『飛鳥・藤原宮発掘調査概報』23、1993。
藤原京	003	林部均・松井一晃「藤原京右京十一条一坊」『奈良県遺跡調査概報』2003年第二分冊、奈良県立橿原考古学研究所、2004。
平城宮	004	奈良国立文化財研究所『平城宮発掘調査報告Ⅱ　官衙地域の調査』奈良国立文化財研究所学報第15冊、1962。
	005	奈良国立文化財研究所「昭和39年度平城宮発掘調査概報」『奈良国立文化財研究所年報』1965、1965。
	006	奈良国立文化財研究所『平城宮発掘調査報告Ⅳ　官衙地域の調査2』奈良国立文化財研究所学報第17冊、1966。
	007	奈良国立文化財研究所「昭和41年度平城宮発掘調査概報」『奈良国立文化財研究所年報』1967、1967。
	008	奈良国立文化財研究所『平城宮発掘調査報告Ⅶ　内裏北外郭の調査』奈良国立文化財研究所学報第26冊、1976。
	009	奈良国立文化財研究所『平城宮発掘調査報告Ⅻ　馬寮地域の調査』奈良国立文化財研究所学報第42冊、1985。
	010	奈良国立文化財研究所「平城宮の調査」『昭和62年度　平城宮跡発掘調査部発掘調査概報』1988。
	011	奈良国立文化財研究所「平城宮の調査」『1993年度　平城宮跡発掘調査部発掘調査概報』1994。
	012	奈良国立文化財研究所「平城宮の調査」『1995年度　平城宮跡発掘調査部発掘調査概報』1996。
	013	奈良文化財研究所『平城宮発掘調査報告ⅩⅥ　第一次大極殿院地区の調査2』奈良文化財研究所学報第84冊、2011。
松林苑	014	清水昭博ほか「奈良市平城宮松林苑第56～59次発掘調査概報」『奈良県遺跡調査概報』1996年度第一分冊、奈良県立橿原考古学研究所、1997。
平城京	015	奈良国立文化財研究所『平城京右京一条北辺四坊六坪発掘調査報告』1984。
	016	奈良国立文化財研究所「平城京の調査」『昭和59年度　平城宮跡発掘調査部発掘調査概報』1985。
	017	奈良国立文化財研究所『平城京左京三条二坊六坪発掘調査報告書』奈良国立文化財研究所学報第44冊、1986。
	018	奈良国立文化財研究所「平城京の調査」『昭和61年度　平城宮跡発掘調査部発掘調査概報』1987。
	019	奈良市教育委員会「平城京の調査」『奈良市埋蔵文化財調査概要報告書』昭和63年度、1989。
	020	奈良国立文化財研究所『平城京右京八条一坊十三坪・十四坪発掘調査報告』奈良国立文化財研究所学報第46冊、1989。
	021	奈良市教育委員会「平城京の調査」『奈良市埋蔵文化財調査概要報告書』平成元年度、1990。
	022	奈良市教育委員会「平城京の調査」『奈良市埋蔵文化財調査概要報告書』平成2年度、1991。
	023	奈良市教育委員会「菅原東遺跡・平城京跡の調査」『奈良市埋蔵文化財調査概要報告書』平成3年度、1992。
	024	奈良国立文化財研究所『平城京左京三条一坊七坪発掘調査報告』1993。
	025	奈良市教育委員会「平城京跡・菅原東遺跡・柏木遺跡の調査」『奈良市埋蔵文化財調査概要報告書』平成4年度、1993。
	026	奈良市教育委員会「平城京跡・菅原東遺跡の調査」『奈良市埋蔵文化財調査概要報告書』平成5年度、1994。
	027	奈良国立文化財研究所『平城京左京三条一坊十四坪発掘調査報告』1995。
	028	奈良国立文化財研究所『平城京左京二条二坊・三条二坊発掘調査報告－長屋王邸・藤原麻呂邸の調査－』奈良国立文化財研究所学報第54冊、1995。
	029	奈良市教育委員会「平城京跡の調査」『奈良市埋蔵文化財調査概要報告書』平成6年度、1995。
	030	奈良国立文化財研究所「平城京・京内寺院等の調査」『1995年度　平城宮跡発掘調査部発掘調査概報』1996。
	031	奈良国立文化財研究所「平城宮跡・平城京跡の発掘調査」『奈良国立文化財研究所年報』1996、1997。
	032	奈良市教育委員会「平城京跡・菅原東遺跡・杏遺跡の調査」『奈良市埋蔵文化財調査概要報告書』平成7年度、1996。
	033	奈良市教育委員会「平城京跡・松林苑跡の調査」『奈良市埋蔵文化財調査概要報告書』平成8年度、1997。
	034	奈良国立文化財研究所『平城京左京七条一坊十五・十六坪発掘調査報告書』奈良国立文化財研究所学報第56冊、1997。
	035	奈良市教育委員会「平城京跡の調査」『奈良市埋蔵文化財調査概要報告書』平成9年度第1分冊、1998。
	036	奈良市教育委員会「平城京跡の調査」『奈良市埋蔵文化財調査概要報告書』平成9年度第2分冊、1998。
	037	奈良国立文化財研究所『奈良国立文化財研究所年報』2000-Ⅲ、2000。
	038	奈良市教育委員会「平城京跡（右京二条三坊十一坪）の調査　第443-1・-2・-3次」『奈良市埋蔵文化財調査概要報告書』平成12年度、2002。
	039	奈良市教育委員会「平城京跡の調査」『奈良市埋蔵文化財調査概要報告書』平成13年度、2005。
	040	奈良市教育委員会『奈良市埋蔵文化財調査概要報告書』平成15年度、2006。
	041	奈良市教育委員会「平城京跡右京二条三坊十二坪の調査　第494-1・-3・-4次」『奈良市埋蔵文化財調査概要報告書』平成15年度、2006。
	042	奈良文化財研究所『西大寺食堂院・右京北辺発掘調査報告』2007。
	043	安井宣也「平城京東市跡推定地・東堀河の調査　第33・34次」『奈良市埋蔵文化財調査年報』平成18（2006）年度、奈良市埋蔵文化財調査センター、2009。
	044	宮﨑正裕「平城京跡（左京五条四坊十五坪・東四坊大路）の調査　第553・565・575・581次」『奈良市埋蔵文化財調査年報』平成19（2007）年度、奈良市埋蔵文化財調査センター、2010。
	045	宮﨑正裕ほか「平城京跡（左京五条四坊十坪・坊間東小路）の調査　第579・608次A～E」『奈良市埋蔵文化財調査年報』平成20（2008）年度、奈良市埋蔵文化財調査センター、2011。

遺跡名	文献番号	書　名
平城京	046	奈良県立橿原考古学研究所『平城京三条大路Ⅰ　国道308号整備事業に伴う発掘調査報告書Ⅲ』奈良県文化財調査報告書第139集、2011。
	047	中島和彦・大原瞳「平城京跡（右京三条三坊五坪）の調査　第620次」『奈良市埋蔵文化財調査年報』平成21（2009）年度、奈良市埋蔵文化財調査センター、2012。
	048	中島和彦「平城京跡（左京五条四坊十五・十六・四条大路）の調査　第623・631・638次」『奈良市埋蔵文化財調査年報』平成22（2010）年度、奈良市埋蔵文化財調査センター、2013。
長岡宮	049	（財）向日市埋蔵文化財センター・向日市教育委員会『向日市埋蔵文化財調査報告書』第49集、1999。
長岡京	050	長岡京市教育委員会『長岡京市文化財調査報告書』第14冊、1985。
	051	（財）京都市埋蔵文化財研究所『京都市内遺跡試掘立会調査概報』昭和60年度、1986。
	052	（財）京都市埋蔵文化財研究所『水垂遺跡　長岡京左京六・七条三坊』京都市埋蔵文化財研究所調査報告第17冊、1998。
	053	（財）京都府埋蔵文化財調査研究センター『長岡京跡左京二条三・四坊・東土川遺跡〈本文編〉〈図版編〉』京都府遺跡調査報告書第28冊、2000。
	054	（財）向日市埋蔵文化財センター『長岡京跡左京北一条三坊二町』向日市埋蔵文化財調査報告書第55集、2002。
	055	（財）長岡京市埋蔵文化財センター『長岡京市埋蔵文化財センター年報』平成13年度、2003。
	056	（財）向日市埋蔵文化財センター『長岡宮跡第二次内裏「東宮」西外郭　長岡京跡左京三条条間北小路』向日市埋蔵文化財調査報告書第74集、2006。
	057	（財）京都市埋蔵文化財研究所『長岡京右京二条三坊九・十六町跡、上里遺跡』京都市埋蔵文化財研究所発掘調査報告2006-4、2006。
	058	（財）京都市埋蔵文化財研究所『長岡京右京二条三坊八・九町跡、上里遺跡』京都市埋蔵文化財研究所発掘調査報告2006-34、2007。
	059	（財）向日市埋蔵文化財センター『長岡京跡　左京二条三坊・三条二坊』向日市埋蔵文化財調査報告書第77集、2008。
	060	（財）向日市埋蔵文化財センター『長岡京跡・中海道遺跡・長野丙古墳群』向日市埋蔵文化財調査報告書第69集、2009。
	061	（財）長岡京市埋蔵文化財センター『長岡京市埋蔵文化財調査報告書』第54集、2010。
	062	（財）京都市埋蔵文化財研究所『長岡京跡　京都都市計画道路１等大路第３類第46号外環状線整備事業に伴う埋蔵文化財発掘調査報告書』1980または（財）京都市埋蔵文化財研究所「長岡京跡」『昭和55年度　京都市埋蔵文化財調査概要』2011。
	063	（財）長岡京市埋蔵文化財センター『長岡京市埋蔵文化財発掘調査資料選』（一）、2012。
	064	（公財）長岡京市埋蔵文化財センター『長岡京市埋蔵文化財センター年報』平成23年度、2013。
	065	（公財）長岡京市埋蔵文化財センター『長岡京市埋蔵文化財発掘調査資料選』（二）、2013。
	066	（公財）長岡京市埋蔵文化財センター『長岡京跡右京第1019次発掘調査報告－長岡京跡右京八条二坊二・六・七町の調査－』長岡京市埋蔵文化財調査報告書第56集、2013。
	067	（公財）長岡京市埋蔵文化財センター『長岡京市埋蔵文化財発掘調査資料選』（三）、2013。
	068	（公財）長岡京市埋蔵文化財センター『長岡京市埋蔵文化財発掘調査資料選』（四）、2014。
	069	（公財）長岡京市埋蔵文化財センター『長岡京市埋蔵文化財発掘調査資料選』（五）、2015。
	070	（公財）長岡京市埋蔵文化財センター『長岡京市埋蔵文化財センター年報』平成27年度、2017。
	071	（公財）長岡京市埋蔵文化財センター『長岡京跡右京第1180次・伊賀寺遺跡調査現地説明会資料』2019。
平安京	072	（財）京都市埋蔵文化財研究所「平安京右京二条三坊」『平安京跡発掘調査概報』昭和61年度、1987。
	073	平尾政幸・梅川光隆「平安京右京六条三坊」『昭和61年度　京都市埋蔵文化財調査概要』（財）京都市埋蔵文化財研究所、1989。
	074	（財）京都市埋蔵文化財研究所『昭和62年度　京都市埋蔵文化財調査概要』1991。
	075	（財）京都市埋蔵文化財研究所『平安京右京六条一坊－平安時代前期邸宅跡の調査－』京都市埋蔵文化財研究所調査報告第11冊、1992。
	076	長宗繁一「平安京右京六条一坊」『平成元年度　京都市埋蔵文化財調査概要』（財）京都市埋蔵文化財研究所、1994。
	077	堀内明博「平安京左京七条三坊」『平成２年度　京都市埋蔵文化財調査概要』（財）京都市埋蔵文化財研究所、1994。
	078	古代文化調査会『平安京右京六条三坊－ローム株式会社社屋新築に伴う調査－』1998。
	079	（財）京都市埋蔵文化財研究所『平安京右京三条二坊十五・十六町－齋宮の邸宅跡－』京都市埋蔵文化財研究所報告第21冊、2002。
	080	花園大学考古学研究室『平安京右京二条三坊八町－花園大学構内調査報告Ⅶ－（附 平安京右京一条四坊一・二町）』花園大学考古学研究室報告第15冊、2010。
	081	（財）京都市埋蔵文化財研究所『平安京右京四条三坊十一町跡』京都市埋蔵文化財研究所発掘調査報告2013-1、2013。
陸奥国分尼寺	082	仙台市教育委員会『陸奥国分尼寺跡ほか　発掘調査報告書』仙台市文化財調査報告書第238集、1999。
市川橋	083	多賀城市埋蔵文化財調査センター『市川橋遺跡－城南土地区画整理事業に係る発掘調査報告書Ⅱ－』多賀城市文化財調査報告書第70集、2003。
伊治城	084	宮城県多賀城跡調査研究所『伊治城跡Ⅰ－昭和52年度発掘調査報告－』多賀城関連遺跡発掘調査報告書第３冊、1978。
思川	085	（財）茨城県教育財団『一般県道新川江戸崎線道路改良工事地内埋蔵文化財調査報告書　二の宮貝塚・大日山古墳群（上）・思川遺跡』茨城県教育財団文化財調査報告書第65集、1991。
馬門南	086	（財）栃木県文化振興事業団埋蔵文化財センター『馬門南遺跡』栃木県埋蔵文化財調査報告第165集、1995。
金山	087	（財）栃木県文化振興事業団埋蔵文化財センター『金山遺跡Ⅲ－一般国道４号（新４号国道）改築に伴う埋蔵文化財発掘調査－』栃木県埋蔵文化財調査報告第160集、1995。
多功南原	088	（財）栃木県文化振興事業団埋蔵文化財センター『多功南原遺跡－住宅・都市整備公団宇都宮都市計画事業多功南原地区埋蔵文化財発掘調査－』栃木県埋蔵文化財調査報告第222集、1999。

遺跡名	文献番号	書名
寺平	089	市貝町教育委員会『寺平遺跡発掘調査報告書』Ⅱ、2016。
那須官衙	090	(財)とちぎ生涯学習文化財団埋蔵文化財センター『那須官衙関連遺跡Ⅶ』栃木県埋蔵文化財調査報告第249集、2001。
将監塚・古井戸	091	(財)埼玉県埋蔵文化財調査事業団『将監塚・古井戸 古墳・歴史時代編Ⅰ 児玉工業団地関係埋蔵文化財発掘調査報告Ⅲ』埼玉県埋蔵文化財調査事業団報告書第64集、1986。
宮町	092	(財)埼玉県埋蔵文化財調査事業団『宮町遺跡Ⅰ 県道上伊草坂戸線関係埋蔵文化財発掘調査報告』埼玉県埋蔵文化財調査事業団報告書第96集、1991。
中堀	093	(財)埼玉県埋蔵文化財調査事業団『中堀遺跡 後陣場川堤調節池関係埋蔵文化財調査報告』埼玉県埋蔵文化財調査事業団報告書第190集、1997。
八幡太神南	094	富田和夫「八幡太神南遺跡の調査」『立野南・八幡太神・熊野太神南・今井遺跡群・一丁田・川越田・梅沢 児玉工業団地関係埋蔵文化財発掘調査報告Ⅰ(取付道路)』埼玉県埋蔵文化財調査事業団報告書第46集、(財)埼玉県埋蔵文化財調査事業団、1985。
上総国分寺	095	市原市教育委員会『上総国分寺台遺跡調査報告ⅩⅨ 上総国分僧寺跡Ⅰ』市原市埋蔵文化財センター調査報告書第8集、2009。
武蔵国分寺	096	国分寺市遺跡調査会『武蔵国分寺跡発掘調査概報26-北方地区・平成8～10年度西国分寺地区土地区画整理事業及び泉町公園事業に伴う調査-』2002。
	097	武蔵国分寺遺跡調査団『武蔵国分寺遺跡調査会年報Ⅱ 昭和51～53年度 寺地・僧寺々域確認調査 第1分冊』1984。
	098	国分寺市教育委員会・武蔵国分寺遺跡調査団『武蔵国分寺遺跡発掘調査概報Ⅴ 市立第四中学校建設に伴う第1次調査』1981。
受地だいやま	099	奈良地区遺跡調査団『横浜市緑区奈良町奈良地区遺跡群 (№11)受地だいやま遺跡発掘調査概報Ⅰ』1982。
宮久保	100	神奈川県立埋蔵文化財センター『宮久保遺跡Ⅲ 県立綾瀬西高等学校建設に伴う調査』神奈川県埋蔵文化財センター調査報告15、1990。
緒立C	101	黒埼町教育委員会『緒立C遺跡発掘調査報告書』1994。
的場	102	新潟市教育委員会『新潟市的場遺跡 的場土地区画整理事業用地内発掘調査報告書』1993。
子安	103	上越市教育委員会『子安遺跡』2009。
下神	104	(財)長野県埋蔵文化財センター『中央自動車道長野線埋蔵文化財発掘調査報告書6-松本市内その3-下神遺跡』(財)長野県埋蔵文化財センター発掘調査報告書6、1990。
北方	105	松本市教育委員会『松本市島内遺跡群 北方遺跡Ⅱ・北中遺跡-県営ほ場整備に伴う緊急発掘調査報告書-』松本市文化財調査報告№59、1988。
青木下Ⅱ	106	坂城町教育委員会『南条遺跡群 青木下遺跡Ⅱ・Ⅲ 長野県埴科郡坂城町店舗建設事業に伴う緊急発掘調査報告書』坂城町埋蔵文化財調査報告書第30集、2007。
大原野松本(南春日町)	107	(財)京都市埋蔵文化財研究所「南春日町遺跡29・30次調査」『平成7年度 京都市埋蔵文化財調査概要』1997。
池尻	108	(財)京都府埋蔵文化財調査研究センター「池尻遺跡第7次・池尻遺跡第12次」『京都府遺跡調査概報』第123冊、2007。
畑ヶ田	109	富田林市教育委員会『畑ヶ田遺跡 (仮称)新みどり保育園の建設に伴う発掘調査(HD2011-1)』富田林市文化財調査報告48、2012。
北岡	110	松岡良憲ほか「北岡地域の調査」『林遺跡発掘調査概要・Ⅱ-藤井寺市林、沢田所在-』1980。
	111	藤井寺市教育委員会『北岡遺跡』藤井寺市文化財報告第13集、1996。
芝原	112	松江市教育委員会『芝原遺跡』1986。
下ノ坪	113	野市町教育委員会『下ノ坪遺跡Ⅱ-農業農村活性化農業構造改善事業上岡地区区画整理工事に伴う発掘調査報告書-』野市町埋蔵文化財発掘調査報告書第6集、1998。
加原	114	大分県教育庁埋蔵文化財センター『加原遺跡 一般国道57号大野竹田道路建設工事に伴う埋蔵文化財発掘調査報告書(1)』大分県教育庁埋蔵文化財センター調査報告書第73集、2014。
慶州・城乾洞	115	(財)서라벌문화재연구원「경주 성건동 도시계획도로(소3-37) 개설부지 내 유적(2차) 발굴 조사 약보고서」2018。

表3 掲載図出典一覧

遺跡名	図番号	書 名
飛鳥京跡	図1	明日香村教育委員会「1998-31次　飛鳥京跡の調査」『明日香村遺跡調査概報　平成10年度』2000。
	図2	奈良県立橿原考古学研究所『飛鳥京跡Ⅲ　内郭中枢の調査（1）』奈良県立橿原考古学研究所調査報告第102冊、2008。
藤原宮	図1	奈良国立文化財研究所『奈良文化財研究所創立50周年記念　飛鳥・藤原京展－古代律令国家の創造－』朝日新聞社、2002。
	図2	奈良文化財研究所「藤原宮の調査」『奈良文化財研究所紀要』2004、2004。
	図3	奈良国立文化財研究所「藤原宮の調査」『飛鳥・藤原宮発掘調査概報』23、1993。
藤原京	図1	奈良文化財研究所『飛鳥・藤原宮発掘調査報告Ⅴ　藤原京左京六条三坊の調査』奈良文化財研究所学報第94冊、2017。
	図2	奈良県立橿原考古学研究所『藤原京右京十一条一坊・左京十一条一坊』奈良県立橿原考古学研究所調査報告第124冊、2017、林部均・松井一晃「藤原京右京十一条一坊」『奈良県遺跡調査概報』2003年第二分冊、2004より作成。
	図3	林部均・松井一晃「藤原京右京十一条一坊」『奈良県遺跡調査概報』2003年第二分冊、奈良県立橿原考古学研究所、2004。
平城宮	図1	奈良文化財研究所『平城宮跡整備報告書』2016。
	図2	奈良文化財研究所『奈良文化財研究所紀要』2018、2018より作成。
	図3・4・17	奈良文化財研究所『平城宮発掘調査報告ⅩⅥ　第一次大極殿院地区の調査2』奈良文化財研究所学報第84冊、2011。
	図5	奈良国立文化財研究所『平城宮発掘調査報告XⅡ　馬寮地域の調査』奈良国立文化財研究所学報第42冊、1985。
	図6・7・10・16・29	奈良文化財研究所『平城宮発掘調査報告ⅩⅥ　兵部省地区の調査』奈良文化財研究所学報第70冊、2005。
	図9・22・26	奈良文化財研究所『平城宮発掘調査報告ⅩⅥ　兵部省地区の調査』奈良文化財研究所学報第70冊、2005より再トレース。
	図8・20・21・28	玉田芳英「平城宮の酒造り」『奈良文化財研究所創立50周年記念論文集　文化財論叢Ⅲ』奈良文化財研究所学報第65冊、2002。
	図11・12	奈良国立文化財研究所『平城宮発掘調査報告Ⅱ　官衙地域の調査』奈良国立文化財研究所学報第15冊、1962。
	図13～15	奈良国立文化財研究所『平城宮発掘調査報告Ⅳ　官衙地域の調査2』奈良国立文化財研究所学報第17冊、1966。
	図18・19	奈良国立文化財研究所『平城宮発掘調査報告Ⅶ　内裏北外郭の調査』奈良国立文化財研究所学報第26冊、1976。
	図23・24・32	奈良国立文化財研究所「平城宮の調査」『昭和62年度　平城宮跡発掘調査部発掘調査概報』1988。
	図25	奈良国立文化財研究所「平城宮の調査」『昭和62年度　平城宮跡発掘調査部発掘調査概報』1988、奈良文化財研究所『平城宮発掘調査報告ⅩⅥ　兵部省地区の調査』奈良文化財研究所学報第70冊、2005より作成。
	図27・30	奈良国立文化財研究所「平城宮の調査」『1993年度　平城宮跡発掘調査部発掘調査概報』1994。
	図31・34	奈良国立文化財研究所「平城宮の調査」『1995年度　平城宮跡発掘調査部発掘調査概報』1996。
	図33	奈良国立文化財研究所「平城宮の調査」『1993年度　平城宮跡発掘調査部発掘調査概報』1994、奈良国立文化財研究所「平城宮の調査」『1995年度　平城宮跡発掘調査部発掘調査概報』1996より作成。
松林苑	図1	奈良県立橿原考古学研究所『松林苑跡Ⅰ』奈良県史跡名勝天然記念物調査報告第64冊、1990。
	図2	清水昭博ほか「奈良市平城宮松林苑第56～59次発掘調査概報」『奈良県遺跡調査概報』1996年度第一分冊、奈良県立橿原考古学研究所、1997。
平城京	図1	奈良文化財研究所『世界文化遺産　特別史跡　平城宮跡』2010より作成。
	図2～4・11・17・19	奈良国立文化財研究所「平城京等の調査」『奈良国立文化財研究所年報』2000-Ⅲ、2000。
	図5	池田富貴子「平城京跡（左京二条四坊十一坪・東四坊坊間路）の調査　第549・598次」『奈良市埋蔵文化財調査年報』平成19（2007）年度、2010、奈良市教育委員会「平城京跡の調査」『奈良市埋蔵文化財調査概要報告書』平成12年度、2002より作成。
	図6・7・59～61	奈良市教育委員会「平城京の調査」『奈良市埋蔵文化財調査概報報告書』昭和63年度、1989。
	図8・9・33・103・105	奈良市教育委員会「平城京の調査」『奈良市埋蔵文化財調査概要報告書』平成元年度、1990。
	図10	奈良国立文化財研究所『平城京左京三条一坊七坪発掘調査報告』1993、奈良国立文化財研究所「Ⅱ.平城京・京内寺院等の調査」『1993年度　平城宮跡発掘調査部発掘調査概報』1994、奈良国立文化財研究所「平城宮跡・平城京跡の発掘調査」『奈良国立文化財研究所年報』1996、1997、奈良国立文化財研究所「平城京等の調査」『奈良国立文化財研究所年報』2000-Ⅲ、2000より作成。
	図12・16	奈良国立文化財研究所『平城京左京三条一坊七坪発掘調査報告』1993。
	図13～15	奈良国立文化財研究所「平城宮跡・平城京跡の発掘調査」『奈良国立文化財研究所年報』1996、1997。
	図18・20・21	奈良国立文化財研究所『平城京左京三条一坊十四坪発掘調査報告』1995。
	図22・27～30	奈良国立文化財研究所『平城京左京二条二坊・三条二坊発掘調査報告－長屋王邸・藤原麻呂邸の調査－』奈良国立文化財研究所学報第54冊、1995。
	図23	奈良国立文化財研究所『平城京左京三条二坊六坪発掘調査報告書』奈良国立文化財研究所学報第44冊、1986、奈良国立文化財研究所「平城京の調査」『1989年度　平城宮跡発掘調査部発掘調査概報』1990より作成。
	図24	奈良国立文化財研究所『平城京左京三条二坊六坪発掘調査報告書』奈良国立文化財研究所学報第44冊、1986。
	図25・26	奈良国立文化財研究所「平城京の調査」『昭和61年度　平城宮跡発掘調査部発掘調査概報』、1987。

遺跡名	図番号	書　名
平城京	図31·108·109	奈良市教育委員会「平城京跡・菅原東遺跡・柏木遺跡の調査」『奈良市埋蔵文化財調査概要報告書』平成４年度、1993。
	図32	奈良市教育委員会「平城京の調査」『奈良市埋蔵文化財調査概要報告書』平成元年度、1990、奈良市教育委員会「菅原東遺跡・平城京跡の調査」『奈良市埋蔵文化財調査概要報告書』平成３年度、1992より作成。
	図34	奈良市教育委員会「菅原東遺跡・平城京跡の調査」『奈良市埋蔵文化財調査概要報告書』平成３年度、1992。
	図35	奈良市教育委員会「平城京跡（三条大路）の調査　第636次」『奈良市埋蔵文化財調査年報』平成22(2010)年度、2013。
	図36	奈良市教育委員会「平城京跡の調査」『奈良市埋蔵文化財調査概要報告書』平成13年度、2005。
	図37	奈良県立橿原考古学研究所『平城京左京四・五条四坊・五条五坊－JR奈良駅連続立体交差・街路整備事業に係る発掘調査報告書Ⅳ』奈良県文化財調査報告第153集、2012。
	図38〜44	奈良市教育委員会「平城京跡・松林苑跡の調査」『奈良市埋蔵文化財調査概要報告書』平成８年度、1997。
	図45〜48	奈良市教育委員会「平城京跡の調査」『奈良市埋蔵文化財調査概要報告書』平成９年度第２分冊、1998。
	図49〜51	宮﨑正裕「平城京跡（左京五条四坊十五坪・東四坊大路）の調査　第553・565・575・581次」『奈良市埋蔵文化財調査年報』平成19(2007)年度、奈良市埋蔵文化財調査センター、2010。
	図52〜58	中島和彦「平城京跡（左京五条四坊十五・十六・四条大路）の調査　第623・631・638次」『奈良市埋蔵文化財調査年報』平成22(2010)年度、奈良市埋蔵文化財調査センター、2013。
	図62·63	安井宣也「平城京東市跡推定地・東堀河の調査　第33・34次」『奈良市埋蔵文化財調査年報』平成18(2006)年度、奈良市埋蔵文化財調査センター、2009。
	図64〜66	奈良国立文化財研究所『平城京左京七条一坊十五・十六坪発掘調査報告書』奈良国立文化財研究所学報第56冊、1997。
	図67〜69	奈良国立文化財研究所『平城京右京一条北辺四坊六坪発掘調査報告』1984。
	図70·71	奈良文化財研究所『西大寺食堂院・右京北辺発掘調査報告』2007。
	図72·98·99	奈良市教育委員会『奈良市埋蔵文化財調査概要報告書』平成15年度、2006。
	図73	奈良市教育委員会『奈良市埋蔵文化財調査概要報告書』平成15年度、2006、奈良文化財研究所『西大寺食堂院・右京北辺発掘調査報告』2007より作成。
	図74	安井宣也「菅原町・青野町地域の古地理に関する基礎的考察」『奈良市埋蔵文化財調査センター紀要』1998、奈良市埋蔵文化財調査センター、1999、奈良市教育委員会「平城京跡の調査」『奈良市埋蔵文化財調査概要報告書』平成12年度、2002、奈良市教育委員会『奈良市埋蔵文化財調査概要報告書』平成15年度、2006より作成。
	図75	奈良市教育委員会「平城京跡・菅原東遺跡の調査」『奈良市埋蔵文化財調査概要報告書』平成５年度、1994、奈良市教育委員会「平城京跡の調査」『奈良市埋蔵文化財調査概要報告書』平成６年度、1995、奈良市教育委員会「平城京跡・菅原東遺跡・杏遺跡の調査」『奈良市埋蔵文化財調査概要報告書』平成７年度、1996、奈良市教育委員会「平城京跡の調査」『奈良市埋蔵文化財調査概要報告書』平成９年度第１分冊、1998より作成。
	図76·77	奈良市教育委員会「平城京跡・菅原東遺跡・杏遺跡の調査」『奈良市埋蔵文化財調査概要報告書』平成７年度、1996より作成。
	図78	奈良市教育委員会「平城京跡の調査」『奈良市埋蔵文化財調査概要報告書』平成９年度第１分冊、1998より作成。
	図79	奈良市教育委員会「平城京跡・菅原東遺跡の調査」『奈良市埋蔵文化財調査概要報告書』平成５年度、1994より作成。
	図80·82〜84	奈良市教育委員会「平城京跡・菅原東遺跡の調査」『奈良市埋蔵文化財調査概要報告書』平成５年度、1994、奈良市教育委員会「平城京跡の調査」『奈良市埋蔵文化財調査概要報告書』平成６年度、1995より作成。
	図81·85〜87·107·114〜116	奈良市教育委員会「平城京跡・菅原東遺跡の調査」『奈良市埋蔵文化財調査概要報告書』平成５年度、1994。
	図88	奈良市教育委員会「平城京跡の調査」『奈良市埋蔵文化財調査概要報告書』平成６年度、1995、奈良市教育委員会「平城京跡・菅原東遺跡・杏遺跡の調査」『奈良市埋蔵文化財調査概要報告書』平成７年度、1996より作成。
	図89·90·93·94	奈良市教育委員会「平城京跡・菅原東遺跡・杏遺跡の調査」『奈良市埋蔵文化財調査概要報告書』平成７年度、1996より作成。
	図91·92·95	奈良市教育委員会「平城京跡の調査」『奈良市埋蔵文化財調査概要報告書』平成６年度、1995より作成。
	図96·97·100	奈良市教育委員会「平城京跡の調査」『奈良市埋蔵文化財調査概要報告書』平成12年度、2002。
	図101·102	奈良市教育委員会「平城京の調査」『奈良市埋蔵文化財調査概要報告書』平成２年度、1991。
	図104	奈良市教育委員会「平城京の調査」『奈良市埋蔵文化財調査概要報告書』平成元年度、1990より作成。
	図106	奈良市教育委員会「平城京跡・菅原東遺跡・柏木遺跡の調査」『奈良市埋蔵文化財調査概要報告書』平成４年度、1993、奈良市教育委員会「平城京跡・菅原東遺跡の調査」『奈良市埋蔵文化財調査概要報告書』平成５年度、1994より作成。
	図110	奈良市教育委員会「平城京跡・菅原東遺跡・柏木遺跡の調査」『奈良市埋蔵文化財調査概要報告書』平成４年度、1993より再トレース。
	図111·113	中島和彦・大原瞳「平城京跡（右京三条三坊五坪）の調査　第620次」『奈良市埋蔵文化財調査年報』平成21(2009)年度、奈良市埋蔵文化財調査センター、2012。
	図112	奈良国立文化財研究所「平城京跡の調査」『昭和59年度　平城宮跡発掘調査部発掘調査概報』1985。
	図117〜119	奈良県立橿原考古学研究所『平城京三条大路Ⅰ　国道308号整備事業に伴う発掘調査報告書Ⅲ』奈良県文化財調査報告書第139集、2011。
	図120〜124	奈良国立文化財研究所『平城京右京八条一坊十三坪・十四坪発掘調査報告』奈良国立文化財研究所学報第46冊、1989。
長岡宮・京	図1	國下多美樹『長岡京の歴史考古学研究』(株)吉川弘文館、2013より作成。

遺跡名	図番号	書　名
長岡宮・京	図2・3	(財)向日市埋蔵文化財センター・向日市教育委員会『向日市埋蔵文化財調査報告書』第49集、1999。
	図4・5	(財)向日市埋蔵文化財センター『長岡京跡左京北一条三坊二町』向日市埋蔵文化財調査報告書第55集、2002。
	図6～9	(財)向日市埋蔵文化財センター『長岡京跡　左京二条三坊・三条二坊』向日市埋蔵文化財調査報告書第77集、2008。
	図10・11	(財)京都府埋蔵文化財調査研究センター『長岡京跡左京二条三・四坊・東土川遺跡』京都府遺跡調査報告書第28冊、2000。
	図12～14	(財)向日市埋蔵文化財センター『長岡宮跡第二次内裏「東宮」西外郭　長岡京跡左京三条条間北小路』向日市埋蔵文化財調査報告書第74集、2006。
	図15～17	(財)向日市埋蔵文化財センター『長岡京跡・中海道遺跡・長野内古墳群』向日市埋蔵文化財調査報告書第69集、2009。
	図18・19	(財)京都市埋蔵文化財研究所『京都市内遺跡試掘立会調査概報』昭和60年度、1986。
	図20	(財)京都市埋蔵文化財研究所「長岡京跡」『昭和55年度　京都市埋蔵文化財調査概要』2011。
	図21	(財)京都市埋蔵文化財研究所『長岡京跡　京都都市計画道路1等大路第3類第46号外環状線整備事業に伴う埋蔵文化財発掘調査報告書』1980。
	図22・23	(公財)長岡京市埋蔵文化財センター『長岡京市埋蔵文化財センター年報』平成23年度、2013。
	図24・28・34・44・47・61	木村泰彦「長岡京の甕据付建物と大甞」『官衙・集落と大甞』第22回古代官衙・集落研究集会研究報告資料、奈良文化財研究所、2018。
	図25・26	(財)京都市埋蔵文化財研究所『水垂遺跡　長岡京左京六・七条三坊』京都市埋蔵文化財研究所調査報告第17冊、1998。
	図27	(財)京都市埋蔵文化財研究所『水垂遺跡　長岡京左京六・七条三坊』京都市埋蔵文化財研究所調査報告第17冊、1998より作成。
	図29	長岡京市教育委員会『長岡京市文化財調査報告書』第14冊、1985。
	図30～33	(財)京都市埋蔵文化財研究所『長岡京右京二条三坊八・九町跡、上里遺跡』京都市埋蔵文化財研究所発掘調査報告2006-34、2007。
	図35～37	(財)京都市埋蔵文化財研究所『長岡京右京二条三坊九・十六町跡、上里遺跡』京都市埋蔵文化財研究所発掘調査報告2006-4、2006。
	図38	(公財)長岡京市埋蔵文化財センター『長岡京市文化財発掘調査資料選』(三)、2013、(公財)長岡京市埋蔵文化財センター『長岡京市埋蔵文化財センター年報』平成27年度、2017より作成。
	図39・40	(公財)長岡京市埋蔵文化財センター『長岡京市文化財発掘調査資料選』(三)、2013。
	図41～43・50・51・53	(公財)長岡京市埋蔵文化財センター『長岡京市文化財発掘調査資料選』(二)、2013。
	図45・46	(公財)長岡京市埋蔵文化財センター『長岡京市文化財発掘調査資料選』(四)、2014。
	図48・49・52	(財)長岡京市埋蔵文化財センター『長岡京市文化財発掘調査資料選』(一)、2012。
	図54～56	(公財)長岡京市埋蔵文化財センター『長岡京市埋蔵文化財センター年報』平成27年度、2017。
	図57・58	(財)長岡京市埋蔵文化財センター『長岡京市埋蔵文化財調査報告書』第54集、2010。
	図59・60	(財)長岡京市埋蔵文化財センター『長岡京市埋蔵文化財センター年報』平成13年度、2003。
	図62・64	(公財)長岡京市埋蔵文化財センター『長岡京跡右京第1019次発掘調査報告－長岡京跡右京八条二坊二・六・七町の調査－』長岡京市埋蔵文化財調査報告書第56集、2013。
	図63	(公財)長岡京市埋蔵文化財センター『長岡京市文化財発掘調査資料選』(五)、2015。
	図65～67	(公財)長岡京市埋蔵文化財センター『長岡京跡右京第1180次・伊賀寺遺跡調査　現地説明会資料』2019より作成。
平安京	図1	山田邦和『京都都市史の研究』(株)吉川弘文館、2009。
	図2～4	堀内明博「平安京左京七条三坊」『平成2年度　京都市埋蔵文化財調査概要』(財)京都市埋蔵文化財研究所、1994。
	図5～7	花園大学考古学研究室『平安京右京二条三坊八町－花園大学構内調査報告Ⅶ－(附 平安京右京一条四坊一・二町)』花園大学考古学研究室報告第15集、2010。
	図8～10	(財)京都市埋蔵文化財研究所「平安京右京二条三坊」『平安京跡発掘調査概報』昭和61年度、京都文化観光局、1987。
	図11・12	(財)京都市埋蔵文化財研究所『平安京右京三条二坊十五・十六町－「齋宮」の邸宅跡－』京都市埋蔵文化財研究所調査報告第21冊、2002。
	図13～15	(財)京都市埋蔵文化財研究所『平安京右京四条三坊十一町跡』京都市埋蔵文化財研究所発掘調査報告2013-1、2013。
	図16～18	(財)京都市埋蔵文化財研究所『平安京右京六条一坊－平安時代前期邸宅跡の調査－』京都市埋蔵文化財研究所調査報告第11冊、1992。
	図19・21	長宗繁一「平安京右京六条一坊」『平成元年度　京都市埋蔵文化財調査概要』(財)京都市埋蔵文化財研究所、1994。
	図20・22	(財)京都市埋蔵文化財研究所『昭和62年度　京都市埋蔵文化財調査概要』1991。
	図23～25	古代文化調査会『平安京右京六条三坊－ローム株式会社社屋新築に伴う調査－』1998。
	図26	平尾政幸・梅川光隆「平安京右京六条三坊」『昭和61年度　京都市埋蔵文化財調査概要』(財)京都市埋蔵文化財研究所、1989。
陸奥国分尼寺	図1	仙台市教育委員会『陸奥国分尼寺跡－第10次発掘調査報告書－』仙台市文化財調査報告書第286集、2005。
	図2・3	仙台市教育委員会『陸奥国分尼寺跡ほか　発掘調査報告書』仙台市文化財調査報告書第238集、1999。
市川橋	図1～3	多賀城市埋蔵文化財調査センター『市川橋遺跡－城南土地区画整理事業に係る発掘調査報告書Ⅱ－』多賀城市文化財調査報告書第70集、2003。
伊治城	図1・2	宮城県多賀城跡調査研究所『伊治城跡Ⅰ－昭和52年度発掘調査報告－』多賀城関連遺跡発掘調査報告書第3冊、1978。

遺跡名	図番号	書　名
伊治城	図3	栗原市教育委員会『伊治城跡－平成27年度：第43次発掘調査報告書－』栗原市文化財調査報告書第21集、2017。
思川	図1～3	(財)茨城県教育財団『一般県道新川江戸崎線道路改良工事地内埋蔵文化財調査報告書　二の宮貝塚・大日山古墳群（上）・思川遺跡』茨城県教育財団文化財調査報告書第65集、1991。
馬門南	図1・2	(財)栃木県文化振興事業団埋蔵文化財センター『馬門南遺跡』栃木県埋蔵文化財調査報告第165集、1995。
金山	図1・2	(財)栃木県文化振興事業団埋蔵文化財センター『金山遺跡Ⅲ－一般国道4号（新4号国道）改築に伴う埋蔵文化財発掘調査－』栃木県埋蔵文化財調査報告第160集、1995。
多功南原	図1・2	(財)栃木県文化振興事業団埋蔵文化財センター『多功南原遺跡－住宅・都市整備公団宇都宮都市計画事業多功南原地区埋蔵文化財発掘調査－』栃木県埋蔵文化財調査報告第222集、1999。
寺平	図1～3	市貝町教育委員会『寺平遺跡発掘調査報告書』Ⅱ、2016。
那須官衙	図1～3	(財)とちぎ生涯学習文化財団埋蔵文化財センター『那須官衙関連遺跡Ⅶ』栃木県埋蔵文化財調査報告249集、2001。
将監塚・古井戸	図1	(財)埼玉県埋蔵文化財調査事業団『将監塚・古井戸　古墳・歴史時代編Ⅰ　児玉工業団地関係埋蔵文化財発掘調査報告Ⅲ』埼玉県埋蔵文化財調査事業団報告書第64集、1986。
	図2	(財)埼玉県埋蔵文化財調査事業団『将監塚・古井戸　歴史時代編Ⅱ　児玉工業団地関係埋蔵文化財発掘調査報告Ⅳ』埼玉県埋蔵文化財調査事業団報告書第71集、1988。
宮町	図1・2	(財)埼玉県埋蔵文化財調査事業団『宮町遺跡Ⅰ　県道上伊草坂戸線関係埋蔵文化財発掘調査報告』埼玉県埋蔵文化財調査事業団報告書第96集、1991。
中堀	図1～3	(財)埼玉県埋蔵文化財調査事業団『中堀遺跡　後陣場川堤調節池関係埋蔵文化財調査報告』埼玉県埋蔵文化財調査事業団報告書第190集、1997。
八幡太神南	図1～3	富田和夫「八幡太神南遺跡の調査」『立野南・八幡太神南・熊野太神南・今井遺跡群・一丁田・川越田・梅沢　児玉工業団地関係埋蔵文化財発掘調査報告Ⅰ（取付道路）』埼玉県埋蔵文化財調査事業団報告書第46集、(財)埼玉県埋蔵文化財調査事業団、1985。
上総国分寺	図1～4	市原市教育委員会『上総国分寺台遺跡調査報告ⅩⅨ　上総国分僧寺跡Ⅰ』市原市埋蔵文化財センター調査報告書第8集、2009。
武蔵国分寺	図1	国分寺市教育委員会・国分寺市遺跡調査会『武蔵国分寺跡発掘調査概報35－僧寺伽藍地の確認調査－』2010。
	図2・3	国分寺市教育委員会・武蔵国分寺遺跡調査団『武蔵国分寺遺跡発掘調査概報Ⅴ　市立第四中学校建設に伴う第1次調査』1981。
	図4	国分寺市遺跡調査会『武蔵国分寺跡発掘調査概報26－北方地区・平成8～10年度西国分寺地区土地区画整理事業及び泉町公園事業に伴う調査－』2002。
	図5	国分寺市教育委員会・武蔵国分寺遺跡調査団『武蔵国分寺遺跡調査会年報Ⅱ　昭和51～53年度　寺地・僧寺々域確認調査　第1分冊』1984。
受地だいやま	図1	奈良地区遺跡調査団『横浜市緑区奈良町奈良地区遺跡群　（№11）受地だいやま遺跡発掘調査概報Ⅱ』1983。
	図2	奈良地区遺跡調査団『横浜市緑区奈良町奈良地区遺跡群　（№11）受地だいやま遺跡発掘調査概報Ⅰ』1982。
宮久保	図1・2	神奈川県立埋蔵文化財センター『宮久保遺跡Ⅲ　県立綾瀬西高等学校建設に伴う調査』神奈川県埋蔵文化財センター調査報告15、1990。
緒立C	図1・2	黒埼町教育委員会『緒立C遺跡発掘調査報告書』1994。
的場	図1～3	新潟市教育委員会『新潟市的場遺跡　的場土地区画整理事業用地内発掘調査報告書』1993。
子安	図1～3	上越市教育委員会『子安遺跡』2009。
下神	図1・2	(財)長野県埋蔵文化財センター『中央自動車道長野線埋蔵文化財発掘調査報告書6－松本市内その3－下神遺跡』(財)長野県埋蔵文化財センター発掘調査報告書6、1990。
北方	図1～3	松本市教育委員会『松本市島内遺跡群　北方遺跡Ⅱ・北中遺跡－県営ほ場整備に伴う緊急発掘調査報告書－』松本市文化財調査報告№59、1988。
青木下Ⅱ	図1・2	坂城町教育委員会『南条遺跡群　青木下遺跡Ⅱ・Ⅲ　長野県埴科郡坂城町店舗建設事業に伴う緊急発掘調査報告書』坂城町埋蔵文化財発掘調査報告書第30集、2007。
大原野松本	図1・2	(財)京都市埋蔵文化財研究所『南春日町遺跡29・30次調査』『平成7年度　京都市埋蔵文化財調査概要』1997。
池尻	図1～3	(財)京都府埋蔵文化財調査研究センター「池尻遺跡第7次・池尻遺跡第12次」『京都府遺跡調査概報』第123冊、2007。
畑ヶ田	図1・2	富田林市教育委員会『畑ヶ田遺跡　（仮称）新みどり保育園の建設に伴う発掘調査（HD2011-1）』富田林市文化財調査報告48、2012。
北岡	図1	藤井寺市教育委員会「北岡遺跡の調査」『石川流域遺跡群発掘調査報告Ⅶ』藤井寺市文化財報告第8集、1992。
	図2・3・5	藤井寺市教育委員会『北岡遺跡』藤井寺市文化財報告第13集、1996。
	図4	松岡良憲ほか「北岡地域の調査」『林遺跡発掘調査概要』Ⅱ、大阪府教育委員会、1980。
芝原	図1・2	松江市教育委員会『芝原遺跡』1986。
下ノ坪	図1・2	野市町教育委員会『下ノ坪遺跡Ⅱ－農業農村活性化農業構造改善事業上岡地区区画整理工事に伴う発掘調査報告書－』野市町埋蔵文化財発掘調査報告書第6集、1998。
加原	図1～7	大分県教育庁埋蔵文化財センター『加原遺跡　一般国道57号大野竹田道路建設工事に伴う埋蔵文化財発掘調査報告書（1）』大分県教育庁埋蔵文化財センター調査報告書第73集、2014。
城乾洞	図1	(재)서라벌문화재연구원「경주 성건동 도시계획도로 (소3-37) 개설부지 내 유적 (2차) 발굴 조사 약 보 고 서」2018。
国土地理院地図	掲載頁	181・192・252・253・254・255・256・257・258・259・260・261・262・263・264・265・266・268・269・270・271・272・273・274・275・276・277・278・279・280・281・282

遺　跡　目　次
（掲載図版付き）

I　宮　都

飛鳥京跡 (大和国) ……………………………… 181

 図1 遺構図
 図2 遺構配置図

藤原宮跡 (大和国) ……………………………… 182

 図1 藤原宮全体図
 図2 内裏東官衙　藤原宮期前半遺構配置図
 図3 SB 7600

藤原京 (大和国) ………………………………… 183

 図1 藤原京条坊図
 図2 和田廃寺周辺の遺構配置図
 図3 甕据付遺構図

平城宮跡 (大和国) ……………………………… 184

 図1 平城宮遺構変遷図
 図2 平城宮発掘遺構配置図

第一次大極殿院地区
左馬寮 …………………………………………… 186

 図3 第一次大極殿院地区遺構図
 図4 SX 17894・SX 17895
 図5 SB 6130
 図6 左馬寮遺構図

官衙区画H (内裏東外郭北官衙)
官衙区画I (塼積官衙北区画) …………………… 187

 図7 官衙区画H・I遺構図
 図8 官衙区画I遺構変遷図
 図9 官衙区画H・SB 2578

大膳職 …………………………………………… 188

 図10 大膳職遺構図
 図11 SB 191
 図12 SB 170
 図13 SB 364
 図14 SB 299　SB 370
 図15 SB 293

内膳司 …………………………………………… 189

 図16 内膳司遺構図
 図17 内膳司遺構変遷図
 図18 SB 520
 図19 SB 540

造酒司 …………………………………………… 190

 図20 A‐1期遺構配置図
 図21 A‐2期遺構配置図
 図22 SB 2997
 図23 SB 13180
 図24 SB 2976
 図25 SB 3004
 図26 SB 15803　SB 3011
 図27 SB 15802
 図28 B期遺構配置図
 図29 遺構図
 図30 SB 15804
 図31 SB 16730
 図32 SB 13210
 図33 SB 15805
 図34 SB 16727　SB 16726

松林苑 (大和国) ………………………………… 192

 図1 松林苑全体図
 図2 59次SX 8～13　SX 14～17

平城京 (大和国) ………………………………… 193

 図1 平城京条坊図

左京二条二坊十坪 ……………………………… 194

 図2 左京二条二坊十坪
 図3 SX 7686
 図4 左京二条二坊十坪　遺構図

左京二条四坊二坪
左京二条四坊七坪 ……………………………… 195

 図5 左京二条四坊二坪・七坪
 図6 左京二条四坊二坪　遺構図
 図7 SB 10　SB 19
 図8 SB 07
 図9 左京二条四坊七坪　遺構図

左京三条一坊七坪 ……………………………… 196

 図10 左京三条一坊七坪　遺構図
 図11 左京三条一坊七坪
 図12 SB 5760
 図13 SB 6757
 図14 SB 6720
 図15 SB 6724　SB 6733
 図16 SB 5763

左京三条一坊十坪
左京三条一坊十四坪 ・・・・・・・・・・・・・・・197

  図17　左京三条一坊十坪
  図18　左京三条一坊十四坪
  図19　ＳＢ7480
  図20　左京三条一坊十四坪　遺構図
  図21　ＳＢ5636

左京三条二坊四坪
左京三条二坊六坪 ・・・・・・・・・・・・・・・・・198

  図22　左京三条二坊三坪～六坪
  図23　左京三条二坊六坪　遺構図
  図24　ＳＢ1552
  図25　左京三条二坊四坪　遺構図
  図26　ＳＢ3900　ＳＡ3905・3920

左京三条二坊一・二・七・八坪(長屋王邸) ・・・・・・199

  図27　左京三条二坊一・二・七・八坪　遺構図
  図28　ＳＢ4960
  図29　ＳＸ4965断面図
  図30　左京三条二坊一・二・七・八坪

左京三条二坊十六坪
左京三条四坊十三坪 ・・・・・・・・・・・・・・・200

  図31　左京三条二坊十六坪
  図32　左京三条二坊十六坪　遺構図
  図33　ＳＢ27
  図34　ＳＢ63
  図35　左京三条四坊十三坪
  図36　左京三条四坊十三坪　ＳＢ14

左京四条四坊十三坪 ・・・・・・・・・・・・・・・201

  図37　左京四条四坊十三坪
  図38　左京四条四坊十三坪　遺構図
  図39　ＳＡ103
  図40　ＳＢ21

左京四条四坊十四坪 ・・・・・・・・・・・・・・・202

  図41　左京四条四坊十四坪
  図42　左京四条四坊十四坪　遺構図
  図43　ＳＢ47
  図44　ＳＢ74

左京五条一坊十六坪 ・・・・・・・・・・・・・・・203

  図45　左京五条一坊十六坪
  図46　左京五条一坊十六坪　遺構図
  図47　ＳＢ225
  図48　ＳＢ217　ＳＢ219

左京五条四坊十坪 ・・・・・・・・・・・・・・・・・204

  図49　左京五条四坊十坪　Ｃ期遺構配置図
  図50　ＳＢ214
  図51　左京五条四坊十坪　遺構図

左京五条四坊十五坪 ・・・・・・・・・・・・・・・205

  図52　ＳＢ210
  図53　左京五条四坊十五坪　Ｄ-２期遺構配置図
  図54　左京五条四坊十五坪　遺構図

左京五条四坊十六坪 ・・・・・・・・・・・・・・・206

  図55　左京五条四坊十六坪　遺構図
  図56　ＳＢ229
  図57　ＳＢ296
  図58　ＳＢ364

左京五条五坊十坪
左京七条四坊十五坪
左京八条三坊十一坪(東市) ・・・・・・・・・・207

  図59　左京五条五坊十坪　遺構図
  図60　ＳＢ03
  図61　左京七条四坊十五坪　ＳＡ01
  図62　左京八条三坊十一坪(東市)
  図63　ＳＢ564

左京七条一坊十六坪 ・・・・・・・・・・・・・・・208

  図64　左京七条一坊十六坪　遺構図
  図65　左京七条一坊十六坪　Ⅳ期遺構配置図
  図66　ＳＢ6591

右京北辺四坊六坪 ・・・・・・・・・・・・・・・・・209

  図67　右京北辺四坊六坪
  図68　右京北辺四坊六坪　遺構図
  図69　ＳＢ1000

右京一条三坊八坪(西大寺食堂院) ・・・・・・・・・210

  図70　西大寺全体図
  図71　西大寺食堂院全体図
  図72　ＳＸ03
  図73　ＳＸ930・ＳＸ03

右京二条三坊・右京三条二坊・右京三条三坊 ・・・・・・・212

  図74　遺構配置図

右京二条三坊三坪 ・・・・・・・・・・・・・・・・・213

  図75　右京二条三坊三坪　遺構図
  図76　ＳＢ286
  図77　ＳＢ293
  図78　ＳＢ357
  図79　ＳＢ219

右京二条三坊四坪 ……………………………………214

　図80　右京二条三坊四坪　遺構図
　図81　遺構変遷図
　図82　ＳＢ235
　図83　ＳＢ214　ＳＢ225
　図84　ＳＢ230
　図85　ＳＢ231
　図86　ＳＢ224
　図87　ＳＢ223

右京二条三坊六坪 ……………………………………215

　図88　右京二条三坊六坪　遺構図
　図89　ＳＢ322
　図90　ＳＸ805
　図91　ＳＢ250
　図92　ＳＢ244
　図93　ＳＢ323
　図94　遺構番号なし
　図95　ＳＢ252

右京二条三坊十一坪
右京二条三坊十二坪 ……………………………………216

　図96　右京二条三坊十一坪　遺構図
　図97　ＳＢ311
　図98　ＳＢ227
　図99　右京二条三坊十二坪　遺構図

右京三条二坊十五坪 ……………………………………217

　図100　右京三条二坊十五坪
　図101　右京三条二坊十五坪　遺構図
　図102　ＳＢ119

右京三条三坊一坪 ……………………………………218

　図103　右京三条三坊一坪　遺構図
　図104　ＳＢ24
　図105　Ｂ期遺構配置図

右京三条三坊二坪 ……………………………………219

　図106　右京三条三坊二坪　遺構図
　図107　ＳＢ172

右京三条三坊三坪 ……………………………………220

　図108　右京三条三坊三坪　遺構図
　図109　右京三条三坊三坪　Ｃ期遺構配置図
　図110　ＳＢ133

右京三条三坊五坪 ……………………………………221

　図111　右京三条三坊五坪　調査区配置図
　図112　右京三条三坊五坪　遺構図
　図113　ＳＢ04

右京三条三坊八坪 ……………………………………222

　図114　右京三条三坊八坪　遺構図
　図115　右京三条三坊八坪　Ｃ期遺構配置図
　図116　ＳＢ174　ＳＢ175

右京四条一坊八坪 ……………………………………223

　図117　右京四条一坊
　図118　右京四条一坊八坪
　図119　ＳＢ0859

右京八条一坊十三坪
右京八条一坊十四坪 ……………………………………224

　図120　右京八条一坊十三・十四坪
　図121　右京八条一坊十三・十四坪　遺構図
　図122　ＳＢ1577
　図123　ＳＢ1534
　図124　ＳＢ1425

長岡宮・京（山城国） ……………………………………225

　図1　長岡京条坊図

長岡宮跡（北方官衙） ……………………………………226

　図2　長岡宮北方官衙
　図3　ＳＢ35620

左京北一条三坊二町 ……………………………………227

　図4　左京北一条三坊二町　遺構図
　図5　ＳＢ435003

左京一条三坊四町
左京三条二坊三町 ……………………………………228

　図6　ＳＢ44004
　図7　左京一条三坊四町
　図8　ＳＢ437123
　図9　左京三条二坊三町

左京二条三坊十五町 ……………………………………229

　図10　左京二条三坊十五町周辺
　図11　ＳＢ363079

左京三条二坊十三町
左京五条二坊十町 ……………………………………230

　図12　左京三条二坊十三町
　図13　左京三条二坊十三町　遺構図
　図14　ＳＢ43315
　図15　左京五条二坊十町
　図16　左京五条二坊十町　遺構図
　図17　ＳＢ30810

左京五条三坊一町
左京五条四坊八町
左京六条二坊三町──────────231

　図18　左京五条三坊一町
　図19　柱穴2〜8
　図20　左京五条四坊八町　遺構図
　図21　ＳＢ-Ｂ01
　図22　左京六条二坊三町　遺構図
　図23　ＳＢ41

左京六条三坊四町
左京七条二坊七町──────────232

　図24　左京六条三坊四町
　図25　左京六条三坊四町　遺構図
　図26　ＳＢ224
　図27　ＳＢ237
　図28　左京七条二坊七町
　図29　ＳＢ5303

右京二条三坊八町──────────233

　図30　右京二条三坊八町　遺構図
　図31　掘立柱建物1060
　図32　掘立柱建物1646
　図33　掘立柱建物9

右京二条三坊九町──────────234

　図34　右京二条三坊八・九町
　図35　右京二条三坊九町（Ｒ850次）　遺構図
　図36　掘立柱建物1139
　図37　右京二条三坊九町　遺構変遷図

右京三条二坊十五町──────────235

　図38　右京三条二坊十五町　遺構図
　図39　ＳＢ02
　図40　ＳＢ02据付穴Ｋ6

右京四条二坊八町──────────236

　図41　右京四条二坊八町
　図42　右京四条二坊八町（Ｒ296次）　遺構図
　図43　ＳＢ05

右京六条二坊一町──────────237

　図44　右京六条二坊一町
　図45　右京六条二坊一町（Ｒ301次）　遺構図
　図46　ＳＢ12

右京六条二坊三町──────────238

　図47　右京六条二坊三町
　図48　ＳＢ31414
　図49　ＳＢ31420
　図50　ＳＢ21
　図51　ＳＢ22
　図52　右京六条二坊三町（Ｒ314次）　遺構図
　図53　右京六条二坊三町（Ｒ365次）　遺構図

右京六条二坊六町
右京六条二坊十一町──────────239

　図54　右京六条二坊六町・十一町
　図55　右京六条二坊六町（Ｒ1002次）　遺構図
　図56　右京六条二坊十一町　ＳＢ29
　図57　右京六条二坊六町　ＳＢ01
　図58　右京六条二坊十一町（Ｒ1117次）　遺構図

右京七条二坊七町
右京八条二坊七町──────────240

　図59　右京七条二坊七町（Ｒ713次）　遺構図
　図60　右京七条二坊七町　ＳＢ04
　図61　右京八条二坊七町
　図62　右京八条二坊七町　遺構図
　図63　ＳＢ41
　図64　ＳＢ88

右京八条三坊十六町──────────242

　図65　右京八条三坊十六町
　図66　右京八条三坊十六町（Ｒ1180次）　遺構図
　図67　建物3

平安京（山城国）──────────243

　図1　平安京条坊図

左京七条三坊三町──────────244

　図2　遺構変遷図
　図3　遺構図
　図4　甕821・822断面図

右京二条三坊八町──────────245

　図5　右京二条三坊八町
　図6　遺構図
　図7　ＳＢ06

右京二条三坊十五町──────────246

　図8　右京二条三坊十五町
　図9　ＳＢ3　ＳＢ5
　図10　遺構変遷図

右京三条二坊十五町
右京四条三坊十一町──────────247

　図11　右京三条二坊十五町
　図12　右京三条二坊十五町　建物22
　図13　右京四条三坊十一町周辺
　図14　右京四条三坊十一町　建物3
　図15　右京四条三坊十一町　遺構変遷図

右京六条一坊五町──────────248

　図16　右京六条一坊五町
　図17　遺構配置図
　図18　建物11

右京六条一坊十二町
　　右京六条二坊十町 ……………………249

　　図19　右京六条一坊十二町
　　図20　右京六条二坊十町
　　図21　右京六条一坊十二町　遺構配置図
　　図22　右京六条二坊十町　ＳＢ１

　　右京六条三坊四町 …………………………250

　　図23　遺構変遷図
　　図24　遺構図
　　図25　建物01
　　図26　ＳＢ10

Ⅱ　官衙・集落・その他

陸奥国分尼寺跡（陸奥国）…………………252

　　図1　遺構配置図
　　図2　8次調査遺構図
　　図3　ＳＩ-1

市川橋遺跡（陸奥国）………………………253

　　図1　79区遺構図
　　図2　遺跡周辺図
　　図3　ＳＩ-1488

伊治城跡（陸奥国）…………………………254

　　図1　遺構図
　　図2　ＳＩ04竪穴住居跡
　　図3　遺跡周辺図

思川遺跡（常陸国）…………………………255

　　図1　遺構図
　　図2　第4号住居跡
　　図3　第4号住居跡遺物出土状況図

馬門南遺跡（下野国）………………………256

　　図1　遺構図
　　図2　ＳＩ-240

金山遺跡（下野国）…………………………257

　　図1　Ⅴ区遺構図
　　図2　ＳＫ-228

多功南原遺跡（下野国）……………………258

　　図1　ⅩⅠ区遺構図
　　図2　ＳＢ-118・119

寺平遺跡（下野国）…………………………259

　　図1　奈良・平安時代遺構図
　　図2　16号住居
　　図3　遺構変遷図

那須官衙遺跡（下野国）……………………260

　　図1　ＳＩ-285周辺遺構図
　　図2　ＳＩ-285
　　図3　遺構配置図

将監塚・古井戸遺跡（武蔵国）……………261

　　図1　Ｈ-30号住居跡
　　図2　遺構配置図

宮町遺跡（武蔵国）…………………………262

　　図1　Ｂ区遺構図
　　図2　第9号住居跡

中堀遺跡（武蔵国）…………………………263

　　図1　遺構配置図
　　図2　第50号掘立柱建物跡
　　図3　第54号掘立柱建物跡

八幡太神南遺跡（武蔵国）…………………264

　　図1　遺構図
　　図2　2号掘立柱建物跡
　　図3　2号掘立柱建物跡　甕出土状況図

上総国分寺跡（上総国）……………………265

　　図1　遺構配置図
　　図2　142号
　　図3　3127号
　　図4　3127号（1545号）

武蔵国分寺跡（武蔵国）……………………266

　　図1　遺構配置図
　　図2　市立第四中学校校地遺構図
　　図3　市立第四中学校1次ＳＢ55
　　図4　460次ＳＫ2060
　　図5　28次ＳＢ39

受地だいやま遺跡（武蔵国）………………268

　　図1　Ｄ・Ｇ・Ｈ・Ｊ区遺構図
　　図2　Ｇ区第2号住居址

宮久保遺跡（相模国）………………………269

　　図1　遺構図
　　図2　ＳＩ122

緒立Ｃ遺跡（越後国）………………………270

　　図1　遺構図
　　図2　ＳＸ601

的場遺跡（越後国）…………………………271

　　図1　遺構配置図
　　図2　ＳＫ6
　　図3　ＳＢ1

子安遺跡（越後国）・・・・・・・・・・・・・・・・・・・・・272

　図1　遺構配置図
　図2　ＳＢ20209・ＳＢ20705
　図3　甕設置遺構1・2・3号

下神遺跡（信濃国）・・・・・・・・・・・・・・・・・・・・・273

　図1　Ｇ区周辺遺構図
　図2　ＳＴ111および須恵器甕出土状況図

北方遺跡（信濃国）・・・・・・・・・・・・・・・・・・・・・274

　図1　大甕埋設遺構
　図2　第18号住居址
　図3　遺構配置図

青木下遺跡Ⅱ（信濃国）・・・・・・・・・・・・・・・275

　図1　中心部遺構配置図
　図2　Ut 5号土器集積址

大原野松本遺跡（山城国）・・・・・・・・・・・・・276

　図1　ＳＢ4
　図2　遺構配置図

池尻遺跡（丹波国）・・・・・・・・・・・・・・・・・・・・・277

　図1　7次D区遺構配置図
　図2　ＳＢ05
　図3　遺跡周辺図

畑ヶ田遺跡（河内国）・・・・・・・・・・・・・・・・・・・278

　図1　遺構図
　図2　建物1

北岡遺跡（河内国）・・・・・・・・・・・・・・・・・・・・・279

　図1　主要遺構配置図
　図2　Ａ地点（ＫＴ79-1区）　遺構図
　図3　Ａ地点　ＳＢ03
　図4　Ｅ地点（ＫＴ89-10区）　遺構図
　図5　Ｅ地点　ＳＢ01

芝原遺跡（出雲国）・・・・・・・・・・・・・・・・・・・・・280

　図1　ＳＢ06
　図2　主要遺構図

下ノ坪遺跡（土佐国）・・・・・・・・・・・・・・・・・・・281

　図1　Ｈ区遺構図
　図2　ＳＢ22

加原遺跡（豊後国）・・・・・・・・・・・・・・・・・・・・・282

　図1　Ｂ区遺構図
　図2　ＳＢ12
　図3　ＳＫ04
　図4　Ｃ区遺構図
　図5　ＳＢ24　ＳＢ25
　図6　ＳＫ11
　図7　遺構変遷図

【参考資料】慶州・城乾洞遺跡・・・・・・・・・・・284

　図1　遺構図

【参考資料】京都市内中世埋甕遺構・・・・・・・・・・285

　表1　埋甕遺構一覧表
　図1　平安京左京北辺二坊六町
　図2　平安京左京三条二坊十町
　図3　平安京左京北辺二坊六町　遺構図
　図4　平安京左京三条二坊十町　遺構図
　図5　平安京左京四条三坊四町
　図6　平安京左京四条三坊四町　遺構図
　図7　平安京左京四条三坊四町　土壙群
　図8　平安京左京四条三坊五町
　図9　平安京左京四条三坊五町　Ｂ区第1面遺構図
　図10　平安京左京四条三坊五町　Ａ区第4面遺構図
　図11　平安京左京四条三坊五町　Ａ区土壙
　図12　平安京左京四条四坊二町
　図13　平安京左京四条四坊二町　遺構図
　図14　平安京左京四条四坊二町　甕据付穴群
　図15　平安京左京五条三坊九町
　図16　平安京左京五条三坊九町　遺構図
　図17　平安京左京五条三坊九町　埋甕群
　図18　平安京左京六条三坊五町
　図19　平安京左京六条三坊五町　第4面遺構図
　図20　平安京左京六条三坊五町　甕群1
　図21　平安京左京六条三坊五町　甕群1埋甕出土状況図
　図22　平安京左京六条三坊五町　甕群2
　図23　平安京左京六条三坊五町　甕群2埋甕出土状況図
　図24　平安京左京八条二坊十四・十五町
　図25　平安京左京八条二坊十四・十五町　遺構図
　図26　平安京左京八条三坊三町
　図27　平安京左京八条三坊三町　遺構図
　図28　平安京左京八条三坊十四町　遺構図
　図29　平安京左京八条三坊十四町
　図30　四条道場跡・寺町旧域
　図31　四条道場跡・寺町旧域　遺構配置図
　図32　四条道場跡・寺町旧域　埋甕1〜4
　図33　山科本願寺跡
　図34　山科本願寺跡　1区遺構図
　図35　山科本願寺跡　埋甕

これまでに開催した研究集会

第1回	律令国家の地方末端支配機構をめぐって	1996年12月
	(『律令国家の地方末端支配機構をめぐって―研究集会の記録―』1998年3月刊)	
第2回	古代の稲倉と村落・郷里の支配	1998年 3月
	(『古代の稲倉と村落・郷里の支配』1998年12月刊)	
第3回	古代豪族居宅の構造と類型	1998年12月
第4回	郡衙正倉の成立と変遷	2000年 3月
	(『郡衙正倉の成立と変遷』2000年12月刊)	
第5回	銙帯をめぐる諸問題	2000年11月
	(『銙帯をめぐる諸問題』2002年3月刊)	
第6回	古代官衙・集落と墨書土器―墨書土器の機能と性格をめぐって―	2002年 1月
	(『古代官衙・集落と墨書土器―墨書土器の機能と性格をめぐって―』2003年3月刊)	
第7回	古代の陶硯をめぐる諸問題―地方における文書行政をめぐって―	2003年 3月
	(『古代の陶硯をめぐる諸問題―地方における文書行政をめぐって―』2003年12月刊)	
第8回	駅家と在地社会	2003年12月
	(『駅家と在地社会』2004年12月刊)	
第9回	地方官衙と寺院―郡衙周辺寺院を中心として―	2004年12月
	(『地方官衙と寺院―郡衙周辺寺院を中心として―』2005年12月刊)	
第10回	在地社会と仏教	2005年12月
	(『在地社会と仏教』2006年12月刊)	
第11回	古代豪族居宅の構造と機能	2006年12月
	(『古代豪族居宅の構造と機能』2007年12月刊)	
第12回	古代地方行政単位の成立と在地社会	2007年12月
	(『古代地方行政単位の成立と在地社会』2009年1月刊)	
第13回	官衙と門	2009年12月
	(『官衙と門』2010年12月刊)	
第14回	官衙・集落と鉄	2010年12月
	(『官衙・集落と鉄』2011年12月刊)	
第15回	四面廂建物を考える	2011年12月
	(『四面廂建物を考える』2012年12月刊)	
第16回	塩の生産・流通と官衙・集落	2012年12月
	(『塩の生産・流通と官衙・集落』2013年12月刊)	
第17回	長舎と官衙の建物配置	2013年12月
	(『長舎と官衙の建物配置』2014年12月刊)	
第18回	宮都・官衙と土器（官衙・集落と土器1）	2014年12月
	(『官衙・集落と土器1―宮都・官衙と土器―』2015年12月刊)	
第19回	宮都・官衙・集落と土器（官衙・集落と土器2）	2015年12月
	(『官衙・集落と土器2―宮都・官衙・集落と土器―』2016年12月刊)	
第20回	郡庁域の空間構成	2016年12月
	(『郡庁域の空間構成』2017年12月刊)	
第21回	地方官衙政庁域の変遷と特質	2017年12月
	(『地方官衙政庁域の変遷と特質』2018年12月刊)	
第22回	官衙・集落と大甕	2018年12月
	(『官衙・集落と大甕』2019年12月刊)	

第22回　古代官衙・集落研究会報告書
官衙・集落と大甕

発　行　日	2019年12月13日
編　　　集	独立行政法人 国立文化財機構 奈良文化財研究所
	〒630-8577　奈良市二条町2-9-1
発　　　行	株式会社 クバプロ
	〒102-0072　東京都千代田区飯田橋3-11-15 6F
印　　　刷	株式会社 大應
	〒101-0047　東京都千代田区内神田1-7-5

©2019　本書掲載記事の無断転載を禁じます。
乱丁本・落丁本はお取り替えいたします。
ISBN978-4-87805-163-0　C3020

第21回 古代官衙・集落研究会報告書
地方官衙政庁域の変遷と特質 報告編・資料編

奈良文化財研究所 研究報告
独立行政法人 国立文化財機構
奈良文化財研究所編

資料編
A4版・442頁
4,500円+税

〈報告編〉
- 地方官衙政庁域の建築の格式と荘厳性
  ―国庁・郡庁正殿・国分寺金堂の比較から―
  海野　聡（東京大学）
- 多賀城政庁と周辺城柵・郡衙の
  政庁域の変遷と特質
  廣谷　和也（宮城県多賀城跡調査研究所）
- 常陸国庁と周辺郡衙の政庁域の変遷と特質
  箕輪　健一（石岡市教育委員会）
- 出雲国庁と周辺郡衙の政庁域の変遷と特質
  志賀　　崇（雲南市教育委員会）
- 大宰府管内における政庁域の構造と特質
  杉原　敏之（福岡県教育庁）
- 文献からみた国・郡・寺院の「庁」における政務とクラ
  古尾谷知浩（名古屋大学）
- 国庁・郡庁建築と前期難波宮
  李　　陽浩（大阪歴史博物館）

〈資料編〉
Ⅰ　地方官衙／Ⅱ　宮　都／Ⅲ　遺構一覧表

報告編
A4版・178頁
2,500円+税

古代官衙・集落研究会報告書シリーズ

第21回古代官衙・集落研究会報告書「地方官衙政庁域の変遷と特質 資料編」（A4版・442頁 4,500円+税）
　　　　　　　　　　　　　　　　「地方官衙政庁域の変遷と特質 報告編」（A4版・178頁 2,500円+税）
第20回古代官衙・集落研究会報告書「郡庁域の空間構成」（A4版・240頁 3,000円+税）
第19回古代官衙・集落研究会報告書「官衙・集落と土器2―宮都・官衙・集落と土器―」（A4版・280頁 3,500円+税）
第18回古代官衙・集落研究会報告書「官衙・集落と土器1―宮都・官衙と土器―」（A4版・194頁 2,500円+税）**絶版**
第17回古代官衙・集落研究会報告書「長舎と官衙の建物配置 資料編」（A4版・466頁 4,300円+税）
　　　　　　　　　　　　　　　　「長舎と官衙の建物配置 報告編」（A4版・256頁 2,600円+税）
第16回古代官衙・集落研究会報告書「塩の生産・流通と官衙・集落」（A4版・210頁 2,500円+税）**絶版**
第15回古代官衙・集落研究会報告書「四面廂建物を考える 資料編」（A4版・504頁 4,300円+税）
　　　　　　　　　　　　　　　　「四面廂建物を考える 報告編」（A4版・216頁 2,200円+税）
第14回古代官衙・集落研究会報告書「官衙・集落と鉄」（A4版・206頁 2,500円+税）
第13回古代官衙・集落研究会報告書「官衙と門 報告編」（A4版・192頁 2,500円+税）
　　　　　　　　　　　　　　　　「官衙と門 資料編」（A4版・468頁 4,600円+税）

発行：(株)クバプロ　〒102-0072　東京都千代田区飯田橋3-11-15 6F
TEL：03-3238-1689　FAX：03-3238-1837　URL：http://www.kuba.co.jp/　E-mail：book@kuba.jp